国家出版基金项目

分卷主编　王建朗

中华民国时期外交文献汇编

1911—1949

第八卷

上

中华书局

本卷说明

太平洋战争爆发后,中国与美英苏等世界强国一同立于反轴心国的阵营,中国的抗战与世界战争连到了一起。战争的胜败已不再是问题,尽管还要付出艰辛的努力。抗战后期,中国外交的主要任务已不只是争取盟国支持以打赢这场战争,积极参与国际事务,争取中国的大国地位,成为中国外交的主要任务之一。

中国积极推动国际反法西斯阵线的形成,推动盟国在远东的军事合作。中国已不仅仅是一个受援助国的角色,为协防缅甸及反攻缅甸,中国两度派出远征部队入缅作战,最终解放了缅北大片地区。中国还积极支持周边国家的抗日活动,成为朝鲜和越南抗日力量的庇护所和大本营。中国在国际政治舞台上也崭露头角,积极参与战时问题的讨论和战后秩序的设计,从《联合国家宣言》、《莫斯科宣言》、《开罗宣言》到《波茨坦公告》等,中国参与讨论和签署了一系列战时盟国的重要文件。在对战后国际组织和战后秩序的设计中,中国积极提出自己的构想,为创立联合国和建立公平合理的战后秩序作出了独特的贡献。抗战后期,在中国积极参与国际事务并作出重要贡献的同时,中国的国际地位也有了显著提高,班列盟国"四强"。中国不仅废除了束缚中国达百年之久的不平等条约,改变了在法理上便低人一等的地位,成为一个在世界民族之林中享有平等地位的国家,还担任了新成立的联合国安理会的常任理事国,成为一个对国际事务享有重要发言权的国家。另一方面,中国与其他三强之间仍有巨大差距,雅尔塔协定与中苏条约谈判便反映了中国与其他三强仍不能平起平坐。这一时期,中国共产党的外交日益成熟,采取了灵活的外交政策,曾一度与美国在华人员发生了比较密切的联系。美国在这一时期更深地卷入到中国的内政之中,在国共之争中,由最初的中立走向亲蒋限共的道路。本卷资料分别展现了中国积极参与国际事务、中国国际地位逐步提高及中国与美、英、苏大国关系的发展过程。

珍珠港事变爆发后,中国立即对日、对德意宣战,中国努力推动盟国在远东的军事合作,除积极向盟国提出各种建议外,并在重庆与有关盟国就军事合作的具体事宜展开磋商。随着《联合国家宣言》的发表和中国战区的成立,世界反法西斯同盟的正式形成。中国参与领衔签署《联合国家宣言》及蒋介石出任盟国中国战区的最高统帅,显示了中国地位的迅速提升,"四强"的说法开始出现。中国积极发挥一个反法西斯大国的作用,对国境以外的事务展现关怀,发挥影响,对周边国家的抗日活动给予力所能及的支持。尽管中国战场本身也急需兵员,但中国以反法西斯战争全局为重,派出精锐部队组成远征军出征缅甸,联合英军进行缅甸保卫战。中国积极扶助周边国家的抗日活动,对朝鲜和越南的独立运动给予大力支持,并努力争取使他们在战后取得独立地位。蒋介石一行出访印度,努力调解英印当局与国大党之间矛盾,力图说服他们顾全大局,共同抗日。这也是有史以来中国领导人第一次跨出国门,展现了中国对于国际事务的责任感。本卷第一章所辑资料反映了中国在推动建立世界反法西斯联盟及多方支持周边国家抗日的努力。

废除近代以来订立的不平等条约,是民国时期外交的一个重要目标。北京政府在20年代,南京政府在30年代均曾发起过修约运动,但未能成功。抗战前期,美、英两国政府向中国表明,在远东战事结束后的适当时候将与中国商讨取消领事裁判权和其他特权问题。太平洋战争爆发后,中国考虑再次提出废除不平等条约问题。为了鼓舞中国军民的士气,美英也考虑提前废约。1943年10月起,中国与英美开始了废约谈判。比较而言,美国的态度较为积极,中国与美国率先达成废止旧约的共识。中英除了在国民待遇、沿海贸易和内河航行等问题上有较多讨论外,最大的难点是在归还九龙租借地问题上僵持不下。英国政府坚持认为香港问题不在讨论范围之内。国民政府最终做出让步，决定暂时搁置九龙问题，扫除了谈判障碍。中美中英新约订立后，中国陆续与其他国家谈判，签订平等新约。不平等条约的废除是中国人民长期斗争的结果，是中国军民坚持抗战的结果。它使中国摆脱了近代以来的不平等地位，是中国国际地位提高的一个重要阶梯。旧约废除后，中国开始考虑与美国订立新的通商航海条约。第二章所辑资料反映了战时中国与英美及其他国家商讨废除不平等条约的历程。

抗战后期，中国积极参与国际事务，国际地位大幅度提升。1943年10月，美、英、苏在莫斯科举行三国外长会议，讨论战时和战后的重大问题。中国虽未参加这一会议，但考虑到中国战场的重要性，中国最终参与签署了莫斯科宣言。莫斯科宣言的发表是中国成为四强的一个重要标志。不久，中美英首脑在开罗举行最高峰会，讨论对日作战及战后对日处置问题。这是中国政府首脑第一次出境参加国际会议。会议决定剥夺日本过去的侵略成果，中国不仅收回了东北，还收回了半个世纪前被割取的台湾。开罗宣言奠定了战后远东秩序的基础，影响深远。中国还积极参与战后国际安全组织的设计。中国主张建立一个具有高度权威和制裁能力的国际组织，并主张承担战时主要作战任务的中美英苏四大国在战后继续发挥领导作用。中国的这些主张，与其他盟国不谋而合，成为日后联合国组织的基本原则。1944年8月至10月，中美英苏四大国在美国敦巴顿橡树园举行会议，讨论筹建战后国际组织问题。会议分两个阶段进行，中国参加了第二阶段的会谈。会议确定了新的国际组织的宗旨和原则，确定了它的基本架构。1945年4—6月，中国组成了一个容纳各党派人士的代表团出席联合国制宪大会，为确立联合国的宗旨和原则作出了自己独特的贡献。中国成为安理会常任理事国，从体制上正式确定了大国地位。中国在国际政治舞台上积极活动的同时，努力参与世界经济活动，为研究战后经济计划，稳定战后的经济秩序作出努力。第三章所辑资料反映了中国对国际事务的积极参与和中国国际地位的逐步提升。

　　战时中英关系,既有合作,也充满了矛盾。以丘吉尔为代表的英国战时内阁,在处理对华关系时,经常忽视中国在远东抵抗日本侵略战争中所发挥的作用,且在香港问题和西藏问题上依然秉持过去殖民主义的思维,给中英两国关系的发展蒙上了阴影。为此,中英两国政府都做出一定的努力,试图改善与提升两国关系。1942 年底,英国派出由朝野三党人员共同组成的议会代表团,对中国进行了为期一个月的访问,受到中国军民的热情招待与欢迎。代表团成员对中国人民坚持抗战的决心与果敢,留下深刻印象。作为本次活动的回访,1943 年底,中国也派出主要由国民参政会成员组成的友好访英团,对英国进行了为期 40 多天的访问。中国访英团访英的重点则在消除双方的误解,为战后世界的安排和中英间的合作奠定基础。这两次访问,对促进中英两国的了解和增进两国人民的友谊,均发挥了积极作用。在此期间,国民政府外交部长宋子文也于 1943 年 7 月对英国进行了 18 天的工作访问,就英国反攻缅甸的军事计划以及战后两国的合作,与英国朝野各界进行了充分的沟通。第四章所辑资料反映了抗战后期中英关系的发展过程。

　　抗战后期,中美关系全面发展,联系空前紧密。1942 年 3 月,中美签署了 5 亿美元的巨额贷款协定,条件之优惠,前所未有。不久,中美签署《抵抗侵略互助协定》,中国开始获得更多的租借物资援助。中美之间的高层互访也在不断进行。在这同时,中美之间的矛盾也开始显露出来。一方面,美国不满于中国军队作战不力,认为是有意保存实力。另一方面,中国不满于与英苏比较起来中国所获租借物资援助相对较少,且不能参加英美联合决策机构的讨论。中美之间的矛盾因缅甸反攻作战问题及史迪威与蒋介石之间个人矛盾的恶化而加剧。围绕着反攻缅甸问题,中美英之间进行了长时间的讨论,英国一直对此反应消极。迄至开罗会议,中方在获得盟军将在孟加拉湾发起两栖作战的承诺下同意出兵缅甸。但这一计划很快改变,英国表示无力在缅甸南部发动大规模两栖作战。此时,中国驻印军在史迪威指挥下已经开始反攻。罗斯福仍希望中国出动远征军策应缅北作战，其语气越来越严厉，甚至以停止租借援助相威胁。5月，中国远征军发起滇西反攻战。但此时，日本已开始在中原战场发动豫湘桂战役，重庆政府对将精锐的远征军用于滇西作战甚为不满。而中原战场的败退，使美国企图将欧洲盟军指挥模式运用于中国。美国提出了由史迪威指挥所有盟国在华军事力量的要求，由此而引发了"史迪威指挥权危机"。最终，蒋介石下定决心，坚决要求美国召回史迪威，并获得了作为总统特使来华的赫尔利的支持。在要中国还是要史迪威这样的选择面前，美国最终不得不召回了史迪威。第五章所辑资料反映了抗战后期中美关系的发展过程。

抗战时期亦是中共外交政策走向成熟的时期。抗战前期，中共较多受苏联与共产国际的影响，曾担心英美会牺牲中国利益与日本妥协，在远东也造成一个"慕尼黑"。欧战爆发后，中共将其定性为是一场两个帝国主义集团之间争夺世界的战争，反对中国站在英法一边。但随着英美对华援助的增加，中共认识逐渐发生变化。苏德战争爆发后，中共明确提出了联合英美共同反对德意日的方针。太平洋战争爆发后，建立反法西斯国际统一战线的方针最终确立。中国积极开展对美外交，努力争取美国对中共的了解和支持。此时，美国对国民党的作战不力已深为不满，它期望在对日作战中获得中共的合作，也希望进一步了解中共，为确定战后对华方针掌握第一手资料。在美国最高当局的压力之下，美军观察组终于得以进驻延安。美军观察组与美国驻华外交官发回了有关国共状况的大批报告，认为中共已获得人民支持，将对战后中国前途产生重要影响，主张发展与中共的关系。赫尔利来华后，在调解史迪威与蒋介石之间关系的同时，开始介入国共谈判。赫尔利访问延安，与中共领导人很快达成五点协议草案。但这一草案遭到了国民党的反对，国民党提出了针锋相对的对案。赫尔利在劝蒋无效后，竭力劝诱中共接受国民党方案，并日益明确支持蒋介石的立场。中共曾想绕过赫尔利直接向美国总统说明情况，但未能成功。美国在华军事人员与外交官曾设想发展与中共的联系,受到赫尔利的反对和压制。1945 年 4 月,赫尔利举行记者招待会,公开表明了其片面支持国民党的立场。中共对赫尔利态度及对美政策亦随之作出相应变化。中共与美国之间由此而失去了进一步加深了解和发展关系的机会。第六章所辑资料反映了抗战时期中共外交政策的形成与发展。

抗战前期,随着苏联对华援助的减少和苏日中立条约的签订,中苏关系已经大大降温。抗战后期,中苏关系日渐冷淡。新疆问题是这一时期中苏关系中的一个重要问题。此前,中央对新疆鞭长莫及,新疆几乎已成为苏联的势力范围。1942 年,新疆主政者盛世才与苏联关系突然恶化,国民政府不计前嫌,抓住时机,力挺盛世才,促其内向,逐渐消除苏联在新疆的势力与影响,恢复了中央对新疆的控制。1945 年 2 月,英美苏三国雅尔塔会议上背着国民政府达成了侵犯中国主权的秘密协定。战争即将结束之前,中苏之间以雅尔塔协定为基础展开了谈判。国民政府力争获得美国方面的支持,但美国不想卷入中苏争论。尽管国民政府在外蒙古独立、旅顺军港、大连市政、中东路管理等问题上均曾做过努力,希望争取最小的损失,但在苏联的强势态度面前,在苏军已挺进东北的情况下,国民政府不得不订立了有损国家主权的《中苏友好同盟条约》。第七章所辑资料反映了抗战后期中苏关系的曲折发展。

本卷附录部分,收录了一些难以归入相关章节但又很有价值的军事委员会参事室秘书处外交组会议记录、国民参政会外交报告等外交文献。

本卷第四部分由张俊义编选,第六部分由栾景河、邱海燕编选。侯中军、郭循春承担了全卷的校核工作。

本卷在编选过程中,较多利用了上世纪中外关系史研究室的编纂成果《抗日战争》(陶文钊、王建朗、杨奎松编,四川人民出版社,1996 年),在此谨向当年的编纂者表示感谢。

目　录

一、世界反法西斯同盟的形成与发展

说明:珍珠港事件促成了世界反法西斯同盟的形成,中国立即对日、对德、意宣战,东西方战场的反侵略战争连为一体。中国努力推动盟国在远东的军事合作。《联合国家宣言》的发表和中国战区的成立,标志着反法西斯同盟的正式形成并进入实质性的联合作战阶段。中国很快派出远征军进入缅甸,联合英军进行缅甸保卫战。中国积极扶助周边国家的抗日活动,对朝鲜和越南的独立运动给予大力支持。中国还努力调解英印当局与国大党之间矛盾,力图说服他们顾全大局,共同抗日。

本章主要资料来源:

中国第二历史档案馆藏外交部档案

台北中国国民党党史馆藏特种档案

中国社会科学院近代史研究所档案馆藏国共合作档案

中国国民党中央委员会党史委员会编,秦孝仪主编:《中华民国重要史料初编——对日抗战时期》第三编《战时外交》(二)(三),台北"中央"文物供应社,1981 年(以下简称《战时外交》第 2 卷、第 3 卷)

祖国社编:《抗战以来中国外交重要文献》,1943 年

世界知识社辑:《反法西斯战争文献》,世界知识出版社,1955 年

梁敬錞:《史迪威事件》,台北商务印书馆,1973 年

中研院近代史研究所编印:《国民政府与韩国独立运动史料》,台北中研院近代史研究所,1988 年

中国国民党中央委员会党史委员会编,秦孝仪主编:《先总统蒋公思想言论总集》第 31、37、38 卷,台北"中央"文物供应社,1984 年

叶惠芬编:《中华民国与联合国史料汇编》筹设篇,台北"国史馆",

2001 年

苏联外交部编,宗伊译:《斯大林同罗斯福和杜鲁门的通信》,世界知识出版社,1963 年

吴景平选编,邹秀英等译,吴景平、陈雁校译:《美国外交文件中有关韩国临时政府史料选编》,《韩国研究论丛》,第四辑、第五辑

Charles F. Romanus and Riley Sunderland: Stilwell's Mission to China, Washington: Government Printing Office, 1953

White, Theodore, ed. , The Stilwell Papers, New York, 1948

Charles F. Romanus and Riley Sunderland: Stilwell's Personal Files: China, Burma, India, 1942–1945, Wilmington, 1976

U. S. Army: Magruder Mission to China, 1941–1942 (Microfilm, NARS) (《马格鲁德使团访华 1941—1942》,微缩胶卷,以下简称 Magruder Mission)

United States Department of State, *Papers Relating to the Foreign Relations of the United States* (《美国外交文件》,以下简称"FRUS"), 1941, Vol. 4; 1942, China

英国国家档案馆藏英国外交部档案 FO436/11

英国国家档案馆藏英国首相府档案 PREM45/3

Records of the Joint Chiefs of Staff: Part 1, 1942 – 45, the Pacific Theatre (microfilm reel 13), University Publications of America, 1981.

本章第三、四节,由罗敏供稿。

(一)反法西斯同盟形成

说明:日本偷袭珍珠港使东西方的反侵略战争形成一体,加速了世界反法西斯战线的形成。中日战争已进行四年半之久,但并未正式宣战。珍珠港事变后,中国政府迅即对日本和德、意宣战,表明与盟国共

同作战的坚定决心。中国政府曾希望苏联对日宣战,但未能如愿。中国政府努力推动盟国间的军事合作,除积极向盟国提出各种建议外,并在重庆与有关盟国就军事合作的具体事宜展开磋商。1942 年 1 月 1 日,由中、美、英、苏领衔签署的 26 国《联合国家宣言》发表,标志着世界反法西斯同盟的正式形成。随后,盟军中国战区成立,蒋介石担任战区司令,统一指挥中国、越南及泰国境内的盟军作战。

1. 对日德意宣战

蒋介石致苏英美各国大使

重庆,1941 年 12 月 8 日

(1)最近日美谈话,美国虽以诚意进行,愿以和平方式解决太平洋各项问题,乃日本竟向英、美进行攻击,此种国际强盗之行动实出吾人意料之外,日本于谈判中突行进击,于此可见日本侵略计划早经预定。

(2)中国现决心不避任何牺牲,竭其全力与美、英、苏联及其他诸友邦共同作战,以促成日本及其同盟轴心国家之完全崩败。

(3)中国政府现决定向日本宣战,并对其同盟国德、义同时宣战。

(4)为联合行动起见,中国政府以为反侵略阵线各个国家必须对于各个轴心国家认为共同公敌,因之中国建议美国对于德、义两国与苏联对于日本,皆请同时宣战。

(5)为谋军事进行胜利起见,中国政府建议各友邦(中、英、美、苏、澳、荷、加拿大、纽丝纶),应成立军事同盟,并推美国为领导,指挥共同作战之军队,实为必要。

(6)中国提议中、英、美、苏、澳、荷、加拿大、纽丝纶订立一不单独媾和之条约。

高斯致赫尔

重庆,1941 年 12 月 8 日

编号 481

今天下午,蒋介石召见本人及苏联驻华大使,中国外交部长亦在座,英国大使因暂在成都而缺席,晚些时候他将被告知。

蒋作了如下声明,随后请求转达于总统:

……①

FRUS,1941,Vol. 4,p. 736

马格鲁德与蒋介石会谈备忘录

1941 年 12 月 8 日

1941 年 12 月 8 日晚 9 时,委员长于市内官邸召见马格鲁德将军进行会谈。

出席者:委员长、蒋夫人、军政部长何应钦、外交部长郭泰祺、英国大使卡尔爵士、英国陆军武官丹尼斯少将、商震将军、马格鲁德将军、霍伊特上校、麦克莫兰上校、董显光先生(译员)、委员长秘书李先生。

委员长以同情的口吻谈论了日本对美国发动的无端攻击,声称如果要将这场战争彻底全力进行下去取得成功,需要美国、英国、中国和俄国的通力合作。他紧接着说,他要马格鲁德将军与丹尼斯将军(他定于晚 9 时 30 分前来参加会议)和俄国武官崔可夫就与中国协同行动的方式方法进行商讨,提出他们的共同看法。

马格鲁德将军说,他今天曾经试图与崔可夫取得联系,但未能与他通电话,明日将再试。

委员长于是交给马格鲁德将军一份与他今日致罗斯福总统、丘吉尔首相和斯大林总理的措辞相同的照会。然后他问马格鲁德将军对向

_____

① 内容同上件。

檀香山及菲律宾群岛发动闪电战的前景有何想法。马格鲁德将军答称,对檀香山的这种攻击的机会是没有的,而他认为他们是否将试图这样进攻菲律宾群岛则颇值得怀疑。他问马格鲁德将军是否见到过一周前的一份中国情报,报告日本计划同时进行五路远征(香港、菲律宾群岛、荷属东印度、泰国、马来亚),并指出了其司令官。他提到寺内将军是远征马来亚、泰国的司令官。马格鲁德将军未见到这份报告,委员长答应给他一份。与此同时,马格鲁德将军提出了兵力如此分散以致日本可能没有力量支持的问题。委员长答称日本有此力量,如在一个地区获得成功,即将进行下去;如遇可观的抵抗,即将在该地区罢手。马格鲁德将军再次指出,这样分散兵力将造成交通线的困难和易遭到海军的攻击。

在回答一个问题时,马格鲁德将军将对夏威夷的攻击列为一次钳制行动,在日本也是一项政治上的失策。这次突然袭击是团结美国人民的一个有力因素,因为这牵涉到美国的领土。

委员长问马格鲁德将军是否考虑过各大国合作的全面计划。马格鲁德将军称,在海上形势澄清之前,菲律宾群岛、英国和荷兰目前必须采取守势。

这时,英国大使卡尔爵士到来参加会谈。外交部长郭泰祺几分钟以后(9∶25)到达。

委员长再次提出中国的陆军与英国陆军(尤其是在香港和缅甸)合作的必要性,并强调现在就应进行准备。马格鲁德将军指出,需要在中国领水对香港进行有效的海军支援,需要中国对香港的陆上支援,并需要在印度支那积极威胁日本的侧翼。提到缅甸,他说,由泰国从陆上入侵将遇到很大困难,会对其不利,但确实的危险是对仰光和腊戍以及在中国昆明集中的物资仓库的空袭——这是使滇缅公路陷于瘫痪的一个非常有效的方法。

丹尼斯将军于晚9时40分到达参加会谈,并立刻被问到他对于向缅甸发动的陆上攻击作何想法。他说经曼德勒的迂回的漫长进攻路线似乎是唯一可行的路线。委员长接着问到香港的局势。丹尼斯将军称，直到最近以前，九龙一线仅有一个营，但现在已有三个营（增加了最近到达的两个加拿大营），因而有理由相信这条防线可以坚持相当时间。香港本岛是非常坚固的，如果没有必须养活的大批平民，是可以无限期坚守下去的。委员长问九龙一线是否能守住一个月，他被告知"是的"。他接着说将派出中国部队支援——有些在一星期内、三星期内派出三个军。他要丹尼斯将军将此事告知驻香港英军总司令。在回到缅甸局势的话题时，他提出需要什么样的部队到该地去的问题。丹尼斯将军称，来自普洱地区的一个团，也可能是两个团，可用于缅甸。他们可以保证供应一个团的给养，但对第二个团则不敢肯定。委员长说他将给他一个师（三个团），并将设法向英国供应的一个团以外的部队提供给养。

委员长指定何应钦将军、丹尼斯将军和马格鲁德将军明日下午 3 时举行会谈，讨论香港的局势并拟出援助计划。他同意参谋人员可陪同他们的主官参加。

委员长要马格鲁德将军致电陆军部说明他愿将中国的一切资源用于支援我们的战争努力。

会谈接着转向苏俄的立场，委员长的意见是：最好在伦敦和华盛顿同时提出俄国宣战的问题，而不是由他向苏联驻重庆大使提出。他要求英国大使和马格鲁德将军分别将他的看法报告本国政府。马格鲁德将军回答说，这是一个政治问题，这是他不准备讨论的，要求将此问题与美国大使讨论。

卡尔爵士在回答一个问题时说，俄国人现在有一个极好的机会，用强烈的行动解决他们与日本的问题。

会议于晚 10 时 15 分结束。

Magruder Mission

霍恩贝克备忘录

华盛顿,1941 年 12 月 9 日

备忘事项:

关于 1941 年 12 月 8 日下午 6 时第 481 号重庆来电

从理论上来说,这些建议是完全正确的。

从实际上来看,第 5 项建议也许不可能得到认真的考虑。

在我看来,第 6 项建议应立即给予认真的考虑。

第 4 项建议的主旨也应同样予以认真的考虑。

FRUS,1941,Vol. 4,p. 737

蒋介石致宋子文

重庆,1941 年 12 月 9 日

请向美国陆军和海军部长,转达我对日本卑怯地攻击珍珠港的强烈愤慨,以及对合众国军队所受损失的深切关心。

在远东敌对地区,我已下令立即作战,以解救香港。我们还决定对印度支那的日军展开攻势,一旦远东联合作战计划明确达成协议,即发起攻击。

昨夜,本人召见了英、美驻华武官,向他们说明了中国的坚定不移的决心,中国将尽其最大努力,毫不动摇地在战争中与该两国同甘苦共命运。

目前最为迫切的是迅速组织一个联合作战会议,在美国的领导下,立即展开工作。否则,我们各国均有被各个击败的危险。

FRUS,1941,Vol. 4,p. 740

国民政府对日宣战文

1941 年 12 月 9 日

日本军阀夙以征服亚洲,并独霸太平洋为其国策,数年以来,中国不顾一切牺牲,继续抗战,其目的不仅所以保卫中国之独立生存,实欲

打破日本之侵略野心,维护国际公法、正义及人类福利与世界和平,此中国政府屡经声明者。

中国为酷爱和平之民族,过去四年余之神圣抗战,原期侵略者之日本于遭受实际之惩罚后,终能反省。在此时期,各友邦亦极端忍耐,冀其悔祸,俾全太平洋之和平,得以维持。不料残暴成性之日本,执迷不悟,且更悍然向我英、美诸友邦开衅,扩大其战争侵略行动,甘为破坏全人类和平与正义之戎首,逞其侵略无厌之野心,举凡尊重信义之国家,咸属忍无可忍。兹特正式对日宣战,昭告中外,所有一切条约、协定、合同,有涉及中、日之关系者,一律废止,特此布告。

《抗战以来中国外交重要文献》,第 71 页

国民政府对德意宣战布告
1941 年 12 月 9 日

自去年九月德意志、意大利与日本订立三国同盟以来,同恶共济,显已成一侵略集团。德、意两国始则承认伪满,继复承认南京伪组织,中国政府业经正式宣布与该两国断绝外交关系。最近德、意与日本竟扩大其侵略行动,破坏全太平洋之和平,此实为国际正义之蟊贼,人类文明之公敌,中国政府与人民对此碍难再予容忍。兹正式宣布,自中华民国三十年十二月九日午夜十二时起,中国对德意志、意大利两国立于战争地位,所有一切条约、协定、合同,有涉及中、德或中、意间之关系者,一律废止,特此布告。

《抗战以来中国外交重要文献》,第 72 页

为日军发动太平洋战争勖勉全国军民同胞函
1941 年 12 月 10 日

全国军民同胞公鉴:日寇怙恶罔悛,多行不义,今竟以卑劣险诈之技俩,策应欧州轴心国家,实行其三国同盟联合侵略之行动。且以"九一八"奇袭我沈阳之故智,突击我英美各友邦,掀起太平洋之战祸,演

成世界人类空前未有之浩劫。我国民政府为申张国际正义,保持人类文明,已对日本正式宣战,并对德义两国宣战,宣告中外,谅已周知。溯自日寇侵略我中国以来,我全国同胞,十载奋斗,百折不回,抗战四年,坚贞弥励,原冀膺惩日寇之野心,复我禹甸之完整,促戎首之崩溃,以遏侵略之凶焰。今狂妄之日寇,不惟毫无悔祸之意,且更联合轴心之德义,益肆其凶狡之毒谋,东西两半球民主各国,今已共同响应,声罪致讨,自兹世界上反侵略国家与侵略暴力,已划然分为两大鲜明之阵营。我国为首受侵略战祸之国家,尤应肩荷绝续存亡之责任。吾人深信人类不绝,公理永存,全世界十分之九以上之人类,皆为保卫其民族自由与正义和平而努力,侵略之终归覆灭,固无待于蓍龟。惟今日以前,吾人之牺牲奋斗,在于扫除侵入国境之日寇,而今日以后,且将与英、美、苏联以及世界上爱好正义和平之各友邦,共同一致,并肩作战,以彻底消灭人类之蟊贼,共奠世界永久之和平,我具有五千年历史文化及秉承三民主义以自救救世之中华民族,自兹更须负起空前重大之使命。今后吾人诚能奋发努力,不惟抗战目的得以完全达成,我国土主权,必得整个恢复,即世界正义之胜利,亦得以提早实现。否则如精神稍有怠弛,使日寇及其侵略轴心,得以延长其作恶之时间,则不唯无以对抗战以来英勇牺牲之军民先烈,亦更无以对共同奋斗并肩作战之友邦。临此存亡安危千钧一发之际,切望我全国军民,以悲愤壮烈之精神,十倍奋发其过去四年来坚苦战斗之意志,再接再厉,以完成吾人神圣之使命。我海内之军民同胞,务必认识我先圣先烈所传遗民族伟大之精神,务必认识我抗战成败对世界安危之关系,更须认识吾人今日之奋斗,对于后代子孙幸福及人类整个文明,有决定之力量。吾人过去之坚苦奋斗,已造成对倭抗战胜利之基础,而今日反侵略国家之利害成败,尤为呼吸一体。集中全世界百分九十之人力、物力,以与侵略者共同搏斗,吾人之阵营固更见雄伟,吾人之前途乃益见宏达,而吾人之任务亦弥见艰巨矣。吾全国同胞自今伊始,更须紧张严肃,重视责任之所在,各竭其能,各尽其责,不辞一切艰苦,不惜任何牺牲,绝对扫除苟安自私之心理,共作最大最后之奋斗,吾海外侨胞同为黄炎胄裔,应尽其赤诚,奋其伟力,各就其所在地区,贡献所有力量,协助友邦,消灭共同之公敌,造成祖国之荣誉。吾全国将士,更应切认今日为吾军人奋勉图报唯一重要之时机,亦为国家民族存亡荣辱之关头,宜更沉着坚忍,英勇奋发,以收获"九一八"以来血肉所造成之战果,而勿贻九仞一篑之讥。举国一致,同心协力,有进无退,有我无敌,以雪我国家十年之积耻,纾我被难同胞无限之奇辱,内以恢复领土主权,完成我抗战最初之目的,外以昌明国际正义,求得我中华民族振古未有之光荣,作始也简,将毕也巨,枢机在握,千载一时。惟我全国军民同胞发扬蹈厉,矢忠矢勇以赴之。

《先总统蒋公思想言论总集》第 37 卷,第 235—236 页

赫尔致高斯

华盛顿,1941 年 12 月 9 日

请将以下总统电文转交蒋介石委员长:

"日本首先背信弃义向美国进攻,然后宣战。国会现已宣布美国和日本处于战争状态。

中国在进行四年半反对掠夺成性的邻国武装侵略的英勇抗战中,已经意识到我国在原则上和实践中的同情。有许多国家受到日本和以日本为主要参与者的征服浪潮的威胁,中国正成为抵抗侵略行列中的一员。

这场斗争是不可能轻易、迅速地胜利结束的。这要求所有参加斗争的、已经和将要参加斗争的勇敢的人们,为了战胜敌人,而后建立公正和平的共同事业,集中力量,积极献身。我国能够与你和你领导的国家联合起来,引以为荣。我完全相信,我们和其他英勇国家的共同斗争将加强我们之间的传统友谊,并且通过你们,我们以及朋友们正在进行的个别和集体的抵抗努力,必将完全消灭无法无天的势力。"

FRUS,1941,Vol. 4,p. 739

赫尔致高斯电

华盛顿,1941 年 12 月 10 日

12 月 8 日下午 6 时你所发来的第 481 号电报已收悉。请将总统意见转告蒋委员长,对于蒋将军 12 月 8 日对你所表示的他和中国政府的态度,总统深为感激,并请说明,蒋将军所提出的建议,在此间已得到迅速的注意和周密的研究。

FRUS,1941,Vol.4,p.741

蒋介石致罗斯福

重庆,1941 年 12 月 10 日

际兹悲惨之时,美国亦遭诡诈侵略者之攻击,中国人民对于美国人民所曾给予之帮助与同情,重申谢忱。

为吾辈目前共同之战斗,中国将贡献其所能与其所有,愿与美国相联合,以待太平洋与全世界于暴力之灾祸及无穷之诡诈下获得解放也。

《战时外交》第 3 卷,第 44—45 页

艾登致卡尔

伦敦,1941 年 12 月 12 日

你的 12 月 8 日的第 633 号和 12 月 9 日的第 637 号电(关于蒋介石提出的结成联盟抗击轴心国的建议)均已收悉。请把下列答复转告蒋介石:

"我谨向阁下保证,我们热烈欢迎您勇敢的人民作为我们的盟友,与共同的敌人作斗争。首相在 12 月 11 日的议会发言(内容载于我 12 月 12 日拍发的第 840 号电报内)中也强调了这一点。

我对阁下的慷慨合作和人力物力上的援助也表示感谢,借此机会,我再次确认我国政府以前作过的在战争过程中尽全力援助中国的承诺。

我国政府将根据其他有关国家可能提出的建议,对阁下提出的签

订一个正式联盟条约的建议进行认真细致的考虑。……"

以下情况仅限你本人知道：我们欢迎中国人作为战争盟友，但不单独与敌人媾和的义务可能会给中国政府阻挠通过谈判实现和平的权利，所以你目前应谨慎地避免使我们承担这种义务。

至于苏联政府，我们不赞成他们对日宣战。因为我们的着眼点是，他们在目前的形势下应集中全力抗击德国。

FO436/11，第 848 号

斯大林致蒋介石
1941 年 12 月 12 日

蒋委员长勋鉴：阁下密电于昨日收到，拜读之余，深感厚意。本人认为太平洋上之反日阵线，一如贵国之抗日战争，两者同为整个反轴心国集团的阵线之一部分，在此整个反轴心集团的阵线之系统中，抗德阵线，具有决定之意义，盖现时之德国，实为轴心集团之主力也。苏联现负担抗德战争之主要任务，苏联在抗德战线上之胜利，将即为英、美、中对轴心集团之共同胜利。本人以为苏联之力量，目前似不宜分散于远东，因现在苏联军队已开始打击德军，此种力量之分散，足以减轻德军之困境也。敬恳阁下勿坚持苏联即刻对日宣战之主张。苏联当然必须与日本作战，因日本必将无条件的破坏中立条约，吾人应准备应付此种局面，但准备需要时间，因此之故，再恳阁下勿坚持苏联即刻对日宣战之主张为荷。

《战时外交》第 2 卷，第 391—392 页

蒋介石致斯大林
重庆，1941 年 12 月 17 日

史达林先生阁下：十二日尊电敬悉。电中所言贵国此时不宜即刻对日宣战一节，余自充分了解。且对阁下深远之见解与苏联对日之决心，至深钦佩。惟侵略轴心德国与日本所用之战略，无论东西，如出一

辙,即以闪电战先发制人,毁灭对方之海、空军与军事要点,使其不能还击,此观于此次太平洋上日寇对英、美之战而益显。现在英、美已陷于被动地位,欲打击敌人,已感相当之困难。余意此时惟有苏联能及早先发制人,则太平洋局势尚可挽救,而苏联在远东之现状乃可获得安全,否则如任令日本对苏联先施行突击,取得主动,而吾人居于被动,则远东反侵略阵线必陷于危境,乃至于不能收拾矣。余并得确息,德、义对美宣战,系以日寇允攻苏联为交换条件,俾德国可抽调兵力,一方攻土耳其以略近东,同时出扰地中海以分散英、美军力,此一消息特请阁下注意。吾人今日已面对共同之敌人,苏联之成败,即为中国之成败,亦即整个反侵略战线之成败。贵国对德英勇抗战,在欧洲已负担极重大之任务,余决不欲坚执己见,强贵国以加重负担。但日寇狡诈,至为可虑,苟吾人能争取时间,握得主动,使日本无法还手回击,则太平洋各国尚不致为其各个击破,此点想阁下必已熟虑及之,决不令日本取得机先,以致陷于被动也。兹为太平洋整个局势与吾人共同利害计,特将鄙人所过虑者再为详陈。并望阁下对余前次建议各友邦共同作战之具体方案各点示以尊见,至所切盼。

《战时外交》第 3 卷,第 68—69 页

2. 盟国间的军事合作与磋商

马格鲁德致蒋介石

重庆,1941 年 12 月 8 日

事由:组织中国空军混合联队。

1. 刍议

中国空军不久以后将接受新机一事已在拟议之中。这些新机比中国空军过去装备的飞机具有更高的性能,技术上也更为复杂。

飞机上安装的武器和无线电等附属设备都具有高技术和复杂性。因此,作为其飞行人员和维修人员都需对这些飞机具有专门知识和加

以专门照料，才能使这些飞机发挥其最大的作用。

为此需要采取措施，使配备这些新机的中国空军单位得到最富于经验，受过最佳训练的飞行人员和维修人员。还要采取措施高度强调对上述飞行人员及维修人员的飞行及维修训练。

为了使中国空军能最有效地使用这些新飞机，如何使空军充分发挥现有装备的最大战斗效果也至关重要。中国空军现有的飞机已足够配备少数几个飞行队。

将这些飞机集中在有限的几个飞行队里，中国空军就可以在最短的时间内获得最大的战斗作用。一开始选择的部队应包括一个混合空军联队，由一个驱逐机大队和一个轰炸机大队组成之。

委任美国军事顾问实属可行。

谨建议阁下向航空委员会发布基本内容如下的命令：

即日起迅速组织一个由中国空军驱逐机大队及一个轰炸机大队构成的混合空军联队。目标是为接收新装备而进行的准备性训练和及早发挥战斗作用。

根据我的要求，美国驻华军事代表团团长将委派若干名顾问协助实现本命令中所作的各项指示。

立即选派联队队长，其具体人选需经我批准。

上述联队各单位的飞行、指挥、维修、供给及参谋人员由联队司令官指派，应包括中国空军部队中最富经验及训练成绩最佳的人员。混合空军联队中正式授军官衔的人员名单需呈我批准。

在该混合联队组建及训练过程中，任何经美国高级航空顾问发现为不适合的人员，应立即调出并由其他经过挑选并批准的人员替补。

应将现存足够的飞机及附属装备拨给该混合空军联队以保证在任何时间均有全编制的飞机供各项飞行任务之用。同时并应提供维修和补给工作所需的最佳可能的设备和条件。

应赋予该混合联队以最大的飞行训练任务，飞行员每月至少应完成 20 小时的驾机飞行时间。

在该混合联队组建完毕后,所有留在空军内的人员和设备,应全编入若干飞行单位以便能继续飞行训练。

应制订奖励办法,凡服役混合联队成绩优秀者,在需要时可调至空军其他单位担任重要职务。同样,凡在空军其他单位中成绩优秀者,可以调进混合联队以示奖励。

今后混合联队的训练程序及完成训练的详细报告,每半个月报送美国高级空军顾问核阅。

Magruder Mission

马格鲁德与何应钦会谈备忘录
1941 年 12 月 10 日

1941 年 12 月 9 日下午 3 时,与军政部长何应钦将军举行会谈。

出席者:何应钦将军、英国陆军武官丹尼斯将军、马格鲁德将军、商震将军、中国第二厅厅长杨将军(海军)、中国第二厅副厅长刘将军、休斯中校(香港莫尔特比将军参谋部人员)、英国陆军副武官米乐少校、麦克莫兰上校、弗朗西斯中校、斯利内中校、姓名不详的六名中国参谋部人员。

何将军宣布,会议系遵照委员长指示召开,委员长已决定将中国的全部人力物力投入这场战争。会议不准备谈论理论问题,而是要订出实际措施。问题是,中国如何能有所帮助。与香港的防务合作已有计划,尚未付诸实施。他进一步说明问题的重点如下:1. 增援香港;2. 协助马来亚和缅甸;3. 交换情报;4. 美—英—中—俄协议。

他对增援香港一点强调说,将派三个军往广州方向,并已指示立即开始行动。在云南的部队已被命令作好准备。至本月末,可以开始重大行动。至此,他提出了皇家空军是否能进行协助的问题,如能协助,将派出多少架飞机。

至于对马来亚和缅甸的援助,他指出日本和泰国曾达成协议准许日军假道,由于这个原因,英国和中国之间应对保卫马来亚和缅甸的措施加以协调。

关于交换情报,他说杨将军将另作商讨。关于美—英—中—俄协议,他说这主要是一项政治事务,但各陆军武官和中国参谋人员将对此交换看法(在会谈中,对交换情报及美—英—中—俄协议均未作讨论)。

他然后请刚从香港来此出任驻第七战区联络官的休斯中校发表他对香港局势的看法。休斯中校讲述了星期日的空袭,声称英国部队已经部署,曾有几次侦察行动。

丹尼斯将军声称,香港的问题有两个方面:(1)消灭尽可能多的日军;(2)供应平民食品,这是更为困难的。中国方面的目标应当是从一侧威胁日军,并与香港守军会师,然后撤退无用的平民。这样做的目标是,进口食品,以便香港本岛无限期地守下去。其主要特点是:

(1)守住香港本岛,港岛防备非常坚固,只要食品不断即可抵抗。(2)开始在前线防守九龙半岛,然后,逐渐撤至九龙城附近一带,此处也是个非常坚固的据点。他认为中国方面应负责扫清九龙半岛的敌军及与英军会师,因为英军本身无力扫清这一地区。

接着刘将军声称,中国的计划是部署七个军,三个军进攻九龙半岛设法会师,三个军向广州运动防止日军增援,一个军留作广州地区的预备队,一个师对汕头进行频繁的游击活动。对九龙的攻击将是真正的攻击,小规模的行动将在 12 月 17 日左右开始。至 12 月底将有三个军在广九铁路一线作战,其他各军也将参加作战。他又说,委员长已命令第七战区立即将此项计划付诸实施。如果中国方面能再有一周到十天时间进行准备,到 12 月底进行有效的全面作战的可能性将大为提高。他似乎对迄今的准备情况感到满意。他并且说,敌军可能同时进行陆上和海上攻击,但如能守住九龙半岛,则海上攻击取得进展的可能性甚少。日本使用海军力量的第二个选择将是进行封锁。中国方面的需要主要是空中支援,他的想法是,应在九龙方面的准备完成时使用几个中队的飞机进行突然袭击。

丹尼斯将军声称,英国方面已有计划使用从中国各机场起飞的两中队轰炸机,汽油已在各机场,但炸弹尚未从缅甸运到。如果中国方面能提供运输,则炸弹可按时到位。运输这些炸弹需要三周时间。何将军说,中国方面将提供卡车,并问需要多少辆。丹尼斯将提供所需卡车数目的情报,至于轰炸机的实际供应一事,他又说需与在新加坡的总司令交涉,由他决定能否提供两个中队。他提出这样一个问题:如果美国方面不能提供轰炸机,中国方面实现在九龙会师的机会又将如何? 何将军答称,他无法预料有多大机会,但中国方面至少可以分散敌军。刘将军表示了他的看法,认为可以实现会师,但只有在确保空中支援的前提下这才是可能的。仅仅为了提高中国军队士气,他们也想要得到俯冲轰炸机。何将军说,无论如何,他们都要向前推进,有无空军都一样,并将设法将共同的计划付诸实施。

马格鲁德将军被要求发表意见。他声称,我国为解决在香港的局势提不出〔应〕作什么贡献,但他将建议进行在目前情况下能够进行的海空军支援。

谈话接着转向泰国和缅甸,何将军相信,日本人将攻打缅甸,中国的正确方针应该是从云南的普洱向印度支那运动,攻击他们的后方。他愿以一个军支援缅甸。但讨论的结果显示对印度支那北部的行动或许会在政治上促使法国人更加消极,他们与日本人的关系已经很糟,一有机会就会逃开。刘将军宣称在南部边界一线现有十一个军,在目前情况下需全部用上。他提到日本与泰国的过境协议,意在向缅甸进攻(他指出需要一个事先安排的计划和在一个司令官的指挥下作战)。他特别提出中国军队是否应向腊戍推进的问题。

丹尼斯将军谈论了在印度支那的法军问题,结果决定应当对法国人的态度加以肯定。在回答刘将军的问题时,他说需要中国以直接增援的方式和某些间接方式进行援助。至于直接援助,他问到是否能派出装备完全的部队并由中国补给,回答是:可以。中国方面提出,他们需要给这些部队配备大炮,回答是:现在缅甸并无大炮供他们使用。在普洱的兵力现为一个团,将增至一个师。英国方面无法保证在缅甸提供超过一个团的供应,并问中国是否能负责供应所提供的更多的部队。何将军指出从中国供应是个困难问题,须加以研究。

何应钦将军再一次强调需要有一个有效的合作方案,并想要知道英国到底想要什么性质的援助。丹尼斯将军回答称,他们需要来自普洱的一个师,如果可能,需要对印度支那的一次攻击。间接援助将会有很大价值,这就是在中国各地都施加压力来拖住日军。他提到小规模的进攻性侦察,游击活动,对日散布大反攻的谣言,对伪军进行宣传使日军对他们的忠诚感到担心。刘将军说,这些措施现在都已在实行之中。

马格鲁德将军同意丹尼斯将军关于间接支援的提议,并补充说应针对印度支那的土著部队进行宣传。最大的压力应是在印度支那坚持下去,日本军力已大大分散,在许多地方都有遭受有效进攻的危险。他不相信会有从陆地进攻缅甸的可能。最重要的是,应将尽可能多的在华日军拖在他们目前的阵地上。

丹尼斯将军提出了最后一点,他想要知道在发生对缅甸的攻击时对陈纳德的空军如何对待。他被告知,委员长已批准在发生这种情况时由英国人加以使用。

会谈于下于 5 点 30 分结束。

Magruder Mission

马格鲁德与蒋介石会谈备忘录
1941 年 12 月 10 日

委员长于下午 5 时在市内官邸召见马格鲁德将军及麦克莫兰上校并举行会谈。

出席者:委员长、蒋夫人、马格鲁德将军、商震将军、麦克莫兰上校、董显光先生。

在初步讨论当天战事消息后,委员长问马格鲁德将军是否已见到苏联代表团团长崔可夫将军,是否举行过会谈,他被告知会谈已于昨日举行。

委员长说,他也曾与崔可夫将军就苏联对日宣战一事作过谈话,昨夜苏联代表给他如下书面通知:"关于苏联宣战一事,我们应作出充分准备,并就苏俄、中国、美国与英国在战争中的合作拟订全面计划。我个人相信此项全面方案已在草拟,阁下当已知晓此事。"

至此委员长声称他对所述全面计划尚无所知,他解释通知的含义是:"在民主国家拟出联合行动的计划之前俄国将不会对日作战。"他不敢断定,崔可夫是否奉苏联政府之命给他这份通知,但认为崔可夫曾从其政府得到指示。

他继续说,全面计划应在美国的领导下拟出。马格鲁德将军称,他尚不知有任何这类计划。而委员长又一次指出重要性,并要求我国政府即着手拟订一项计划,使每个国家均知道它应如何行动。他说,即使像中、英两国地理上的利益如此密切相关,也还没有一项合作计划,而就中国而言,虽与英国并无协议,却也在派兵援助香港,他表示并不相信英国在缅甸不需要援助,并再次提出,对于远东似乎尚不存在领导或任何共同计划。

马格鲁德将军说,昨天与军政部长会谈时已讨论过合作的问题。

委员长回到他的没有联合进攻计划的论点,说印度支那对日本南进是如何重要,有必要对印度支那采取一致行动。他感到美国应该告诉英国和中国在太平洋须作些什么,并在拟订计划一事上担当领导。需要有一个中心,而美国正是合乎逻辑的中心,事情并不仅限于军事方面的考虑,也带有政治性,必须要有一个政治协议,由马格鲁德将军代表美国就地拟订出它的军事细节。

马格鲁德将军说,在没有得到确切指示前他不能立即充任领导,蒋夫人遂解释道,所谈到的是一个由美、英、中代表组成的委员会,用以协调战略和军事计划。

马格鲁德将军说,我们在当前局势下很少能有所作为,但却有必要作出长远计划来确保最终打败日本。

委员长非常诚恳地重提他的想法,指出应在西太平洋协调为战争作出一切努力,并加重语气说,如果不能在一周内作出计划,没有一个民主国家是可以参加重大战役的。他要求马格鲁德将军致电华盛顿,敦促立即制定计划,并说他将要求丹尼斯将军为他的政府做同样的事。他的想法是,在西太平洋的战略应是对付印度支那,那是最重要的日军基地。中国要否派兵进入印度支那,还是应置该处日军于不顾? 对在印度支那的法国政府应采取什么态度?

马格鲁德将军说,英国和美国的远东总司令是具有最后决定权的权威,他并且解释了他们的职能。又说,任何委员会都应有海军的代表参加。他说他将向华盛顿提出此事,并马上去拜访丹尼斯将军。委员长说丹尼斯将军于晚9时来访,他想要马格鲁德将军在会谈后就此事与丹尼斯将军一谈。

委员长说明他的观点如下:

1. 美国应为美、英、中、荷属东印度和俄国提出一个联合作战的全面计划。

2. 美国应立即,并在俄国参战前,担当起领导责任,为美、英、荷属东印度和中国着手拟订全面行动计划。

3. 联合拟订美—英—中—俄计划细节的地点应为重庆。

4. 最后应能达成美—英—中—荷—俄互助的军事条约。

5. 上述第三点的协商小组应尽快组成,因为到目前为止显然尚未进行会谈。

马格鲁德将军称,他认为已经举行过的各次会议或许可被认为是会谈的开始,但委员长说,关于中心(美国)的问题在会谈中尚未作出决定。他再次说明他仍以为军事会谈的地点应以重庆最为相宜。

会谈于晚7时结束。

Magruder Mission

蒋介石致宋子文

重庆,1941 年 12 月 10 日

宋子文先生:新加坡英主力舰两艘,今日确被炸沉,英远东舰队可说已完全消失,中前日向英、美驻渝军事代表提议:一、中、英、美、荷四国应速制定联合作战的整个计划,以便行动一致。二、四国应速成立联合指挥部或军事委员会,其地点在重庆,由美国为领导者,派员指挥,或先为委员制,协议一切,决定共同作战之行动。三、四国应速成立军事同盟协定,并不许单独媾和。四、并请苏联随时加入。以上各点已属其各代表电告其政府,请其一星期内决定实施办法,否则不成其为作战行动,必被轴心团结一致者各个击破也。又俄总顾问今来表示,据其个人意见,苏对日宣战不过为时间与手续问题,但须先商定中、美、英、苏有整个作战计划,方能明白表示其态度等语。此与其前日所表示对英、美怀疑不满之态度,完全不同,是否其政府有意属其对中表示此意,或其另有作用,皆不能臆断。然我中、美、英对日至今尚无具体计划与团结一致之行动,是使稍有军事常识者莫不寒心,如使轴心知我民主阵线之内容如此散漫零乱,不仅为其窃笑而已。请以此意向美当局转达,并望其速成也。中正手启。蒸。

《战时外交》第 3 卷,第 52—53 页

汉密尔顿①致赫尔备忘录

华盛顿,1941 年 12 月 12 日

国务卿先生:

我们认为,改善太平洋地区总的军事形势的最好和最可行的办法是立即采取如下措施:

1. 在重庆建立由美国、英国、荷兰和中国代表组成的联合战略委员

---

① 时任美国务院远东司司长。

会,以一美国人为这个战略委员会主席,它将听取蒋介石的建议。

2. 努力促使中国政府迅速发起一个"打了就跑"的全面攻势,其目标是使日本投入其大部分军队于中国。

3. 立即与中国、荷兰、英国以及其它已经对日宣战的政府,达成在对日战争中互相援助和合作的协定,以及每一有关政府绝不对日单独媾和的决定(出于政治原因,后一条建议也许必须在某些方面加以限定)。

4. 与各个对德、意战争有关的国家包括俄国,达成类似的协议。

5. 在征得中国的同意后,把现在缅甸的美国志愿航空队归并纳入美国军队建制,令其与中国军队协同作战。

我们认为,对美国政府来说,促使中国发起一个全面攻势的最好机会就是立即采取有关步骤,正式把中国认作为一个有完全资格的伙伴,这将"给面子"于中国人。为此目的,重庆被提议作为战略委员会的所在地。为进一步达成此目标,我们建议美国应迅速派出一个政治战略使团到重庆,并由美国政府请求英国、荷兰、澳大利亚,以及加拿大政府派出类似的使团,其它国家亦可同样出席此会。

我们建议,这样的政治战略使团应由一著名人士率领,诸如威尔基先生①和麦克纳特先生②。这个使团的军事成员将出任战略委员会的主席,我们建议由约瑟夫·史迪威少将担任此职(为此他可被任命为中将或四星上将),他在中国有着长期的经历。我们还希望亚内尔海军上将③能成为这个委员会的一个成员。

我们相信,如果中国发起一个全面攻势,这将把现在已在那儿的日本军队牵制在中国,并将对苏联对日采取敌对行动产生极为有利的影响。

FRUS,1941,Vol.4,pp.744-745

---

① 1940 年共和党总统候选人——原注。

② 联邦安全署署长——原注。

③ 美国亚洲舰队司令——原注。

胡适致蒋介石

华盛顿,1941 年 12 月 13 日

密。七十二、七十五、七十九号电均悉。适昨与外部专家谈,今晨访外长,均谈此二事。外长谓太平洋联合指挥部之重要,彼甚同意,已与总统及陆军部长等屡次商谈,当力促其早日实现。……适。

《战时外交》第 3 卷,第 58 页

罗斯福致蒋介石①

我认为,立即采取步骤为抗击我们共同敌人的行动作好准备是至关重要的,为此我谨建议由你于 12 月 17 日以前在重庆召开联合军事会议以交流情报,并且考虑采取陆上和海上的军事行动,尤其是在东亚方面,以便最有效地实现打败日本及其盟国的目的。

我建议,参加会议人员,包括中国、英国、荷兰、美国、苏联的代表。我打算立即指派乔治·布雷特少将②作为美国代表,由约翰·马格鲁德准将为其助手。

我考虑,这次会议要制定一项具体的初步计划,该计划于 12 月 20 日星期六以密件送到我处。

同时,苏联、英国及荷兰等国代表也以绝密方式将计划转交其各自政府。

当你们在重庆召开这次初步会议时,我即要求英国在新加坡举行军事及海军会议,由中国、美国及荷兰军官参加,他们将依据各自对南部地区形势的观点报告行动计划。

我还同时请求斯大林在莫斯科与中国、美国及英国的代表举行会谈,以便我能够获得他作为北方的观点。

这些估计和建议将使我们大家对共同问题都能有一个相同的完整

---

① 原件无日期,似应为 1941 年 12 月 14 日。
② George. H. Brett,美国空军少将。

图象。

我大胆地期望,这些初步会议,特别是在重庆的会议,将导致建立一个永久性机构以计划和指导我们的联合行动。

我正在尽力继续我们对你们的物资供应,并设法增加供应。

FRUS,1941,Vol.4,pp.751–752

高斯致赫尔

重庆,1941 年 12 月 14 日

编号 494。

对于过去一周发生的事件,此间官方和舆论界的反映及态度主要有三类(1. 对我们进入对日战争欢欣鼓舞,此点基于对我们及早胜利的希望,尽管有最初不利的消息。2. 对组成 ABCD① 统一阵线和联合行动计划的坚持。3. 对俄国立即对日开战的不合理的过分要求)。有迹象表明存在着一种使人遗憾的趋势,它以需要中国的进一步的军事努力而自鸣得意。但是,有相当多的自由报刊现在正主张对已经减少的在华日军开展及早的攻击。

马格鲁德最近已向陆军部去电报告他与蒋介石关于军事事务的会谈,我想,那些电报的内容国务院也已知晓了吧。

我认为蒋介石也许不是故意地骗人的,他声称中国在斗争中的作用是完全可以信赖的。在我看来,他的计划多少有些不现实,这来源于关于他和中国的作用的“象牙塔”观念或某些自以为是。我并不认为他的军事顾问们对于全面的联合行动具有他那样的热情。就实际形势而言,他的在重庆设立总指挥部以计划和指导远东战略的建议,显然是不切实际的。但是,一定程度上满足他的要求,在重庆建立联合军事会议,似乎是可行的,以此交流情报和计划(虽然是周密的必需的防卫计划),并巧妙地鼓励和指导中国人对在华日军的军事行动。

---

① 即美、英、中、荷四国。

中国军队缺少进取精神、训练、装备以及发动任何较大的军事攻势或远征所必需的物资供应。但是,我认为,它可以被用来有效地在全国骚扰日军,攻击其通讯和交通线,孤立小部敌军,以及在一定程度上保卫中国国土。国土的收复将会对中国的士气和经济形势产生有利影响。

在我看来,我们在中国的问题是:(1)使中国军队对在华日军采取积极行动。(2)维持和鼓励中国人民的士气。(3)帮助制止经济混乱的趋势。

第(1)点应该是建议成立中的军事委员会的责任。关于第(2)点,我认为迫切需要有一个情报服务中心,在此间挑选合格人员处理和传播情报。关于第(3)点,我们可能有必要给予中国某种形式上的财政援助,以支持政府的信誉,并以鼓励消费商品的小规模生产。

FRUS,1941,Vol. 4,pp. 753-754

艾登致卡尔
伦敦,1941 年 12 月 14 日

你 12 月 11 日的第 653 和 655 号电报(转述蒋介石提出的协调作战行动的建议)业已收到。

以前我们更愿意在重庆与中国人单独协商的原因有以下几条:除显而易见的政治考虑外,另一个原因是,新加坡的会谈①是与当地的军事和空中合作以及有关海军对日作战的广泛问题密切相关的。此外还有走漏消息的危险(参阅下面第 5 段)。然而,我们无须追究过去的一切细节。显然在新的形势下,我们必须与蒋介石全面讨论共同的战略。关于合作的必要性问题,我们完全同意他的看法。当我们与美国和荷兰政府协商之后,我们无疑会提出其他建议。关于指挥系统的调整问

---

① 1941 年 4 月下旬,英、美、荷三国军事代表在新加坡会晤,商讨应付日本进攻东南亚地区的对策,酝酿共同防御计划,英、荷代表要美国派海军来新加坡威慑日本。

题,我们认为应该由印度驻军总司令韦维尔将军处理一切具体的军事问题(如中国军队可能进攻的地点等)。

现在,印度驻军总司令已从远东驻军总司令手中接管了一些职责:指挥缅甸的军事行动,与蒋介石军事指挥人员进行军事联络和战略协调。

在那份你的武官受命转呈蒋介石的电报中,你将看到,印度驻军总司令已应邀前去拜见蒋介石,要求尽快交换高级军官,以使我们两国的军队协调行动。这也许会涉及蒋介石和你本人提出的与新加坡交换军官的建议。但是如果蒋介石仍然希望在新加坡有一个观察员,我们应表示欢迎,不过,首先须在下面一段中作出适当说明。

关于在重庆设立战争委员会的建议,我们准备与美国和荷兰政府共同考虑一下是否需要任何特别机构。我们赞成在重庆全面交流情报和观点。我们希望,从新加坡派遣格里姆斯德尔(Grimsdale)准将取代丹尼斯将军(现为204使团团长)任驻华武官能够促进这种交流。你会认识到,重庆并非指挥远东地区盟军作战的合适地点,但我们认为蒋介石不会这么看。

下面的信息限你本人知道:我们通过丹尼斯将军在重庆进行单独谈判的主要原因是担心泄露消息。这个考虑仍然十分重要。我们知道日本人在重庆利用中国人作间谍,可以获取有价值的情报。另一个危险是,他们也许能够看到中国的电报。所以,如果蒋介石接受印度驻军总司令交换军官的建议,并希望向新加坡派一位观察员的话,我们应建议他指派可靠的私人代表,直接向他本人汇报。

请尽你所能消除我们想把蒋介石晾在一边的印象,这种印象与事实相去甚远。

FO436/11,第854号

艾登致蒋介石

1941 年 12 月 14 日

登愿即为阁下郑重告言,吾人欢迎英勇之中国人民于此战斗中,为其抵抗共同敌人之盟友。关于此点,首相已于十二月十一日在下院演说中郑重申述,其演说内容,已详于另一电内(此电尚未收到)。登对阁下之慨然合作,与提供人力、物力之援助,谨表谢忱,并愿乘此机会,重申英国政府以前之诺言,对于中国之继续抗战,当尽吾人之所能,以相协助。阁下建议结缔正式同盟,英国政府当予以慎重与同情之考虑,并将(似有脱漏)有关各国政府之意见。

《战时外交》第 3 卷,第 60 页

罗斯福致斯大林

1941 年 12 月 16 日收到

在我看来,为了不仅为今后数周内的联合作战,而且为最后打败希特勒主义的共同行动奠定基础,立即采取措施是极端重要的。我本来很想同您见面亲自谈一谈,但是既然在目前这样做不可能,所以我打算采取三项先行步骤,希望这些步骤将导致较为固定的共同规划工作。

1. 我正在向蒋介石委员长建议,立即在重庆召开一次由中国、苏联、荷兰和美国代表参加的会议。这批代表至迟应在 12 月 17 日以前开会,并在 12 月 20 日星期六以前将会议结果绝对机密地报告给本国政府。这必能使我们从重庆的角度对共同问题获得初步的了解。

2. 我正在要求英国人在新加坡召开一次海军会议,希望会议能在 12 月 20 日星期六以前提出主要从在南方地区作战的角度编写的报告。

3. 如果您能同美国、英国和中国驻莫斯科大使亲自交谈一次,并且在 20 日星期六以前把您对整个问题的建议通知我,我将非常高兴。

《斯大林同罗斯福和杜鲁门的通信》,第 12—13 页

马格鲁德与蒋介石会谈备忘录

1941 年 12 月 15 日

应我方要求,委员长于下午 5 时在市内官邸接见了马格鲁德将军与麦克莫兰上校。

出席者:委员长、蒋介石夫人、马格鲁德将军、麦克莫兰上校、董显光先生(译员)。

到达委员长住所时,我们得知英国大使及武官也与委员长相约于下午 5 时会见,并且邀请我们出席参加。马格鲁德将军向董显光先生解释说他想先与委员长私下交谈,但也愿在英国人在场时留下继续会谈。

马格鲁德将军向委员长宣读了陆军部长的一封信,对美国的合作提出了保证,并通知委员长,布雷特将军已在来重庆途中,此来目的为与委员长讨论在中国部署一支空军部队的可能性。看得出委员长对这封信和有关布雷特将军的消息感到高兴,要马格鲁德将军以他的名义对布雷特将军表示欢迎。

马格鲁德将军接着问及对两项建议采取了什么行动。第一项建议是关于改组空军的,第二项是关于专门任命一个官长来负责中国在缅甸的利益。

委员长答称,他已大体按我们的建议发出有关这两件事的命令。

此时英国人来到,下列人员加入了会谈:

英国大使卡尔爵士、英国陆军武官丹尼斯将军、英国空军武官沃伯顿中校①、商震将军、委员长秘书李先生。

丹尼斯将军向委员长宣读了发自伦敦的参谋长和驻远东司令官的两封私人电报。他然后提出了允许陈纳德的部队留在缅甸的问题,并提到委员长已命令将他们按原计划调往云南的事。委员长说他屡次得到陈纳德的来电,报告当地的情报网非常不完整,致使他担心他的飞机

---

① Warborton.

将在地面上被毁。他因此决定命他的部队暂时移驻云南,当他确信情报工作有效地开展时,他愿将其派回。丹尼斯将军称,陈纳德的航空队可能是被中国良好的警报网宠坏了,在缅甸很难指望有在中国那样的充分警报。

委员长重复说,他不想让他的飞机在地面上遭到轰炸。丹尼斯将军答称,陈纳德的几个中队似乎已在进行作战,他报告说,在仰光的一个中队曾在两天前于接到警报后升空,日本轰炸机未作接触即返航。

委员长说,他曾得到关于这次飞行的报告,在他看来,这正强调了必须有一个警报网来避免地面上的损失,并再次说这些机队在有一个有效的警报网时将回到缅甸。

英国大使称缅甸的防御计划是以已有充分的空中支援为前提的。目前的情况是空中支援很少,因为原来指望来自马来亚的支援并未实现。现在只剩下一个战斗机中队,在马来亚的许多飞机在第一天就都被毁了,轰炸机则完全没有。如果陈纳德的部队调走,缅甸将陷于危险的局势。他指出缅甸必须守住。这既是中国的防御需要,也是英国的防御需要。今后的四周将是关键时期,他再次强调陈纳德的战斗机在此时期应在左右相助。

接着丹尼斯将军被要求对缅甸的军事形势作一概括,在作完军事小结后,他逐项列出了英国方面建议采取的措施:

(1)重新考虑撤回陈纳德机队的命令。

(2)准许更多的中国部队进入缅甸,指定一个师及留在普洱的一个团应在萨尔温江后面成为预备队。

(3)通知昆明地区的另一个师作好准备,在必要时出动。

(4)将下列中国在缅甸的租借物资转入英国帐户:

(a)75毫米榴弹炮,(b)布朗式轻机枪,(c)口径50毫米防空机枪,(d)无线电,(e)汽车。

委员长说对于租借物资的转移,他必须与军政部长商量。他又说,他愿意再提供一个师,甚至一个军。关于通知在昆明的一个师作好准

备的建议他可以批准。他接着说,在他的心目中,提供充分数量的中国
部队全无问题,但对他们的使用需要有个全面的计划。点点滴滴地挤
出小数量的部队是没有用处的,从车里①出发的一个团已向缅甸移动,
但对在它到达后如何使用尚无任何计划。然后他说,除了在菲律宾群
岛的战斗,在南海的其余作战行动只有二个战略目标——不惜一切代
价保卫新加坡。迄今为止的军事安排看来是无计划的。他接着建议明
确划出缅甸的一个部分由中国部队防守。在研究防御形势、说明中国
应供应什么之后,中国愿意提供足够的部队完成缅甸的防御,而如果划
出一部分由中国防御,他将负责这个部分的防御。在南太平洋地区,他
的看法是,各民主国家的一切力量应首先用于固守新加坡,其次用于缅
甸的防御。

蒋夫人插话说,委员长对太平洋防务的各项计划一无所知,他必须
知道这些计划。如果没有计划,必须立即制定一个;如一再延误,缅甸
即有丧失的危险。

马格鲁德将军提到我们提出的组成一个计划委员会的建议,及陆
军部长关于最近将来组成这样一个委员会的答复。丹尼斯将军说他得
到的消息是,现在负责全面协调英国在亚洲事务的韦维尔②将军正派
出一位军官来重庆讨论各项计划的协调问题。

委员长指出,各盟国迄今的态度过于消极,他声称,如果我们不立即
攻打印度支那,我们的态度将只能被认为是过于消极,现在还全然没有
如何对付暹罗和印度支那的计划。他感到如果有一项好的计划,中国、
英国和美国即能肃清印度支那。他认为现在仍有时间来采取一致行动。

委员长接着告诉我们他已得到斯大林先生对他 12 月 9 日电报的
答复。实质上,这项回答声称太平洋战争与欧洲战争是不可分的。预
料日本将突然废除与俄国的现行中立条约,并在第一个有利时机进攻

---

① Cheli,音译。
② Archibald Wavell,亦作卫佛尔。

俄国,俄国和日本终必将交战,但在此之前,俄国必须进行充分准备。需要有应付这一局势的全面计划,以便在适当的时刻立即采取行动。还须更多的时间进行准备,因为与德国的战争会妨碍将任何部队派往远东。斯大林先生最后在结尾时要求委员长目前不要迫使他对日宣战。

会议于晚 6 时 30 分结束。

Magruder Mission

马格鲁德与蒋介石会谈备忘录
1941 年 12 月 16 日

马格鲁德将军要求立即与委员长会谈,在麦克莫兰上校陪同下,于下午 1 时 15 分往访委员长于其市内官邸。

出席者:委员长、马格鲁德将军、麦克莫兰上校、董显光先生(译员)。

马格鲁德将军向委员长宣读了罗斯福总统昨夜来电的释义,内容为关于在目前这场战争中在重庆、新加坡和莫斯科会商协调盟国行动事。他解释说电报电文非常不清楚,部分仍在翻译中,但感到总统要求之紧急,须立即呈送委员长。

委员长称,他将按罗斯福总统的要求,立即在重庆召集一次会商,并要马格鲁德将军将会商的一般性质通知英国陆军武官和军政部长。

作出的安排是:初步会谈可于有关各国在重庆的代表之间进行,他特别要求马格鲁德将军为初步会议拟定日程。马格鲁德将军答应承担拟定日程的工作,并答应将电报的全部释义尽快送交董先生。

委员长邀请明晚 7 时 30 分参加晚宴,在座者将包括丹尼斯将军、马格鲁德将军及麦克莫兰上校。他表示他希望能将已有的问题加以非正式讨论并交换意见。

会谈于下午 1 时 45 分结束。

Magruder Mission

马格鲁德与蒋介石会谈备忘录

1941年12月18日

委员长邀请马格鲁德将军及麦克莫兰上校于1941年12月17日在其市内官邸共进晚餐。

出席者:委员长、苏联军事代表团团长崔可夫将军、英国军事代表团团长丹尼斯将军、马格鲁德将军、何应钦将军、副参谋长刘将军、空军司令周将军、商震将军、英国空军武官沃伯顿中校、麦克莫兰上校、董显光先生(译员)、苏联大使馆参赞(姓名不详)、委员长秘书李先生。

委员长解释说,他收到罗斯福总统一封电报,要他在重庆召集一次军事会议,他必须在12月20日前回复罗斯福总统,时间过短,只能立即进行非正式的讨论,并从各有关政府获得相应代表的任命。

马格鲁德将军称,在仅有的短时间内,罗斯福总统亦只能得到委员长的一些建议,具体计划须留待以后再说。

崔可夫将军称,他须获得本国政府的指示,将立即发出电报。

委员长说当晚的会议只是为了交换意见,他将提出一些建议,由在座的各位代表与他们的政府研究。然后他提出了下面的建议:

1. 成立一个组织来协调军事行动,暂时称作军事代表会议或有关五国参谋总部,将来称作军事委员会。

2. 军事联席会议的时间和地点。地点:重庆;时间:不定期。

3. 美国的首席代表将负责这一组织。

4. 这一组织的职能如下:

(a)远东各战区之协调。

(b)西欧与远东整个局势的研究及来自各战区情报的分发。

(c)太平洋作战全面计划总纲的讨论与决定。

(d)美国、英国、中国及荷兰联合防御新加坡、菲律宾群岛、香港、缅甸及荷属东印度的具体计划之迅速决定。

(e)按照(c)点之建议,制定在各战区的作战计划。如:(1)中国及英国地面部队的作战计划;(2)中国及苏联地面部队的将来作战计划;

(3)中国及美国部队的地面及空中作战计划。

(f)使本组织能为各战区总司令提供咨询。

(g)分配得自租借法的供应物资,就其性质及数量作出决定。

(h)在有关各国及在各战区共同使用运输及通讯设施:(1)建造一条中—印公路,中英双方分别负责在规定时期内完成各自路段;(2)增加中苏之间的陆、空运输设施;(3)在加尔各答与萨地亚之间建立一条空中运输线以与西昌和昆明联接;(4)早日由美国提供足够数量的空中运输飞机;(5)在各战区间建立通讯联络系统,包括建设新的无线和有线通讯线路。

(i)在各有关国家内共同使用一切海军和空军基地及其设施,并建设新的空军基地。

(j)制定有关印度支那与泰国的军事和外交政策及推行这些政策的具体计划。

马格鲁德将军谈及由美国人担任主席一事,建议主席总是应由官阶最高的军官担任。由于美国在亚洲的利益最小,似乎以接受担任秘书处职务为好,不宜出任主席。

委员长说主席可于每次会议开始时任命,但他希望无论如何美国都应担当重要角色。

马格鲁德将军说,美国一心想起到积极作用,但主席通常应是官阶最高的人。

委员长说,他认为主席仅是一种形式,并声称他期望美国通过秘书处来主持一切。他接着要求大家对具体建议表示意见。

马格鲁德将军表示,一般说来他是同意的,并说,他还处于事先了解委员长愿望的有利地位,他感到非常需要经过协调的计划,这样各有关政府和各总司令就都完全知道正在做的是什么。他完全赞成军事行动应当加以协调,除了地区性的会商以外,还应有一个最高作战委员会,各地区性会商应向这个委员会负责。

委员长说最高作战委员会应设在华盛顿,马格鲁德将军答称,华盛顿是个合适的地方，因为它有良好的通讯设备并且远离各主要战区。丹尼斯将军同意设在华盛顿是合适的。

崔可夫将军说，中国和南太平洋应作为一个问题考虑并提出是否有必要在新加坡和重庆都设一个委员会的问题，建议也许只需要一个委员会。

马格鲁德将军称，也许最好以后将在新加坡和重庆的会商加以合并。

崔可夫将军想要知道委员长是否总能出席会议，他被告知将有中国代表被指定来参加会议。他指派何应钦将军为首席代表，商震将军和徐将军①为另外的代表。

丹尼斯将军一般言之对各项建议表示同意，但说他须报告他的总司令，并称他实际上已这样作了。他感到目前新加坡和重庆的会商应分别进行，因为新加坡会商主要是海军方面的。

马格鲁德将军再次指出各地的会商都是互相关联，为的是同一目标，即一切都是为了赢得战争需采取的必要步骤，委员长同意这样的估价。

在晚宴席上，我从空军司令周将军处得知委员长已同意将陈纳德的一个中队留在仰光。另外两个中队将于明天或后天飞往昆明。

会议于晚 11 时结束。

Magruder Mission

蒋介石致宋子文

重庆，1941 年 12 月 19 日

宋子文先生：十七日约美、英、苏军事代表在渝初步讨论之纲领如下，已属各代表转达各该国政府，但未接其政府复电以前，暂不作决议也。五国军事代表会议大纲：

---

① Shu，疑为徐永昌。

一、设立联合作战机构,其名称为军事代表会议或参谋团。

二、集会地点:重庆。

三、由美国总代表主持之。

四、任务如下:

甲、关于远东各战区之联系。

乙、研究全般情况(西欧、远东)并转达各战区之情报。

丙、商定英、美、苏、荷、中五国对太平洋整个作战计划纲要。

丁、迅速决定英、美、荷、中共同保卫星嘉坡、菲律滨、香港、缅甸、荷印具体计划。

戊、根据丙项拟定各战区内作战方案:子、英中两国陆军作战计划。丑、苏中两国陆军作战计划。寅、美中两国陆、空军作战计划。

己、备各战区指挥之咨询。

庚、租借案物资之分配及其数量与性质。

辛、交通运输及通信线之设备:子、开辟中印公路,由中英共同负责,分段限期完成。丑、中苏间陆上与空中运输设备之加强。寅、美国拨给运输飞机之计划。卯、航空运输线之设立,由加尔各答与塞地亚通西昌与昆明之运线。辰、各战区间通讯网之设立,增设有线、无线电新线。

壬、各国间空军根据地之相互利用与设备,以及建设新空军根据地。

癸、对越南与泰国之军事外交方针及具体计划。

中正谒

《战时外交》第3卷,第74页

马格鲁德与蒋介石会谈备忘录
1941 年 12 月 23 日

委员长于 1941 年 12 月 22 日下午 9 时召集参加联合军事会商人员举行会谈。会议在他的市内官邸举行。

出席者:委员长、韦维尔将军、布雷特将军、卡尔爵士、何应钦将军、马格鲁德将军、丹尼斯将军、霍伊特上校、麦克莫兰上校、韦维尔将军副官斯科特上尉、董显光先生(译员)、委员长秘书李先生。

委员长宣布明天将举行下列会议,商定在远东的联合行动:

上午 9 时与何应钦将军的会议;下午 4 时——与委员长的会议。

韦维尔将军提出他很少得有时间处理此事,希望能与丹尼斯将军在 9 时先作初步商谈,建议上午的会议改在上午 11 时举行。

委员长同意此项建议并宣布会议将在国民政府军事委员会举行,他提出下列想法作为考虑的议题:(1)所有反侵略国家的战略;(2)罗斯福总统要求同时举行三个会议。

委员长认为三个会议的总部应在华盛顿。他建议在决定了这两点之后,还应对中、英在远东的战略和美、中空中和地面部队的合作作出决定。最后,应当制定出美、英、中、荷四国在太平洋地区的共同战略。

韦维尔将军的意见是这个会议不能决定大的战略,只能讨论一些事项和记录看法。当前的目标应是决定总的空中战略,汇集共同资源和防守缅甸。他感到这些问题应在重庆解决。会议应将大部分时间用于这些问题。他指出中国和英国的共同利益要求联合防守缅甸和新加坡。

布雷特将军同意韦维尔将军的意见,除了说长远计划有其需要外,没有提出其他意见。

韦维尔将军说,他想要求委员长在他的印度司令部中指定一位高级军官作为联络官,而丹尼斯将军在重庆作为他的代表。如有需要,他愿意再派一位军官参加计划会议。

委员长说他在缅甸已有一位高级军官,如印度也需要一位,他将派出这样的军官。

在回答韦维尔将军的一项意见时,委员长批准中国在缅甸的代表可不时去韦维尔在德里的司令部。

委员长又一次重提须有一个永久性的司令部的问题,他表明他的意见说,这个负责在政治上和军事上指挥联合行动的永久性司令部应设在华盛顿。他希望会议讨论这件事并提出行动建议。他还要求对太平洋战略采取一些行动,并对作出的任何计划都要得到各国政府的批准表示理解。

韦维尔将军指出,这些事项似乎超出了当地会商的权限,他说将由一个最高委员会就各参加国的总战略制定一项计划。一个当地会议显然不能作出任何具有约束力的决定。

委员长重复说明会议可以提出建议,由有关各国政府作出决定,或至少提供意见。他接着直接要求韦维尔将军提出一项英国和中国在远东进行合作的作战计划。

韦维尔将军指出他负责缅甸只有几天,在此之前缅甸不在他指挥地区之内,因此他从未作出过与中国部队协同作战的任何计划。只是在宣战以后他才对缅甸负责,而他对与中国制定共同计划还未有打算。他指出,即使在目前,在远东的作战责任区还分属于新加坡的总司令和他两人。他最后表示他希望与中国方面协调计划。

委员长指出了暹罗是否属于韦维尔将军指挥范围的问题,韦维尔将军答称,如果为了保卫缅甸的需要,他可以攻打暹罗。委员长的意见是:最紧迫的问题是中国和印度部队进行合作攻打暹罗,这将有助于新加坡的防守。

韦维尔将军同意这项建议,表示需要进行大量的计划和准备工作,任何联合行动都需要一个共同的基地,就这件事而言就是仰光,所以保卫仰光是至为必要的。建立一个稳固的基地是任何进攻作战的先决条件。如果缅甸遭到攻击,他建议应尽可能进行防御,保住阵地,以后再行进攻。

委员长问布雷特将军有什么意见。布雷特将军建议设立作战基地,并开始空军行动以扰乱日军的交通线。他说地图清楚地显示这可以从缅甸的基地进行,比从任何其他地方都好。

委员长请布雷特表示对中美在远东合作的想法,布雷特将军答称,他还没有肯定的想法，只不过联合空中行动看来是非常可取的。

会议于晚 10 时结束。

Magruder Mission

中美英澳联席军事会议记录（摘要）

重庆,1941 年 12 月 23 日

时间：三十年十二月二十三日下午四时

地点：委员长官舍

出席者：委座夫妇、何总长应钦、徐部长永昌、商主任震、刘次长为章、周主任至柔、毛总指挥邦初、澳洲公使爱格斯登、卫佛尔将军、勃兰德将军、马格鲁德将军、戴尼斯将军……

（卫）今晨讨论者，计分三点：（一）空军在缅甸最妥善之分配与行动。（二）拨用一部分中国在缅甸之租借法案器材为保卫缅甸之用。（三）中国军队协助保卫缅甸。予意，仰光与缅甸之防卫至关重要，仰光根据地与缅甸境内之交通线实有确保其安全之必要。今晨开会时勃兰德将军报告空军现状，亦云确保根据地之安全，为空军活动最重要之先决问题。将军复言，目前在缅甸之空军，应于此时努力加强其实力，及缅甸国防巩固之后，此项努力即可扩展至中国，以备其向日本目的物进攻。故予建议在缅甸建立强有力之空军，此议勃兰德将军表示赞同。……

（卫）本人所要求者，只为调派美国志愿空军一中队，其余中国空军仍可用以协助他处中国军队。

本人第二建议，为拨用一部分今在缅甸境内之器材问题。深信确保仰光与滇缅公路之安全，实为中、英二国之共同利益，故必商定防卫缅甸之具体办法。缅甸方面，器材之短缺甚多，例如，完成警报网必需之电话器材、高射炮、马达、运输车辆，以及修理飞机及卡车之工具及材料等，皆所急需。闻租借法案项下之供给中，适有此类器材，故决向中国军队商请拨用。今已拟具清单一纸，拟请尽先将现已运到者拨一部

分备用。深知中国方面需用亦甚急迫，此项请求，或求惠过多，惟念保卫缅甸之重要性，中国亦有同感，或不致斥为狂妄。今日借拨之后，异日自当设法归还也。

（马）本国军政部已授权本人，取得中国方面同意之后，得将中国租借案器材移转他国。换言之，办理移转之时，本人将管理簿记，将此项器材转入接受国家之名下。

（卫）本人建议由马格鲁德将军或其代表，会同中国方面代表及余之代表，组织一小组委员会考核该项清单，决定存货中若何种类及数量可以拨作保卫缅甸之用。

本人第三建议，为中国派部队入缅之直接援助。本人在今晨会议中报告，由泰国至缅甸边境之道路为数既寡且甚崎岖，可以用者，南北各一耳。故在公路交通未改善前，不论为守为攻，皆有不能出动大规模部队之困难。因之，除自有交通路线联接其本国国土之地区以外，欲使联军部队分别划定各自之防区实感困难。最近九十三师之一团派赴东缅之孟扬，布局至当，因其地位既可攻敌方由泰国进犯时之东侧，同时又自有交通线联接中国。本人视此一团为有价值之贡献，亟盼钧座能将其实力由一团增至一师。至第四十九师之一团，今在北缅畹町，此亦一有用之后备部队。钧座又称，可续增部队至一军或两军之数，盛意至感，惟如何可以使其有隔别防区及交通路线，则困难至难解决，结果恐难免不与英国部队混合作战，此又为亟应避免者。今晨会议时，本人复报告，已由印度调部队增援缅甸，不久当可到达。窃意印度增援部队到达之后，益以中国业已允派之部队，当可以之保卫缅甸，不需再请中国增援矣。

……

（委座）予所拟建议，本会既无详细讨论之时间，当另行单独送交总统。今请勃兰德将军宣读其四点建议。（勃宣读后）予愿确知，此后中国战线，究将如何支持？迄今为止，讨论中心皆集中于保卫缅甸，未闻一言及支持中国战线者。中国单独抗战已四年有半，今并其取得新器材之可能亦将消失矣！

（勃）钧座可向总统声明继续抗战之决心，此即为需要新增供给之表示。惟缅甸如入敌人之手，美国供给亦无从运华，此点亦应细察。至本人所提建议，拟加入"应考虑支持中国战线"一节。

（委座）中国如不能支持其战线，全部保卫缅甸之计划亦将瓦解。予确认保卫缅甸自有其价值，惟租借法案器材，中国自有其应享之权利，亦望勿加忽视。

（卫）倘钧座以为我方拨用租借法案器材，对中国国防有不利之影响，本人愿竭自有物资以卫缅甸。

（委座）拨用租借法案器材以卫缅甸，予早作愿以相助之表示，所顾虑者，惟以后之接济耳。总之，致总统电中，应列入支持中国战线一节。中国军队可调赴任何地点，惟于事前应详知作战计划。

（卫）未识钧座对借调希诺德上校①部下志愿空军之请已有决定否？倘可借调，希立即实施。不然，则将向他处另行设法。

（委座）本人可同意此项计划，惟因与志愿空军订有合同关系，尚须征求希诺德上校之意见。再有声明者，即令准予调用，待英国增援到达之后，该中队即应返中国原防。

勃兰德所建议之决议案，最后改成六点，一致同意将该案全文电告罗斯福总统。其六点如下：甲、使仰光及缅甸全境免受敌方攻击，为当前要着。盖中国继续抗战与从中国境内扩展联合军事行动，仰光与缅甸之关系皆甚重大。目前应尽现有实力，对日本根据地及建筑物发动空军攻势。乙、继续以器材供给中国，以支持中国之抗战，俾中国军队得作对日最后反攻之准备及训练。丙、中国军队应继续以攻击，或攻击之威胁，以及对日军交通线弱点发动军事行动，牵制日军于其战线。丁、俟实力充实之后，即发动中、英、美可以抽调之军力，对日改取攻势。戊、在重庆之联席分区军事委员会应随时开会，并将资料及建议案送交联军军事委员会，俾该会得拟定东亚战略。己、希望在美国组织之总机

---

① 即陈纳德。

构能早日实现。

委座声明,所拟建议,拟单独送致总统。

重庆军事会议通过的致罗斯福提案

重庆,1941 年 12 月 23 日

一、仰光和缅甸对于中国继续抗战以及从中国发动联合行动的任何扩展是极为重要的,因此,确保其安全乃是首要任务。同时,在资源许可的情况下,对日本的基地与设备最大限度地采取空中攻击行动。

二、继续供应物资,以维持中国的抗战,并使中国军队得到装备训练,以为最后反攻日本作好准备。

三、同时,中国军队应不断攻击和威胁日军,并对其脆弱的交通线采取行动,以继续把日军牵制在他们的阵线上。

四、一旦资源许可时,即集中中、英、美三国所有可以动用的军队,对日军发起攻势。

五、设在重庆的联合军事委员会将举行会议,提供情报与建议,以便于盟国最高作战会议制定出东亚地区的战略。

六、希望尽快在美国组建起常设的联合机构。

Stilwell's Mission to China, p. 56

蒋介石致罗斯福

1941 年 12 月 24 日

罗斯福大总统阁下:重庆昨已照阁下建议,成立中、美、英军事代表会议,并提议应在华盛顿组织最高联合军事总机构及制定作战总计划,此为民主阵线之各国对侵略者轴心国有联合一致具体之行动,俾得早日消灭共同公敌之惟一急务,兹派宋子文君为此最高军事会议中国之总代表,如有所协商或具体组织,即知照宋子文君出席可也。蒋中正。

马格鲁德与蒋介石会谈备忘录

1941 年 12 月 26 日

下午 5 时与委员长在其市内官邸举行会谈。

出席者：委员长、蒋介石夫人、马格鲁德将军、麦克莫兰上校、拉铁摩尔先生①、商震将军、董显光博士（译员）、李先生（委员长秘书）。

会议开始，蒋夫人宣布美国志愿航空队参加了击退昨天下午对仰光的两次空袭。在第一次空袭中，有 6 架敌机被击落，在第二次空袭中有 13 架驱逐机及 4 架轰炸机被毁。美国志愿队损失了两架飞机，并有 3 架受伤。

马格鲁德将军报告说，最近在仰光发生的有关租借物资的行动没有经过美国政府批准，他此来的目的是向委员长出示他从我国政府接到的有关租借物资转拨的指示。他又说，如果特维蒂上校告诉俞飞鹏将军他的行动符合美国政策一事属实，那他实属有误，并且他显然并不知道在重庆得到的指示，或与委员长和英国方面就移交物资一事进行的讨论。显然特维蒂上校与布雷特将军在缅甸是在极大的压力下进行工作，是按他们的判断认为在这些物资的使用得到明确决定前所采取的行动。他又说，他已就此事给布雷特将军去电。他通知委员长，当缅甸局势变得紧张时，特维蒂上校曾给陆军部去电。由于这封电报，陆军部于 12 月 14 日给他发来指示。然后他讲述了 12 月 14 日电报的内容，强调关于租借物资转拨的申请必须由中国政府提出。在收到 12 月 14 日的电报后，他将其内容通知了特维蒂上校。在 12 月 21 日，他收到了布雷特将军的电报，称他已请特维蒂上校暂勿动用租借物资，等待对其最明智的使用作出决定时再说。他也谈论了发给特维蒂上校的另一封电报，那封电报又一次回顾了陆军部的政策，并告诉他，他无权在没有得到马格鲁德将军的授权或陆军部的直接命令的情况下扣压物资。他进一步解释说，他并且还指示特维蒂上校，如果物资有被日军夺

---

① Owen Lattimore，时任蒋介石的政治顾问。

走的危险时则应予以破坏,并指示他采取一切分散措施,以减少遭受空中轰炸的损失。

马格鲁德将军还提到他在三次不同的正式会议场合所作的声明:任何转拨都必须得到中国政府的同意。他相信布雷特将军和特维蒂上校是在不完全了解我国政府政策的情况下,迫于巨大压力而采取行动的。

委员长提出了布雷特将军到达重庆后是否曾对马格鲁德将军提起过此事的问题。马格鲁德将军答称,布雷特将军提到过此事,但从布雷特将军的言谈中他没有得出已采取过任何实际步骤的印象。他在当时曾告诉布雷特将军,此事应在重庆有秩序地加以解决,并再次重复即使是现在他也没有得到实际上采取了什么行动的报告。他又说,韦维尔将军曾催促他采取行动。而他告诉韦维尔将军,没有得到委员长批准是不会采取行动的。

简单地提到了在很短几天内与布雷特将军的电报来往,但没有一件是有助于解决问题的。

委员长说,他将让马格鲁德将军看一件今天早上送到的报告。在他离开房间时,蒋夫人说,英国大使曾告诉她韦维尔将军不可能插手任何已采取的行动。

委员长回到房间,对报告给他的情况简要复述如下:

有两封电报是来自俞飞鹏将军的,曾由何应钦将军拿给马格鲁德将军看过。他今天早上还接见了来自俞将军的一位特派信使,向他报告如下:

(1)"图尔萨"轮于12月18日到港,缅甸当局对该轮的到达秘而不宣,并秘密卸下货物,然后转移到一处安全场所。

(2)12月19日,缅甸当局通知中国驻缅甸总领事,缅甸为了应付当前的危险局势,已要求中国和美国将部分租借物资移交缅甸政府,而且他们已将物资卸下并运到一处安全场所。

(3)12月20日,在缅甸总督府举行了一次会议,有布雷特将军出席。据说布雷特将军曾声称,由于美国、英国和中国正合作反对共同的敌人,各国必须抛弃本身的利益,为了有关各国的共同利益集中使用物资。另外据说他也曾说到在缅甸的装备,在委员长与韦维尔将军决定如何处置前,应暂时予以监管。

在问及俞飞鹏将军是否出席此次会议时,委员长说他可能是出席的。

马格鲁德将军说,布雷特将军是在不完全了解情况和对马格鲁德将军的授权的情况下这样说的。

委员长声称,目前的情况是,这批物资显然已在监管之下,听候韦维尔将军和他的决定。他理解美国政府的态度,其政策并没有发生变化。

马格鲁德将军请他放心,政策并没改变。

委员长声称,英国,一个友好国家,作出这种没有前例的扣压中国物资的举动,至少也可说是不友好的。当"图尔萨"轮到港,货物被秘密转移,这种行径有似盗窃,绝非君子所为。他还说,英国方面还不准中国方面运走任何 75 号以上的汽油。

马格鲁德将军怀疑这最后一项报告是否正确,并答应加以调查。

委员长同意这是一个重要问题,因为高号汽油是用来开动美式飞机的,马格鲁德将军应该调查这一事件。

委员长说,他对这种作法的物质方面并不认为有多么重要,但这起事件,在他看来,显示出英国一方缺乏共同作战的应有精神,这是与罗斯福总统共同行动的主张不一致的。

马格鲁德将军承认这种情景是不令人愉快的,但他也能看出平息的办法并不能证明紧急措施就是合理的。他指出有几个月在防御准备上未恪尽职守,他同意委员长以前的意见,认为一些计划似乎都是随意作出而且是零零碎碎的。他感到目前的事件是当地人们在走投无路时的所为,请委员长将事情看得开些,即在继续目前的良好中美关系基础上,力求共同纠正过去的错误。他建议派我们的一位最好的军官和一位中国军官即赶赴仰光纠正那里的局面。

委员长同意，说他相信派一位我们的军官是个好主意，并说俞飞鹏将军已在那里。必要的是将来不应再有此种事情发生。英国人在缅甸的所作所为与几年前日本在上海攫夺中国财产如出一辙。他认为这个事件背后的精神极差。

马格鲁德将军再次表示他的意见，认为这些行为都是些并不准确了解情况的人在面临危险的紧急情况下作出的。

蒋夫人说，虽然委员长对这一事件颇感痛心，他愿意为了共同的民主事业——这个存亡攸关的更大问题——和缅甸的危急局势而克制自己的情绪。她说，他已命令陈纳德将另一个中队派往仰光，指出现在仰光的第一个中队只剩下 4 架飞机，美国志愿队已损失了 6 名人员。他也愿意进一步作出牺牲，必要时从昆明派出剩下的一个中队。他不愿意在反对侵略的斗争中有损有关各国的精神关系。她说，中国长时期以来都在期待着美国志愿队保卫中国的行动，当这些航空队被实际上派往另一个国家服役时，必须认为是一种重大的牺牲。

委员长说，现在缅甸需要这些航空队，他就要将它们派去。他说，英国在新加坡有 300 架飞机，他们是不会留心中国派飞机去那里的。他重复指出，派出这些机队在中国是一大牺牲，表示出中国帮助英国的精神（尽管发生了讨论中的那些事件）。他请马格鲁德将军将这一消息报告我国政府，并说中国高度重视友谊。他还说，他的这一举动主要是由于听到香港陷落的消息，由于他深信目前必须尽一切力量支援缅甸。

马格鲁德将军提出他是否应走访英国大使，将监管的命令取消并接着派一位军官去缅甸纠正整个作法的问题。

委员长表示同意。

马格鲁德将军接着问委员长是否授权他的代表俞飞鹏将军安排当前危机中需要的物资的转拨一事，开始先按丹尼斯将军提出的清单。

委员长说，他已批准英国方面提出的具体清单，并已通知俞飞鹏将军移交。他又警告说,如果英国方面将来再干涉中国的事务,将会出现巨大危机。

马格鲁德将军提醒他这一移交工作还有行政手续的一面,有些还须向陆军部报告。他强调整个作法必须合乎规定。

委员长声称,英国要求的清单的全部,除 50 毫米口径的高射机枪之外都已得到他批准。关于 50 毫米口径枪,他已拨给 20 毫米口径的用以替代,俞飞鹏将军知道此事。然后他要求马格鲁德将军警告英国人,他们必须不要干涉运往中国的其他物资的运输。

话题由马格鲁德将军加以转变,他读了一封有关将美国志愿队并入美国陆军的电报。他强调这个最初指令规定,解决的方式必须不在任何方面妨碍与委员长的关系。

委员长原则上批准了美国志愿队的移交,要求为他准备一个备忘录。

马格鲁德将军说,如果能达成协议,他已得到授权立即开始从事此事。他讨论了电报的细节,又讨论了有利和不利的各个方面。提到的一个不利方面是可能将这支部队用于中国境外,而他对委员长在这方面要求的任何保证都必须请示我国政府。一个很大的有利方面将是美国政府对补充装备的支持,及建立一个有建制的单位来为以后的增援提供方便。他提出整个建议是个新的问题,牵涉到行政上的复杂情况。

委员长说,所有这些复杂情况都可以逐渐加以解决,他原则上同意移交给美国去控制。

马格鲁德将军说,他已非正式地与陈纳德谈及此事,有些人愿意转为美国服役,其他的人则不会接受移交。

委员长高度赞扬了陈纳德上校,并声称他决不愿伤害他的感情,因为中国是非常感激他的。

马格鲁德将军答应准备一份备忘录,包括达成一般协议的方式方法,将细节留待以后解决。

委员长同意先向他提交一份备忘录,然后将召集周将军与陈纳德上校会商。

会议于晚 6 时 30 分结束。

Magruder Mission

3. 联合国家宣言的发表与中国战区的成立

胡适致外交部

1941 年 12 月 26 日

重庆外交部。一七四号。二六日。

极密。今晨十时半,总统约宋子文兄与适往谈,邱相亦在座。罗公谈话为多,邱公间亦发言,大致为报告重要形势。要点为:(1)大西洋北面全线运输之控制已大体完成;(2)太平洋局势约须六个月可以恢复海上优势;(3)新加坡在六个月到九个月内应无问题;(4)敌人夺得几个海上根据点不足为虑,将来胜负在造舰能力与海军主力集中;(5)缅路有中英协力沿线维持联合战线,英美空军可由缅入华;(6)苏俄现调新军往远东填防,其中一部分或须三个月之训练;(7)总〔统〕言顷得高斯大使来电,谓仅说最后胜利在我方,殊不足安慰人心云。总统谓深切了解此间心理,当勉力设法加紧合作,以慰我方之期望;(8)总统言今晨曾约中美南美诸国代表来会见邱公,共设海上形势,此后亚洲东南及太平洋上共同作战之英、美、中、和及澳、纽诸国代表当有密切联络,时时互换消息。本日谈话情形,请宋子文兄与适合电介公,敬撮要奉闻,并乞抄送孔祥熙、王世杰诸兄一份为感。邱公嘱向郭复初兄致意。适。

军事委员会参事室批(1941 年 12 月 30 日)

呈阅。张、郭先生阅后交孙秘书密存。杰。十二、卅。

中国第二历史档案馆藏外交部档案,761/176

胡适致外交部

1941 年 12 月 30 日

急。外交部:密。今晨国务卿交来美、英、苏、中共同宣言全文,并已用节略通知其他各国,"兹附送共同宣言一件,请转呈贵国政府,本人希望贵国政府表示愿意加入签字国,并授权阁下尽速签字,在宣言及换文全文发表以前,自应严守秘密。"

宣言全文如下:"本宣言签字国政府,对于一九四〇年八月十四日美国总统及英国国务总理共同宣言,即大西洋宣言中所包含之共同目的与原则,业经予以赞同,并信为护卫生命、自由、独立与宗教自由,及保全其本国及其他各国之人类权利与正义起见,对于敌国之完全胜利,实有必要。同时相信签字各国正对企图征服世界之野蛮兽力,从事共同奋斗,爰特宣言:(一)每一国政府承允对于与之立于战争状态之三国同盟分子国家及其加入国家,使用其全部军事与经济资源。(二)每一国政府承允与本宣言签字国政府合作,并不与敌国缔结单独停战协定或合约。凡正在或将作物质援助与贡献,以期战胜希特勒主义之其他国家,均可加入上开宣言。"

以下系宋部长呈委员长电文:"国务部亟盼于一月一日发表宣言,是否可行? 请即电示。子文相信此项宣言与钧长意旨相符。如其他主要国家均表示同意,深望我方亦可予以同意,以免宣言搁置,胡大使与子文所见相同。宋子文叩。"胡适。

《中华民国与联合国史料汇编》筹设篇,第 3—4 页

宋子文致蒋介石

1942 年 1 月 1 日

蒋委员长钧鉴:今晚九时总统约晤商谈联合宣言事,在座有英首相及苏大使,总统谓该宣言拟于元旦发表,应由美、英、俄、中四强先行签字,其余各国将于明日签字,文以宣言各节与前奉电示方策相符,故已

从权签字,总统并嘱转达欢迎中国为四强之一之意。

《中华民国与联合国史料汇编》筹设篇,第4—5页

蒋介石致胡适电
1942 年 1 月 2 日

最急。华盛顿。胡大使:第一八〇号电悉。共同宣言请即签字可也,并请转子文兄。中正。冬。机渝。

《中华民国与联合国史料汇编》筹设篇,第5页

联合国家宣言
1942 年 1 月 1 日

美利坚合众国、大不列颠及北爱尔兰联合王国、苏维埃社会主义共和国联盟、中国、澳大利亚、比利时、加拿大、哥斯达黎加、古巴、捷克斯洛伐克、多米尼加共和国、萨尔瓦多、希腊、危地马拉、海地、洪都拉斯、印度、卢森堡、荷兰、新西兰、尼加拉瓜、挪威、巴拿马、波兰、南非联邦、南斯拉夫共同宣言。

本宣言签字国政府,对于具体表现于一九四一年八月十四日美利坚合众国总统与大不列颠及北爱尔兰联合王国首相之共同宣言,即通称的大西洋宪章中的目的原则之共同纲领,业经予以赞同。

深信为保卫生存、自由、独立与宗教自由,并保全其本国与其他各国中之人权与正义起见,完全战胜敌国,实有必要,并深信各签字国家正从事于对抗企图征服世界之野蛮与残暴的力量之共同斗争,兹特宣言如下:

(1)每一政府保证运用其军事与经济之全部资源,以对抗与之处于战争状态之"三国同盟"成员国及其附从国家。

(2)每一政府保证与本宣言签字国政府合作,并不与敌国缔结单独之停战协定或和约。

凡正在或行将提供物质援助与贡献以参加战胜希特勒主义的斗争

之其他国家,均得加入上述宣言。

1942 年 1 月 1 日签字于华盛顿

　　附:本宣言签字国二十六国,如上所列。其后加入者二十一国,其国名与通知加入之日期如下:

墨西哥一九四二年六月五日　菲律宾一九四二年六月十日

阿比西尼亚一九四二年七月二十八日　伊拉克一九四三年一月十六日

巴西一九四三年二月八日　玻利维亚一九四三年四月二十七日

伊朗一九四三年九月十日　哥伦比亚一九四三年十二月二十二日

利比里亚一九四四年二月二十六日　法国一九四四年十二月二十六日

厄瓜多尔一九四五年二月七日　秘鲁一九四五年二月十一日

智利一九四五年二月十二日　巴拉圭一九四五年二月十二日

委内瑞拉一九四五年二月十六日　乌拉圭一九四五年二月二十三日

土耳其一九四五年二月二十四日　埃及一九四五年二月二十七日

沙特阿拉伯一九四五年三月一日　叙利亚一九四五年三月一日

黎巴嫩一九四五年三月一日

《反法西斯战争文献》,第 34—36 页

罗斯福致蒋介石

华盛顿,1941 年 12 月 29 日

　　为了保证在我们的共同对敌斗争中立即进行联系与合作,在西南太平洋战区建立了一个包括英国、荷兰、美国一切武装力量的最高司令部。

　　在中国战区设立一个盟国行动的类似指挥部,似亦属必要。我们建议,这个战区应包括盟国部队可以到达的泰国、印度支那等地。经英国和荷兰政府同意,我愿意提议你担任现在或以至将来在中国战区的

盟国一切武装力量的作战行动实行统一指挥的职务。

我们考虑，为了有效地指挥，必须立即组织联合计划机构，包括英国、美国和中国政府的代表。如果你认为可行，并且俄国同意，可以有一名俄国代表。这个机构将在你的最高统帅下执行任务。

西南太平洋战区司令官及驻印度英军司令官将与你的司令部保持密切联系。希望三个司令部之间互派联络官。

这样的安排可以在各战区规划进行战争的总战略中有效地实现你的意图和影响，我热切欢迎你对这个问题的看法。

FRUS,1941,Vol.4,pp.763–764

蒋介石致罗斯福

重庆,1942 年 1 月 2 日

奉来电，承嘱担任联合国现在与将来在中国战区以及安南、泰国境内联合国军队可能到达区域一切军队最高统帅之责。深知此项任务，对有关各国及其人民与我中国本身所负责任之重大，就个人能力与资历言，实不敢贸然应命。然念此统帅部成立之后，足使中国战区中联合国间得统一其战略，促进其全盘作战之功效，既经阁下征得英、荷政府之同意，作此建议，自当义不容辞，敬谨接受。盖诸国军队为共同需要而作有效之合作，实为目前超越一切之急务，幸恃阁下之发动与努力，使此目的与方法之统一，已近成功之境，鄙人不敏，自当为诸联合国之共同福利而执鞭追随也。所可喜者，诸联合国今已着手联合其国内资力、交通，以及在各战线之战斗部队矣。此种正在发展中之统一倾向，为全部中国民众所一致拥护者也。今遵尊嘱，竭诚欢迎美、英代表之立即派定，组织联合作战计划参谋部。至苏联代表问题，当俟该参谋部成立开始工作后，再加考量。建议与印度英军司令及南太平洋战区司令交换联系一节，俟中国战区统帅部及其参谋部成立之后，当可立即实行。此后发展每一阶段，皆盼赐示高见并予指针。

《战时外交》第 3 卷，第 98 页

马格鲁德致蒋介石

重庆,1942 年 1 月 7 日

委员长钧鉴:现当钧座荣任中国战区盟军最高统帅之际,本人欢忻之余,敬伸崇高敬意。本人得在钧座指挥下担任美军一部分任务,至感荣幸。今后唯有率同所属,竭尽心力,奉行钧座命令,为达成军事胜利之共同目标而奋斗。

《战时外交》第 3 卷,第 103—104 页

(二)史迪威来华与远征军入缅作战

说明:中国战区成立后,为组织盟军联合参谋部,蒋介石邀请美国派一高级将官来华担任参谋长。有着较长驻华经历、对中国情况比较了解的史迪威获选来华。但史迪威担任着多种职务,既是蒋介石的参谋长,又是美军在华代表,这一多重身份,潜藏着与蒋介石发生矛盾的因素。中国一直希望尽早入缅协防,共同抗击日军,但英方态度消极。史迪威来华后,被赋予指挥中国远征军的重任。由于英军不能积极配合作战,缅甸保卫战终告失败。

1. 史迪威获选来华

蒋介石致宋子文

重庆,1942 年 1 月 4 日

宋子文先生:东未电悉。中国战区如组织联军司令部所属之参谋部,务请罗总统遴选其亲信之高级将领为参谋长,其阶级须在中将以上,因我国与俄国之代表皆为中、上将级也。并请另派高级空军将领一员,为主持空军指挥与训练事宜。海军将领任各战区联系者亦不可少,至参谋长人选,不必熟悉东方旧情者,只要其有品学与热心者可也。并

望速复。中正。支。

《战时外交》第3卷,第99页

宋子文致麦考莱①
1942年1月6日

次长阁下:

　　为肯定吾人之会谈,委员长1月5日告余重庆联合参谋部之组织,彼嘱余请求总统,派一能获总统信任之军官,出任联合参谋长。彼并建议此一军官阶级在准将以上,盖吾人为苏俄交换军官,其阶级常为少将或中将(此点甚为重要,盖俄国将来可能参加)。彼另提出一点,此一军官,不需一远东专家;相反的,彼认为,了解中国军阀时期中国军队之军人,反而不利,他们往往会尽军阀之军队,来视现在之中国部队。

郭荣赵编译:《蒋介石委员长与罗斯福总统战时通讯》,台北幼狮文化事业
公司,1978年,第58页

宋子文致蒋介石
华盛顿,1942年1月6日

　　委座钧鉴:支电敬悉。顷先与陆长商谈,彼极赞成钧座向总统所提议各节,并据密告,总统将派最高级将领带参谋多人赴渝,介绍钧座,以期商量中国区域作战计划,及与各战区联系全盘计划,惟请暂时绝对秘密等语。上次魏佛尔、勃兰特来渝,充敬之兄翻译者,不知是否熟谙英语及明瞭英、美人心理之人员,译语如不能达意,亦易误会也。弟子文叩。麻(六日)。

《战时外交》第3卷,第100页

---

① 时任美国陆军部次长。

麦考莱致宋子文

华盛顿,1942年1月15日

贵委员长建议,派遣美国军官一人至渝,为联合参谋部参谋长一节,正加考量,本人以为此一军官在中、英、美三方面均有关系之缅甸战区中,如能得联系三方关系之行政实权,其贡献必可更大。此种办法,因涉及带领中国军队之要求,然非此不能收同样之效果。同时,此一军官,以贵委员长参谋长之地位,自能完全明了有关政策之一切事件,深盼贵委员长能对此议表示感想。

《史迪威事件》,第31页

宋子文致蒋介石

华盛顿,1942年1月19日

今日史汀生约谈……关于介绍中国战区参谋长事,美陆长曾向英国提一说贴,其内容分(子)原则、(丑)目的、(寅)实施计划各点:

(子)原则:

1.英美均应深切了解,应与蒋委员长彻底合作,无裨战局。

2.无论自军事上政治上观察,英国具应尽力充实中国之武力。

3.目前最大问题,为中国与英美间运输上之困难与心理上之隔阂。

(丑)目的:

1.完成中、英、美间切实联络之办法与其工具。

2.保卫滇缅路及缅甸安全。

3.改良滇缅路运输管理。

4.扩展陆空军据点,充实技术援助。

5.增强中国抗战力量。

6.规定中国战区与魏菲尔战区(按即南太平洋战区)切实联络方法。

(寅)实施计划:

1.商请委员长同意美军代表具有下列职权：

A.办理一切在华美国军援事宜。

B.在蒋委员长统辖之下，指挥所有在华之美国军队，及委员长拨给指挥之一部分中国军队。此项军队如在缅甸参加作战，其作战计划，应受英帅魏菲尔之指示，但实行作战，则仍由该美军官指挥。

C.代表美国参加在华一切国际军事会议。

D.维持及管理中国境内滇缅公路之运输事宜。

2.如中国赞成寅项各款（ABCD 四款），则美军部拟办理下列各事：

A.增加华南、缅甸区域之空军力量，及委员长交给美军官指挥之中国军队之全部军械装备。

B.在英国同意下设立兵站，供应中国在缅甸或英美方面之陆空军，并供专门器材及军队，以维持仰光港口货运与设备，及协助维持滇缅公路。

C.以便利上述计划之实行，必须取得英国之合作与允诺，而英国之合作与允诺，则以委员长全部接受寅项各款为前提。

史汀生又面告，寅项所称之美国高级军官，即可兼任中国战区联军参谋长，此参谋长已拟推荐史迪威中将充任。

《史迪威事件》，第 24—26 页

蒋介石致宋子文

1942 年 1 月 21 日

（一）前请美国政府选派空军高级将领来华协助组训中国空军，兼管中国战区统帅部内之空军作战业务，能否实行，盼速复。（二）据马格鲁德来称，其政府拟任彼为中国与缅甸区空军司令官，如此一人受中、英两国统帅之指挥，并任二个战区之职务，再以陆军人员指挥空军，将来恐难收效，请转商美当局注意。（三）至于在中国战区统帅部内组织联合参谋部，请美国遴派参谋长一节，美陆军部建议此一军官在缅甸战区中，为中、美、英三方面均有关系之地域内，与以联系三方面之行政实权,甚为赞成,但其职位须明定为中国战区统帅部内之参谋长也。

《先总统蒋公思想言论总集》第 37 卷,第 239 页

蒋介石致宋子文

重庆,1942 年 1 月

……在华之美代表及高级军官,皆应受中国战区联军参谋长之节制指挥,而联军参谋长则须受统帅之命令而行,此点应先决定,则其它皆可根本解决……

《史迪威事件》,第 16 页

史汀生致宋子文

华盛顿,1942 年 1 月 29 日

亲爱的宋先生:

为促使派遣一位美国高级军官担任蒋委员长的参谋长以及该地区的美军司令官的计划实现,我们必须对一些要点获得相当清楚的了解,以便与英国参谋官员们作出必要的安排。根据我们以前对这一问题所作的会谈与联系,本人理解美军代表的职责大体上如下所列:

监督和管理一切美国对华军援事宜。

在委员长统率之下指挥所有在华美军以及可能拨给他指挥的中国军队。

代表美国政府参加所有在华举行的国际军事会议,并担任蒋委员长的参谋长。

改善、维持和管理中国境内的滇缅路。

美军代表的上述职权如获得蒋委员长的了解和赞同,英方将同意在缅甸与印度合作,以增进美军代表努力之效力。

一个关于人事方面的特别问题有所澄清,其事如下:

1 月 21 日,委员长电请美军代表应带一位高级空军军官同来,我们已准备指派,但由于非正式地获悉委员长可能希望留住陈纳德上校

为美国在华最高空军军官,倘确有此意,陆军部将十分赞成这种安排,并拟于适当时候提升陈纳德为准将……

United States Relations with China,pp. 468–469

宋子文致史汀生

华盛顿,1942 年 1 月 30 日

亲爱的史汀生先生:

阁下 1 月 29 日来函收悉。对于美军代表的职责,我愿意对我们的理解肯定如下:

监督和管理一切美国对华军援事宜。

在委员长统率下指挥所有在华美军以及可能拨给他指挥的中国军队。

代表美国政府参加所有在华举行的国际军事会议,并担任蒋委员长的参谋长。

改善、维持和管理中国境内的滇缅路。

关于任命一位高级空军军官一事,由于陈纳德上校对我们两国的非凡的服务,如有可能,委员长确实愿意留任他作美国在华最高空军军官。非常感谢阁下如此考虑之美意。

得知您将在适当的时候提升陈纳德上校为准将,殊为欣慰。

United States Relations with China,p. 469

史迪威致马歇尔备忘录(非原文)

1942 年 1 月 31 日

史迪威请求马歇尔同意下列各点:

1. 史迪威的参谋人员以及可能归他指挥的美国部队,将命名为特遣部队,因其组织大于军事代表团,此命名较为妥当。

2. 尽可能地交给史迪威用以装备三十个师中国军队的物资。

3. 这一特遣部队应得到美国空军和后勤单位的尽可能的支援。

4.若仰光陷落,物资供应不应停止,它将通过印度的适当的基地,最好是加尔各答而继续进行。

5.拨给运输机,以便加快对华物资供应的速度。史迪威计划的长期目标在于加强中国军队的作战效率,并准备好对日发动最后反攻的陆上基地,届时至少应有一个军的美国部队参加反攻。

Stilwell's Mission to China, p. 75

美陆军部致史迪威令
华盛顿,1942年2月2日

1.根据总统的指示,你将作为总参谋团的成员,在参谋团统带军队,你被任命为中国战区最高统帅的参谋长。除了向该战区最高统帅报到外,你还被任命为美军驻中国战区和缅甸、印度部队的指挥官。

2.你应立即在华盛顿集合你所选任的参谋人员,准备与你的参谋尽早启程,前往中国重庆,在那儿你将执行即将交给你的指示信中规定的职责。

Stilwell's Mission to China, p. 74

美陆军部致史迪威令
华盛顿,1942年2月

在那些可望获得批准的参谋人员随同下,你应尽可能快地启程前往中国重庆,在蒋介石委员长的最高指挥下,服务于中国战区。你将担任驻华美军代表,执行陆军部的指示。

你的使命是增进美国对中国政府援助的效率以进行战争,并帮助改善中国军队的战斗力。在此过程中,你被授权接受委员长可能给予你的任何适当的参谋和指挥职务。

在一切可能适用的范围内,你应受下列有关文件规定的指导:

1.美国和英国参谋部之间的"对华援助"协议。

2.1月23日陆军部长致宋子文先生函,1月23日及1月30日宋子文先生致陆军部长函。

具体细节,诸如运输、经费、个人津贴、参谋官员的挑选及其它行政的事务,将由你与陆军部的有关司、处作出安排。

Stilwell's Personal Files:China,Burma,India,1942-1945,Vol.1,p.208

史迪威致格罗将军①备忘录
1942 年 2 月 5 日

1. 我认为,在我的参谋人员中如有一位国务院的官员,则将会对我有极大帮助。将来一定会有许多事务须与我们在华和印的使馆和领事馆以及英国在缅甸的政府官员打交道,这些都将需要外交人员的协助。

2. 我请求国务院派遣约翰·戴维思先生(他现在华盛顿),在我出使中国期间或在有需他的服务期间,担任我的联络官员。我个人对戴维思先生极为了解,我相信,他对中国的了解将对我有甚大价值。

3. 我的参谋人员可望在 2 月 10 日至 15 日间启程。

美国陆军少将约瑟夫·W·史迪威
FRUS,1942,China,p.12

赫尔致高斯
1942 年 2 月 13 日

约瑟夫·W·史迪威正前往重庆,以担任驻华军事使团的首领,这个使团将包括马格鲁德代表团在内。陆军部已经将史迪威使团的性质和作用通知了马格鲁德将军,在史迪威将军到达以前,你可以从马格鲁德将军那儿获得关于史迪威使团的进一步的细节。

小约翰·戴维思(外交人员七级)已经被任命为美国驻昆明领事,兼重庆使馆二等秘书衔,并被派往史迪威使团担任联络工作。他本人

---

① 格罗,时任陆军副参谋长。

已获得关于他职责的全面指示,正尽快前往中国。

FRUS,1942,China,p. 18

宋子文致蒋介石

1942 年 3 月 8 日

委座钧鉴:今晨晤麦霞尔参谋长,彼谓史梯威为其部下最有能力之将材,本拟任为出征军总司令,唯中国事紧要,故派其赴华,谅蒙委员长重用。美国在印度各机关及军队已一并令史节制,亦所以使中国区之补充接济容易也。……

《战时外交》第 3 卷,第 567 页

2. 入缅作战的筹划

居里致罗斯福

华盛顿,1941 年 12 月 17 日

事由:关于缅甸的共同防卫

为了回答我对缅甸共同防卫计划的咨询,马格鲁德将军 12 月 14 日回复说,联合计划正在准备中,一个中国团队正在步行途中。他说由于地形困难及日军正进行其它作战,此间并不认为将会对缅甸有任何地面行动和攻击。

12 月 16 日,他说道:"由于没有制定出任何缅甸防卫的联合计划,委员长非常激烈地批评英国人,他指责那些正在采取的措施显然是杂乱无章的,指责所有的增援都是零零碎碎的。他指出,当英国人正在犹豫之时,缅甸就很可能丢失了。"

一份来自伦敦的军事情报说,日军已于 12 月 15 日到达缅甸边境,正集结在我早先曾经指出过最有可能的一条线路上。

今天收到的一份马格鲁德的来电说,英国人现在对缅甸严重关切,已经请求中国派更多的部队,蒋介石说他将增援一个军。

无论在何处,似乎没有任何办法能取得美、英、中的充分合作,而我们在这个地区的利益是如此明显地要求这种合作。我已经与我们的军方人士非正式地讨论了我们承担更大责任的可能性,在一个第一流的空军军官的指挥下,在中国、缅甸和新加坡展开空中作战。我强烈地感到,我们在这个地区的极为重要的利益正由于英国的虚弱和不称职而受到危害。

FRUS,1941,Vol.4,p.755

高斯致赫尔

重庆,1941 年 12 月 29 日

编号 543

马格鲁德将军已经向陆军部报告了最近在重庆举行的军事会议。中国同意了已获通过的建议,但是,到目前为止还没有任何迹象足以表明我们可以期望中国对在华日军采取早期的军事行动。

马格鲁德将军已向陆军部报告,英国在仰光,虽然是在当地的美国陆军军官的越权同意下,没收了一些指定运给中国的租借供应物资,此事发生在这个时候尤为不当。尽管英国人可能确实需要这些物资,但这是一种专断的不明智行动,它引起了蒋对美国和英国的深深的不满。我们可以确信事件也许能以另一种形式为人所知。如果处理得体的话,是能够获得希望得到的物资的,蒋介石也会为他在困难时期在武器方面为盟国作出了贡献而感到满足。我认为,英国人应该尽一切可能去弥补他们的行动。在马格鲁德将军出面去说服蒋,使其相信仰光的行动是未经授权的是违背美国政府的政策的同时,我想到有必要使蒋知道此事已经引起总统的注意,总统赞成马格鲁德的声明,同时他对蒋原谅此事件,同意向在缅英军移拨一些现时英军极为需要的急切可用的物资的心胸开阔的态度表示满意。

我小心地限制自己不要干扰我们的军事使团的行动。但是从政治角度来考虑此事件,我就不能置之不理,不作出评论和建议。

赫尔致高斯电

华盛顿,1941 年 12 月 31 日

编号 336

你 12 月 29 日中午发来的第 543 号电报收悉。请即根据如下所述将总统电文转给蒋介石将军:

对于最近所发事件的报告,即英国驻缅当局占用指定运给中国的租借物资和在缅待运目的地的物资一事,总统甚为关心,总统愿意向蒋介石确认,这个行动是违背美国政府的政策的,此政策旨在提供一切可能的援助给中国。总统愿意给予蒋介石将军进一步的保证,事先未与中国政府会谈和协商而把在租借法案下指定给中国的物资移援他用,绝不是美国政府的政策。在对蒋将军作出这些保证的同时,总统对委员长的无私的政治风度,为了我们所有人正为之奋斗的共同事业,同意移拨给英国人一些为该区防卫所急需的物资,表示深深的敬意。

美国驻华军事使团致美陆军部电

重庆,1942 年 1 月 5 日

编号 163

……

作为空军基地和我们进入中国的唯一道路,缅甸是非常必要的,无论我们决定是继续防守还是全部或部分地从缅甸—马来亚—菲律宾群岛一线撤退。在我们作了多方准备计划发起一个攻势时,缅甸同样不可缺少。在我们能够打垮日本之前,我们必须首先摧毁在印度支那和暹罗的日本军队,然后由海陆空挥师北上。现在和将来,缅甸都必须被用作为支援军事行动的空军基地。晚些时候,可望使用中国的基地,但

是现在距离还相当遥远,也没有任何需要使用它们的大规模作战。一个对将来使用中国空军基地的详尽的研究正在进行中,以便提供给马歇尔将军和史汀生先生。

FRUS,1941,Vol.4,pp.769–771

宋美龄致居里

重庆,1942 年 1 月 18 日

尽管委员长先后向丹尼士①和魏韦尔②主动提出派遣两个军的中国部队支援缅甸守军,但是这个提议被英国以只需要三个团为理由而拒绝。这些团现已派到景东,同时,提议中的军队已调遣到中国边境地区。

FRUS,1942,China,p.5

美陆军参谋部所拟"与蒋介石的合作"报告③

华盛顿,1942 年 1 月 31 日

1. 最近在提请蒋介石委员长考虑的电报中,提出了下列两个专门问题:

(1)"俄国的战争物资的供应是否还在继续?"

(2)"即使在仰光失陷的情况下,英、中军队是否能守住缅甸?"

蒋委员长在 1 月 28 日的来电中回复:

(1)"自从德苏战争爆发以来,未从俄国得到任何供应。"

(2)"只要英国表示出对我们的信任和合作,守住缅北是绝对没有问题的。中国能够单独地为英国负起守住缅北的责任,可是,直到现在英国也不希望中国军队进入缅甸,协同防御。英国方面采取的这种顽

---

① 兰斯洛特·欧列斯特·丹尼士少将,英国驻华使馆武官——原注。

② 阿奇博尔德·P.魏韦尔爵士,陆军中将,印度英军总司令——原注。

③ 此件将提交美海军参谋部,获得赞同后,再向英国参谋部提出。

固态度令人遗憾,不可理解。"

2. 魏韦尔将军的第 0048 号来电,勾划了整个 ABDA① 地区的非常危急的形势。考虑到这封来电,美国参谋部认为,使用一切可能的手段以阻止日军前进的时机已经到来,不必考虑可能出现的政治上的不利或晚些时候行政管理上的困难。我们特别认为,在缅甸地区,蒋介石能够集结的力量无疑具有极大的作用。应指示魏韦尔邀请蒋委员长以他所能集结的最大限度的兵力参加那个地区的防御。使中国军队参加行动的直接好处是该区防务的立即加强,在不远的将来,它还将得到相当的加强,因为由于部队运动至南部,更加临近仰光基地,对这些部队的物资供应大为便利。如果中国军队能够投入进来成为进攻的生力军,新加坡的形势必将能得到明显的改善。

3. 美国参谋部认为,诸如上述问题的决定,牵涉到政治因素,在把它提出来之前,应取得最高政府当局对这种安排的同意。由于澳大利亚和荷属东印度与此不直接相关,在采取这些提议中的行动之前,似无必要与这些政府磋商。

4. 美国参谋部敦请英国参谋部的代表,在尽可能短的时间里获得伦敦方面关于此事的意见。然后,如有必要,美国参谋部将向总统提交此件。

Records of the Joint Chiefs of Staff:Part 1,reel 13

蒋介石指示远征军入缅作战要领
腊戍,1942 年 3 月 3 日

(一)国军入缅作战应注意之点:(1)生活要简单,行动要一致。(2)战报要确实。

(二)入缅作战军首要之三句口号:(1)侦察敌情,(2)宣慰民众,(3)联络友军。

---

① 即美、英、荷、澳四国国名的缩写。

（三）民众之组织与宣传：（1）民众关系作战至巨，故国外作战，政治重于军事。我军入缅应特别注意争取民众，使人民能到敌后侦察，协助我军作战。（2）政治部及宣传队之组织，各军部师部亟应组织政治部及宣传队，由参谋团与两军长制定宣传计划与纲领，对民众宣传抚慰，用各种方法使其归心内附。（3）严防第五纵队转移缅人对华心理，以中国历史文化宣传于缅民，使缅民对华心理亲近归顺，捕获被敌利用之间谍或第五纵队，宜恩威并济，其受我感化者，可利用为我军之助。（4）发布告缅甸民众书，由军部名义发布，措词应说明拯救缅人之意，语句要简要，同时军队应严守纪律，取得民众信仰，比与宣传相辅而增其效果。（5）缅甸之党派大多亲日，日寇在缅之政治工作为时已久，故我对缅党派应特别注意，对亲日之爱国党研究如何可以使其改正观念，而为我军之助。（6）尊重缅人风俗，入国问禁，入境问俗，俗之好恶不可犯，应特别尊重地方习惯与风俗，使其发生良好观感。

（四）对地方政府应绝对尊重，对英方应切实联络，我军所在地应集中十日以上之食米，及必要之食盐。

（五）对森林战之研究与实习……

（六）对缅甸方面作战之判断，寇军迟迟不攻占仰光之原因，在于调查我军行动，及日已在战略上未决定进攻印度以前，占领仰光，徒然扩张战线，反使海军力量分散，故现在情况与指导，可分为以下四种研究：（1）第五军集中尚未完成，敌寇已占领仰光时，在此情况应侦察占领仰光敌寇兵力之大小，若敌兵力小，则我进行反攻，若敌占领仰光已久，其海陆空军已有联络，则我攻击困难，但敌兵力若在二师以内，则我仍可反攻，若有三师，则反攻不易矣。故第五军主力两师，仍应在后方集中，视情况而定作战方略，但同古之机场应予固守，总指挥部可设曼德勒或美苗，第五军军部可设他希附近。（2）第五军在集中期间，敌人毫无行动，仍停滞于西当河两岸时，应对培古河东岸之敌攻击或歼灭之。（3）我第五军之主力两师已集中同古，而敌对仰光进占时，此情况之发生当在十日以后，此时如敌为一师，我应对其反攻。（4）我第五军之主力未集中完毕,敌寇即进攻同古时,第二百师应死守同古,一俟第五军大部集中,即行反攻。

以上指示各项,务希详加研究,切实实施,期达成国外作战可胜不可败之要求,以树立国军之信誉。

《先总统蒋公思想言论总集》第37卷,第241—242页

3. 史迪威与缅甸保卫战

蒋介石致宋子文

重庆,1942年3月9日

宋部长:据敌广播,仰光昨已被其占领,我军至今尚未接英军通报,预料此消息必确,以后缅甸作战不能不重定计划,尤其中英两军必须指挥统一方能收效。英军在缅兵力只有残余两个师,而我中国派往缅甸各军皆归史蒂华指挥,其兵力总数超过英军四倍以上,则英军亦应归史君指挥方为合理,请即转达罗总统,切属邱首相下令在缅英军皆归史君统一指挥为要。如何?盼立复。中正。

《战时外交》第3卷,第121页

蒋介石与史迪威的谈话

1942年3月10日

蒋介石:将军明日以余之参谋长资格赴缅,故应确知余之意见及对现局之观点,兹就余所知者,坦白为将军言之;深信此必有助于将军之执行职责。须知应付缅甸之适当与否,实足影响整个太平洋战局之成败,战术之如何应用,将军知之必稔,不愿赘言。敌我与英国之心理,昨日已多分析,今日亦可不复重申,昨日除提地形、给养及汽油供给外,余复列举我军作战必具之条件,愿将军皆注意存记,异日我军之成败,系于此各项条件之能否实践,其重要性实超过任何战略之运用。我军此次入缅作战,能胜不能败,盖第五、第六两军为我国军队之精锐,苟遭败

挫,不但在缅甸无反攻之望,即在中国全线欲再次发动反攻,滇省与长江流域后备不坚,亦将势不可能,故此项出师之成就,绝不能视为二、三个军战争之效果,其胜败之机,不独以决定全部军心之振颓,且足以影响全国人民之心理。

至余最近派第五、六两军入缅之目的,原在固守仰光,今仰光沦陷,全部战局顿改旧观,敌或将乘我军入缅之际,由越南袭我云南,苟此举得手,滇省告急,大局将不堪设想,故调回入缅部队以固守滇省及长江流域之防务,实为应有之考虑。况仰光已失,我军入缅之目的已不存在,苟谓有留缅之必要,其任务当为克复仰光,然我军能否完成此项任务,余实未敢断言。盖我方步兵,无空军与炮兵之掩护,而敌方不独可源源获得空军与炮兵之补充,且可得海军之支援,因是无由坚我克复仰光之自信。苟无自信,安敢企图卓越之战果,将军既为入缅国军之司令官,自应深切注意彼等之态度与心理,将军既为余之参谋者,则以反攻对国人心理之影响如何,详告将军,亦为余之责任。使国军信任将军,能了解彼等之感觉与心理,此为把握全军信仰之第一要着,故最初判断稍有差池,影响最大,此点余筹之熟矣。今愿揩诚奉告,幸恕我率直:

第一,国军对外人最初印象,辄以外人不了解中国人之心理,故应切诫有任何举动足以证实彼等之判断,然后逐渐使彼等感觉将军与一般外人不同,确能了解彼等,则此后措施事半功倍矣。

第二,应深知国军对英军之态度,此点尤宜特别注意,深信将军入缅之初,我方军官慎于发言,必不愿尽情吐露其对英军之感想。然坦白奉告,彼等稔知英军在香港、新加坡、马来亚、仰光等处之行动,实已丧失其对英军之信任。缅甸英军尚有坦克140辆,此说固确,然我军不愿认此为作战之助力,宁无视英军之存在,一切依靠自己力量,较为妥善;将军曾言既有坦克140辆,自较无坦克作战为佳,此言固有至理,所当考虑者,如何能使之真正发挥其战斗实力耳!此外应告将军者,则为国军绝无畏惧日军之心理,作战时,不奉命,决不后退,彼等所戒惧者,惟缅人对英人之仇视与愤恨,将予日人以种种援助耳!此后决定战略之时,应将此二点牢记在心。

《先总统蒋公思想言论总集》第 38 卷,第 144—145 页

蒋介石史迪威会谈纪要

重庆,1942 年 3 月 11 日

蒋介石:我愿意通知你,今天早晨我已签署命令,将第五军和第六军置于你的指挥之下……林蔚将军在腊戌建有他的参谋部,在后方你可以使用这个参谋部。我已经命令他给予你一切帮助,你可以使用他的参谋官员,在后方他能够充任你的参谋长。林、杜(第五军军长)和甘(第六军军长)将军已经得到指示绝对服从你的命令。……

Stilwell's Mission to China,p. 96

罗斯福致蒋介石电

华盛顿,1942 年 3 月 13 日

我仔细研究了你 3 月 10 日的来电,对于促使你提出建议的形势我深为了解。由于史迪威将军是一个美国陆军军官,你会明瞭,这个问题是一个极为微妙的问题,尤其是在如此遥远的距离之外,我们和英方都很难了解作战情况的细节。然而,我指派史迪威将军(一个极富才干的高级将领)向你报到,其原因之一,就是我已预计到美国军火、英国和中国军队在缅甸的协同和合作将会产生许多困难问题。由于英国的参谋官员们完全了解和赞同史迪威将军被给予的指示和目标,我诚挚地希望他能够就地找到解决这些问题的可行方案,尤其是涉及到英国军队及其指挥官的有关问题。在明瞭了史迪威将军享有本人的信任之后,我请求你能够给予他充分的机会去解决这个最为微妙的问题,而不必将此问题提交于英国政府面前。

同时,我知道,你将尽你最大努力,以你指挥下的一切可能使用的部队去抗击敌军,阻止他们的前进。我向你保证,我国政府正寻求切实可行的办法和手段以继续对你们的支持,绝不会由于仰光之路受到干

扰而有任何松懈努力之意。我确信,史迪威将军能够建立一个使你满意的指挥系统,而且,他还会想出办法确保对你和你的军队的美援的继续。我知道这个回答可能会给人以一些应付推诿的感觉,但我相信你能理解我的问题,我距离战场是如此遥远。我很机密地希望你研究在缅北建立在你和史迪威负责下的中国指挥系统的可能性,英军将防守缅南,这将使英国人有机会保护通往印度的道路。

FRUS,1942,China,p. 29

美国参谋长联席会议致高斯大使关于中国情况的报告
华盛顿,1942 年 3 月 21 日

……

如果以富有同情的理解态度来观察中国人,如果在我们的头脑中明确了一个我们可以期望于中国的合理界限,那么,对于这个国家的形势是不必灰心的,尽管它并不喜人。无疑,联合国家在太平洋上接连遭受的挫折,助长了那些希望与日本达成谅解的人们。大家都相信,如果日本人占领缅甸,中国被孤立起来,一种消极的观望态度将会在中国蔓延。如果日本不再对中国施加军事压力,这种局面将更可能出现。切不可忽视这种可能性:一个不经宣布而停战的和平,包括实际的敌对行动的中止,各种关卡的逐渐打破,包括在沦陷区和未沦陷区之间的商业关卡。在目前对我们来说,中国还不是一个有很大作用的宝物。我们的任务是,防止中国成为一个包袱,尽可能地增长这个宝物的价值,增强它的抵抗和抵抗的作用。他们应该尽力保持中国对我们最终胜利的信心,在中国人中培养这样的认识:我们共同的胜利也是他们的国家利益所在,并使中国人感到中国在战争中的地位是一个平等的合作者的地位。

Records of the Joint Chiefs of Staff:Part 1,reel 13

史迪威关于中缅战场的计划

1942 年 3 月

总计划:完善与印度的交通联络,攻击仰光日军,无论我们是否使用这个港口,都必须阻止日军用它为基地。加强第五军和第六军,首先是第七十一师。调动其它部队进入昆明地区,在那里施以训练,作好把他们调进缅甸的准备。仰光确保安全后,在昆明——贵阳地区集结力量以准备发动对河内的攻势,或清除汉口地区。

(1)河内计划将使我们得到一个空军基地,以对日本的交通线实施打击。但它起不了决定性的作用,日本人可以绕道它处。汉口无论如何必须攻克。(2)清除汉口地区将使我们进到对日本的打击距离内,日军将要退到南京和苏州。我们越过开封向北推进,将迫使日军从山西南部和郑州地区后撤。到那时,空军将能够支援所有地面的战斗。

通过湖北西部的主动攻击,和一个由信阳与大别山北麓、长沙——衡阳地区以及南昌与九江构成的双层包围圈,汉口将被孤立起来。

准备接受武器装备的三十个师必须迅速确定(在 3 月 9 日的会议上,委员长说当租借物资到达的日期被告知时,这是很容易确定的),并推进到贵阳——昆明地区进行训练,作预备性集结,以便可能用于暹罗和印度支那地区。应该考虑到在那里使用游击队,在部队进入之前,于边境的这一边建立游击队是会有帮助的。他们应该采取这样的姿态,即中国军队是来解放当地人民的,如有可能,应建立友好关系。

在所有的沦陷区内,正规部队和游击队应加强他们的活动,至少应不断骚扰日军,阻扰他们相互增援。我们将能够发现其弱点,知道该提供什么样的空中力量的支援,如果有的话。

应继续奋力进行修建各种道路的工作,或迟或早繁忙的汽车运输将需要它们。一切需要修建的机场必须抓紧修建起来。

以未来作战的基本计划为根据,一个关于军需品堆积地等问题的全面计划应该制定出来。

Stilwell's Mission to China, p. 98

史迪威日记①

（无日期）"体系"

蒋介石说："史迪威将指挥第五军和第六军"，然后，我便听了一通冗长的关于中国士兵心理的高谈阔论，关于第五军和第六军绝对不能失败，否则军队和民族的士气就会瓦解的论说，以及他那建筑在曼德勒的重要性基础上的可笑的战略概念。然后，我从蒋介石的统帅部那里得到了参谋长的任命。这样，我便开始去工作。

此后，一阵阵信潮开始了。给杜，给林蔚，给我。它们发出各种指令，我从未见到它们的停止。它们指挥所有的准备和行动，形势的微小变化常常会引起它的急剧改变。中国的指挥官们起伏不定——一会儿非常乐观，一会儿便陷入沮丧。他们自然认为最要紧的是取悦于委员长，如果我的提议和命令与他们所认为的蒋的考虑相违，他们便提出没完没了的异议。当我不理睬这些反对意见时，他们就采取积极措施（例如，停止某一个团队的调动，直到它过迟了不能起什么作用），或就是不把命令发下去，或在发下时加上许多"如果""以及"等字，或在不得不干时，径直通知下级指挥官停止行动，不执行命令，或者让他们作出抗命表示，然后报告说反对太强烈了。我不能枪毙他们，我不能解除他们的职务，仅仅与他们谈话没有任何用处，结果是我成了出苦力而又承担责难的替罪人。（这是我希望 4 月 1 日的会议能予以纠正的。）

The Stilwell Papers,pp. 76–77

史迪威日记

1942 年 4 月 1 日

我是一个愚人节中的受愚人吗？从 3 月 19 日到 4 月 1 日，我在缅甸同中国人、英国人、我自己的人以及后勤、医务等问题进行不断的斗

---

① 注：此件的上下稿分别为 3 月 31 日和 4 月 1 日。

争,偶尔也与日本人作斗争。

由于愚蠢、畏惧和守势态度,我们失去了在同古重创日本人的大好机会,根本原因是由于蒋介石的干涉。如果他允许我在平满纳集结,我们将能够发起攻击。当我命令第二十二师前进时,如果不是他加以阻止,我们就会有充足的兵力切断刚刚进抵同古地区的日本军队。如果他不在我的背后与杜及林蔚打交道,他们是可以服从我的命令的。他不肯缩回他的手:远离前线 1600 英里之外,根据零碎的情报和可笑的战略概念,没完没了地命令做这做那。他认为他精通心理学,事实上他认为他精通一切,他反复无常,在行动中的任何时候都会改变他的主意。……

12 点,去见蒋介石,我发泄了一通,令人震惊。我毫不遮掩,说我不得不要求免除我的职务。他说:"他们为什么不服从?""我要调查,如果哪个师长不服从,我要枪毙他","是杜将军下令撤退的吗?""我将告诉他们必须服从,我们能够解决这个问题"等等。我要他考虑考虑,并建议给一支新的缅甸军队由我指挥。我请他也考虑这个问题。我说反正我现在大概也不会被接受,由于中国已经接受了英国的指挥,就不需要第三国人员的参加了。但是我告诉他,我不能用美国空军去支援我所不信任的指挥官的军队。

这是一次非常坦率的会谈,震动很大。直率地说,军长和师长不服从命令,而我没有足够的权力迫使他们服从。商震感到震惊,蒋介石及夫人感到担心。

The Stilwell Papers,pp. 77-78

蒋介石与史迪威谈话记录
重庆,1942 年 4 月 2 日

蒋介石:予已决派罗卓英秉承将军命令指挥在缅甸作战之第五、第六两军以及其他部队。罗卓英较杜军长年事为高且多经验,将军如有命令,可随时告知罗将军,由彼转令杜军长以及其他军事长官执行之。

此项办法有两种优点:第一,将军可不必与各军军长直接接触,俾得保持与彼等间之好感。第二,罗将军一方面可听从将军之命令,一方面可切实督责此项命令之执行。杜军长为人少年气盛,办事能力固强,惟亦有过分固执之处。今罗将军能与将军单独接触,随时彻底了解将军之意旨,然后转令各军,自较由将军个别接触,可减少发生误会之机会,未识将军对此项办法有何意见?

史迪威:本人亟盼能与罗将军顺利合作。

蒋介石:林蔚文在余左右时,指挥军事效率颇强,惟不在余侧时,彼恒不能当机立断。罗将军则为一饱经训练之军人,彼能为林将军所不能为者,例如在战线指挥作战等。倘将军能同意此项办法,余当令罗将军于最近数日中搭第一班飞机赴缅先作准备。罗将军到达缅甸后,林将军仍当留缅一二星期,俾将当地现局向罗将军一一解释,俟罗将军熟习之后,彼即当返滇。

史迪威:此项办法甚佳,至足满意,盖本人惟一关心者,为能推动各方耳。

蒋介石:罗将军可协助将军指挥军事,而林将军则不能。

……

《战时外交》第 3 卷,第 587—588 页

蒋介石在缅甸军事会议上授权史迪威
1942 年 4 月 7 日

史迪威为予之参谋长,故以下五点,各员必须注意遵守:

一、史迪威负指挥国军在缅作战之责。

二、罗长官卓英应受史迪威将军之指挥。第五军、第六军两军军长以及其他在缅中国军官,则皆应受罗长官之指挥。

三、余授全权与史迪威将军作一切最后决定。

四、史迪威将军有赏罚之全权。

五、对英一切问题由史迪威将军接洽。

《史迪威事件》,第 42 页

史迪威建议惩处有关失职将领
1942 年 4 月①

我建议,第六军军长甘丽初应予惩戒。

1. 他未能控制他所属师长们的行动。

2. 他未受命令,擅自调动在战区指挥官控制下的部队。

3. 他未能对军事形势或他的部队的管理与供应提供充分的情报。

我建议,应立即解除第五十五师师长陈勉吾的指挥职务。

1. 对他的师他没有控制。

2. 他总是擅自撤退,在劣势的日军面前,毫无必要地放弃极为重要的阵地。

3. 他没有采取任何措施去执行给他的严格命令,去进攻和收复毛奇,以六个营对敌军一个营,却采取了防守态势。

Stilwell's Mission to China, p. 130

蒋介石致罗斯福
重庆,1942 年 4 月 12 日

缅甸制空权全为敌军控制,致使敌人陆空协同,横行无忌,我军虽英勇抵抗,常因此陷入重大牺牲与极不利之地位,如照当地战区之民心及其后勤现状而言,再以空军实力比较,则盟军在缅作战,更无幸胜可期,而我华军今仍在英缅军作战地带突出六十英里以外之前方平曼勒、叶达西一带,与敌人以血肉相搏,掩护友军,不惜牺牲,其所以如此孤军应战,坚忍撑持者,固为保护我国与各盟邦交道与连系,以保全盟军在东亚大陆对日本反攻之根据地,而同时且掩护印度之安全也,故虽明知

———————

① 在史迪威档案中未说明具体日期。

缅战之困难,仍勇往直前而不辞也。为应当前迫切之需要,务请即派空军赴援。

《先总统蒋公思想言论总集》第 37 卷,第 247 页

蒋介石致罗斯福

重庆,1942 年 4 月 17 日

罗斯福总统阁下:

余此次赴缅甸视察前线,深感该地对敌作战之弱点太多,有从速加以改善与充实之必要。

最显著之一点,即为后方组织之缺乏,与民众心理之恶劣。余平生作战,从未见战区情形有如此空虚,纷乱颓丧之危险而悲惨者。举其一端而言,余于本月七日抵曼特勒,该地于五日被日机轰炸,全城毁其大半,余到达之日,已为被炸后之第三天,但大火仍在延烧,犹未灭熄,以其毫无消防设备也,被炸市区之人民尸体及炸死牲畜,杂陈路上,无人收拾,而其户内尸体更无人清除,盖市内人民均已走避一空。交通机关人员与工人亦相率逃避,后方勤务与公务人员及人民,毫无战斗精神,一遇轰炸,只图逃避,以致满目荒凉,尸臭熏天,铁路上被炸坏之火车,因无人搬移,皆拥塞于铁轨之上,交通运输完全断绝,通讯设备亦无法修复。至军事方面,英缅军既不能取得人民合作,更无坚强之战斗意志,其内容实情难以电详。至于当地人民,固无适当组织与领导,故多被敌人利用,尤以僧家反英为甚,第五纵队之猖獗,几乎防不胜防,此种情形最为可惨而可危。

更有一点为我中国在缅作战军队所最感痛苦者,即制空权全为敌军所控制也。我华军在缅与敌激战将近一月,而盟邦友军并无一架飞机为我掩护助战,致使敌人陆空联络,横行无忌,我军虽英勇抵抗,常因此陷于极重大牺牲与极不利之地位。……

今战事正在缅中地区激烈相持,万一缅中失守,战事延及缅北,则印度在陆上更受威胁。余因知英美正在增加生产,在补给与作战上亦

多困难,故不愿常对友邦告急,亦不欲诉说困难,徒增阁下之烦虑,但余既目击此种危机,即不能不以实情奉告。现在缅甸战事,如果在战地后方不能积极改变民众与非战斗之公务员之心理,而提高其战斗精神,在军事上不能增加空军,则缅战必致失败,尤其空军需要,更为迫切,而少量飞机,亦无济于事,目前必须有三百架以上之飞机迅速飞达缅境,获取制空权,方能使缅战转危为安,亦即可保卫印度大陆左侧之安全。余认为缅甸在今日决不能认为一个支战场,而实为远东作战一重要之基地,且为吾人攻击日本必须掌握巩固之主要枢纽,如果缅甸不守,则日军在陆上即可向印度长驱直入,而中国与盟邦英、美之交通运送与联系即因之阻断,如此我盟军陆上进攻日本之根据地全失,自必更增困难,而敌人向东、向西之进展则更无顾忌矣。特将实际观察所得,详以奉告,务请贵国立即以飞机尽量先用于缅甸,照余上述请求之数目,即派空军赴援,以应最迫切之需要,而增进我在缅军队作战之精神,确保远东大陆反攻之策源地也。祈阁下即以尊意电示,不胜切盼。

蒋中正

《战时外交》第 3 卷,第 130—131 页

文森特[①]致国务院

重庆,1942 年 5 月 1 日

编号 491

麦克道拉德[②]从昆明发来下列消息:

"4 月 30 日,下午 3 时。缅甸民政当局崩溃的趋势在 4 月份中不断增长。到 4 月 25 日为止,在曼德勒以南已没有任何民政机构在工作。民政统治的崩溃扩展到了被日机轰炸和受进攻威胁的其它地区。民政统治的崩溃是由于当地官员的擅离职守与逃跑,他们不能经受轰

---

① 时任美国驻华代办。

② 约翰・丁・麦克道拉德,大使馆二等秘书——原注。

炸或进攻的威胁。许多级别较高的英国官员正被派到缅甸北部,以期望在那儿的中立(原文如此)政权得到加强。

第五纵队纵火、毁坏铁路以及破坏电信联络的活动日益增长。

政府当局正在尽一切努力向印度撤退八万避难者。

总督向我指出,美国报纸报道说中国已经接管了缅甸的行政统治,这个报告是不真实的,总督要求我将此点告诉国务院。"

文森特

FRUS,1942,China,pp.36-37

高斯致国务院

重庆,1942 年 5 月 5 日

编号 509

我从印度和缅甸得到的印象是还不能令人鼓舞的。缅甸肯定是丢掉了,阿萨姆也会无抵抗地失去。当中国军队的机动力量被用于西部以图解救英国军队的时候,它的左翼被攻破。现在的形势是一片混乱。日本人在所有的方向上迅速推进。在我们的飞机飞离密支那前往昆明后的 10 分钟,密支那就遭到了轰炸。缅北和阿萨姆的飞机场现已处于日本的随意轰炸范围之内。……

FRUS,1942,China,p.38

高斯致国务院电

重庆,1942 年 5 月 8 日

编号 526

据一份机密情报报告,5 月 6 日蒋委员长在军事委员会上的讲话中指出,对中国来说,即将到来的几个月的形势将是非常严峻的,但同时他也表示,他对中国应付这种局势的能力具有信心。他说,如果日本不进攻俄国,那它将可能在中国再次发起新的军事行动,如在湖南、浙江等地。他说,在一定程度上缅甸的失败是由于英国未能与中国全力合作。他表示他相信美国将尽一切可能援助中国,他特别提及航空方面。他估计日本已经达到了它军事活动的顶峰,这顶峰将不会长于 4 或 5 个月。

FRUS,1942,China,p. 42

赫尔致马歇尔
华盛顿,1942 年 5 月 9 日

亲爱的马歇尔将军:

我们刚刚收到驻华大使高斯从重庆发来的电报,这里,我将和你讨论他所提出的主要问题。

我们完全赞同高斯大使的鲜明观点,我们不应采取任何行动和步骤,引起或增加中国人哪怕是最轻微的怀疑,认为我们对他们缺乏信心。我们完全赞同高斯先生所持的立场。

你可能还记得最近总统于 4 月 28 日发表的讲话吧:

"……日本人可能会切断缅甸路,但是我要对英勇的中国人民说,不管日军推进至何处,向蒋介石委员长的军队提供飞机和军火的道路总会找到的。"

"我们记得,在这场战争中,中国人民是第一个站出来与侵略者作斗争的,将来,一个不可征服的中国不仅要在东亚而且要在全世界,在维护和平与繁荣方面,发挥她应有的作用。"

我们认为,我们政府及它的所有机构应努力在里里外外各方面执行这个政策及意向声明。我们认为,我们任何机构的任何言论或行动,如果显示出与这个声明相反的意图或愿望,都将是极为不幸的。一个有关撤出我们驻华军事使团的计划的制定或执行,将会对我国在远东的利益,对中国在联合国家的行动中一直被期望发挥的作用,产生极为不利的影响。

我们认为并且建议,应向马格鲁德将军——如有必要也向中国战区的其它美国军事机构和毗邻战区——发出指示,指出在目前这种时刻,关于从重庆和中国撤出的讨论或任何准备,都是不可进行的。

FRUS,1942,China,pp.44-45

马歇尔致马格鲁德

华盛顿,1942 年 5 月 9 日

编号 625。

考虑到最近在缅甸的挫折,所有在中国工作的美军官员对中国的前途保持一个冷静的乐观主义的态度,是尤为重要的。计划和谈话绝不能表现出任何对形势的绝望或美国要抛弃这个国家的意图。陆军部并不企图对集中的美国官员作适当的分派一事作出限制,但重要的是,这些人的调动必须有条不紊,他们不能被认作是美国人的撤退。你受指示把陆军部的这个观点转达给高斯先生,如史迪威将军不在时,通告在那里的其它美国官员,他们也须相应地控制他们自己。

FRUS,1942,China,p.46

(三)扶助越南独立运动

说明:1940 年 9 月法越当局允许日军进入越南后,中国国民党对越南独立运动的援助由秘密转为公开。战时中国方面对越工作主要通过两个系统进行:一为中央党部系统,具体由海外部越南办事处负责,主要工作为策动越泰侨胞,联络越泰军民,为军事反攻做准备。二是军事委员会系统,具体由第四战区总司令张发奎负责。1942 年 10 月,在第四战区政治部的指导与协调下,在华活动的越南国民党、复国军、越南民族解放同盟会等越南革命团体决定抛弃成见,联合起来,改组成立越南革命同盟会。抗战时期,中国国民党的对越援助由秘密收容逐渐过渡到公开扶植,由局部的、应急性的援助过渡到全面的、有组织的援助。但由于中国援越机构之间的意见分歧,以及越南革命同盟会内部的矛盾等因素的影响,中国援越工作的实际成效并不显著。

本节资料均选自于台北中国国民党党史馆收藏的"特种档案"。

1.团结在华越南各党派,组织成立越南革命同盟会

越南国民党海外执行部致中国国民党中央党部
1942 年 1 月 1 日

本党自安沛发难失败后在法国统治者严酷监视之下尚能秘密进行宣传与吸收党员工作,同时极力发展海外党务,深赖中国政府之指导与扶持,工作尚能顺利进行。惟终因经济支绌,人力不足,未获预期之结果。然本党于千辛万苦中工作之进展,无或少息。自去年敝党办事处迁至昆明后,根据过去之工作经验,觉充实干部,加紧宣传为当前迫不容缓之图。关于充实干部方面,爰于是年在昆明着手开办党员干部训练班第一期十人,均系滇越路局职工及路局以外之自由工人。经过三个月训练有七人已派回本国工作。今年正月办事处被日机震毁,更因谋工作上之便利计,乃迁至开远开办第二期干训班。受训者十人亦系路局职工及非路局工人,三个月受训毕,有六人已分派回国。第三期亦正在开办中。受训者现有十五人,每期训练之科目颇为简单,即阐明越南被法国统治之历史,与法国统治者压迫拷诈之事迹,及越南民众所受之痛苦,与中、日、法、越间之国际关系,与乎日本帝国主义者对越南之狼子野心,及本党联华复国之政策,阐扬党员应尽之职责,务使受训者对其本身工作能充分了解,培植其坚忍不拔之信心,以唤起同胞勿受法统治者及日帝国主义者之愚弄、压迫,并负责吸收忠实党员,提供日、法在越南活动之情报。此干部训练班训练情形及训练目标也。

本月又于开远成立小学一所,招收越南侨胞子女,报名者已有三十余人,拟于普通科目以外,特授以适合本党政纲之民族革命教育,俾成为本党未来之干部人才。该小学成立之目的与训练班实殊途同归,初无异致。

此外又于开远、宜良两地成立越南青年自卫团,收拾一般无党籍之工友及商人各四十余人,彼等或因逃避法国统治下兵役而不愿回越者,或因交通不便而不能回越者,或因不愿受驻滇法国领事之保护而组合起来,以谋互相扶助。本党乃利用此机会襄助其组成越南青年自卫团,为宣扬本党之目的及责任计,并于每晚授课二小时,务使其将来加入本党能忠实于本党工作。此本党教育宣传之概约也。

此外,国内外各党员之口头宣传均能热烈进行,以完成其工作与责任。海外办事处并编印越文呼声报一种,已出八期,每期三百份,秘密赠寄越侨及国内同胞,对本党之认识利赖实多。此又一宣传工作之概况也。

加强工作计划

本党经数年之努力,工作上虽有若干之成就,然检讨过去工作情形,实未能完全适合远东局势急切演变中之客观要求,为求本党工作之加强以符贵国党部殷殷切望本党工作推进之热忱,亟应拟定新计划,加强今后工作。兹逐条拟列如下:

(甲)改组并整理本党内部:越南国民党中央干部委员会海外办事处,名称拟改为越南国民党中央党部执行委员会海外执行部,设开远,中央党部海外驻滇总支部取消,另设区党部二:一设昆明,一设开远,直隶于中央党部海外执行部,支部仍沿准四名,设于昆明、宜良、婆兮、开远、蒙自、芷村、河口等处,直隶于区党部,以前四人一组之支分部取消。执行部内设常务委员会,常务三人,其下书记长一人,书记长下设组训股、宣传股、财务股及特务股,各股下酌设干事若干人。区党部内书记长一人,下设宣传组、财务组及特务组,各组下酌设干事若干人。支部内设书记一人,干事四人,一俟整理完竣,当即换发新党证,采用新钤记,呈请贵党部备案。

(乙)在边地增设支部:除河口已设支部外,并拟在江外、蛮耗、麻栗坡、田蓬、龙州、东兴六处增设支部,以便本党党员容易通过边境返国工作,或来华受训及情报之联络,国内宣传之推进,并监视与遏止日、法在边境从事不轨之行动。

（丙）加强贵国党政当局与本党之联系,希派明瞭越情及越语之人员,专驻开远或昆明,与本党经常接触,负责指导本党工作,传导上级机关法令,与转达本党向贵党当局呈报之意见及情报,并由贵党政机关特备护照,临时由本党申请发给,凡持是项护照者得许其出境;又由越南来滇、桂者,持有本党新颁之党证,请许其入境,希贵国边境之军警予以放行。

经费预算

本党经费异常支绌,国内毫无接济,纯靠海外之党员,以其节衣缩食之所余,苦力支撑,党中工作人员常深切感受谋生与党务无以两全之痛苦。盖忙于党务则不遑为衣食之谋,反之,忙于谋衣食则不遑顾及党务,而开支浩繁,如干部训练班、小学及越南青年自卫团之开办费及维持费,各地党部之办公费,越文呼声报之印刷费,党员因公往来各地之旅费等,每月不下五万元。若工作继续扩大,则所需当必逾此数。恳贵党部体察本党处境之困难,优加津贴,实叨德便。

台北中国国民党党史馆藏特种档案,特 11/15・87

越南国民党行动计划大纲
1942 年 1 月 1 日

本党因环境之需要,经代表大会之议决,根据宗旨、政纲制定本计划,以适应目前之情势,实现本党建国之大业,愿我同志同胞共同努力完成之。

（甲）对外方面

一、本党为求越南之自由独立而牺牲奋斗,故不但法帝国主义者在吾国之势力务宜尽除,而凡有碍于吾国革命之发展与民族之生存者,亦在排除之列,即反对帝国主义之侵略行为是也。

二、本党为反侵略工作易于发展与收效起见,尽量与同被帝国主义侵略之国家民族联合一致,反侵略行动,促进各被压迫国家民族之解放与独立。

（乙）对内方面

人民无分阶级与性别，均愿领导其加入本党之反帝复国运动，以求吾全越人民之自由幸福。

二、本党为加强反帝复国工作，极愿牺牲党争，与全国各党派立于共同反帝目标之下，先求越南之自由与独立为原则。

（丙）对中国方面

一、本党以中越人民不但是同种同文，而且同被帝国主义者侵凌掠夺，可谓同一命运，而今日本更进兵吾越，其目的无非想实现其南侵政策，同时为促进中国事件之早日解决，进一步进侵荷印，以遂其为东亚主义之狡计。目前中越人民实已到生死存亡之最后关头。倘吾人不早及时反抗，则万世子孙将永为人牛马而无由生存也。故宜与中国国民党与政府人民密切联合，作生死与共之奋争，实为目前之急务。

（丁）关于工作实施方面

一、宣传。本党过去之宣传，因环境关系未能依照预定计划实施，诚属憾事，而今国际情势更需扩大宣传工作。为适应此要求起见，宜在中越各处组设公开或秘密之中越文报纸，作普遍之宣传，促进中越人民之合作，共同抗战。

二、训练。本党之训练工作，过去因环境所限，未能适应目前之需要，故除党中之普通训练外，特在中国边界便利之地创设干部学校，专以军事、政治及技术为训练课题，造就目前所需实际行动之工作干员。

三、交通与情报网。目前交通与情报更为迫切，宜在中越有关各地组设机关，且须注重科学与技术化，以适应时代之需求，便利对敌行动工作。

四、组织。组织武装团队，参加抗敌行动，并树立自卫基础。倘环境可能，中国军队入越，则吾党之武装群众协助中国军作破坏交通，攻敌后方等工作，所收复地方则由本党出面维持，以便中国军队专心攻敌。若环境不许，中国军队不能直接入越与敌周旋，而帝国主义者互相角逐时,本党之武装群众,请中国予以接济,直接与敌作战,使中国减少一方面对敌之兵员负担,而向他面对敌反攻,以促成敌人之败亡,完成吾人革命使命。

本大纲经中央执行委员会决定施行。

台北中国国民党党史馆藏特种档案,特 11/15 · 86

梁华盛致中国国民党中央执行委员会①

1942 年 7 月 28 日

关于此次越南同盟会改组案,所有筹备工作业告完成。计目前筹备会内工作人员共有越南民族解放同盟会、复国军、国民党及土生华侨等廿八人,经数月之指导,颇能相与抛弃成见,深切觉悟,共同致力同盟会之筹组。刻以同盟会之会章、政纲、组织纲要、工作纲要等草案业经全部拟就通过,并定八月十日在柳州举行成立大会。为求鲜明革命旗帜,粉碎敌寇侵越阴谋计,特定名为越南革命同盟会。除呈报委员长蒋核示外,理合将指导筹备经过情形及成立大会日期,连同筹备委员姓名、简历、工作分配名册、驻会工作人员名册暨同盟会之会章、政纲、组织纲要、工作纲领等草案各一份,随电赍呈,察核备查。

台北中国国民党党史馆藏特种档案,特 11/16 · 55

严继祖致吴铁城②

1942 年 8 月 16 日

谨将倡导越南革命各党派略史,报告于后。

一、越南国民党

自法帝国侵占越南之后,各先辈间已有反法思想之存在,至中国革命爆发,孙总理中山先生领导复兴中华运动,予越南民众以极大刺激,

---

①　梁华盛时任第四战区政治部主任兼军委会派驻越南同盟会指导代表。

②　严继祖为越南国民党要员;吴铁城时任中国国民党中央执行委员会秘书长。

革命思想乃蓬勃发展。虽然多方宣传鼓吹,进而行动,但因力量薄弱,未克有成。

是时有潘佩珠先生者,一思想超人,眼光远大之革命志士也,率领少数青年渡返中国,于粤、桂、滇各省,从事革命活动。虽未有若何成效,然影响至巨。未久,潘先生闻悉孙总理号召同志成立革命机构,潘先生乃认为革命须有人材,故决带领大批学生来中国求学,又设法东渡活动,得晤孙总理于日本,深得总理之同情与援助,时为一九〇五年事也。

乃越南光复会于日本成立未久,而日法签订协定,形势转劣,至不利于越南革命工作。潘先生乃愤而返归中国,于上海成立越南国民党,潘先生被举为总理。

革命机构虽经改组成立,然工作仍未能顺利开展,良以环境与经济两感苦难,只能从事传达消息,设法偷送同志出国求学,并鼓励同胞之革命热诚等工作而已。

奔波海外,朝南暮北,虽工作未成,然固已越南民众之拥护也。乃未几而有范先烈鸿泰之炸案发生于广州沙面。法帝国乃以金钱收买另一党派之领袖,嘱令诱骗潘先生入法租界而捕之,是适为一九二四年。

法政府于捕得潘佩珠先生后,立即解返越南,监禁于河内,稍俟即处决矣。是时越南民众已觉悟,见革命领袖之被监禁,遭毒虐,乃起而组织全国请愿团,要求立刻恢复潘先生之自由(时一九二五年),法政府见群情愤激,惧酿巨变,始不敢下毒手,而赦免潘先生归故里,但仍被监视至严。

越南国民党同志见潘先生被捕,认为党如无中心领导者,则工作无从进行,故立即召开非常会议,决议改组为委员制。阮太学同志兼主任(即主席)。改组后即开展工作,积极活动,一面派同志返中国求学,如返广东入黄埔军校,而返抵滇、桂各省者亦甚众。数年工作之力,乃有一九三〇年轰轰烈烈之安沛举义也。

起义虽失败,而影响人心至巨。是役越南国民党损失至重,党中央主席以下各高级干部十三人被处死刑,干部及同志之被捕殉难者与被放逐者共约四千人,党务一时为之停顿。法政府惟日夜考迫同志,搜捕党人,此形势延续至三四年。越南国民党虽经此不利之突变,但工作则从未间断,再接再厉,不顾危险,立刻秘密召集大会于北圻、北宁省,以便处置各项善后事宜,从新秘密整顿内部,改变策略,党员之征求取重质不重量之审慎态度,并决议派干员返粤、桂、滇各省,成立海外支部,并另派高级干员赴南京,请求设立越南国民党中央干部委员会海外办事处,并得中国国民党中央补助每月二百元,此均系备作他日继续努力复国工作之根据。

七七事变,中国起而抗战,越南国民党即取拥护态度,一面派同志投效军旅,上前线抗日,一面即派同志返边界,秘密活动,向越南民众宣传,使之拥护中国抗战国策。更为扩充工作,并进一步与中国发生密切联系计,中央即派干部同志返滇,改组成立越南国民党中央执行委员会海外执行部(一九四一年正月间)。越南之环境虽数经变易,而国民党始终坚持一宗旨,无论何时皆能镇定依计划而行,深信惟有中国抗战获得胜利,越南革命始有成功之希望也。

越南国民党之工作仍依其一贯政策,努力前进,根据三民主义为中国革命指针,与中国国民党保持齐一之步伐,探求东亚之光荣与和平,恢复祖国山河。

截至目前止,越南国民党员约有三万余人,各阶级各地域均有,尤以中、北圻占多数。在海外,如居留粤、桂、滇各地,亦共有四百余人,此外,尚有外围组织之各社团人数未计在内。

二、越南共产党(东洋共产党)

越南共产党系成立于一九二五年,国外以香港为根据地,国内以中圻为活动中心,其领袖阮爱国(现已病殁)。自国民党起义失败后,该党活动甚力。一九二〇至一九三六年间亦颇有建树,号召得党员约二万人,但因内部复杂,分为数派,如中国派、越南派、联法派等,意见分歧,故工作之进展大受阻碍。一九三六年至一九三八年间,法国人民阵线政府成立,共党误信而与之联络,并忘其本身工作而拥护之,虽因而得准公开活动,但只能徒作宣传,不得进行组织工作,同时内部负责人又只顾争权夺利,互为破坏攻击,且加第三、第四国际从中参与,暗斗益烈。三年虚度,置革命工作于不顾,殆人民阵线失败,越南共党亦随之失势,党员被捕甚多。该党因此渐失群众信仰,虽曾数次发动罢工、罢课,实现阶级斗争,转因无补益于革命、于群众,反代法帝国主义及其资本家造成有利之局势,而令党内同志与群众觉感不满而退出党籍者甚多。该党现此危机,乃即改变方略,利用其他革命团体名义,号召群众,如组越南独立同盟会,起始亦相当活动,惟因其政策始终不变,且手段亦欠光明,群众因疑惑而灰心。该组织乃无形中消灭。现时在靖西,亦有此种反动分子在活动、把持、独断。当越南解放同盟在靖西成立时,各该分子即分头活动,破坏,离间,乃令忠实于革命之同志灰心消极而他往。彼等且作反宣传,谓:"中国政府与国民党无诚意援助越南革命,越南群众应拥护中国共产党"等,此项反宣传有害于各忠实越南革命之志士,使青年学生彷徨,使中、越二民族因误会而失去情感。及至靖西越南民族解放同盟会因内部纠纷而解体,此等分子乃逃返越南,如杨怀南、林伯杰、郑东海等是,一部分则至柳州,从事反动组织,如李光华、何国粹等是。

三、社会民主党

法国人民阵线成立后,越南共产党因内部意见分歧,一部分乃与大批新同志另出组成该党。其工作虽颇有成效,惟因限于历史,未能迅速开展,共党极不满意该党,认系反动组织。去年在靖西有该党干部数员,参加越南民族解放委员会,时共党分子尚在桂林,闻讯乃急返靖,借口合作,将越南民族解放委员会改组为越南民族解放同盟会,以突击手段,把持会务,致令忠实革命者,转灰心而离靖。有一该党之干员竟被共党暗杀于边境,另有数员则已偷返越南矣。该党现在国内,虽犹有余存,然其能力则已大弱矣。

四、复国军

此名义始现于日军侵入谅山之时。该复国军原无组织,政纲、政策亦无。初原系由一属保皇党之革命老同志起而号召组织,其口号为"抗法"。一般青年男女同胞,热诚护国者,受此口号之迷惑,未及细加分析,遽予加入起义,一时影响甚深,实则乃系受日军利用者也。及至日军取得谅山返河内后,即不再予接济矣。法帝国乃乘机进军扫荡。乌合之众,何能抗拒,乃败走逃入广西边境,而其领导者则已与日军同返河内矣。该军余众,虽得第四战区之收容,然彼等原无组织,程度参差,思想歧杂,乃更兼受共党之鼓动,故现时外表虽谓拥护中国,实则仍忠于其亲日之旧将领也。

复国军在国内没有组织,人数亦只七百余人,其中可分为三派,一系拥护黄良,一派拥护吴革,一派以农敬猷为领袖。另现复有一智识青年,欲另自行组一新党。然此尚在秘密进行中。但其真正之领袖(亲日)则为陈中立也。

五、东洋(即越南)革命党

该党系由知识分子所发起者,彼等因见法方割让越南领土予暹逻,愤激而欲号召全越各民族,如安南、高棉、老挝等,并联合各党派,集中革命意志,统一革命力量,打倒法、日二帝国,但因系成立伊始,秘密活动未得迅速开展也。

此外尚有其他各党派,因其范围狭小,历史不长,成立后亦无若何之工作表现,故均略之。

台北中国国民党党史馆藏特种档案,特11/17·8

张发奎致吴铁城[1]

1942年9月25日

国防委员会、吴秘书长铁城兄勋鉴:密。申删机电敬悉。查本部前

---

[1]　张发奎时任第四战区司令长官。

为促成越南各党派精诚团结,期能积极推动工作起见,原定 8 月 10 日
改组越盟会。乃独立党复国军分子黄良,虽经我二年来之优容与启迪,
犹复思想不坚,认识不足,误解我政府援助越南民族之真精神,为攫取
越南政权之阴谋手段,竟散布中国利用越南革命党人之谬论,企图破坏
各党团结,进而分化中越民族友谊。经军委会派驻越南同盟会代表梁
主任华盛查觉,转请本部予以拘留训诫后,刻党派成见渐告消除,形见
融洽团结,并拟于 10 月 1 日在柳改组成立越南革命同盟会,尔后工作
不难展开,达成政府扶助越南民族之解放也。辱承注念,特电奉复。

台北中国国民党党史馆藏特种档案,特 11/16·1

梁华盛致何应钦吴铁城①

1942 年 10 月 22 日

军事委员会部长何、吴秘书长铁城公:密。越南革命同盟会成立情
形,经以酉东治平越电呈查核在案。现该会推定张佩公、阮海臣、武鸿
卿三人为常务委员,下分七组,秘书组长阮海臣,军事组长张佩公,组织
组长武鸿卿,宣传组长杨清民,训练组长陈豹,财务组长农经猷,交际组
长侯继祖。举行会员登记,先就柳州附近各训练班队举行登记,再推及
其他。柳州方面定酉敬前登记完毕,计划筹设东兴、靖西、龙州三办事
处及昆明分会,策动越边工作。除详情另行邮呈外,谨电察核。

台北中国国民党党史馆藏特种档案,特 11/16·41

梁华盛致吴铁城何应钦

1942 年 10 月 28 日

中央党部秘书长吴、军政部部长何:密。越南革命同盟会最近进行
工作如下:一、第一期在柳登记会员,业已完竣,现正调查考核编组中。
嗣编组完毕,再行继续第二期。军师收会员在质不在量原则下逐步推

---

① 何应钦时任军政部部长。

进。二、筹备出版中文(《湄江怒潮》)、越文(《越魂》)刊物两种,定下月出版,均暂定每月出版一次。三、边区各地办事处主要人选已确定派严继祖赴东兴,武鸿卿赴靖西,陈豹赴龙州,俟款汇到即可出发。

台北中国国民党党史馆藏特种档案,特11/16・43

吴铁城致严继祖

1942 年 11 月 16 日

继祖同志大鉴:目前晤谈至感快慰,商谈各事,兹分别函复如次:关于经费者,将来事业开展所需费用,可由邢森洲同志处拨发。至经常开支,现工作重心既已移置安南内地,在昆明、柳州等地之党务经费,应可酌减以资挹注,暂时自不必增发。关于工作方面,适应当前之紧急需要,自应侧重于安南内地据点之建立与发展,俾能与本党秘密组织切取联系,发挥功能,并积极搜集各种情报,以应军事上之需要。至训练干部,可即遴保干员,由邢同志协助予以技术之训练。专此函达,至希查照,努力迈进为本。即颂

党祺

台北中国国民党党史馆藏特种档案,特11/15・93

越南国民党中央执行委员会海外执行部致蒋介石、吴铁城

1943 年 9 月 13 日

窃查越南革命同盟会在柳成立,荏苒一载。本会之建立仰承中国国民党之督导,中国国民政府之协助,以集结从事于越南民族独立运动之各党各派统一,并发挥其革命之力量,进行洗雪五十多年来越南民族之奴隶耻辱,是不仅二千五百多万正处于水深火热中之越南同胞深为庆幸,而今后亚洲弱小民族之解放运动尤深利赖也。

本党从事越南革命运动历十余年,十余年之奋斗中,在政治主张上以孙中山先生之三民主义为革命之最高原则,而革命政策之厘订及一切步骤之实施,亦无不参考孙中山先生之遗教,逐步推展。诚以中越两

大民族不仅在地理上有密切之关系,二千多年来在经济、文化各方面均有其密切之联系。

　　回顾本会在柳州成立瞬将一载,在此一年中间本会在人事上工作上是否能如总裁之期望,此为同人所亟应注意者。就本党同志之观察及检讨所得,认为距离尚远。简单言之,一年来本会工作上不仅未能切实奉行总裁所颁下之工作计划,而在本会所拟订之工作计划,亦未能作实际之展开。在人事方面,本会为集结各党各派所组织,意见之分歧早在意料中。一年来所表现者,有因权利问题互相暗斗,有因工作意见各走极端。诸如此类,与过去十余年各党派互相倾轧情形如出一辙。即如最近本党高级同志分赴滇越及粤越边区指导工作时,而在会诸同志竟致内讧甚烈,似此情形,不仅未如总裁及中国国民党诸公之期望,抑使越南同胞陷于迷离状态中。其影响于今后工作之开展,实深且巨。本党同人窃以为同盟会乃一政治集团,为越南革命一权力发动机关,必须有统一指挥方能发挥效能,更必须有坚决之行动,乃能有伟大力量之表现。为适应同盟会现实环境需要起见,爰组织越南革命行动委员会,集合越南之热血青年及有为干部加以组织训练,务使成为(一)有正确之革命人生观;(二)服膺三民主义;(三)认识越南民族之现实问题;(四)服从组织;(五)有革命之修养,并拟由本党直接指挥,仍隶越南革命同盟会,务使权力集中,指挥统一,以争取工作之高度效率,恳请派员主持组训事宜。至同盟会之各党各派,本党同人意见,仍拟由指导机构加以整顿调和,使不致分散革命力量,或阻碍革命事业之开展也。

台北中国国民党党史馆藏特种档案,特 11/15 · 101

越南国民党现阶段革命方略
1943 年 10 月 7 日

　　世界大战自意大利投降以后,战局急转直下,盟国胜利之期非远,吾人正宜把握时机,利用一切有利条件,遂行预期之革命工作,按照中国国民党革命程序,有军政、训政及宪政之分,爰仿斯旨,定期如下:

甲、军事发动前之步骤：

一、健全党的组织，加紧各个党员之联系。二、在政治上侧重宣传，以宣传作训练，以宣传作战斗武器。三、派选忠贞干练之干部，深入内地，印发刊物，阐扬三民主义，揭发敌谋，以振奋中越人心。四、争取越南国内被法日帝国主义者压迫之民众及认识清楚之军警。五、请中国国民党切实从物质上援助，如通讯、爆破及突击用等器材、机械，均为必需之品。六、责成青年革命行动委员会派员切实指导，分别进行各项工作。七、党员会员分布于中国边区，对越取包围之势，并深入国内，联络各方布置一切，以为内应。八、加紧督导已受训干部深入国内，布置一切破坏及杀敌锄奸工作。九、未经受军政党技术训练之党员，从速请求中国国民党准予以短期训练。十、成立军事组织，如游击队及各项特务队。十一、积极发动并吸收敌方之反正部队，以建立革命军。

乙、军事发动时之工作推进：

一、公开张贴标语、壁报、画报，及散发各种宣传品，公开讲演，造成浓厚之革命空气。二、领导国内反正军警，协助盟军袭击敌人。三、组织各种民众团体，响应中国友军及其他盟军，欢迎盟军，慰劳盟军。四、协助补充中国友军之人力物力。五、参加盟军作战，作向导，运输，运用民众力量，粉碎敌人，并随时协助盟军推进，以免因语言关系而有意外行动发生。六、在收复地区迅速成立临时政府（临时政府组织法另定之），以维持治安，必要时用武力以遏止一切反动之恶势力。七、发动民众参加，或捐助本党所组织之革命军，使其日益加强，日益扩大。

丙、军事发动后之工作：

一、实行以党建国。二、积极推进党务工作，深入社会基层，领导民众组织，发展社会运动。三、成立正式国民政府，选派各部负责人。四、以武力肃清一切反动势力。五、以物质协助盟军向太平洋方面进攻日本帝国主义者。六、统制并运用各种生产经济机关。七、改组并扩充各文化、教育及宣传等机关。八、争取与国订立平等互惠条约。九、欢迎外资，发展实业，巩固国防。十、召开国民大会，制定宪法。

　　革命工作体大而用宏,以上所陈仅为其扼要之方略而已,如时机稍易则须因时制宜,随机应变。至于建国具体大计,更须召集各方同志,集思广益,详加研究订制,斯始为有效也。

　　谨呈

　　中国国民党中央执行委员会秘书长吴。

　　越南国民党中央执行委员会海外执行部常务委员:武洪卿、严继祖、周伯凤。

台北中国国民党党史馆藏特种档案,特 11/15 · 58

侯志明致吴铁城①

1943 年 12 月 18 日

　　窃查越南革命同盟会目前决定筹备召开第一次全国代表大会,所有筹备办法及核算等当经转呈核示在案。现以全国代会兹事体大,所需人力、财力颇多,值兹时局紧张之秋,似属不可须臾稍缓。在全代会筹备办法及预算等未奉核准前,拟先着越南革命同盟会召开海外革命团体代表会议,使能团结越南在中国境内之各派,以加紧入越工作之准备,并促进该会全代会之召开,与集中越南革命力量。现各党派已有代表数人到柳召开斯会,实为目前当务之急,亦且轻而易举。用谨拟定越盟会召开海外革命团体代表会议办法,除分呈外,理合检同是项办法电呈钧部核备为祷。

　　12 月 31 日,中央党部秘书张寿贤签呈吴铁城意见,称:"谨查本办法业已公布施行,并规定于本年内举行代表会议,事实上已无可参加意见,拟存备参考。惟据严继祖同志言,此项会议恐无结果,在柳州方面越籍同志意见分歧,不易团结,而第四战区政治部对此事亦无善办法,云云。谨一并签报。"

台北中国国民党党史馆藏特种档案,特 11/16 · 14

---

①　侯志明时任第四战区政治部代主任。

邢森洲致吴铁城①

1945 年 4 月 30 日

秘书长吴钧鉴：据报：(一)查越南革命同盟会执行委员为张佩公、张中奉、陈豹、蒲春律、严继祖、黎松山、胡志明(系新补陈廷川缺者)七人。监察委员为阮海臣、武鸿卿、农经猷三人。而黎松山、胡志明二人系越南独立同盟会分子(简称越盟，实系越南共产党)。严继祖、武鸿卿为越南国民党分子。农经猷、蒲春律系越南复国军分子。阮海臣系越南大越党分子。至于张佩公、张中奉、陈豹三人则无党派而自成一系。(二)自去年黎松山等越盟分子以联甲倒乙之手段，先后将越南革命同盟会其他党派之委员排除后，该会只有黎松山、胡志明、蒲春律三人在会，一切均为黎等越共分子把持。而蒲春律则把握其与农经猷率领来华之复国军(该军原有五百人，柳州失陷后，现只剩一百四十人，改为青年队驻于百色)，不为越共分子所分化。(三)本(四)月越盟代表(越共分子)黄国越、邓尘珠、阮文江、杨孟雄、郑兼五人自东兴来百色后，越共势力大增。而全国代表大会，各党既无派代表参加，以致无法召开。黎松山等拟由该越盟代表五人，及越南革命同盟会留会委员合组行动委员会，发动边区工作。但蒲春律以越盟代表五人及留会委员，除其本人外均系越盟分子，是以组成之行动委员会，即系越南独立同盟会，乃竭力反对提议，电请离会。各委员返会共商今后工作，并经以越南革命同盟会名义，电请各委员返百色主持，而黎松山等竟于卯文日开会，选举行动委员会，计选出七人，除蒲春律外，其余黎松山、张洋、胡志明、郑兼、黄国越、阮文江等均为越盟分子。蒲春律拒绝承认。至卯寒日，四战区指导代表室主任萧文由昆返百色，亦以越盟分子此举不合法，将所选出之委员取消，准备从新组织行动委员会。(四)越南革命同盟会东兴交通站站长武金城(黄埔六期毕业)恐各委员不愿回会，则仍为越盟分子把持，而用其个人名义，电请各委员返会主持工作。张

---

① 邢森洲时任中央海外部驻越南办事处主任。

中奉现已返抵百色,阮海臣亦电复动程回会。(五)越南革命同盟会现决随第四战区长官部外事处,由百色迁往天保,然后入越,并由该会召开全越代表大会,日期、地点候入越后决定等语。谨闻。

台北中国国民党党史馆藏特种档案,特11/2·5

第四战区改编与对越工作近状
1945 年 5 月 26 日

第四战区现已奉命改编为第二方面军,直隶于昆明之中国陆军总部,仍以张司令长官为方面军之司令官,将原辖之十六集团军总部、卅七集团军总部裁撤,即以原总司令夏威、邓龙光二氏为方面军之副司令官,下辖三军九师。职是之故,编余之军官佐达二千余人,现已另设军官大队收容之。惜目下方面军之编制,仍未颁发。据一般揣测,将来方面军司令部内,可能有六处,即参谋、副官、军务、经理、军法、卫生等,内部人员极力减少,总额不致超过一百人。关于对越工作,向为第四战区之主要任务,而外事处则为策动指导之唯一最高机构,自缩编消息传抵后,外事处之存编问题实为一大关键。苟无外事处则对越工作无从领导,无从谈起。及三月中,何兼总司令电令,关于对越工作仍请张司令官继续担任(张长官兼外事处长已三年,兼越南革命同盟会指导代表一年又三月),惟机构问题并未谈及。于是三月三十日,张长官乃派外事处中将副处长萧文,径赴昆明谒何兼总座请示一切,携有外事处历来工作概况、编制表、业务表、直辖对越工作单位表(即中越边区政治工作第一队、第二队、越南战时工作总队、军事委员会派驻越南革命同盟会指导代表办公室、越南革命同盟会、中越文化协会、南洋华侨协会柳州分会等七单位),及现阶段入越工作计划等书面报告。何总座对外事处问题垂询甚详,并表示现阶段对越工作,实为千载一时之良机,当将各种书面文件详阅,并予亲批照准。计:

一、外事处全部保留,并加强实际工作。

二、先发第一期入越工作经费,国币五百万元。

三、答先给以两个团之武器,其目前应用之少数军火由第二方面军酌发。

萧副处长之任务完成后,乃于本月中旬返抵百色,准备一切推进计划,现已全部完成,即:

一、外事处率领各对越工作单位,开赴天保、靖西一带工作。

二、定本月二十五日徒步行军首途出发。

三、由处向长官部领得步枪一百三十枝,手榴弹五百颗,轻机关枪四挺,手枪十三枝等武器。

四、配有电台二座,话报机一架、电话十余具等。

五、第一步,将各单位,置于天保,先派一小部重要人员,赴靖西搜集最近越情,然后相机入越边,建立根据地,最后将全部人员推入越境。

台北中国国民党党史馆藏特种档案,特 11/2·26

2. 接待越南国民党代表团访华

张寿贤致吴铁城[①]
1945 年 3 月 13 日

顷越南国民党严继祖来,谓越南现已剧变,中国应可不再顾虑法国之抗议,下列各事,请予考虑:

(一)请准越南国民党发表对时局宣言;

(二)准越南各党派成立临时政府;

(三)准越南国民党在渝成立办事处;

(四)扩大国际宣传;

(五)准越南各党派联合所有武力,正式有军事组织。

以上五事,殊堪重视。越南各党派意见虽分歧,力量虽薄弱,深为法国所顾忌,现当越局急变,似应有所表示,以争取先着。拟请钧座于

---

① 张寿贤时为中央党部秘书。

日内便与顾大使、王亮畴、宋部长一商,如何之处,敬乞察酌。

台北中国国民党党史馆藏特种档案,特 11/1 · 14

张寿贤致吴铁城

1945 年 3 月 14 日

　　关于越南国民党拟发表对于越局之宣言,昨分访郑介民同志及外交部主管科郑白峰同志。郑介民不赞成发宣言,认为无足重轻,并称法国抗议我扶植越南革命党,我曾以德古媚日为借口。现德古被拘,越局剧变,对越态度应再检讨。又云安南问题要看盟国态度,最好由外交部切实试探美方意见,供我借鉴云云。郑白峰似对此问题无研究,允日内考虑再行见示。职意对越南问题,我国多数可采取主动,以有利于将来越南问题之解决。现时越南革命同盟会纵无形解散,越南国民党纵力量薄弱,此时如能有所表示,与我不无裨益。第一、我国扶植越南分子为公开之秘密。此时有此机会不能有所表现,非越南革命力量薄弱至不足道,即为我国之无能,多年纸老虎一旦戳穿矣。第二、法国明知我国与越南革命分子有来往,不发表宣言,彼亦不能认为我国从此不理越南革命分子,而对中国特别见好;发表宣言,彼亦不至错认中国至此始与革命分子往来也。第三、在我国立场容许越南革命分子在中国报纸发表宣言,与容许韩国革命分子发表宣言无二致。第四、宣言内容如能巧妙的避免刺激法国,而着重于痛斥日寇制造傀儡,似将使法国欲抗议而无所借口。第五、我国如能于此时虚张声势,自高身价,或能使将来解决越局有讨价还价之便利。以上愚见,谨供钧座参酌。

台北中国国民党党史馆藏特种档案,特 11/1 · 14

中央执行委员会秘书处致外交部军令部宣传部

1945 年 3 月 22 日

　　查越南局势,现已剧变,我国对越南革命,素予同情与援助。顷据越南国民党代表请求准予发表对于时局之宣言,并联合各党派成立临时政府等情。查在我国境内之越南革命团体意见分歧,力量有限,越南国民党与本党历史较久,但亦未能取得革命领导地位,应否准其发表对时局宣言,借以引起盟国对越南民族自决问题之注意,间接表明我国对越南革命之立场,兹事颇为重要。因特函请王秘书长亮畴、外交部、军令部、宣传部,对整个越南问题惠示卓见,俾资肆应。至希查照,尽本月底以前示复为荷。

台北中国国民党党史馆藏特种档案,特 11/1 · 15

王世杰复中央秘书处①
1945 年 3 月 27 日

贵处特字第 7064 号函为处越南国民党代表请求准予发表对于越局之宣言等情,嘱查照函复等由。查目前对越宣传方面方针,应注重促进法越一致抗日,以配合盟军攻势,倘于此时宣传民族自决似非所宜。为避免分散力量,及增进中法邦交起见,在我国境内以不准其发表或见诸报章为宜,相应函复,即请查照办理为荷。

台北中国国民党党史馆藏特种档案,特 11/1 · 16

严继祖致吴铁城
1945 年 4 月 29 日

吴秘书长钧鉴:据本党昆明负责同志电称:"本党代表团一行二十人(附名单)于四月廿五日已到达开远,约将于卅日左右可抵昆明"等语。查本党中央此次派遣代表团来华实为创举,而代表团之任务亦至巨,为(一)视察本党海外党务。(二)谋与中国政府,尤其是中国国民党求取今后更进一步之联系。(三)增进中越文化交流。(四)促进中越新闻界之接触。(五)考察中国教育情形,以资借镜。现该代表团已到达开远,即将经昆来渝,恳请分电昆明行营、云南省党部及云南社会

---

① 王世杰时任宣传部部长。

处等有关机关,饬知所属对该代表团加以维护,并予以种种便利。又该代表团等到渝时,请赐予协助指导为荷。

台北中国国民党党史馆藏特种档案,特 11/15·78

吴铁城致蒋介石
1945 年 5 月 7 日

敬呈者:据越南国民党严继祖报告:该党中央现自国内派遣代表团二十人,于四月廿五日抵开远,拟即赴昆转渝,其任务为:(一)视察该党海外党务;(二)谋与我政府尤其是本党求取更进一步之联系;(三)增进中越文化交流;(四)促进中越新闻界接触;(五)考察我国教育。恳转饬予以保护及便利,并赐予协助指导等。查越南国民党与本党发生关系远在辛亥以前,即与本党总理及陈英士先生往还。本党在广州、南京,该党均派驻代表,常川联络,并准其保送同志参加黄埔军校受训。越南党派虽多,而该党与本党之渊源则最深。兹该党派遣代表团来华,其在越南之地位与力量及其真正之目的现尚无法判明,惟似应优予招待,以示本党扶植之热诚,于将来建立越南新政权不无裨益。除电中央海外部驻越南办事处及昆明行营予以接待照料,并约集有关机关商洽招待办法外,报请鉴核。

台北中国国民党党史馆藏特种档案,特 11/15·77

商谈接待越南国民党代表团事宜记录
1945 年 5 月 4 日

时间:三十四年五月四日下午三时

地点:中央党部第二会议室

出席人:张调(军令部)、黄天迈(军统局)、叶用霖(海外部)、郑白峰(外交部)、丁铨(军委会办公所)、汪国霖(教育部)、张寿贤(中央秘书处)、刘翼(宣传部)

主席:张寿贤　记录:田古方

商定事项

一、该代表团至昆后,请其迅速来渝。

二、关于该代表团任务"考查中国教育情形及增进中越文化交流"一节,由教育部于该团抵渝后,1. 领导参观中央政治学校、中央大学、重庆大学、复旦大学及南开中学各学校。2. 以部长名义邀请该团聚餐。3. 由各司负责人员邀约谈话,解答其所提出各项询问。4. 由中央秘书处与文化运动委员会商洽介绍文化界与该团接触事宜。

三、关于"促进中越新闻界之接触"一节,由宣传部 1. 领导参观中央通讯社、中央日报、中央广播电台。2. 以新闻记者团体名义招待一次。

四、关于该团通译事,由海外部觅请通法语及越语者担任。

五、关于该团自昆乘机来渝事,由军委会办公所即转饬特检处,特予便利。

六、函知新闻检查局,凡各报关于发表该团之新闻,均应予免登。

七、一俟该团抵渝有期后,再会商一次,决定接待日程等事宜。

台北中国国民党党史馆藏特种档案,特 11/15·1

越南国民党代表团致吴铁城
1945 年 5 月 15 日

铁城秘书长钧鉴:在深心中,同人等无时不纪念起中国国民党与敝党四十年来之密切关系,以及贵党在此时期中所给予敝党以继续不断且与时俱增之援助,是实使同人等感激无穷。同人等敢进一步说在敝党领导下,以从事打倒法、日二仇敌之越南民族亦已体会此意,且已深深感觉贵党孙总理与蒋总裁,历来对于被压迫民族所宣布之言论之诚挚,在此同人等谨代表敝党中央及越南民族,敬向贵党及中华民族致其诚挚感谢之意。

世界战争至于今日已临终了之时,形势万分紧急,当此时期敝党及整个越南民族对于贵党所寄托之无穷希望更甚于过去任何时期,同人等深信中国之援助在现时期中必将倍增于往昔,且亦较过去更有效力,因中国于此八年英勇抗战之中在国际间已争得崇高地位之故。

同人等抵渝适逢贵党举行第六届全国代表大会,钧长正忙于党国大计,同人等未敢前来访谒,因恐浪费钧长之宝贵时间,在此等候谒见之时日中,敝代表团全体同仁谨向钧长,一位为党为国奋斗多年,且在国家进于今日辉煌地位之工作中,具有莫大功劳之革命元勋,敬致感佩之意。同人等恳切期望钧长在此生死关头之时期中,提携援助敝党。今后敝党若得以完成其解放越南民族之任务,则大部分实赖于钧长之援助与指导也。是则钧长实为继承孙总理遗志之人也。谨布区区,并颂政躬康乐。越南国民党代表团同人:武鸿卿、阮祥三、阮忠国、严继祖、范凯旋、邓义、潘针、黎宁、范仲芝、阮山海、潘伯仲。

台北中国国民党党史馆藏特种档案,特 11/15・2

越南国民党代表团请求书
1945 年 5 月 25 日下午四时半面呈总裁

窃越南民族在数十年被统治中坚持奋斗,乃望一旦能建立一完全独立之越南国。对于越南之独立,中国各界民众均切望其得早日实现。当敝团初踏上中华国土,即深切感到中国民众均极愿望得见友邦越南之独立。此等高尚之意愿激勉敝团殊甚。而崇奉孙总理三民主义之中国国民党四十年来,自孙总理在东京遇见潘佩珠先生之时起,无时不给予越南国民党以援助,并希望越南国民党得到成功。及至今日,对于敝国第一次之访华,中国国民党更明白表露其对友党之亲密与援助。敝团承蒙招待参观中国之教育、宣传、医院、社会等机关,敝团至感荣幸,在此谨诚实敬至感谢钧座,中国国民党最高领袖之衷忱。目下越南民众,不分老幼男女均同心一致,果决斗争,以谋取祖国之独立,但在与敌军之战斗中,怎能以血肉抗得最近代之枪械? 敝党现极需大量枪械以消灭敌军,并维护越南临时政府之独立。敝党现存国内之枪械为数过少,故越南革命工作仅限于狭小范围之战斗。如去年十月间越南革命军曾在太原省起义,进袭敌军。原望革命消息得传播于世界,但法方一面尽力封锁,使该军不得与海外联系,一面加紧进击。在此孤立之形势下,尤其因枪械之缺乏,为保存实力以另待时机计,故革命军不得不暂时撤离。目下形势为越南民族之最好时机,越南民众当趁此英烈战斗以争取胜利。敝团切望中国政府认识越南目前之所需要,给予敝党以更实际之援助。敝团已将越南民众目前所需求与渴望者,详陈于敝党政见书中。该政见书俟呈由吴秘书长转呈钧座核阅。现在敝团谨再请求钧座给予二项最紧要之援助。

第一,准予接济国内革命军之枪械,以便即刻在北圻上游各地发动对敌战争。越南国民党之八千党军已准备齐全,待命杀敌,越南国民党之七万各界青年同心一致,愿为国牺牲,候令出动。越南国民党廿五万忠实党员散布于全国各地,亦正端候起事之日之来临。敬恳钧座最低限度援助下列各枪械,以便及时行动。一、步枪,一〇〇〇枝,每枪附子弹三百发。二、手枪,二〇〇枝,每枪附子弹二〇〇发。三、重机枪,一〇挺。四、轻机枪,六〇挺。五、手榴弹,二〇〇〇颗。六、电台,四部。

第二,海外部分,请即援助敝党成立一队革命军,配备齐全以便应战。现在居留中国之敝党同志,连曾受中国训练之干部及新近逃出之越兵,合计约有一千五百人,虽因生活无着而散居各地,但敝党现正渐渐设法使彼等集合于麻栗坡。敝党现在请求钧座予以援助者为:一、按月补助经费华币四百万元。二、赐发下列数量之枪械武器。A、步枪,一五〇〇枝,每枪附子弹三〇〇发。B、手枪,五〇枝,每枝附子弹二〇〇发。C、重机枪,一〇挺。D、轻机枪,一〇〇挺。E、手榴弹,三〇〇〇颗。G、电台,二座。

无米怎能成炊?无枪械怎能杀得敌人?越南革命之屡起屡败,仅因为缺欠枪械而已。今日第一步,如敝党自中国得到上列武器之援助,敝党将达成一大效果,以报答友邦中国所寄予越南民族之信赖与期望。战事虽尚需时日,但赖于中国之接续援助,则越南民族更何虑不能战胜？此等整个越南民族之诚恳请求及热切之期望,敬请钧座明察。即使有任何困难亦恳尽力赐助,俾敝国第一次之请求得以如愿,则实为越南民族之万幸。敝国谨慎重敬祝钧座政躬康泰,并诚恳祝祷钧座明决指挥下之中国抗战早日得到胜利。

台北中国国民党党史馆藏特种档案,特 11/15・73

吴铁城接见越南国民党代表谈话记录

1945 年 6 月 8 日

　　吴秘书长:近以中国国民党召开第六次全国代表大会事忙,不克提前接见各位,至感抱歉。各位此来,跋涉数千里,谅甚辛苦。

　　潘针:长途旅行虽劳,而同人对贵国抱有高度希望,故未感苦。

　　吴秘书长:来时越南情形如何?

　　潘针:正敌人解除越民武装之时。

　　吴秘书长:人民武装被解除,则感想何如?

　　潘针:越民恨日,更恨法。

　　吴秘书长:是否法已许越南独立?

　　潘针:虽然如此,实与日无异。

　　吴秘书长:法国军队内有多少越人?

　　潘针:约有十万人,大都被解除武装。

　　吴秘书长:越南革命团体有几多?

　　潘针:越南各党派均已觉悟起来,愿与中国一样抵抗敌人。

　　严继祖:越南各党派已形成整个力量,因各党各派之政纲政策,均与越南国民党同。本团此来实际系代表各党派。

　　潘针:此来任务,为寻求与国,以达革命目的。

　　吴秘书长:有何方法?

　　潘针:另有书面计划呈奉。

　　吴秘书长:中国与越南早有很大关系。中国抵抗侵略,经九年之久而意志一贯不变,目的在求本身之生存。对越南独立运动甚表同情,固然应有以相助,而越南独立运动之成功,首须越民力量团结,次须越民有独立意志之表现,如有此种精神与行动,则与国之帮助,才能收效。

潘针:过去与中国国民党有不少联系,在国内亦保有若干力量,需要时可随时利用。此来希与中国作进一步之合作。

吴秘书长:贵国代表团名称如何?

潘针:越南国民党代表团。

吴秘书长:在越南占有多少地位,代表何种力量?

潘针:能代表全人民,现有二十五万党员。

吴秘书长:何种阶级最多?

潘针:青年有六万人。

吴秘书长:待阅计划书后再约谈。

阮山海:我们欢迎法国军队与盟军在越南抗日,但此抗日军队是否会妨碍越南独立运动?

吴秘书长:将来情形,现尚无法判断。中国对越南独立运动自极同情,而盟军是否会妨碍越南独立运动,要以越南本身名气如何以为断。如名气激昂,意志坚定,力量团结,盟国之同情才有办法。最好在盟军未到越南前,越民先表示其力量,反对法日侵略。

潘针:响应工作早已准备,惟恐法国之妨碍,像对叙利亚然。

吴秘书长:先要有具体化的力量表现,切莫给法国人造成既成事实。

武鸿卿:旧金山会议对越南问题能否给予希望,像朝鲜、台湾一样?

吴秘书长:朝鲜问题,开罗会议已有决定。盟国对越南问题尚无具体办法。不过,法国曾让日本侵略越南为南进根据地,将来的越南恐不会仍归法有。惟有一点注意,越南问题必须使之成为问题,即发动具体化、表面化之独立运动。而此动作应在盟军在越南登陆以前。其次,在盟军登陆时,越人必须有具体动作。

潘针:起来反抗当然无问题,惟须有相当物资,如能得到中美的物资援助,即可行动表现。

吴秘书长:当越军被日军缴械时,何不起来抵抗。

严继祖:当时法国不肯供给子弹,不敢轻易抵抗。

吴秘书长:下次再约谈。

台北中国国民党党史馆藏特种档案,特 11/15·75

吴铁城在招待越南国民党代表团席上致词要点
1945 年 6 月 15 日

一、在抗战已经八年的我国,得到我们邻邦不远千里而来访问,在感情上倍觉亲切。

二、中越两国壤地相接,在历史、文化各方面,已有了两千年的联系,所以中越关系与普通国家的邦交不同。

三、本党与越南国民党的关系,已经有了四十年的历史。一九〇五年,越南国民党的前身光复会领袖潘弼诸先生在日本与本党总理孙中山先生相见。一九一二年,潘先生又在上海与陈英士先生相见,旋改组光复会为国民党。一九二四年,又在广州改组为越南国民党。

四、在中国革命的过程中,曾有越南同志参加工作,中越两国民族、两个国家始终是友好密切合作,以后的友好关系,即建筑在以往的友好关系的基础上。

五、中国在自身从事反帝国主义的战争中,对越南革命未能给予充分援助,感到惭愧。此次贵国来渝访问,必能促进中越两方之更深切的了解。

六、本党及本国政府对于尊重及扶助弱小民族独立的政策,必须贯彻到底,希望不久可以见到越南民族的自由独立。

台北中国国民党党史馆藏特种档案,特 11/15·9

越南国民党代表团潘针在招待席上答词要点
1945 年 6 月 15 日

一、本团对于贵国各界的热烈欢迎,使本团到今天可以达成访问的任务,表示欢慰。

二、越南国民党对于中国国民党四十年来所给予的援助和鼓舞,使越南国民党经过种种挫折失败,而仍有今日的结果,表示感激,希望中国国民党以后在精神上、物质上更多予以援助,使越南革命可以得到更大的成就。

三、越南革命与中国抗战,有着密切的关系。

四、越南与中国虽已隔膜了几十年,但越南对中国仍有很深的了解,由于本团此次的访问,参观各学校、各新闻事业的结果,使了解更加深切。

五、中国的光明前途,即代表着亚洲各民族的光明前途,我们越南民族对于中国,尤具有最大的希望。

台北中国国民党党史馆藏特种档案,特 11/15 · 10

吴铁城致蒋介石
1945 年 6 月 15 日

查越南国民党代表团潘针等现已抵渝,顷据面呈该党政见书,其中对于越南人民现在对法之态度,及该党在国内外反抗法日之活动,该党关于军事、政治、外交方面行动大纲,均有所叙述。至于该代表团来华任务,则为希望我国政府:一、承认越南革命临时政府之独立。二、援助该党成立越南革命军。三、接济越南国内外革命军之军火。理合缮写全文,呈请钧察。又该代表团请求晋见钧座,代表该党及越南全体民众致敬。特为一并呈请鉴核示遵。

台北中国国民党党史馆藏特种档案,特 11/15 · 68

吴铁城第二次接见越南国民党代表团谈话纪要
1945 年 6 月 19 日上午 9 时

一、贵代表团政见书及请求书均已先后转呈,关于承认临时政府一点,现既尚未正式成立,自无从承认。联合国曾有诺言不能承认非人民公意所拥护之政府,如韩国临时政府迄今尚未获得联合国之承认。但事实上对于革命政府,均采用非正式承认方式,如韩国、泰国均系如此。

二、关于接济武器一点,大量武器无法运入,又敌人解决法越军时,越人原有武器亦尚不能保存,可见即有武力,非至适宜时期,亦属无用,至于少数个人使用作为鼓励革命情绪之用,可请中国陆军总部酌量发给。

三、贵代表团最好一部分先行返越,告知越人新的希望,及指示各种准备工作,以便到时协同盟军驱逐敌寇,一部分可暂留我国,与中国陆军总司令部切取联络,将来随军进入越南。

四、最重要者越南本身如无大规模之革命运动发生,造成新的印象,使联合国注意,则独立将为不可能之事,中国不但希望越南获得独立,并愿意帮助越南独立,希望越南革命同志努力。

五、总裁曾指示中国军队不久开进越南,届时对越南革命运动将有甚大之帮助。杜鲁门总统与史达林及丘吉尔不久即会面,我国宋院长前日赴苏,大规模对日攻势即将发动,战事或许可在四个月内结束。

六、越南各党派意见分歧,殊为不幸,至少在敌人未驱出国土,独立尚未完成之时,应相互容忍,不宜意气从事。

七、贵代表团来渝使节,已分电昆明何总司令及百色张长官协助,敬祝各位任务完成,越南解放成功。

台北中国国民党党史馆藏特种档案,特 11/15·71

蒋介石接见越南国民党代表团谈话纪要
1945 年 6 月 25 日下午 4 时半于曾家岩官邸

一、中国对于越南当然要援助,不过国际情形复杂,法国之地位现在尚未解决,故须与英美研究,美国一定愿意看到越南的独立与自主。

二、关于承认越南临时政府问题,将来看时机发展,中国军队不久即将进入越南,中国一定愿意帮助越南得到独立自由。

三、中国政府现时不能以政府名义援助越南独立,接济武器是小问题,但一涉指挥系统,即与国际问题有关,中国所使用之武器亦多来自美国,故须与美国详细研究。

四、希望在中国多看看各方情形,将来可与中国军队一同回去。

五、在重庆期间可与吴秘书长详细研究,各种问题均交吴秘书长处理。

台北中国国民党党史馆藏特种档案,特11/15·72

商讨善后救济总署函送关于退入我国境内法军各项解决问题及第二方面军呈拟召开越南革命第一次全国代表大会案两案会议记录

1945 年 6 月 16 日

时间:卅四年六月十六日下午四时卅分

地点:军事委员会会厅

出席人:中央党部秘书处张寿贤;海外部胡仲维;中统局罗伯农;军令部马定波;政治部匡俊涟、魏资重;外交部郑白峰;侨务委员会梁省松;军政部刘俊;军统黄天迈;办公厅刘祖舜

列席人:刘汉超

主席:刘祖舜

记录:涂春山

讨论事项:

一、关于退入我国境内法军各项亟待解决问题,应如何处理案。决议:关于越南法军退入我国境内集中收容及供应问题,中国陆军总部已有详细规定,本案交中国陆军总部参酌处理。

二、第二方面军呈拟召开越南革命第一次全国代表大会原则及召开办法、组织、规程、规则等,应否准其召开案。决议:电复张司令官下列四项问题,先自慎重考虑,具复再待核办。

(1)越南党派素称复杂,亟应促其团结,惟越南革命第一次全国代表大会之召集,是否能使增加力量? 抑将更趋分裂?

（2）在华越南革命人物并非重要分子,目前越南革命重要分子均在越南国内。

（3）法国为我同盟国,如我扶植越南革命过显痕迹,甚恐影响中法邦交。

（4）越南革命力量应由其国内发动,不宜制造,又如详加考虑后,认为有召开越南革命第一次全国代表大会之必要时,必须劝请与吾党有数十年历史之越南国民党参加。

三、散会。

军事委员会办公厅致中央党部秘书处
1945 年 8 月 4 日

中央党部秘书处勋鉴:查第二方面军呈拟召开越南革命第一次全国代表大会一案,前于六月十六日函邀有关机关开会商讨,并决议先饬考虑各项有关问题,具报再办在案。当经承办会令饬据张司令官午马辰国基绍一电称:(一)查越南党派大约有三,即以革命同盟会为中心之国民党系,及左倾之独立同盟系,与保皇之大越党系。自去年三月海外会议后,业经团结一致。今召开一次全会,只有团结,不致分裂。(二)现中越籍干部五百余人,分途入越,各路已进出太原北干河广州(糟平省西北)、平歌州(硕龙对面东溪、看溪及河阳省三列海防、河内以北之中间地区)各地,而沿边府州官民团体,均纷纷向我输诚。兹拟在该占领区建立根据地,形成重点,大会即在该地区内举行。(三)关于中法邦交,向遵守中枢指示办理。现越军已在越境滋长成大,大会又在越境内进行,且以驱倭解放为号召,似不致影响中法邦交等语。查关于召开越南革命第一次全国代表大会,关系对越政策及促成越南各党合作与否,至深且巨,必须慎重处理。除分电外,相应电请查照,请于本月 10 日以前,将贵意见见复,以便办理为荷。

越南国民党中央执行委员会海外执行部致吴铁城蒋介石

1945 年 8 月 18 日

在本党代表团荣幸蒙钧座赐予接见之后,吾人加紧工作,务期早日实现吾人所定,并已陈明钧座之章程。

重要事项为将现有军事力量奋起抗日,以及将越南问题提出于国际,并同时宣布成立一越南国民革命政府。此项任务在一部分代表团团员回越南半个月以后,已逐渐进行。在边境自七日起,吾人已接续命令游击队进攻日本。在越南内地,八月九日有一大部分革命军在预定地点起义,以上各点均为成立国民革命政府行动之开端。

八月十日,日本宣布投降,情势改变,而吾人行动亦须更改,兹谨向钧座呈报吾人新计划,请求钧座指示,并请赐加援助,使吾人步入完全成功之途。本党此一成功——钧座早已明察。其重要在实际中越两民族之全部亲善政策,一如贵我两党早年所抱负之主张。处兹吾人临到生死关头,及处兹吾人快将踏上成功时候,吾人比前更益慎重,向历来特别对吾人热心之钧座郑重宣布吾人此项意见。敬请钧座了解本党及越南人民,使贵我所获得胜利符合两民族完全意愿,吾人避免一切使今后两民族联络有关之误会。

吾人认为现今最急切之事,为用尽各项方法,使全越人民明瞭中华宽宏之政策——此一政策唯有本党所了解——本党廿年多来固以使越南民族明白中华善意为职责。唯此项工作,吾人认为有两点困难。一系日本与法国极力阻碍,二为实际上中国并未作一任何事情,使越南民众了解中国之美意。因无实际证据,使本党廿年多来有志宣传而收效甚微。

现在日本已投降,中国自然要派一代表团前往接收,此为一使中国实现解放越南民族之良好机会。对于中国派遣入越部员,吾人极表欢迎。现本党深悉中国对越南善意之海外党员急需急切回越,向越南民众接洽解说,使民众觉悟,以及在接收日本投降工作完竣后,将鼓励民众真心听从本党历来所主张之亲华政策。

除党员以外，现在中国尚有二千余越南军人，彼辈系随法人逃回者，彼等现已均为越南国民党党员，并决心脱离法国人回越，为国家服务，对于遣送此批军人回越，极盼钧座关心帮助。彼等新自越南来华，属于越南民众各阶层，果得中国照料援助，彼等诚足为一最有力替中国宣传之宣传员。盖彼等对越南民众宣传，听者容易相信，因深知彼等系平民。惟说实话，并无政治作用意味在其间。

为应付目前情势，本党谨提出三项主张：一、成立一海外军队，包括越南军人及一部分党员，由本党领导，先回越维持秩序，及向越南军人与民众宣传，使越南全体人民信赖中国，有如本党之信赖中国者。二、要求请与本党一部分派员，随同中美代表团入越，向越南各党派或越南政府解说，使了解及帮助中美代表团在越南工作容易完成，与避免对越南民众之隔膜。三、为欲实现钧座在赐见时向本代表团发表之金言，对于越南之命运，敬请钧座现在公开向国际宣布承认越南独立。

以上三项，极肯钧座赐助。本党极盼望早日实现久已主张之亲华政策，惟本党不能徒事空言，吾人急需一·二事实，以表露中国对越南革命之援助及其对越南民众之美意。此一帮助于贵国并不困难，而当今有极大影响。若此时再无事实表现于民众，本党将陷入极难处地位。为此，谨恳请本党唯一信仰之钧座，请帮助实现吾人期望。此愿望对于中越两民族未来亲善更为重要。

敬请赐复以资明了钧座高见，对以上所述各点，尤望于最短期间获得钧座意旨，以资赶及应付目前紧急情势。

趁贵国抗日战争完全胜利，本党谨献词诚恳祝贺，代表本党及全体越南民众，恭祝钧座安康，领导中华及完成孙总理遗教，解放东亚各弱小民族，及维持世界和平。

台北中国国民党党史馆藏特种档案，特 11/15·64

吴铁城致蒋介石

1945 年 8 月 27 日

敬呈者:顷接越南国民党海外执行部上钧座函呈一件。除报告该党最近工作及祝贺我国抗战胜利外,并希望赐予积极援助,俾该党之亲华政策,得为越南民众了解,因而促进中越之关系。附具三项要求:一、前随法军退入中国之越军约二千人,均已入党,决心脱离法军回越。现拟将此项越军及一部分该党党员,组织海外军队,由该党领导,先行回越维持秩序,请予援助。二、准该党派员随同中美代表团入越向各党派或越南政府解说,以避免隔膜。三、请公开向国际宣布,承认越南独立。谨抄同原件,签请鉴核示遵。

台北中国国民党党史馆藏特种档案,特 11/15 · 64

(四)中国与韩国独立运动

说明:太平洋战争爆发后,在华活动的韩国临时政府积极争取获得中国的正式承认。中国政府虽然一直支持在华活动的韩国独立运动,但对承认韩国临时政府却持观望态度。造成中国方面态度消极的原因,一是因为韩国独立运动内部不统一,纷争严重;另一方面就是顾及美国、苏联和英国等盟国的反应。美国密切关注中国对韩国临时政府的承认问题,通过驻华大使高斯紧急通知中方,中国政府在承认韩国临时政府问题上采取任何决定性的行动之前,最好将中国政府的相关观点和最后决定事先通知美国政府。美国由于担心会影响英国对印度问题的处理,建议中国政府对韩国临时政府采取临时性的承认。美国还与驻美韩国委员会主席李承晚和朝鲜民族战线联盟驻华盛顿代表韩季素等人保持密切联系,积极培植日后美国在韩国势力。关于战后朝鲜问题,中国也由支持朝鲜独立转向同意美国提议的战后托管方案。国民政府在自身资金极端缺乏的情形下,尽力援助韩国的光复运动。

　　此组译文主要选自《韩国研究论丛》(第四辑、第五辑)刊载的《美国外交文件中有关韩国临时政府史料选编》,吴景平选编,邹秀英等译,吴景平、陈雁校译,分别译自美国国务院编:《美国外交文件》1942年第1卷、1943年中国卷、1944年第5卷、1945年第6卷。

1. 中美关于承认韩国临时政府的协商

国务卿致高斯电

华盛顿,1941年12月22日下午6时

　　第320号。国务院要求您就中国政府是否将承认现驻重庆的所谓大韩民国临时政府一事,进行深入细致的调查。另外,有关该临时政府的追随者和组织机构等情况,诸如:它的武装志愿军的人数、活动范围、与任何可能存在于朝鲜和满洲的革命力量的联系,以及中国政府对待该临时政府的态度、两者之间的关系等问题,都是我们所感兴趣的。

赫尔

《韩国研究论丛》(第四辑),第135页

高斯致国务卿电

重庆,1942年1月3日下午3时

　　第12号。就国务院12月22日下午6时第320号电,中国政府外交部正在对大韩民国临时政府的情况作进一步的调查,在此基础上决定今后对待该临时政府的态度。就我所知,目前中方的态度并不是很积极。有关临时政府的机构和追随者的情况目前还不甚明了。有报告说目前在重庆的朝鲜人不会超过200人。在中国军队属下有一支小规模的韩国武装义勇军。驻重庆的代表名叫赵素昂,他被称作为外务部长。该临时政府与韩国革命军方面的接触目前尚难查实。可想而知,临时政府是在新韩国独立党的领导下的,但它的实力目前还不得而知。我被告知,左翼的民族革命党在满洲的韩侨中有大量的支持者,但它在所谓的临时政府中还未获得承认。

高斯

高斯致国务卿电

重庆,1942 年 2 月 12 日

第 297 号。

阁下:

与我在 1941 年 12 月 20 日关于所谓"大韩民国临时政府"的第 248 号报告相关,数天前,自称"临时政府"外交部长的赵素昂先生要求与我会面。我同意非正式会见他。他旨在寻求美国政府对"临时政府"的承认以及财政军事援助,但他为其"政府"所作的情况介绍语意含混,无法令人满意。

当被问及"临时政府"是否已得到中国国民政府承认时,他承认还未,并低声表示,他觉得这或许是中国想在打败日本之后将朝鲜置于自己的宗主权之下。但在其他场合,赵素昂先生一直坚称中国政府"即将承认"临时政府。我也曾从赵素昂先生处听说临时政府将得到蒋介石委员长的财政援助;但这类报告未得以证实。

我曾向中国外交部询问,但未获得关于韩国"临时政府"的任何有价值或有意义的东西。中国官员们表示他们"正在调查"该韩人组织,但他们并未对此表现出什么热情,也未提及中国政府有可能对其给予承认。

赵素昂先生避而不答向其提出的有关朝鲜在(中国)满洲的独立团体(包括激进的亲共团体)的问题。我也无法从赵先生那里就"临时政府"与那些海外团体的关系获得任何明确而肯定的陈述,他只是宣称朝鲜人民现正团结一致为独立而努力奋斗,而他的"临时政府"则是朝鲜独立者们唯一的代表机构。

我避免对"临时政府"财政援助问题作任何评论。赵先生无法或者说不愿告诉我这个机构目前是如何获得资金的。

关于任何可能给予朝鲜独立者的军事援助问题,赵先生同样没有提供什么信息;他承认此时美国向朝鲜爱国者提供武器弹药尚不可能,但他表示形势或许不久就会发展到能够提供军事援助的程度。

赵先生英语说得相当好,理解我的问题并无困难。但我认为他的谈话闪烁其词,不够坦率。我带着恰如其分的热诚与友善会见他,并鼓励他谈谈他的临时政府、其组织及朝鲜在中国和(中国)满洲的志愿者等等,但结果并不令人满意。随后我建议,赵先生或许愿意给我一份关于临时政府及其分支机构相关情况的书面报告。他答应这样做,现在他给了我一份包括附件的英文信函,我谨附上副本一份呈报国务院。

在过去几天里,赵先生曾来大使馆要求办理一份护照以获准前往美国。他的要求我已电致国务院。

高斯

《韩国研究论丛》(第四辑),第137—138页

代理国务卿致高斯电
华盛顿,1942年3月20日下午9时

第199号。就您1月3日下午3时的12号电报。2月10日(应为12日,原注)国务院要求驻伦敦大使馆告知英国政府:在美国,有不少韩人团体关注朝鲜独立和对日作战,美国政府同这些团体有过接触;而且尽管美国政府希望获得轴心国的反对者的一切可能的实际支持,但我们现在并不打算"承认"任何韩人组织为朝鲜抗日运动的首要机构,也不打算就未来承认朝鲜作出任何承诺;我们曾考虑过向新闻界发布一些总体性声明的可能性,以表示美国政府对朝鲜人民结束日本压迫之努力的关注;我们希望得到英国政府就此全部问题的看法。

英国外交部于2月28日向我大使馆递交了一份备忘录,其中提到,在英国没有足够的朝鲜人可形成一个组织,太平洋战争爆发后,赵

素昂先生和重庆其他朝鲜人组织的代表不仅同美国大使馆也同英国大使馆进行了接触；英国大使得出的印象是，朝鲜社会各阶层存在很大的分歧。另据中国外交部方面告知，尽管在自由中国的朝鲜人都是为了独立这个共同目标，但他们在政治态度上差距悬殊；中国当局认为他们对抗日活动是有用的，但在内部派系斗争不平息之前不存在正式承认某一个朝鲜独立运动团体的可能；中方正给予他们良好的帮助以平息纷争；英国外交部相信，在日本本土和朝鲜，朝鲜人有效反抗日本的可能性非常小，尽管在（中国）满洲和中国的沦陷区这种可能性也许会大一些；但只要日本继续维持军事上的优势，美国或英国方面的任何正式宣言或承认举动，似乎都不会在处于日本控制之下的绝大部分朝鲜人中引起什么有效的反应；但是，如果局势转而对日本不利时，一项适时的宣言可能会有效；所以目前外交部认为，对于日本控制区之外的朝鲜人所提要求的答复，应只限于对朝鲜人为实现国家自由所作努力给予同情的保证；这是中国外交部长在去年 10 月 25 日写给金永俊的一封信中所表述的态度，但是考虑到中国政府对朝鲜事务的关注，任何趋于承认的行动也许都应与中国政府合作为好；英国外交部将乐于支持美国国务院在朝鲜问题上最终决定采取的任何行动。

国务院将告知英国外交部，英国政府在备忘录中表明的看法，总体上与我国政府的见解一致。英国外交部的关注促使我在 3 月 2 日的新闻发布会上发表声明（见第 51 号广播公报）。

在朝鲜问题上您认为对国务院可能会有帮助的任何评论，都会得到国务院的赞赏。特别是国务院拟在最近发表一个原则性声明，以表示美国人民对朝鲜人民为结束日本压迫所作努力的关注，您能否就该声明的起草表示意见？如您所知，最近在华盛顿召开了一次"韩国自由会议"，它是由在美的韩人联合委员会、韩国驻美委员会及与重庆集团有来往的组织发起的，旨在宣传朝鲜问题，敦促"承认"朝鲜。尽管出席的朝鲜人并不多，且据报道仅是在美的朝鲜团体的部分代表，尽管议事日程明显地未把朝鲜人计划为实现独立或参战的努力可能采取

的积极措施考虑在内,但这次会议还是在使公众注意力集中到朝鲜
"承认"问题上起了一定的作用。此外这次集会为促使美国公众意见
朝向敦促美国承认方面发展作出了努力,在美国各地,他们的主张也得
到相当程度的宣传。

在您与中国政府就此事进行的磋商中,您如认为合适,可根据您的
判断使用上述段落中所包含的这些信息。

韦尔斯

《韩国研究论丛》(第四辑),第 139—140 页

高斯致国务卿函

重庆,1942 年 3 月 25 日

阁下:

我有幸向您报告我对 1942 年 2 月 17 日的有关"大韩民国临时政
府"的第 297 号函件的处理,并向国务院呈交如下抄件:

(1)我的一位下属同外交部东亚司司长杨云竹 3 月 19 日就朝鲜
人在华活动概况的谈话备忘录;

(2)中国情报委员会(国民党宣传部的一个机构)1942 年 3 月 10
日第 285 号公告,题为《自由韩国运动》;

(3)1942 年 1 月 14 日和 15 日在重庆的《国民先驱报》发表的一份
《韩国民族革命党代表大会宣言》。

正如杨博士所指出的,对于朝鲜问题,中国官方持同情态度;但朝
鲜流亡者间的纷争和他们的组织无一在朝鲜人中获有广泛的拥护,对
其中任何一个特定团体给予正式承认感到踌躇。杨博士还指出,作为
朝向最终承认的一个步骤,中国正通过推动其现有各派别的联合来加
强朝鲜独立运动。

在同大使馆参赞最近一次的谈话过程中,外交部次长傅秉常博士
证实了由杨博士提出的原则立场,并且补充了一件有趣的事。数月以
前,当时的外交部长郭泰祺曾建议承认朝鲜独立运动,但蒋介石委员长

否决了这项建议,并提议将其搁置。

高斯

高斯致国务卿电

重庆,1942年3月28日上午9时

第285号。关于国务院3月20日上午9时有关朝鲜问题的199号电报。大使馆继续在处理此一问题,目前形势未发生什么重大变化。

我相信,拟议中的表明美国方面态度的一般性声明,在此地或在朝鲜内部都不会产生什么有益的影响,除非我们把军事行动的矛头指向日本。

我建议,如果要就美国的态度发表一般性声明,应该做出预先征求中国政府意见的姿态,以表明是中国是盟国的一员。

然而,朝鲜问题与包括印度在内的亚洲其他殖民地人民争取独立的强烈愿望不无关联。中国人似乎对印度的完全独立寄予同情。鉴于此种形势,美国就朝鲜问题的声明如果对亚洲其他殖民地的态度没有暗示的话,将会是不合时宜的。

高斯

代理国务卿致高斯电

华盛顿,1942年4月7日下午9时

第263号。关于您3月28日上午9时的第285号电文和3月28日上午11时的第287号电文。您所反映的观点对国务院是有益的,国务院将重视您继续从中国政府方面得到的他们对朝鲜问题所持的态度和其他感兴趣的消息,当然您毋须加以评论。您可以向中国当局表示,我们乐于让他们预先知道我们将作出的任何重要决定。

韦尔斯

罗斯福致代理国务卿函

华盛顿,1942 年 3 月 18 日

随函附上宋子文博士交给我的一份备忘录。请在 14 日即周二之前就此向我作一书面报告。

富兰克林·D·罗斯福

附:中国外交部长宋子文的备忘录

在庞大日本占领军的压迫下,朝鲜人民为历史上的不公正所折磨,抑郁屈从,并已被日本地主从朝鲜南方富饶的稻米产地驱走,困扰于殖民现状和经济窘迫。

除了在朝鲜国内零星的暗杀行为之外,朝鲜人民的反抗仅在中国和俄国的侨胞中有所行动,而在美国的朝鲜人中反抗仅存于思想意识之中。

朝鲜革命力量的主要领导者目前都在重庆,其中一方是韩国临时政府成员,属于旧有的韩国独立党派;另一方是韩国革命党,由较年轻的左翼分子组成。在美国的朝鲜革命者分别是这两个党派的拥护者。在中国政府有限的支持下,有一支小规模的朝鲜人武装,约达数千人,正同中国游击部队在华北并肩作战。

在西伯利亚,多年来在俄国远东部队内编有 2 至 3 个朝鲜人旅,但除非俄国与日本之间爆发冲突,对这些力量不能抱以希望。

如果盟国,尤其是太平洋委员会的成员们希望促进朝鲜独立,有两方面的措施是可供采纳的:

1. 保证对一个统一的朝鲜革命组织提供援助,以促成这两个对立的革命党派的联合,这显然是简单易行的。然后着手组建、武装并支持一支 50000 人的朝鲜非正规武装,这支部队将部署在华北游击区,日后将成为朝鲜本土和其他地区韩人革命活动的中心。建立这支部队的意义在于:

(a)在盟国选定的适当时间入朝作战;

(b)成为在朝鲜和日本的兵工厂及重要通讯中心的朝鲜工人进行

破坏活动的司令部；

（c）在朝鲜、华北和日本充当下层公务员和警察的朝鲜人中组建一个情报服务网。

地下活动的前景将是可以特别保证的，因为与德国类似，日本也面临劳动力短缺，大批朝鲜人为在朝鲜、（中国）满洲和日本的兵工厂所雇用。此外，大量的朝鲜人正在华北充当日本人为使占领区的中国人堕落而进行的鸦片、吗啡和海洛因贸易，卖淫以及赌博等行业的代理人。通过一个组织完善的系统，日本人将会自食其果。

2. 作为一项旨在鼓舞朝鲜人斗志的政治性措施，太平洋委员会各国可在未来适当的时候宣布其将在战后实现朝鲜独立的决心。而对韩国临时政府的承认当在同一时候或在稍晚。

《韩国研究论丛》（第四辑），第143—145页

高斯致国务卿电
重庆，1942年4月10日下午10时

第381号。外交部政务次长昨天肯定地告诉我，在4月6日国防最高委员会的一次会议上，孙科提议立即承认韩国临时政府，并得到了其他派别的一些成员的支持。经过3个小时的讨论，最后决定将此事交由蒋委员长裁定。

中国政府对在此的朝鲜人素持同情态度，并努力调停其派系分歧。造成这一状况的主要原因为：（1）对苏联方面就承认临时政府可能作出的反应的担心。这一因素被描述得非常微妙。据称在西伯利亚的苏军中有两个朝鲜旅，而一旦苏联与日本宣战，这两个旅将可能被用来进攻朝鲜，并可能被苏联用来在该国建立某种性质的政府。如果在此期间在重庆的韩国临时政府得到承认，将会出现一种棘手的局面。在苏军中的朝鲜人在成为苏联公民的同时被告知仍将保留他们的朝鲜籍。（2）考虑到马来西亚、荷属东印度以及其他地区，对此时英国或其他国家关于殖民地人民独立的提议可能产生的反应的担心。

我会将事态的进一步发展报知国务院。

高斯

《韩国研究论丛》(第四辑),第 145—146 页

代理国务卿致高斯电

华盛顿,1942 年 4 月 11 日下午 6 时

第 283 号。关于国务院 3 月 22 日晚 9 时的第 199 号电文,4 月 7 日的第 263 号电文,以及您 4 月 10 日上午 10 时的第 381 号电文。作为美国政府向中国政府就朝鲜局势互换情报这一愿望所包含的合作精神的一个体现,请紧急通报中国外交部次长:我们希望,中国政府在承认韩国临时政府问题上采取任何决定性的行动之前,最好能够向我们告知相关的观点和最后的决定。您可以您的方式向中方示意,凡是与反对轴心国的自由运动相关的任何问题,理所当然都为盟国其他国家政府所感兴趣,并由那些感兴趣的政府采取相应的合作行动,这在事实上都是有益的。

宋子文博士最近向总统递交了一份关于朝鲜局势的备忘录,预计总统将在下周的某一时间与宋博士讨论这一局势。

韦尔斯

《韩国研究论丛》(第四辑),第 146 页

代理国务卿致罗斯福函

华盛顿,1942 年 4 月 13 日

亲爱的总统先生:

在您 4 月 8 日给我的备忘录中附有宋博士递交给您的一份备忘录,并要求我在周二即 14 日前就宋博士的备忘录向您作书面报告。

现交回宋博士的备忘录的原件,我对此的意见如下。

我完全赞成,盟国特别是太平洋作战委员会的成员国,应协助建立并装备一支朝鲜非正规武装的建议。从地理角度来看,在美国和他国

驻重庆的军事代表团的帮助和建议下,中国是从事这一活动的最适宜、合理的地点。在太平洋委员会通过此项提议之后,我和我的联络委员会将乐意处理此项事务,以便总参谋部和海军部为您制订相关的可行性步骤提供系统的建议。

关于促进朝鲜革命者各派别的联合,以及在适当的时候给予韩国临时政府承认的建议,就我所知,朝鲜的主要革命团体包括在重庆的一派(显然为在美国的大多数朝鲜人所支持)和在中国满洲和其他地区的朝鲜人组织。后者显然与在重庆的组织没有密切的联系。

我已向我们在重庆的大使去电询问有关于此的进一步情况,并且也询问了有关中国政府对这些团体联合的可能性的看法。

关于太平洋作战委员会拟就实现朝鲜独立发表声明一事,原则上我表示衷心赞同,但我怀疑在此刻发表这样性质的声明是否明智。如果这份声明在今天发表,我认为似乎是没有实际意义的。

战局暂时仍对日本有利,此时还难以指望在朝鲜爆发反日的武装起义。而且印度的独立问题近来已经成为并仍将成为太平洋地区人民关注的焦点,而克利浦斯磋商的失败又不幸使我们无法借鉴英国政府和印度人民之间达成协议的声明,以阐述一项更为普遍的政策性声明。

如果克利浦斯的交涉获得成功,我将向您推荐太平洋战争委员会的一份宣言,在这份宣言中再次提出承认菲律宾群岛独立,恢复朝鲜独立,以及将日本侵略者从他们一度肆虐的所有领土上驱逐出去,以使那些地区的人民重新获得自由。简言之,我本拟提交有关普遍自由的一般性政策的宣言,仅就荷属东印度及缅甸的特殊情况而言,发表这一宣言是可行的;但遗憾的是,印度谈判的受挫排除了(至少在目前)这种可能性。

就宋子文博士的备忘录,我目前的建议是尽量促进朝鲜军队的组织和装备,在与中、英磋商后以任何可能的方式促成朝鲜革命者的团结,并在一个更为有利的时机出现之前,尽可能拖延对韩国临时政府的任何承认以及未来朝鲜独立的任何声明。

请相信我。

忠实于您的，

塞姆纳·韦尔斯

高斯致国务卿电

重庆,1942 年 4 月 15 日上午 10 点

第411号。就国务院 4 月 11 日下午 6 时的第 283 号电文。已遵嘱进行了交涉。次长已保证大使馆将不断获知事态的进展，以及中国政府对朝鲜问题的看法，并将在事先获知任何拟议中的行动。

高斯

高斯致国务卿电

重庆,1942 年 4 月 18 日下午 2 时

第432号。关于 4 月 10 日上午 10 时我的第 381 号电文，外交部政务次长通知我，随着蒋委员长返回重庆，现在对临时政府的承认问题已作了进一步的分析，结论是毫不拖延地竭力促成这一承认。导致这一决定的主要原因是：

(1)消除任何对中国有领土野心的猜疑，他表示这不仅关系到朝鲜，也牵涉到泰国和缅甸。

(2)表明中国支持大西洋宪章的原则。

他指出蒋委员长希望此项承认韩国临时政府的方案能通过我转告美国政府，并望早日回复我们的看法。在被问及是否同英国接触或使其知悉此事时，次长表示至少在得到美方看法之前不会采取此步骤，他恳请尽快予以答复。

高斯

国务卿致罗斯福的备忘录

华盛顿,1942 年 4 月 29 日

据高斯大使在 4 月 18 日的电文中所汇报之蒋介石委员长望能尽快承认在重庆的"韩国临时政府"。

中国政府要求得到我方意见。在此附上我们草拟的答复意见稿以供您参考。

苏联方面也对朝鲜问题表示特别的兴趣。鉴于苏联还未对日宣战,如何处理好苏联在此问题上的态度将会使临时政府感觉为难。还存在这样的可能性:一旦在重庆的"韩国临时政府"得到中国政府的承认,苏联会支持另外的在意识形态上与其相通的朝鲜组织。中国政府要承认"韩国临时政府"的一大动机在于将由苏联支持的任何朝鲜组织遏制于萌芽状态。

朝鲜独立和承认一个朝鲜政府的问题包含众多复杂、微妙的因素,鉴于中国的地理位置和与其邻国历史上的联系,美国政府是否应对由中国政府决定采取的任何举动表示强烈的反对,须慎重考虑。因此以下的做法是合宜的,即美国政府应向中国政府提出自己的完整主张。

赫尔

《韩国研究论丛》(第五辑),第 218 页

国务卿致高斯电

华盛顿,1942 年 5 月 1 日下午 1 时

第 342 号。关于 4 月 18 日下午 2 时您的第 432 号报告。

1. 请告知重庆当局,我们对蒋委员长向美国政府征求意见表示感谢,我们了解到中国政府即将承认在重庆的"韩国临时政府"。

2. 您可以告诉中国政府,在美国的各种组织包括朝鲜人的组织,都已经被组织起来以声援在德国、日本占领区内的反轴心国的武装力量。对于这些组织,美国政府有两方面的考虑:其一,对那些与外裔美国人

在美国的义务相违背的任何独立运动,将不予以支持;其二,美国政府不希望妨碍有关国家的人民在战胜轴心国后,能根据自己的愿望选择和建立政府。

3. 美国政府将向朝鲜人民和遭到轴心国奴役的其他国家的人民提供一切可能的支援,帮助他们重新获得解放,同时也欢迎被奴役国家人民自己为战胜轴心国所提供的援助。

4. 在美国政府的考虑中,支持朝鲜独立和承认像"韩国临时政府"这样的特定的朝鲜人组织是不可同日而语的。鉴于有各种各样致力于朝鲜独立的朝鲜人组织存在,您可知会中国当局,美国政府之所以不准备立即承认某一个韩人组织,系考虑到如下事实:

第一,现有争取朝鲜独立的各韩人组织之间的不团结;

第二,在朝鲜境外的各个组织,可能同朝鲜国内的民众缺少联系。

有鉴于此,对于承认问题,美国政府建议,中国政府可强调承认的临时性质,以便在今后的发展中,中方有更多的主动权。但即使是临时性的承认,也可能会使朝鲜人民认为,他们在独立后选择自己政府的权利,已经被盟国某成员的行动所限制了。

5. 美方理解到,由于地理的和种族的因素,承认问题对于中国来说要比对美国更为迫切;美国只是想对这个问题作出负责的、坦率的回答,对于中国政府经过认真、全面研究之后所采取的任何步骤,美国政府都不会加以阻挠;如果中国政府宣布支持朝鲜人民争取解放并相应承认韩国临时政府,美国政府将重新研究对这一新步骤所持的立场。在朝鲜问题上,美国有某些特殊因素须加以考虑,在美的不少其他组织也同样希望美国承认其为合法政府。

6. 您也可以请中国政府回顾下美国总统在 2 月 23 日的广播讲话中提及朝鲜问题时曾说朝鲜人民"深知日本专制统治之粗暴",而且总统在讲话的后面又谈到:"盟国在寻求和平中有不少共同的原则;大西洋宪章不仅适用于大西洋周边国家,还适用于整个世界;侵略者必须投降,民族自决和人民自决,以及四大自由——言论自由、宗教自由、免于匮乏的自由和免于恐惧的自由。"

赫尔

《韩国研究论丛》(第五辑),第 218—220 页

高斯致国务卿电
重庆,1942 年 5 月 7 日下午 3 时

第 524 号。国务院 5 月 1 日下午 1 时的电报中有关承认"韩国临时政府"的意见已经口头转达于外交部政务次长,这位次长私下告诉我,此事要等到总统和宋子文的会谈之后再重新决定,承认一事将被至少推迟到某个更合适的时候。

高斯

《韩国研究论丛》(第五辑),第 220 页

高斯致国务卿电
重庆,1942 年 5 月 13 日下午 1 时

第 554 号。我已与外交部次长就国务院 5 月 8 日上午 9 时(应为下午,原注)的第 370 号电的主要内容进行了非正式的讨论。他声称,由于两派之间小有分歧,外交部致力于将两派联合在一起的努力归于不果,同时他还表示虽并不想阻止我们使两派联合起来的努力,但他不认为这些努力会取得成功。他暗示我们欲使两派联合的努力不仅不能解决问题,还有可能导致问题的混乱,他还提及了他们收到的一份报告,据报告称,假如在美国的激进团体与"临时政府组织"联合的话,将会不再支持进而威胁在此地的激进派组织。

高斯

《韩国研究论丛》(第五辑),第 221—222 页

高斯致国务卿电

重庆,1942 年 6 月 9 日

第 473 号。

阁下:

我荣幸地向您提及我在 1942 年 3 月 25 日的题为"朝鲜独立运动和期望正式承认"的第 335 号快件,并呈上国务院所需的相关情报的副本:

1. 新闻报道(重庆中央新闻社,5 月 20 日):"军事委员会(隶属中国政府)已下令将朝鲜义勇队合并入韩国光复军。"

2. 5 月 29 日,在华盛顿的美联社报道:据韩季素称,朝鲜义勇队原有人员 15000,新合并的部队将会超过 35000 人。

3. 与外交部东亚司司长杨云竹博士的会谈备忘录,主题为朝鲜事务和朝鲜军队合并。

杨博士与我的一位下属的谈话颇有意思,他们谈到:中国政府认为,朝鲜民族革命党的军队(朝鲜义勇队)和韩国临时政府的军队(韩国光复军)的合并实际上是两大党派合并的第一步,因为派别间不断的摩擦和敌对,这一步并不能顺利平稳地进行;上述的军队的数量多少并没有什么实际意义(尽管在附件 2 中有韩季素的充满幻想的陈述),在当前无论将他们用于宣传还是军事目的都没有什么实际效用。

尊敬您的,

C · E · 高斯

《韩国研究论丛》(第五辑),第 222 页

高斯致国务卿电

重庆,1942 年 12 月 9 日下午 4 时

第 1465 号。关于大使馆 11 月 24 日下午 3 时的第 1387 号电。所谓的韩国临时政府外交部长赵素昂 12 月 3 日知会大使馆,他的政府不久将正式要求美国和英国政府的承认,但在请求苏联承认方面存在一

定的困难。他表示想把临时政府从重庆迁至华盛顿,因为在此活动有诸多限制。12 月 7 日,我们从韩人方面秘密获得一份 1941 年 11 月中国军事委员会有关朝鲜独立运动的九项规定的文件副本(见大使 11 月 23 日的 750 号急件),此文件表明中国方面严格限制朝鲜军队的组织和管理。尽管赵素昂一派指责中国方面有帝国主义的企图,但并无明显证据表明中国想控制战后的朝鲜。这一派的代表已前往印度,显然是想与在那里的人员进行会商,并将重要的情报发给在华盛顿的李承晚。

12 月 5 日,金若山已经正式同意出任在临时政府控制下的光复军的副司令。金奎植博士——另一位重要的朝鲜革命人物,也表示想加入临时政府方面。韩季素随后表示在强大压力下也愿放弃独立的立场。

急件后附。

高斯

《韩国研究论丛》(第五辑),第 225 页

总裁官邸会报材料
1943 年 2 月 23 日于总裁官邸

······

(二)协助韩国革命借款之分配问题

关于韩国各革命团体之指导运用,前奉指示不必固执一党,故第一期借款一百万元,拟比照成例分配,金九(韩国独立党)七十万元,金若山(朝鲜民族革命党)三十万元。惟韩国临时政府既系包括各党派在内,如各别借款,颇有引起分裂之嫌,究应如何之处,请指示。

中国社会科学院近代史研究所档案馆藏国共合作档案,特 27/1·2

总裁官邸会报材料

重庆,1943 年 7 月 21 日

……

（五）韩国两党摩擦

韩国独立党前经朱部长代呈增发补助费十四万元,其中原列有朝鲜民族革命党一万五千元,及渝市侨民生活费七万九千五百元,金九主席未能照发,且不承认有增发补助费之事,致引起民族革命党之反感,肆意攻讦,形势至为恶劣。除俟朱部长返渝后与何总长会商设法解决外,查前呈将借款一百万元,由临时政府自行支配,及召见两党领袖事,迄未蒙批示。此事两党业已知悉,悬而未决,或为猜疑震撼之根源,拟请早日批示,以免彼等疑虑。

中国社会科学院近代史研究所档案馆藏国共合作档案,特 27/1 · 3

蒋介石致吴铁城电

重庆,1943 年 8 月 10 日

吴秘书长勋鉴:此后我国对于朝鲜问题应依照以下三原则处理:（一）处理党派问题。韩国各党派原不必强求其统一,但宜择优扶植,使能领导独立运动。查目前各党派中以韩国独立党组织较健全,历史亦久,今后应以该党为中心,扶植其领导地位。（二）处理政治问题。我国对韩国政府现虽尚未承认,惟兹后有关韩国独立运动之政治事宜,应侧重以韩国临时政府为对象,以消弭内部政争。（三）处理军事问题。调整光复军之高级人事,培植临时政府系统下统一的军事力量,使其集中意志,灵活指挥,今后希遵此办理为要。

中国社会科学院近代史研究所档案馆藏国共合作档案,特 29/7 · 16

2. 中美关于战后朝鲜问题的交涉

韦尔斯①所作会谈纪要
华盛顿,1943 年 3 月 29 日

中国外长宋子文博士今邀我相晤。

……

我说,对战争胜利后将在远东和太平洋地区采取的步骤,我仍然感觉,中国、英国和美国政府在诸多方面都是一致的。我说,我们将在下列问题中保持一致:朝鲜将在暂时的国际托管制下建立起一个独立的国家,日本人必须被限制在他们自己的本土上,福摩萨必须归还中国,至于战前就是殖民地的太平洋诸岛,为保证国际安全也应置于相似的国际托管体制下。

《韩国研究论丛》(第五辑),第 225—226 页

贺百克②所作会谈纪要
华盛顿,1943 年 9 月 28 日

……我说,我对朝鲜人的民众观念表示怀疑,这是来自地理的、历史的,还是政治的角度呢? 宋博士回答中国从未将朝鲜视为现存的或曾经存在的中华帝国的一部分,或失去的一部分。他并且表示,对印度支那他们也执相同看法。有关战后安置问题,他说,中方目前的观点是倾向于将朝鲜置于一个国际托管制之下。他认为,印度支那也应如此,当前中方以为对某一地区最佳的处置方式就是托管制。接下来,对上述任一事项/或两项事项,在实现上述原则的努力过程中可能遇到的潜在的困难进行了协商。

《韩国研究论丛》(第五辑),第 226 页

---

① 时任美国助理国务卿。
② 时任美国国务院政治关系顾问。

高斯致国务卿电

重庆,1944 年 4 月 26 日下午 4 时

第 733 号。中央通讯社 4 月 25 日的快讯报道了金九于 4 月 24 日再次当选为韩国临时政府总统的消息。依照同日通过的组织条例修正案,金奎植当选为副总统,另有据称是代表所有韩国政党的 14 名代表被选入新政府。其中包括赵素昂和金若山将军。详情有待进一步报告。

高斯

《韩国研究论丛》(第五辑),第 228 页

高斯致国务卿电

重庆,1944 年 6 月 3 日下午 5 时

第 969 号。《大公报》摘录了中宣部长于 5 月 28 日在中韩文化协会上关于韩国临时政府的讲话:"中国必须是第一个承认韩国临时政府的国家,因为国民党和中国人民都希望实现这一承认。"报纸还摘录了孙科类似的讲话,他希望"盟国能尽早承认新的韩国政府"。

很明显,韩人方面为争取承认作了极大的努力,这表现在 5 月底的国民党中执委会议上提交的要求中国承认"临时政府"的申请是对中国的让步。申请表示,为进一步增强中国为"亚洲受压迫人民"说话的权力,中国应是第一个给予韩国承认的国家。此地的韩人代表向大使馆出具了一份请求美国援助及争取承认的文件,朝鲜人希望能将此文件的副本在副总统抵达此地时呈交给他。中国方面可能有意推动韩国的这一行动,中宣部长的声明可能意在暗示韩国人:盟国不承认"临时政府"过错并不在中国。否则这一公开声明就很难得到合理解释,因为中国似乎不可能在未与盟国事先磋商的情况下单方面给于承认。

高斯

《韩国研究论丛》(第五辑),第 230 页

国务卿致高斯电

重庆,1944 年 6 月 12 日晚上 9 时

第 813 号。国务院完全同意您向韩国"外务部长"所表述的意见（见您的日期为 1944 年 5 月 19 日的第 2583 号急件）。鉴于您在 6 月 3 日下午 5 时的第 969 号电文中提到朝鲜人拟就承认问题与副总统接触,请将您的急件的内容知会副总统,但是应向他指出您对有关中国在朝鲜事务中所起作用的评价,并不意味着美国政府会对中国政府事先未与我们充分磋商就承认一个韩人政府毫不介意。若副总统也是持相同观点,那他在与朝鲜人接触时可能会强调增进朝鲜各团体间团结的重要性。

国务院有兴趣知道国民党中执委对您在 969 号电文中所汇报的要求中国政府承认"韩国临时政府"的申请作何反应,也乐于知道任何有关于此事的进一步的消息,比如中宣部长的有关中国政府将做出承认的这一声明。在《开罗宣言》的框架之下,中国似乎不太可能在未与缔约各方事先磋商的情况下,在韩国承认问题上独行其事,但是,寻找机会与中国官方就朝鲜局势进行非正式会谈,并在会谈过程中努力弄清中国政府的意图还是很有必要的。

另外,建议以您认为合适的方式非正式、非官方地与苏联大使馆进行接触,努力弄清其对近来在重庆的朝鲜人和这些人与中国政府关系的看法。

赫尔

《韩国研究论丛》(第五辑),第 230—231 页

国务卿致高斯电

华盛顿,1944 年 8 月 16 日晚上 9 时

第 1084 号。

国务院不久将与英国外交部就战后朝鲜问题互换文件和进行非正式的会商。据悉,就一份几乎涵盖了所有主要问题的调查表我们已取

得了共识。鉴于中国对朝鲜事务的特殊兴趣,国务院和外交部都认为应该与中国外交部在重庆进行类似的会商。拟议中的平行双边会商的主要任务是交换信息和意见,而不是要求他们以某种必须遵循的方式遵循我政府的政策。相关指令已航空寄发。

赫尔

《韩国研究论丛》(第五辑),第232—233 页

艾其森致国务卿电

重庆,1944 年 11 月 14 日

3147 号。

阁下:

我有幸向您提及 1944 年 9 月 28 日有关战后朝鲜问题的大使馆 3014 号急件,其中提到的拟议中的将在美国、中国和英国之间进行的会商一事已知会外交部长。

随信附上署期为 1944 年 11 月 8 日的来自外交部的一份第三人称的译文,该文称中国政府已着手准备就此问题进行研究,并与美国和英国政府交换意见和报道。

《韩国研究论丛》(第五辑),第233 页

巴兰亭①所作会谈纪要

华盛顿,1945 年 2 月 5 日

与会者:邵毓麟先生,蒋介石委员长的首席秘书

巴兰亭先生

特纳先生

邵先生希望,能按照他在先前的会谈中列举的需要进一步探讨的话题安排会谈。已就这些讨论达成共识,但这只代表个人,不涉及任何

---

① 时任美国国务院远东司司长。

承诺。讨论的第一个话题是关于朝鲜独立运动。邵说，长期以来有相当数量的朝鲜人在自由中国为朝鲜独立而努力。在这些组织的领导人之间存在一些摩擦和猜忌。邵说中国政府当然不会与这些组织有任何官方关系，他在中国外交部任职时也不曾与这些组织有过接触，但入蒋介石的侍从室之后，他开始与这些组织有了一些交涉。

邵提到在重庆与朝鲜独立运动领袖进行会谈时说，他曾建议他们在得到盟国任何形式的承认之前应先致力于弭合他们自己内部的分歧，建立某种有效的组织；从某种意义上讲他们正在经受考验，而在希望得到盟国具体援助之前能否证明其责任能力，关键在于他们自己。邵说他曾建议这些领导人效法法国组织秘密抵抗运动以发动朝鲜民众，还提醒他们注意局势的发展，并就抵抗的方式提出建议。与此相关还曾建议使用秘密特务和利用飞机播散传单。他还曾进一步建议，可以在适当的时候要求在日本服役的朝鲜军队放下武器，或站到盟国一边来。

邵表示，韩国临时政府现正依照他的建议在着手实施一项计划，另外他们还正在训练在重庆的约2000名朝鲜俘虏以从事地下斗争。

邵说，据他理解，美国政府对韩国临时政府的态度与中国政府是一致的，即目前尚不能予以承认。巴兰亭确认了他的这一理解。邵问到，在巴兰亭看来，是否可能以租借方式得到武器，装备朝鲜军队以对抗日本人。巴兰亭答复说，关于此问题的答复应该由军方作出，但是看来提供给任何有志于抵抗日本人的一方以武器装备都是有可能的。邵向巴兰亭询问相关的适当的交流渠道，即中国政府如何与美国政府就朝鲜事务交流。巴兰亭答复，在他看来，这样的交流理应通过我们的大使馆来进行。

邵还问及了对朝鲜独立运动领导人的看法。在他看来，中国政府与美国政府对于朝鲜领导人的态度的主要区别在于：中国政府采取更为积极的措施来指导这些领导人和他们的运动。巴兰亭指出，有些朝鲜发言人似乎更多地关注他们个人的利益及其所在组织的利益，而较少注意到朝鲜国家的事业;某些人对个人宣传过于偏好;有些人则设法使国务院按照他们个人的好恶来进行报道,所以在对待这些人时应谨慎行事,因为他们似乎怀有个人野心和有些不负责任。

邵指出,他到美国后与在美的朝鲜独立运动的领导人有所接触,他发现,相比于在中国的朝鲜各组织领导人,他们之间显然存在更多的猜忌且更缺乏合作。他曾向他们指出面临共同的敌人而不团结只会表露他们对将承担的责任缺乏准备。他向他们建议若他们想得到任何形式的承认,合并成一个负责的组织将是必要的。他还建议他们与在中国的朝鲜独立运动建立某种形式的联系,并告诉他们中国政府与美国政府将对朝鲜独立的任何事务作出一致的反应。

约瑟夫·巴兰亭

《韩国研究论丛》(第五辑),第 233—235 页

巴兰亭所作会谈纪要

华盛顿,1945 年 2 月 17 日

与会者:中国代表:刘锴,中国大使馆参赞

李干,商务参赞

杨云竹,中国外交部官员

崔存嶙,一秘

远东司代表:巴兰亭、斯坦顿、迪克夫、范宣德、威廉斯

此次会议由出席最近在温泉城召开的 IPR 会议的中国代表之一、中国外交部东亚司司长杨云竹先生提议召开,就有关盟国如何处理朝鲜事务的一些原则性问题进行了非正式的讨论。刘锴先生作为中方的发言人概述了召开此次会议的原因。他说,杨云竹先生已在一系列的会议上与迪克福先生就朝鲜调查表草案中所包含的所有问题进行了探讨。因为杨先生不久将返回重庆,他希望能就朝鲜问题与远东司的官员交换原则性看法,以使他对此问题的观察和印象更完整。

经过多次原则性的讨论,涉及问题包括居留海外的朝鲜人的地位

和数量,这些组织对于战争可能作出的贡献的性质和范围,以及他们在即将到来的战后时期所潜在的作用等。刘锴将中方对朝鲜问题的观点概括如下:

1.朝鲜人的秘密抵抗运动应受到鼓励。

2.应努力使在海外的所有朝鲜人组织相互协调合作。在此及以前所有的会谈中,中国方面都强调作为朝鲜独立运动的主要组成部分,在重庆的韩国临时政府应得到扶植。很明显,中国当局非常欢迎我国务院给予这一组织以官方的支持,并不是将其仅作为事实上的政府,而是作为朝鲜独立运动在中国的中心。

3.无论什么军队进入朝鲜,军事、行政机构只能由下述三方构成:中国、美国和英国;如果苏联加入对日作战,也可以参加。刘对此点非常坚持,几次重复提到上述声明。

4.应尽早成立无党派的朝鲜政府。

远东司的所有官员都不曾对上述声明给予任何承诺,尽管迪克夫先生援引《雅尔塔协定》中"自由国家"一节表明我们对在要求自由的地区采取联合行动的原则性态度。巴兰亭先生非常详细地解释了为海外朝鲜组织提供军事装备的种种困难,与中国看法一致,他认为究竟应该以何种方式和在何种程度上使用朝鲜人,盟军将会在战争中找到切实可行的解决方法。

杨先生表示希望能够在他回国之前得到国务院更明确的有关朝鲜问题的陈述,以有助于他和他的同事们整理大量的相关文件。崔先生表示他们期望能够在编辑这些文件时知道"风将怎样吹"。巴兰亭暗示中方的观点和我们并不是大相径庭,他强调应由具有"专家水准"的中国、英国和美国政府官员准备研究有关朝鲜问题的文件和交换观点,并最终为政策制订者们提供建议,将是重要的。

巴兰亭

3. 国民政府资助韩国独立运动

朱家骅签呈

1941 年 9 月 30 日

案据韩国独立党中央执行委员长金九送来节略,内称:韩国光复军自批准成立以来,即加紧实施宣传、征募、训练工作,颇著成绩。韩国内外民众得闻中国援助韩人组织光复军,参加抗战之消息后,散在敌后之知识分子及编入敌军之韩籍士兵,自动报效及反正者,日见增加,除已在西安第四战干团受训及参加敌后工作之三万余名外,最近又由敌后绥晋两省归来韩国青年五万余人,静候编队受训,执戈效命。所有伙食等费,由韩人自力支持,已感不能为继,况瞬届冬令,所需寒衣寝具,尤无力置备。河朔天寒,艰苦万状,设坐视此待命杀敌之多数热血青年任其饥寒交迫,不予以救济,似不足鼓士气而励来兹。用敢据情呼吁,拟请照慰劳抗战将士例,拨发二十万元,以资维持而利抗战。

查该军前奉钧座批准成立交军政部速拟办法在案,兹据声称,韩籍士兵自动反正及由敌后归来韩籍青年,亟待救济,候令杀敌各节,似宜酌予补助,以资怀柔。理合据情转陈,伏乞钧核。谨呈总裁　蒋。

职朱家骅谨呈。

《国民政府与韩国独立运动史料》,第 427—429 页

蒋介石电朱家骅

1941 年 10 月 27 日

总裁宥川侍六号代电,开 9 月 30 日松字第 132 号签呈,悉该项韩籍反正士兵及由敌后归来之韩籍青年,准予发给救济费 10 万元,除令军政部照发外,即希转饬知照。

《国民政府与韩国独立运动史料》,第 430—431 页

朱家骅致金九

1941 年 10 月 28 日

　　白凡先生大鉴:关于韩籍士兵及由敌后归来之韩籍青年请求补助一案,业经签奉。总裁本月 26 日宥川侍六号代电略开准予发给救济费 10 万元,已令军政部照发。

《国民政府与韩国独立运动史料》,第 432 页

何应钦致朱家骅

　　中央组织部朱部长骝先兄勋鉴:奉委座宥川侍六代电,准发韩国独立党韩籍反正士兵及由敌后归来之韩籍青年救济费 10 万元,并派员前往协助处理等因。奉此,除派员一节交军务司遵办外,救济费 10 万元请饬派员备据赴军需署洽领为荷。弟何应钦。

《国民政府与韩国独立运动史料》,第 433 页

国民政府军事委员会快电

1941 年 12 月 17 日

　　中央组织部朱部长勋鉴:12 月 10 日,松字第 141 号签呈,请按月补助韩独立党侨民生活等费,共 6 万元,可照准并,除电军政部准以吾兄特别费名义具领外,即希查明核实,发给可也。中正,筱,侍参。

《国民政府与韩国独立运动史料》,第 438 页

徐堪致朱家骅

1942 年 5 月 2 日

　　骝先先生勋鉴:5 月 2 日大函奉悉,承示韩国独立党请仍照旧案每日购买官价米 9 市斗一案。查该党所报男女眷口 123 人,以每人月需米 2 斗计,每月共需米 24 石 6 斗,除令饬陪都民食供应处遵照,照官价

立约供给外,请转知该党负责人员,径向该处办理立约手续。

《国民政府与韩国独立运动史料》,第450—451页

朱家骅致孔祥熙

1942年6月27日

庸之先生勋鉴:韩国自被暴日灭亡以来,其国革命志士先后起义者颇不乏人,尤以金九先生主持革命事业,组织独立党,以谋复国,艰苦奋斗已数十年。我中央一本兴灭继绝之义,对于该党志士,年来多予援助,即该党之光复军已经总裁核准成立。所以扶植该国独立者,正为歼灭敌寇之一助,不仅异日固我边围已也,太平洋战事爆发后,美国亦有承认韩国临时政府之意,而该党尚处流亡之际,经费无着,故其拟向我国请求信用借款美金50万元一事,似宜设法予以便利。

《国民政府与韩国独立运动史料》,第457页

金九致朱家骅

1942年7月17日

(一)昨在孔宅宴席上,对助我物资问题,孔、吴互推诿,无结果;(二)请转陈委座核示,最好由九等觐见委座,面承机宜。

朱家骅批:当为转陈,总裁得暇,必相约晤谈也。

《国民政府与韩国独立运动史料》,第461页

孔祥熙致朱家骅

1942年7月28日

骝先先生勋鉴:大函敬悉。一是韩国独立党要求信用借款美金50万元,俾加强运动力量,嘱予协助一节,甚表同情。惟我国当兹抗建方殷之际,外汇极感需要,该党如需美金,似宜径向美国政府洽贷。尚希发展,并予婉辞转达为荷。

《国民政府与韩国独立运动史料》,第462页

韩国临时政府在重庆工作及生活经费

一、临时政府直属房屋租金。8000 元。

二、临时政府政务费,办公、交际、卫生、教育及临时各费。50000 元。

三、在外工作经费,宣传、情报、通讯等。60000 元。

四、职员生活费,共 102 人,兼职者 42 人不另支费用,余 60 人除基本生活费外,每人加支 250 元。15000 元。

五、各团体补助费。韩国独立党,15000 元,民族革命党,15000 元,青年会,1000 元,爱国妇人会,1000 元。32000 元。

六、渝市附近全体韩侨 318 人生活费,每人 250 元。79500 元。

以上共计法币 244500 元,每月由美领韩侨继续平均补助美金 2000 元(约法币 40000 元)外,尚欠 200000 元,余请于前次按月惠赐补助之 6 万元以外,加发法币 14 万元,以资维持,是为感祷。

《国民政府与韩国独立运动史料》,第 483—484 页

(五)调解英印纠纷

说明:为调解英国与印度国大党之间的矛盾,以集中力量对日作战,蒋介石在 1942 年 2 月对印度进行了半个多月的访问。蒋介石会见了印度总督及甘地、尼赫鲁等国大党领导人,努力劝说双方作出让步。但英国内心并不愿中国插手印度问题,国大党也不愿意改变斗争策略,放弃其立即独立的诉求,蒋介石印度之行未获成果。英印当局与国大党之间的矛盾继续激化。七八月间,国大党通过了《英国政权退出印度》决议,印英当局逮捕甘地等国大党领导人。蒋介石竭力劝说英国采取缓和政策,并呼吁罗斯福出面调停,进行干预。但英国坚决拒绝任何外国的调停,美国不愿得罪盟友,未介入调停。

1. 蒋介石访问印度

英国驻华使馆致英国外交部
重庆,1942 年 1 月 24 日

第 107 号。

1. 蒋介石询问我们是否反对他出访缅甸和印度。他访问缅甸的目的是与缅甸总督和英军司令共同研讨他深感忧虑的军事形势。他访问印度的目的是与印度总督会晤,并会见甘地[①]和尼赫鲁[②](尼赫鲁是他的朋友),转告他们就共同事业进行全面合作的实质性意见。据信他在这方面可以作出有价值的贡献。乘日军正在将息他们在长沙遭受的创伤和中国人准备再次打击他们之际,蒋想尽早启程。出访时间可能较短。他希望对此次出访严格保密,直到他安全返回中国后再予公布。蒋夫人将陪同他前往。

2. 我强烈要求立即友好地赞同这项建议,对此蒋介石已下定决心,他以高昂的热情提出此议,其用意是以令人注目的方式表明他全心全意进行合作的愿望。

3. 请尽快予以答复。也请印度和缅甸尽快答复。

PREM45/3

英国外交部致英国驻华使馆
伦敦,1942 年 1 月 27 日

第 144 号。

1. 关于你们 1 月 24 日第 107 号报告蒋介石欲访问缅甸和印度的电报,兹复如下:

---

① Mohandas K. Gandhi。
② Jawaharlal Nehru。

印度政府的意见尚未获知。英国政府热情欢迎蒋介石访问缅甸和印度的建议。缅甸总督业已表示热烈欢迎。

2. 英国政府认为,蒋委员长与那些国家行政和军事当局的接触对盟军在远东地区的协调作战极具价值。

3. 关于会见甘地和尼赫鲁的建议,我们认为应等他到印度后与印度总督加以讨论。我们肯定印度总督会对此进行认真考虑。然而,你们可以私下里解释一下,极为微妙的争论显然与此建议有关:蒋介石(人们普遍认为他是中国政府元首)应该在印度政府和迄今为止一直拒绝与该政府合作的个人之间进行斡旋。

4. 印度总督和缅甸总督无疑会竭尽全力,对此次访问保密,但是如要会见尼赫鲁和甘地,保密的难度就大大地增加了。

PREM45/3

<h3 align="center">英国印度事务部致印度总督</h3>
1942 年 2 月 3 日

第 143 号。

关于你 2 月 1 日的电报,首相作了如下答复:

我已向缅甸和加尔各答拍发了致蒋委员长的一份电报,以便就近转交给他。我相信你会认真按照电报内容行事。它代表内阁同意此次访问的有关意见。我们不可能同意让外国元首充当英国国王兼印度皇帝的代表与甘地及尼赫鲁等人之间的仲裁人。我非常希望他见到你和你的行政委员会成员时不提出与上述人员举行会谈,而且你要通过说明他很有必要会见印度其他公众团体的代表,使他取消会见甘地等人的打算。在任何情况下都不应允访他像你所设想的那样在阿拉哈巴德或尼赫鲁可能停留的任何地方下车与尼赫鲁会面。要对这类会见保守秘密是不可能的。这类会见比任何其他事情都更有可能使泛亚洲情绪通过印度的所有集市而广泛传播。

PREM45/3

丘吉尔致蒋介石
1942 年 2 月 3 日

1. 我们非常高兴地获悉阁下将访问印度，与印度总督和英军总司令商讨我们为共同保卫缅甸和滇缅路，进而确保军火和军用物资不间断运输而必须采取的各项措施。英勇而战绩卓著的中国军队正是依靠这些军火和物资采取有效行动的。不过，我想你能理解，你这次能作为总督的客人进行访问，住在政府大院（如要特别保密的话）或总督在德里或加尔各答的私人宅邸。

2. 关于你会见甘地先生和尼赫鲁先生等人——他们至少处于消极违抗英国国王兼印度皇帝的状态——的问题，你会理解此事需要认真考虑。此事宜在你和印度总督对整个形势进行讨论之后由他作出安排，否则，就可能会在英国和整个大英帝国造成最为严重的影响。

3. 不管怎样，如果你会见印度国大党领导人，你就应该会见 8000 万穆斯林的代表人物真纳①先生、4000 万贱民的代表和统治 8000 万人口的印度诸王公的代表。英国政府和印度诸王公之间签有正式条约。我必须指出，国大党虽然几年前在省级选举中获得了成功，但它并不能代表勇敢善战的印度各个民族，他们正在以对英国国王兼印度皇帝的忠诚勇敢作战，保卫那些关系到印度安全和中国利益的目标。

4. 我必须请阁下考虑我的这些肺腑之言。我希望阁下和我不但在本次战争中而且在战后世界格局安排方面与罗斯福总统及斯大林紧密合作。衷心祝愿你的旅途安全愉快。

PREM45/3

---

① 　Mohammed Ali Jinnah，穆斯林联盟主席，1947 年 8 月印巴分治后，任巴基斯坦自治领总督。

印度总督致英国印度事务部
1942 月 2 月 5 日收

蒋介石一行于今晨由腊戍抵达加尔各答。他未前往仰光,所以没有会见多尔曼・史密斯[1]或韦维尔。他在腊戍会见了胡敦[2]。首相本人致蒋委员长的电报已在他们抵达加尔各答时交给卡尔。卡尔认为,向蒋转呈这份电报(特别是其中第 2 段)会给他留下极为恶劣的印象。因此,他正在向外交部说明此点,并准备把这份电报的要旨口头告知蒋委员长。

目前对蒋委员长一行的安排似乎是 8 日乘火车驶抵德里,在印度逗留至 15 日,由我掌握他们的绝大部分活动时间。他显然打算在抵达德里后改变此次访问的计划。卡尔在电话中向我的私人秘书谈了他的看法:蒋委员长此次来访的主要目的是会见甘地和他早就相识的尼赫鲁;任何劝说他改变主意的企图都不会成功,如果他被阻止,他会认为自己受到了欺骗。大使认为他在其他方面会通情达理,会会见我们希望他会见的其他党派的代表。按蒋委员长目前的想法,他将在德里会见尼赫鲁和甘地。我打算在蒋委员长和卡尔抵达德里之后再安排他与有关人士会面的问题,但我应该有权在我认为形势需要的情况下,允许蒋会见甘地和尼赫鲁,以便保持他对我们的信心和亲善。关于转呈首相的电报一事,我将依卡尔大使的判断行事,但是如果英国政府指示必须转呈这份电报,一俟蒋委员长抵达德里,即予呈上。

PREM45/3

蒋介石、林里斯哥谈话记录
新德里,1942 年 2 月 10 日

……

---

① Dorman Smith。
② T. J. Hutton,驻缅英军司令。

（印督）一九三五年英国曾公布印度宪法，一九三七年实行各省自治，但关于联邦制度的部分则未能实现。实行各省自治后，国民大会①的分子在若干省内阁占据多数席次，也就是比回教徒大占优势。印度种族、宗教等问题素来十分复杂，关于这个问题，当嘱主管人员，另外提供资料，以备参考。自上次欧战以后，全世界的民族主义大为发展，如中国及印度等皆是显著的例证。印度人民的若干政治组织，其中最完善者当推国民大会，其所代表的印度国民也是最大多数。印度共有印人三万万，回教徒九千万至一万万，回教的组织则有回教同盟，约代表百分之七十五的回教徒。自英国宣布允许给印度以自治领之地位后，国民大会及回教同盟两大政治组织都大加整顿，各自希望获得全印政治之权。除上述二政党代表的国民之外，尚有缺乏生活能力的贫苦阶级千余万人。

　　……

一九三九年九月四日，我与甘地会谈，甘地表示印度当以全力帮助英国作战，并愿将此意告知国民大会的执行委员会，希望他们能采纳此意。惟于九月二十六日，英国宣战之后，我又与甘地谈话，甘地说，国民大会反对战争，不允支持英国作战。

（委座）其时印度已经宣战了吗？

（印督）可以说业已宣战，盖按英国宪法，英国宣战等于印度亦已宣战，所以其后印度政府的正式宣战，不过形式上的手续而已。我第一次与甘地谈话，他即允向国民大会执行委员会疏通，于是我就嘱秘书转告甘地，如能办到，战后英国必允许印度之一切要求。惜乎一九三五年之宪法，未能完全实行，如果完全实行，此次拥护英国作战当不成问题。我常说印度国民为何不自己努力，取得宪法所予的一切权利呢？

印度的主要问题，就是以何党掌握印度政权的问题，以多数党而论，自属国民大会，但回教同盟则始终不能同意。印人坚欲统治全印，

---

① 即国民大会党。

而回人则欲另外划出区域实行自治,双方意见,水火难容。在这种情形之下,假使争执到武力冲突,势必发生印、回间的自相残杀。而印人与回人嫉忌之深,更甚于对外族统治的仇恨。这种冲突对于抗战,当然大有妨碍。

甘地自国民大会辞职后①,同时即推动不合作运动。甘地的非暴力不合作运动由来已久,非暴力也是他信仰之哲学。今天早晨我接得甘地的私人函件,向我夫妇问候。但函中说无论如何不愿与战争发生关系。印度国民大会之所以不愿参战,揆其原因,盖恐参战之后,会员怀疑他们与英国政府合作,因而影响会员对该会的信仰,驯至减少他们活动的力量。然而大会中大多数会员也希望击败日本的。

……

阁下或者要问我,英政府是否有诚意将政权交还印度国民。若以自治领之地位而言,当不成问题。但目下尚非其时,此刻将政权交还印人,是否为贤智的办法,大有考虑余地。盖印度没有一党或一派可以圆满执行政权的,我以为最好的办法,乃将政权逐渐地、部分地交还,否则一定要引起印、回间的自相残杀。

英国自治理印度以来,已有两大贡献:一使印度形式上趋于统一,二使印人认识印度在世界上之地位。国民大会虽反对政府,对这两点暗中也认识的。他们心中也希望英国在印度保留一部分的力量,以免引起内战。

现在我最感困难的,乃是国民大会要求将政权交给他们,而回教徒则谓若果如此,必表反对,甚且不惜流血为抗争的手段,至流尽最后一滴血为止。国民大会说这是英国的手段,事实并不如此,他们非完全得到政权不能满意云云。因此我觉得交还政权的期间愈近,印、回间的冲突也日益迫切。

……

———
①　1934 年 10 月甘地因与国大党内进步派人士政见不合,决定退出国大党。

甘地信奉着他的非暴力主义,凡有关战争及战争准备的事情他都不参加。他既是如此的反对一切武力,所以我们很难得到他的支持抗战。国民大会反对参战后,旋即扩大不合作运动。不合作运动的渊源,因为恐怕性质激烈的运动,先有引起印、回冲突的可能,所以有这种比较和缓的运动发生。最近的不合作运动,他们曾提出一个标语:"如以人力财力拥护作战,就是错误。"这种口号,当然大大妨碍我们的作战前途,政府碍难容忍。因此曾将重要分子若干人,逮捕监禁,惟到去年年终,监禁尚未期满的时候,都已一一释放。不合作运动,为半政治、半哲学性的运动。此事已成过去,我们可以置之不论。

……

(委座)对于如何使印度上下一心,军民合作,一致抗战的问题,我个人并无成见,所以想听取阁下及各方面意见后,再作考虑,目下还没有什么具体的建议与意见。如果阁下对于这一点须我帮忙,在可能范围内我必尽力。

(印督)阁下的厚意甚为铭感,敢不以鄙见率直奉告。阁下暨夫人跟尼赫鲁的友谊很好,这是印度国民周知的事情。阁下此次前来,国民大会分子,在报纸曾经大大传播消息。如果在民众心目中留有印象,以为阁下此来有如审判官地位,将判断是非曲直,并且是袒护国民大会的,那末将使我十分感觉困难。这种印象决不利于联合作战之努力。所以希望阁下于接见尼赫鲁之后,并接见其他各党的领袖。

(委座)凡我可以接见的人,假使他们前来访谒,我必尽可能接见他们。

(印督)这样就好极了。印度军队,到现在为止,都忠诚可靠,但印度军队中回教徒甚多,倘印、回间冲突剧烈必致影响到军队,阁下会见各派领袖时,请明白指示他们,日本是侵略者,不是我们的友邦,一旦兵临印度,就有被灭亡的可能,所以我们以团结御侮为前提。

(委座)这我可以告诉他们的。

(印督)还要请阁下告诉他们一件事情,即他们的将来,在于现在如何行动。现在只要以全力协助抗战，其余问题都可到战后解决。

（委座）可以。此次战争有两种性质，一为侵略者与被侵略者之战，二为民族求生存之斗争。因为有民族斗争的关系，在殖民地作战，力量就大为减弱。此次战争，宣传战的力量极大，敌人用直接间接或明或暗之宣传，即可发生极大影响。因为敌人可以询问殖民地人民道："你们为什么作战？为什么牺牲？"

（印督）是的。

（委座）敌人如果在印度境内，作这种宣传，智识阶级固不免受其迷惑，就是无知无识的人民，也因为需要他们出钱出力受苦受难而不愿作战。今日战争的残酷，远胜于昔，假使没有民族求生存的关系，人民很少能够忍受的。所以我敬贡献一点意见，希望阁下能转达伦敦政府，在殖民地作战要用七八分宣传战，二三分军事战。

（印督）阁下所指殖民地，不知作何解释？

（委座）像印度就是的。

（印督）以广义言之，殖民地当然包括印度在内，但我必立刻将尊意电告伦敦。我并且希望英、美的广播能取得合作，从事这种宣传战争。阁下还有其他意见见教吗？

（委座）在殖民地作战，最要紧的是体察民众情绪，愿否作战。中、英两国为同生死、共存亡的友邦，故敢如此掬诚相告。

（印督）不胜感谢。

（委座）印度今后最重要的问题，厥为如何使印人愿意作战而不为敌人所利用。

（印督）我们对这个问题，正作努力。然如欲做到中国的地步，恐不可能。盖印度大部分人民都抱屈服主义而缺乏尚武精神。回人绝对反日，印人则未必尽然，印人偶亦有为日本第五纵队的宣传所蛊惑的人。

（委座）我想日本第五纵队在印度的活动一定很活跃。

（印督）我们已设法防止这种活动，且让印度国民参加这种防止工作。

（委座）我很想知道，英国政府为何不宣布印度成立自治领的日期，我以为似乎应当定一日期的。

（印督）此点我亦同意。我可以告诉阁下一个最秘密的消息，我曾向伦敦建议，必须定一印度实现自治领的日期，英政府或者正在考虑之中，惟此后时局之演变如何，无人能加预测，如果定了日期而届时不能做到，则反为不佳。阁下是否以为给了一个日期，就可安慰印度国民？

（委座）当然。假使我是英政府，现在必立刻宣布印度实行自治领之日期；假使我是印度国民，此时决不要求完全独立。

（印督）阁下这句话很有重量。

《战时外交》第 3 卷，第 351—358 页

蒋介石、林里斯哥谈话记录
新德里，1942 年 2 月 15 日

……

（总督）新加坡失陷后，日军将抽调其马来亚的军队用于别处吗？阁下的意见如何？

（委座）这是很可能的。

（总督）日本派遣其军队赴缅甸、爪哇呢？还是进攻印度？

（委座）派赴荷属东印度的可能性为大。

（总督）上述两个行动，日本不能同时并进，如果增兵荷印，缅甸的局势可以轻松一些。我很重视缅甸的战役，而森林地带的作战乃是困难的战役。我接得萨尔温江前线的战报，情形很好，形势没有变化。我曾经参与第一次世界大战，对于研究军略也很感兴趣。我认为在军事方面即使对抗敌人有百分之百的准备，还是要谨慎，不能过分自信。

（委座）这一点我也同意。

（总督）我们很欢迎日军用大量部队在印度登陆，俾有机会给他们一个严重的打击。印度已作种种必要的准备，等待这个日子的到来。

我每逢有机会的时候,总是对印度各邦的王公们说,日本将侵犯印度了。但我个人以为日本人是不敢冒昧犯印的。从气候方面说,从印度面积的广大说,在印度作战,对日本人并不适宜。战到最后,日军必衰耗无力而我们就可以打败他们。日本人侵犯的规模愈大,失败得也必愈为惨重。如果日本侵犯印度,必先从印度绵长的海岸线下手。

(委座)对的。

(总督)我们还可以检讨一下同盟国整个的战略。因为波斯产油,对于我们非常重要,正像巴库对于俄国很重要,这是同样的道理。职是之故,俄国与我们必须保卫波斯与巴库,同时德国人也必有攻取的野心。如果我们断绝了缅甸、波斯两地的石油供应,我们一定会大感困难。

(委座)我也完全赞同阁下这种观察。

(总督)有人以为德、日一定拟有积极行动的联合作战计划,我也倾向这种主张。中、印两国必须密切合作打破他们的计划。

(委座)我们应当竭尽一切力量,使德、日军队没有会合起来的可能。

(总督)……于是抗拒敌人的责任,就落到了我与阁下的身上,阁下在我的左翼,我在阁下的右翼。中国第五军已开进缅甸吗?

(委座)第五军已准备入缅。请将这个消息,报告缅甸当局。

(总督)我一定报告。

(委座)中、印军队应有交通上的接触与联系,这是很重要的事情。印度的后面是我们的康藏,而康藏与四川有公路的交通。

《战时外交》第3卷,第396—398页

蒋介石、哈特莱谈话记录
新德里,1942年2月16日

……

(哈特莱)我们保卫印度,有五师正规军,此外还有五师保安队,保安队至少还要有一个月的进一步训练,方能作战,这个军队的数目是不敷支配的。现在正有大批的援军往印度开来,他们尚在海上,究有多少,吾不知道。

(委座)我对于印度的地理知识,实在不足以提供什么意见,这使我很觉遗憾,但此次前来访问印度之后,际此离别之顷,我有几点主张,或者可供将军的参考。印度有很长的海岸线,因此之故,我觉得你们可以把所有的军队集中在少数的战略据点,如此待敌人前进到相当距离,地势于你们有利的时候,即行反攻。这样的战略是比较有利一些。

(哈特莱)集中兵力的确比分散兵力为有利,我完全同意阁下的主张。目下军队的布置,我胸中已略有成竹。不久就有增援的坦克到达,到三月、四月还可希望有大批的坦克前来。我以为坦克可以帮助我们实行阁下建议的战略。

(委座)谈到印度的战略,最重要的一点是集中力量于东北及西北。我以为日本进攻印度,第一步大约是侵犯锡兰。我所以主张集中注意于东北及西北的理由,因为在东北方面必须不惜任何代价保持与中国军队的联络,在西北方面必须保持与苏俄军队的联络。我以为将来的海道交通是靠不住的,我们必须依靠陆路的交通。

(哈特莱)我完全同意阁下这个观察。所以我竭尽我的可能力量,建设连络中国的公路。我知道宋子文先生曾有电报给印度政府,谓有中国物资三船,直接开赴孟买及卡查克(Katchak)要求印度政府帮助,予以起卸的便利,并将这种物资用铁道或飞机运至塞底亚。我不明瞭关于中、印间航空运输的详细情形。

(委座)因恐敌人切断我们的滇缅公路,美国政府供给运输飞机数百架,自塞地亚至我国云南某处,运输租借法案的物资。

(商主任)我曾将电报录一副本交哈特莱将军的参谋长。我们希望印度政府在塞地亚附近行将筑成的一个飞机场外,同意再建筑两个较大的机场,以便容纳此数百架运输飞机。

(哈特莱)我们必竭力帮助。

（委座）让我把刚才所说的意见，再综括说一遍。敌人将先攻锡兰。如果锡兰失陷，孟买与卡查克就在日军威胁之下了。因此，锡兰必须用各种方法，不惜各种牺牲以保卫之。日军占领锡兰，如果德军再从近东前进，如此就很便利于日、德的会师。

（哈特莱）今年春天是危险的时期，我也认为锡兰是印度的第一个重要之点，但是上次开参谋会议的时候，若干军官连参谋长在内，认为锡兰是次要的城市。他们的理由，以为日军不会遥远的前来进攻锡兰，在锡兰附近他们有遇见英国主力舰的危险，恐怕日军不过想扰乱东北及印度的工业中心而已。

（委座）我的意见，第二点是印度须要保卫的海岸线太长。第三点是印度没有足量的军队以保卫印度。第四点是集中实力于东北及西北少数重要的战略据点。第五点是东北方面对于中国，西北方面对于苏俄的陆路交通线不能受任何阻碍。第六点是只要陆路交通能与中国保持接触，即使损失一些城市或据点，也是不足介意的。

（哈特莱）我当永志心中。

《战时外交》第 3 卷，第 399—401 页

蒋介石、阿柴德、尼赫鲁谈话记录

新德里，1942 年 2 月 11 日

……

（委座）印度国民对于太平洋战争的态度如何？

（阿柴德）此事说来话长。过去两三年来，印度国民对于中国抵抗日本侵略，恒表同情。但我们的手足为英国所桎梏，欲以同情之心转为实际的行动，殆不可能。

（委座）我所要请教的是印度国民对于太平洋战争的态度，也就是有关它本身的国防问题。

（阿柴德）英国的态度，使印度国民无法参加努力作战。

（委座）如欲使印度得能参加作战努力，英方应当如何改变态度？

（阿柴德）英国给我们以独立，我们就可协助战争。假使我们手中无权，对战争也就无能为力。

（委座）在获得完全自由之前，必须经过若干阶段，尊意以为然否？

（阿柴德）获得独立，中间并无经过的阶段。自由就是我们最后阶段，也就是我们所企求的唯一阶段。

（委座）我为中国革命领袖者凡三十年，先生愿意听取我的经验吗？

（阿柴德）非常愿意。

……

（委座）实行革命有两种方法，即直接方法和间接方法。所谓直接，即武力从事，间接则用政治的方法达到目的。

（尼赫鲁）是的。

（委座）直接方法的目的，为用武力推翻政府。用政治方法虽然不完全采革命手段，也一样可以达到革命目的。我对于印度，觉得用第二种间接方法以完成志愿为有利。易言之，诸位先生的进行争取自由，当经若干阶段，而采用政治的策略。

……

（阿柴德）阁下所言，我们觉得非常感谢。在过去我们革命的方法，或用直接，或用间接，视情形而定。有时两种方法混合互用。阁下所述，在原则上实在是真理，但按印度的情形，其中有不能实行的困难。……过去三年来，伦敦英国政府和此间他们的代表，对印度的态度，想为阁下所详知。他们的行动，使印人而知自尊，就绝无与英国合作的余地，即以今日而论，情形较以前更为繁复，更为危险。可是英国政府的态度，仍旧丝毫没有改变。在这种情形之下，我们简直觉得毫无办法，阁下以为我们应当取何种步骤？

（委座）印度先取得自治领地位，然后独立，这样能够感到满意吗？

（阿柴德）并不是简单的一个自治领问题。就以自治领而论，过去英国并不曾正式提及，现在也是如此。而在我们方面，则已一再申明我们的决策,我们欲使印度国民得到真正的主权,而不是空洞的诺言。英国政府对这一点并没有什么表示。

(蒋夫人)假使英国给印度以自治领地位,先生等的反应如何?

(尼赫鲁)国民大会中若干缓和分子赞成自治领地位,但是英方对于他们的意见,并未响应。

(蒋夫人)假使英政府有良好的响应,则整个国民大会的态度怎样?

(尼赫鲁)倘若是真正交付实权而与自治领地位相仿佛者,国民大会必加考虑。

(阿柴德)移交实权必立刻实行。

(尼赫鲁)给我们以自治领地位,则使印度与英格兰处同等地位。试观印度人口之众多,工业与经济资源之丰富,实行自治领后,则英帝国的中心,将自伦敦移到印度。而且自治领地位只宜于给澳洲及加拿大等英国人所居住的地方,印度的情形则不同。所以当英人说自治领的时候,其意义并不是说真正的自治领,印度一国较澳洲、加拿大合并起来还要大,假使真正实行自治领的地位,印度将显得十分重要,英国必不愿见此。

一百五十年以来,我们已试过种种措置,种种的方法,直接间接的方法都有经验。我们过去的态度颇富有弹性。最后得到一个结论,我们必须争得真正的主权。……

(委座)先生所言,我完全表示同情,一切我都了解。但我对于刚才所说的间接方法,还想有所申说。我不知印度为了达到革命的目标,其努力能否完全用政治方法,先得到真正的自治领地位,然后独立。我认为如果政府有妥协可能,似乎可以接受妥协的解决办法而先取得自治领地位。

(阿柴德)阁下所言,我很感谢。但归根一句话,还是立刻将主权交还印度国民的问题。如果这方面能够得到解决的办法,我们可以考虑,否则不行。……

（尼赫鲁）我觉得英国的统治阶级，不论对于和平或战争，都已失去了他们解决问题的能力。

（阿柴德）请阁下容许我再一述我刚才所说的话。印度问题的症结并不在独立或自治领地位等名称的争执，我们要求者为立刻给印度国民以实际的主权，这恐怕不是英人所愿意的。

……

《战时外交》第3卷，第358—365页

蒋介石、尼赫鲁谈话记录

加尔各答，1942 年 2 月 17 日

（委座）……然而印度也有几个有利革命的条件，为各国所没有的。第一，现在全世界知识分子有百分之八九十都同情印度独立与自由的要求，这种同情为促成革命的最大力量。第二，现在印度的英国政权，已成强弩之末，不待别人去推翻它，它自己就会倒的，语云"物必自腐而后虫生"，英国在印政权，已到了自腐的境地，也许不待印度革命成功，它自会崩溃。

印度革命的成功，我看不过是时间的问题，革命成功当然早一步好一步，早一天好一天，但在民众力量没有切实培养成功以前，就不易做到。此刻练军一事，一时办不到。但发展国内教育与争取国际同情两点，大可做到很好的准备。其中争取国际同情，尤其重要，必须特别做点工夫，时至今日，英国的对印态度，不能不重视美国的对印意见。这是说对外，至于对内，一定要设法普及民众教育，提高民众的教育程度，教育程度提高，将来培植军政新干部才有办法。……所以我的结论认为印度用政治的策略来争取革命目的是对的，甘地先生用非暴力与不合作的手段对付英国人，也是对的。然而这种办法对付英国人则可，若在日本人的统治之下而用这种革命方式，决没有成功的希望。在这样交通发达的情况之下，日本人决不会给你们任何活动的机会。我说这句话，请你不要误会以为我是故意警惕你们，要你们畏惧日本人，要你

们抵抗日本人。我的话字字都是真情。

我没有到印度来以前,只知道印度的交通很发达,但没有想到铁路、公路竟方便到如此地步。这样既使武力准备没有办法,所以只有用教育与外交两方面来同英国斗争。一面乘世界大战的机会,积极参战,与同盟国发生密切的关系,取得世界同情;对内则乘英人无暇横加阻挠的时候,发展教育,培养军政两方面的干部人才,作积极的准备。关于利用世界大战的机会一点,前年我曾托戴院长来印之便,转达令妹潘第提夫人,想必她已经告诉过你,我至今还是那样的主张。在世界战争中如能得到同盟国的同情,在和平会议席间,各国自必出力帮助,一面利用抗战的时间,又可以作内部的积极准备,我认为这是最好的方法,也是最好的机会,如果轻易放过,以后不知道什么时候,再能得到。甘地先生说,不论哪一国侵入印度,都不能长久立足,这句话是不对的。侵略者兵精械利,印度交通又如此方便,他们要占领多久,就可占领多久。如果不利用今日世界大战的机会,除非坐待今日所有的帝国主义者自行消灭,否则革命永无成功之望。

前面我特别请你们注意教育、外交两件事情,乃是我此次到了印度,看了印度教育、军事、交通的情形后,才有这种意见贡献给你们参考。

现在英国对同盟国,尤其我中国的意见,必特别考虑。如果印度抱残守缺,永远以不合作主义的办法做去,实是印度革命的损失,此次若不积极参战,积极合作,不但不能增加同盟国对印的同情,且将失去过去已有的同情。我所说的合作,不是对英国而是对民主阵线的合作,合作两字如此解释方觉妥当。太平洋发生战争之后,邱吉尔首相到美国去的时候,我曾电知罗斯福总统,我说这一次战争与上次不同,要他特别注意太平洋的印度、荷印等问题。英国对印的政策是必定会变更的。如果印度革命党也能改变态度,参加民主阵线作战,助成民主阵线的胜利,客观说来,对印度必然有利。

(尼赫鲁)阁下所说的这番话,都是至情至理之言。为了要说明印度的现状,容许我回溯一下印度过去的背境。如果有人说英国统治印度只用政治手段,并没有用残酷手段,这句话是不对的。英人统治印度者迄今约有一百六十年,在这个时期之内,种种行为与现在日、德的侵略行动相比较,并没有什么差别。八十多年前印度国民曾作武力的革命,英国人对付我们的手段,其残酷同今日希特拉所用者并没有什么两样……

或者有人要问,在英国政府统治之下,我们何以还可以活动,还可以进行我们的革命工作。这是经过了很悠久的苦斗,决不是偶然的事情,而其历受英国政府的压迫与摧残,我也可以约略谈一谈。约在五十余年以前,印度大革命失败之后,全国人民的精神,非常颓唐,非常萎靡,我们就成立了国民大会。国民大会到现在有五十五年的历史,在上次大战之前,已迭有国民大会分子因反对政府而被捕监禁的事实。说起上一次大战,我们曾经得到印度战后恢复自由的诺言,但大战以后,我们不但没有恢复自由,反而比从前更不自由,甚至连集会的权利都被剥夺。……

甘地先生在上次大战以前,还想用合作的办法,循合法途径解决印度国民被虐待的问题,但到判查布①惨案发生以后,才完全放弃合作的企图。利用他非暴力不合作的政策,对抗政府。国民大会很赞成这种办法,同时也得到印度民众的拥护。甘地先生对人民说:"政府要你们做的事情,如丧失你们国民的尊严,就一概置之不理。"甘地先生当时不合作运动的计划中,本是要包括不纳税,与做到军队的不合作,但第二点后来没有做到。

英政府对于暴力革命很有应付的办法,但对于非暴力不合作运动则感到非常棘手,只有把反抗政府的人逮捕监禁,后来不合作运动扩大,入狱者太多,所有监狱竟有人满之患而不能容纳。记得有一年,前英皇太子,即今之温特沙公爵,到印度来,印度国民实行不合作,无论他

---

　　① 即旁遮普。

到什么城市，大家都关起门来，街上绝无一人，简直同死城一样。后来英皇对一位印度的重要人物说："我有什么亏待你们印度国民？何以你们那样的对待我的太子？"

不合作运动此外还有两个附带的目标：一、欲养成人民不怕政府的心理；二、欲借此训练民众，及组织民众。这两点都有良好的成效。

甘地先生以为不合作方法，比暴力的革命为有效。这种运动已经把民众组织起来了，如果一旦有转变的必要，转变起来也就非常迅速。二十年来，这种运动已经发生了很大的力量，使英政府十分惧惮我们，承认我们巨大的势力。我们虽没有军队，但在政治上的力量却不可漠视。

（委座）今天时间已晚，下次可以再谈，但我有一个问题奉询先生，你们能否考虑暂时对英国的印度政府不加攻击？

（尼赫鲁）这一点恐怕做不到，因为这是我们唯一的武器。

……

《战时外交》第 3 卷，第 405—411 页

印度总督致英国印度事务部

新德里，1942 年 2 月 11 日

第 2845 号。

1. 由于蒋委员长及夫人希望在瓦尔达会见甘地，我遇到了一些麻烦。中国的礼仪是，两人初次会面后由年轻者拜访年长者。

2. 下面是事情的经过：星期一晚上，我向卡尔说明我无意允许中国人前往瓦尔达或阿拉哈巴德。我向他解释说，我认为出于政治上的原因，我们不可能容忍这类访问，而且我已得到英国政府和首相本人的特别指示，要我防止发生此类访问。我告诉卡尔，如不能说服蒋取消此次访问，我将不惜冒犯他，采取措施阻止他前往。昨天（星期二），我亲自向蒋介石夫人说明，我不可能允许他们往访瓦尔达，并请求她在这件事情上给我帮助。她再次解释了中国人的伦理道德，但我提醒她，我们是

在印度,应该以印度的标准衡量这些问题。她似乎准备放弃该项建议。由于我相信我已在与蒋夫人谈话时妥善处理了他们赴瓦尔达访问一事,所以未就此事与委员长直接接触。然而,我知道他迫切希望与持不同政见的各种人士晤谈,所以我准备通过适当的渠道与真纳和甘地取得联系,建议他们前来德里与蒋元帅会面。他对此也表示同意,我立即命中央省政务长官给甘地捎去口信,但今晨得到的电话回音说,甘地表示他不能来德里,因为他希望蒋介石委员长及夫人前去瓦尔达访问他。

3. 尼赫鲁于星期二抵达德里,昨天晚上拜访了蒋介石。我怀疑他一直在要求他们访问瓦尔达。毫无疑问,他很重视这个机会对于国大党的重大宣传价值。

4. 我再次会见卡尔,提醒他注意我星期一的谈话,并告诉他,我希望他使蒋委员长及夫人明白,他们都不能去瓦尔达,必须放弃前去访问的念头。我要求卡尔以书面形式把这个信息转告蒋委员长。我还告诉卡尔,我已采取措施阻止蒋委员长乘坐火车、飞机或汽车等交通工具前往瓦尔达,即使伤了他的感情,我也要坚决迫使他在这个问题上尊重我的意愿。

PREM45/3

蒋介石、甘地谈话记录

加尔各答,l942 年 2 月 18 日

……

(委座)我此次来印最大目的,即系拜会先生,深愿领教高见。我对印度一切纯作客观,绝无成见。今日与先生虽属初见,好像看见了一位多年老同志。我们凡事均可交换意见,请先生先抒高见。

(甘地)一九〇六年我在南非的时候,忽然想到了非暴力的主张。……这种运动有人称为消极抵抗,实在是错误的。有一次在一个欧洲同情者的集会间,一位欧籍的主席,他称我们的运动为弱者的武器,我对此曾提出抗议。我以为这个武器,只有强者来用,方有成功的

可能。到三十六年后的今天，经我不变的经验，我仍抱有确信。我要说，这种方法是百分之百的正确。

我不能说这种非暴力抵抗的信仰，是由我一个人去影响印度国民信奉。国民大会自一九二〇年以来，在他们未能真正武装以前，就采取了这第一号的武器。印度全国都相信，非暴力运动对于"弱者的武器"这句话，已经有了事实的答复。它已给我们国民以希望及勇敢，并且训练了大批的群众，起而对抗世界上最有组织的武力。我的目的是要用非暴力来完全有效地代替今日世界处处横行的暴力。……

（委座）我有几点意见，拟请教于先生。先生的非暴力主义，表面似若消极，而实则积极，我对此点，颇能明瞭。然而这种不合作主义，想在印度现状之下，不得已的一种手段，而不是用以对付世界其他全体人类的，是不是？

（甘地）他们措置不当，我就不合作，他们措置得当，我就合作。

（委座）先生曾说将来抵抗的方法如何运用，不能说明，须经过虔诚的祈祷然后知道。假使日本人或德国人侵入印度，是否须待虔诚祈祷之后，方能决定应付的办法？

（甘地）不是的。因为阁下问到我的计划，我此刻尚无一定的计划。新的环境须要新的方法。因为非暴力政策从来没有失败过，所以我不会让新的情势使我恐惧得无所措手。

（委座）日、德如侵入印度，亦将以不合作应付他们吗？

（甘地）绝对的不合作。

（委座）我的意见，以为印度不必等待日、德侵入以前，就可以从英人手中取得自由。上帝想必赐先生以此种启示。先生是否以为不必从英人手中，直接取得自由，而待日、德统治印度后再说？

（甘地）并不如此。我并不是等待德国或日本人来建立他们的统治权。我很希望英国人能够洗心革面，坦诚的对待印度。可是到现在为止，还没有办到。因此如果纳粹主义者、法西斯主义者，或日本人来了，可以刺激我或我同胞的努力。

（委座）如不必费久长的时间而从英人手中直接取得自由，想定为先生所愿意？

（甘地）苟能如此，我当然愿意。

（委座）……如果只要再加五年或十年，而能完全达到革命的目的，先生愿意吗？

（甘地）阁下要我等待十年，再获得成功吗？十年诚然算不得什么，但我不能停止我的活动。如果英国方面的代表要求我停止活动，而允许我十年以后给我们独立，我必加拒绝，因为不合作主义对于我以及对于他们都是有利的。除非真理可以半途而废，这才可以半途而废。可以中止的是暴力而不是非暴力。我对于英国的极大同情，往往非外界所知道。我甚至今天也在把这种同情献给他们，他们不要，也好像没有这种需要。

……

（委座）不合作运动用于印度，我并无异议，用于与印度环境相同之地，我也甚赞成，然用在印度之外，就为另一个问题了。我并不想劝说先生与英国合作，或不合作。我所欲与先生研究者为达到目的之方法。

……

我们要求自由，必须自己奋斗，今日为最难得的机会。此次苟不参战，即失去一争取自由的机会。……

我说参战，纯系我个人的意见，既不劝说先生参战，也不勉强国民大会参战。如今我中国业已参战，即印度始终不参战，将来和平会议举行之日，我仍必要求各国允许印度派代表出席。如此议遭遇拒绝，我中国必退出和会。盖因印度于此次战后，如得不到自由，中国参战，即失了意义，如此即使中国参加战胜国之列，也不能得到真正的自由。我当然希望印度国民大会能改变主张，作参战的决定，如此则将来和会派遣代表一节，资格上可以绝不发生任何问题。但此点我刚才业已表明，决不勉强。如和平会议不能予我中、印两国以真正自由，吾人仍有退出和会的余地,我们中、印两国单独的联合起来,再作奋斗。然而,我中、印两国在此时联合起来积极参战,于争取自由一点,更无失败之理。反之,若仅中国参战,而印度袖手旁观或取中立两可态度,此不特中、印两民族今日之损失,实亦人类解放史中最大之缺憾。……

所以我的意见以为此时已不必急急地要打倒英国为唯一途径,若另辟一个途径进行,亦可同样达到目的,或能更加容易。革命有两要素,一曰争取时间,此次战争,或尚有两三年之持续,但间或发生新的变动,半载一年即告结束,如此则时机不再,以后欲再找机会,即甚困难。退一步说,如不幸而反侵略阵线失败,即印度不参战也要同样失败的,如欲希望于日、德、义手中获得自由,决不可能。我只就争取时间一点而言,所以希望中、印两大民族此时就应切实合作,共同参战,目下实为最好时机。然这也不过陈述我的意见,并没有勉强劝说之意。印度不参战,固为中国的损失,然中国此种损失亦即印度的损失。我希望国民大会改变政策,参加战争的理由即在于此。我相信印度参战,对本身有益而无损,且与推倒英国在印统治权之目的并行不悖,殊途而同归。这就是所谓争取时间的一点。二曰争取世界同情。世界同情的力量,比任何力量为大。印度如欲得到此种同情,惟有参战。现全世界人类,其中百分之八十的知识分子,俱表同情于印度,然如印度参战,同情者的数量定必增加,否则必致减少……

(甘地)我应当告诉阁下,一般人对于印度目前的形势,观察显然有错误之处。……目前印度全国的兵力及物力皆经过英国政府之手,而可为中国之用,这种物力人力,不论事实上、法律上都在英国人的手里,他们为了自己的生存,已应许尽最大的可能援助中国。剩下的问题,就是印度在政治上的帮助。我不敢幻想印度能给予这种帮助,也许积极的效果甚少,而消极的效果却很大。同时我不敢幻想国民大会对于战争能有什么积极和有效的贡献。……就中国而论,印度绝不阻挠军队开入中国,阁下也许知道国民大会的"不捣乱政策",这是奴隶国家向所未有的政策。因此阁下用不着担心将来印度代表不能出席和平会议的问题。如果到了那个时候,英帝国主义仍然存在的话,那么英人派遣的出席代表一定是王公大臣或是忠于英国的人物。国民大会只有根据自己的立场才会出席,我们为什么要担心? 并且阁下已说除非印度获得自由,中国就不愿与各国合作。那末印度派真正的代表出席,亦就无问题了。我希望阁下离印之后,不要以为国民大会很敌视英人,以国民大会的力量而言,兴风作浪捣乱是可能的,但它始终保持和平。我们心中绝无余地可以容纳英国的帝国主义,但是我们接受阁下的忠告,不作节外生枝增添灾害的举动,让恶魔去自生自灭。爱好自由的印度人,他们之所以避免激烈的仇恨,并非愚昧无知,而是出于自愿,经过慎密的考虑的。……

《战时外交》第 3 卷,第 411—423 页

蒋介石告印度国民书

加尔各答,1942 年 2 月 21 日

余夫妇此次访印,驻留半月,得与印度军政当局以及一般友好,开诚商讨吾人之反侵略计划,与彼此共同奋斗之目的,幸获一致之同情,与全力之赞助,殊觉愉快。余今任务已毕,即将回国,而与我全印友好作别矣。只因留印日浅,对印度国民,未能尽我所言,故于此临别之时,一倾我恳挚向往之心,借申平生之积愫。

余所欲首先提及者,自余到印之后,得悉印度全国对于反侵略战争,皆有一致之决心,此实余所引以为深慰者也。我中国与印度合占全世界二分之一人口,两国连毗之国境,达三千公里之长,其文化经济互相交流之历史,有二千余年之久,然而两国间从未有一次武力之冲突,此种悠久之和平邦交,实为世界上其它各国间所未有,此足证明吾两大民族实为世界真正和平之民族。时至今日,世界和平已为野蛮之侵略暴力所威胁,我中印两国不仅利害攸关,实亦命运相同,因此我两大民族,惟有共同一致积极参加反侵略阵线,并肩作战,以实现真正之和平世界,竭尽吾人应尽之责任。

　　抑中印两国国民之德性，有一共同之特点，即两国均以舍身取义，杀身成仁相崇尚，吾人之传统精神，厥为不惜牺牲自己，以达成救人救世之目的。我中国对于此次战争，亦即为此牺牲精神之表现，故毅然参加反侵略阵线，此非仅为争取中华一民族之自由，实为一全人类之正义，争取整个人类之自由也。

　　余敢向我兄弟之邦印度国民建议，吾人在此人类文明存亡绝续之交，惟有各尽其所能，以取得世界人类整个之自由，盖只有在世界人类整个自由之中，乃能获得我中印两大民族之自由。无论中国与印度，其中如有任何一民族不能得到自由，则世界即无真正和平之可言。

　　至于现在世界大局之形势，只有两个壁垒，凡为国家与人类求自由者，皆必毅然站在反侵略阵线，其间决无中立旁观之可能，盖此时实为全体人类祸福之总关键，决非一国一人之争，亦非某一国与某一国间各别之利害关系，凡参加反侵略阵线之同盟者，无论何国，皆在整个反侵略民主阵线之中共同合作，而非单独与某一个合作与不合作之问题也。吾人于此憬悟民族主义之意义，在太平洋战争开始以后，已应乎时代而有一甚大之转变，各民族求得自由之方式，今昔实亦有所不同，现在各反侵略国家无不要求印度国民在此新时代中，尽其应尽之责任，以求自由世界之生存，印度之将来，实为此自由世界整个之重要部分，同时世界大多数人士，皆已同情印度之自由，此种宝贵难得之同情，决非任何有形物质力量之代价所可取得者，余以为应特别珍重，而使之勿失也。

　　诚以此次战争，实为全体人类自由与奴隶之战，光明与黑暗之战，换言之，即是与非善与恶之战，亦即世界被侵略与侵略暴力之战，倘此次战争反侵略阵线失败，则世界文明必倒退百年而不止，全体人类之惨剧，将不知伊于胡底矣。

　　姑就吾亚洲而言，日本军阀之暴虐，有非言语所能形容者，高丽、台湾自日人并吞以后，其人民所受压迫与痛苦，既巨且深，固已足资吾人之借镜，只述我中国此次抗战所受日军之残暴行为，在一九三七年十二月南京被陷时之一例言之，一周以内，全城人民被屠杀者多至二十余万人。此五年以来,全国人民几乎无日不受其飞机大炮之轰炸,凡暴日铁蹄所到之地,无论男女老幼,非被污辱即受荼毒,尤以智识分子与青年学生所遭之惨劫为更甚,残暴之日寇决不使稍有智识与思想者容留一人于社会之内,故对于学术机关与其稍有文化历史关系之建置,无不彻底摧残;举凡日常生活必需之工具,如炊具之钢,耕具之铁,与手艺工具之类,无不搜括掳掠毁灭无遗。其在军事占领区域内,除奸淫洗劫焚烧残杀不计者外,更复借其暴力,到处开设烟馆赌场与妓馆,不仅腐化吾人之生活与体质,且图灭吾人之心灵。此种惨无人道,暗无天日之丑行,实非全世界文明人类与我仁慈高尚之印度国民所能想象。然余兹所述者,犹不过为中外人士所共见共闻者之一端,尚不足以暴其黑暗于万一也。

当此野蛮暴力横行,黑暗笼照于全球之时,吾人为世界文明及民族自由计,我兄弟之邦印度国民与我中国国民皆宜共同一致拥护大西洋宪章与二十六国反侵略共同宣言,积极参加此次反侵略阵线,联合中、英、美、苏等各同盟国,携手同登此争取自由世界之战场,以求获得最后之胜利,完成吾人在此一时代无可推诿之使命。

最后,余对盟邦英国政府特致诚挚之期待,余且深信我盟邦之英国将不待人民有任何之要求,而能从速赋予印度国民以政治上之实权,俾能发挥精神与物质无限之伟力,印度此次参战,固为求取反侵略民主阵线之胜利,实亦为其本身自由之得失有莫大之关系,余以客观地位,认此乃为于大英帝国有益无损最贤明之政策也。

《先总统蒋公思想言论总集》第 31 卷,第 290—292 页

陈布雷致王世杰

1942 年 3 月 9 日

雪艇先生大鉴:兹抄奉委座与顾大使来往电三件(养、漾去电,感日来电),即请密存备阅为荷。祗颂大安

弟陈布雷亲启　　三、九

附件一:蒋介石致顾维钧

(1942 年 2 月 22 日)

养(二十二)电　中昨已由印回国,关于对印度告别书想已鉴及,英国舆论与其心理对此影响如何,希一一详告,并乘便面达邱首相,印度政治与军事非余未到印前所想像者,亦恐邱首相不知其印度内容与实情一至于此也。余完全以客观态度,不敢不至诚实告,对于印度政治问题此时若不急速解决,则危机日甚一日,如待敌机轰炸印度人心崩溃时再言解决,恐已过晚,至待敌人入印以后,则更无办法。日寇如知此内情,则其攻印可如入无人之境,此时惟有转变印度政治现状,或可阻止敌寇侵印之野心也。余言不便电达,当作详函密告,并以此意略告克利泼史君为盼。

附件二:蒋介石致顾维钧

(1942 年 2 月 23 日)

漾(二十三)电　昨电请乘便转告邱首相各语,可暂观伦敦对中告别印民书之影响如何再定,不必太急,最好告克利泼史,使其间接转达后,如邱自动约史面谈时再以进言为妥,但以中观察,英政府对印度自动赋予政治上之实权,并勿使其各派纠纷,则印人对英必能转移心理,去除恶感,效忠大英帝国,只有此策乃可消除印人脱离英国运动,使其觉悟脱离英国之政策为不利也。关于此事之昨今各电全文,请兄用有线电转告子文兄知照为盼。

附件三:顾大使来感电

(1942 年 2 月 27 日)

今晨访克爵士,详谈印度问题,告以钧座在印所得印象,为抗战前途计,殊属可虑,英政府宜大刀阔斧,予一并以转移印民心理之解决,以挽危局。克谓渠知目前印度民心涣散,精神颓唐,形势恶劣,有危抗战,现英政府拟于日内宣布解决办法,现正在讨论,渠意此时非如往昔发表空泛宣言,及给予小惠所能了事,须采取有魅力有思想之办法,方能合一般民众感觉前途之希望,虽不能完全满意,亦可了解实因抗战时局因此未谋到全部解决。又谓困难之点在草拟具体办法,予以自治,则佛、回、耶教各党派均须公平容纳人选,各党派代表之比例,究应若干,实不易定,稍失公允,难免纠纷。钧询谓闻内阁讨论,各员意见相差太远,是否结果将采折衷办法?彼答阁中主张不下五六种,但现渐接近。又探询办法内容,答尚未决定,想不至使失望。钧谓如改组行政会议,加强印度籍分子等办法,为时已晚,不足挽回大局,渠意办法决定宣布后,并须遴派目光远大、富于对印同情之大员赴印,与各党派领袖讨论详细施行办法。钧问现在内阁讨论办法,是否于决定前一面亦在征询印度各党派领袖之意见。答各代表因一经征询,必即泄漏,而各党派群起争论,事难成就。又问回党领袖其那①之势力如何,答二年前提出之该党要员均谓不能推重,但目前回党深虑印度获得自治后,佛党把持压迫回民,故其那尚能号召,一俟问题解决,彼将失势。钧言钧座认为印度问题,根本上须由英印解决,无须代庖,故嘱将所得印象请其办理。邱相如欲知其详,可约钧往见,目下不拟晋谒。克谓诚然,可不必往见,印度问题实际须由英解决。昨晚后曾以钧座态度与美方之意见略告邱相,将钧所言钧座之意转达云。

中国第二历史档案馆藏外交部档案,761/180

2.努力缓和英印矛盾

甘地致蒋介石

瓦尔达,1942 年 6 月 14 日

委员长阁下:前在加尔各答与阁下夫妇作五小时之倾谈,余将永远不忘。余常同情阁下为自由而战争,而吾等之会谈,使余对于中国及其种种问题更形了解。远在一九〇五与一九一三年间,余在南非洲时,常

---

① 即真纳。

与约翰尼斯堡①之少数中国居民接触,余初视彼等为律师之主顾,继视为与南非印人反抗被压迫运动中之同伴。余在马利修斯亦与彼等接触,对于彼等之节约、勤劳、智慧与内部之团结,至为钦佩。嗣在印度得一中国好友,同居数载,吾等对彼均甚为爱慕。

因是余颇感恋恋于中国,而对于阁下悲壮之斗争,凡我国人,咸表同情,吾等之共同友人尼赫鲁氏,彼之爱护中国,仅次于爱护本国,已使吾等与中国斗争之发展,保持密切之联系。

因余对于中国具有此种感觉,并切愿我两大国家发生更密关系,及为相互利益而合作,故余甚愿向阁下解释,即余之要求英帝国退出印度者,非谓将出以任何方式足以削弱印度对日人之抵抗,或妨碍阁下之斗争。印度决不向任何侵略者屈服,且必与彼抗争,余决不致自蹈牺牲中国自由以换取本国自由之罪愆,该项问题不致发生。盖余明知印度不能以此法获得自由,且日本苟得逞其统治印度或中国之野心,则对于他国及世界和平将有同样之损害。是以日本侵略者之统治,必须防止,余甚愿印度对于此点采取自然与正当之行动。

余觉当印度受羁绊之时,不能如此而行。印度曾目击自马来亚、新加坡与缅甸撤退之悲剧而无可如何,吾人必须从此种悲剧中知所警惕,并掌握各种办法,以防止此种不幸国家前所遭遇者之重演。但除非吾人获得自由,否则实无能为力,或将重蹈覆辙,危害吾中、印两国,余实不愿此种惨事之重演也。

吾人提呈之援助,屡被英国政府所拒绝,最近克利普斯任务之失败,遗留深刻之创伤,剧增无已,伤痛之余,爰不得不吁请英帝国立即退出,俾印度得能自治,并尽全力以援助中国。

余曾奉告阁下,余信仰非武力抵抗,如能举国一致,深信此法定收功效。此种信仰坚固如常,但余承认现今一般印人并非一致具有是项信念,故自由印度之政府将从构成民族之不同因素中成立。

---

① 约翰内斯堡。

今日印度全境呈现脆弱并感觉失败。印度陆军兵士,大多数皆因受经济压迫而投效者,彼等无有战斗目标之感觉,因之亦不能称为国军。至吾人之抱有明显目标愿为中印而斗争者,无论利用武力或非武力,在外人统治之下决不能如愿以取动作。然印度人民确知,一旦印度获得自由,不仅能为本国抑且能为中国与世界和平贡献决定性之效果。多数印人与余同一见解,咸认为苟可开辟有效动作之途径,实不宜袖手自甘于无可如何之境地,而忍受各种事件之摧残,如此态度,不惟非义,且亦非勇。吾人认为须作各种可能之努力,以保障独立及行动之自由。余向英帝国请求之本意,即为立即终止英印间勉强而不自然之关联。

除非吾人作若此之努力,否则印度人民之公意定有趋入错误与有害巨流之危机。印度人民对于日本或有抱潜在之同情者,冀以日本力量削弱与排斥英人在印之权力,此种错觉可能代替吾人不求外来援助以获得自由之坚强信心,是以吾人必须唤起自信并发挥力量完成自救。为达此目的,唯有抱定决心,从束缚中解放自己。盖自由已为现时所必需,以使我人在世界各自由民族中争取适当之地位。

吾人须以各种方法防止日人之侵袭,为求明白表示起见,余个人同意且保证自由印度之政府必将同意,依照签订条约,同盟国家可将军队留驻于印度,并以印度为抵抗日人进袭之基地。

余向阁下保证:余以印度新运动发起人之资格,将不采取草率之行动,余所建议之任何动作,将以不妨害中国或不鼓励日本侵略中、印为准则。余正在广征世人舆论对余所认为正确之建议,加以赞成,亦惟此种建议,足以加强保卫中、印之力量。余更指导印度之舆论,并商诸各同僚。余所参与之任何反抗英国政府之运动,定以非武力为主。余正强制每一神经,避免与英国当局发生冲突,但自由已成为迫切之需要,如为争取自由而不可避免冲突,则余将毫不踌躇,甘冒任何巨大之危险而不辞。

阁下即将结束五年抗日战争所予中国之愁苦,余对于中国人民为求国家之自由与完整而英勇战斗与无穷牺牲,深表同情与钦佩。余信此种英勇精神与牺牲,不能全归徒然,必须产生后果。余谨向阁下及夫人暨中国伟大之人民致诚挚之祝意,以祷祝胜利与成功。余盼望将来自由印度与中国为彼等自身与亚洲暨世界之利益而友爱合作。……

《战时外交》第 3 卷,第 457—460 页

蒋介石致宋子文

成都,1942 年 6 月 22 日

华盛顿。宋部长:前发关于甘地函件之电谅达。此事应与罗总统切商,并问其如何处理之道。若其意须转告邱首相,或彼不便转告,则亦应设法以兄私人名义,间接转达为妥。并声明印度问题中并无成见,更不愿稍带预问其内政之嫌,惟望美国政府对于此事勿太轻视,应为战局成败实有共同关系,不能不望美国相机处理,有一公平合理之解决。中对印度问题之观察,以此事能否妥善之处理,实为同盟国在东方整个战局成败之所系,盖非仅英国一国之事也,如果置之不理,或任其变化,则其结果必比缅甸与马来之悲惨为尤甚也。中正。祃。机蓉。

《战时外交》第 3 卷,第 461 页

蒋介石、薛穆谈话记录

重庆,1942 年 6 月 25 日

(薛穆)今日趋谒,拟将印度情形奉告。最近英、美援军到达印度之后,防务已见加强。至于印度之政治情形,余奉政府训令,特晋谒报告,盖甘地颇有发动一新运动之可能。甘地虽非国民大会执行委员会之委员,然对该会仍有相当势力。从其机关刊物观之,彼将推动一非暴力反抗运动。彼于文字中虽未明言,然字里行间,用意甚为显著。此项运动果否实行,大率须视国民大会给以多少支持而定。……

从甘地之刊物观察,要求英、美人退出印度,亦为其意图之一,但并未提及详细办法。据谓如此则日本即无侵略印度之借口。印度在今日之反侵略战争中实处一重要地位,且为接济中国之门户,印度政府有鉴

于此,认为有维持治安与秩序之责任,俾联盟国之作战努力不受影响。如果甘地发动此种运动,则印度政府必限制其活动,或使之与附和者不能相见,或采取过去所用之方法(此种方法,以前虽未有成效),俾于运动尚未扩大之前,先行抑制。如运动扩张则更难收拾。中、英既系盟国,故愿将英方此项政策奉告,希望谅解吾人所以采取此项政策之理由。……

（委座）……余自访印归来,迄今已有三月。余与甘地,并未通信,仅屡次经间接之传导,劝请甘地勿发动任何妨碍盟国作战之运动,苟日军侵印,彼须尽力反抗之。然数日前,忽得甘地一函,其性质系答复余历次请其勿作任何运动之劝告。甘氏有将此函公开发表之意,余则劝其不必发表。余亦不欲将此函发表。余细读其来函,深觉甘氏自与余在加尔各答相见之后,其思想已有改进之处,或至少对国际局势已有更明切之了解。彼主张印度与联合国签一同盟协定,然后印度愿出力抵抗侵略。函中并未提及不抵抗,此足表示其思想已见进步。彼所谓同盟,当然包括英国在内。此外函中并提及两事:一谓一旦日本侵印,必予抵抗;二谓并不作妨碍中国抗战之行动。

……

（薛穆）承告甘地来函之内容,不胜感谢。余愿以同样坦诚之态度,奉告一言。余虽为承认英国过去对印政策错误之人,惟此次克利浦斯建议尚属公允,而英国政府亦确具诚意,欲与印人成立谅解。惜乎印度各领袖不能一致,未能同意组织联合政府。

（委座）余尚有数语相告,惟此乃余个人之见解:余访印归来后,曾在纪念周报告访印观感,谓英国如有确定之政策,则印度成立联合政府,并无困难。余胸中仍怀有期望,深愿英印得能和协谅解,俾印度贡献力量,助盟国抗战。甘地拥有群众甚多,禁制其个人活动是否即可使局势不致恶化,深可怀疑。余深知甘地成事不足,然苟应付失当,彼则败事有余也。

（薛穆）承今日接见,敬表谢意。

......

蒋介石致甘地

重庆,1942 年 6 月 26 日

甘地先生大鉴:六月十四日手书敬悉。承详告尊旨,言无不尽,而于中、印两国休戚相依之谊,备致关切,读之至深感动。然同时余对于印度近日之局势,则又不无殷忧,深恐将授侵略者以可乘之隙。余意印度局势必当有一公平之处置,与正当之解决,余正在作深长之研究,期能有所贡献。目前日本侵略,最为吾人迫切之祸患,我亚洲国家与反侵略盟国均须共同一致,首谋应付此一大患。故盟国之利益即为中、印两国之利益,而印度之利益亦即为整个盟邦之利益,此点当为同盟各国所了解,中甚望于同盟各国共同利害之基础上,觅取一致抵抗日本侵略之途径中,能有以安慰阁下伟大之志愿,此乃余惟一之大愿也。蒋中正(署名)。

宋子文致蒋介石

华盛顿,1942 年 7 月 5 日

急。密呈委座钧鉴:顷白宫秘书长来见,奉总统命告文,甘地前发表宣言,印度非但欲驱逐英帝国主义,亦不愿帝国主义侵入印度,殊不明其意何在,此君缺乏实际,难与共事,然蒋委员长如有机会,当然希望能代余共同劝告甘地,勿走极端,以免为敌利用,危害中、印数万万人民等语。文推测总统之意:(一)不愿于此近东危急之际,表面上有逼迫邱相之形迹,但又授意佛兰发出面与英大使谈话,借探英方意向(请参阅支电);(二)短时期内印度事确有顾此失彼之虞,甘地如满意,现充印军并牵制之数千万回教徒,势将失望,近东一带回教势力最大,或亦被牵入,故总统不得不借故延宕也。文叩。微(五日)。

蒋介石致沈士华①
重庆,1942 年 7 月 6 日

新德里。沈专员士华:UF 表。请极密告尼赫鲁先生转甘先生,英驻美大使哈利法克使已由美回英,对余驻美代表称,印度问题彼回英对其政府即提具体办法,如何再告等语。中意此时国民大会应极端忍耐,尤于此其利比亚失利时,不宜有所举动,表示印对同盟国作战共同有关之战局,决不妨碍之精神,以便联盟国对印增进充分同情,俾得促进印度问题之早日解决也。中正。鱼。机渝。

《战时外交》第 3 卷,第 468 页

军委会参事室致蒋介石签呈
1942 年 7 月

谨签呈者:日昨奉谕对于印度问题拟具意见呈校等因。遵已与本室参及其他关心印度问题者数人细加研论。窃意目前钧座对于本问题所可采取之态度,殆不外次列三项方式之一:

(一)缄默。此本为钧座四月末所取之态度。惟甘地既有专函致钧座,英使亦已奉令向钧座谒谈,则绝对的缄默,似无必要。盖此时如依适当方式作某种限度之表示,显然非出钧座自动之干预也。

(二)谋问题之解决。所谓印度问题,确实含有两方面:一为英印冲突,一为印回冲突。印回冲突因英政府过去分化政策而加剧,自属事实。时至今日,即令英政府改弦易辙,亦不能立使印回合作。金纳②诸人诚属傀偏,但回教协会所标榜之政策,为现时多数回教徒所主张,殊无疑义。故印度问题如欲获得解决,在英印关系上,英国势须作进一步之让步;在印回关系上,印度国民党亦须作某程度之让步。但在此时,此种让步均难实现。半年后如战局好转,英国在战事方面获得若干胜

---

①　国民政府外交部驻印专员。
②　即真纳。

利,则在面子上英国或较便于转圜。尔时印人亦或较受商量,目前则无法解决。职是之故,窃以为钧座此时似亦不宜出而积极负责,谋问题之解决。

（三）谋事态之缓和。印度国民党即将开会,开会后难免无进一步之反英或妨碍战事之举动发生,英国政府亦难免因是而采某种高压手段。

钧座此时似可复甘地一电,告以目前为同盟国全部军事最严重关头,盼其尽力防止局势之恶化,并声明其系以私人资格通讯,故不愿对外公表。一面似不妨以此电示英使。此种方法,似属有利无害。既不请甘地变更其根本立场或主张,自不致引起印人之误会。倘使钧座之电不能发生充分效果,我对联盟巩固已尽力。倘使局势因是而暂趋缓和,将来钧座对英发言,当更有力。

奉谕前因,谨将以上研讨结果,缕陈鉴核。至于宣传方针,在英政府与甘地、尼赫鲁诸人未完全决裂前,拟随时对印度领袖作同情之表示;如事态恶化,则拟避免评论,谨陈明。谨呈

委员长

中国第二历史档案馆藏外交部档案,761/180

蒋介石致罗斯福

重庆,1942 年 7 月 24 日

罗斯福大总统阁下:印度局势,双方僵持,已达极紧张迫切之阶段,其发展如何,实为我同盟国作战尤其在东方战事成败最重要之关键。我反侵略各国所昭示于世界之共同作战宗旨,为打倒暴力,争取全人类之自由,若印度竟发生反英乃至反同盟国运动,印度局势恶化,则轴心伙伴必坐收其利,整个世界战局固受严重之影响,而盟国正大之作战宗旨,将无以取信于世人,此不仅为英国最大之不利,亦将为此次战争民主阵线留一甚大之污点。当此时期,凡我盟国应及时有所尽力以消弭此不幸局势之出现。贵国实际上为此次正义战争之领导者,阁下之主

张，又夙为英国所重视，而印度人民之热望贵国主张公道，亦非一日。
兹特以余个人所见为阁下道之，印度国民大会在此时向英方提出要求，
在英国不免视为乘危要挟，但就一般而论，彼等此举，即印度国民大会
常委之决议，其内容与时间固皆留有充分余地以期待妥协也。余在前
次访印时，曾切劝印度国民参加反侵略阵线共同作战，以争取整个人类
自由为急务。然吾人试为印度国民着想，彼之一贯目的惟在求得其国
家之自由，凡争取其国家自由者之行动，无论对其自身与其对象，皆只
有感情，而绝少理智之可言。故余以为此时若用舆论与军警之压力使
之屈从，必得相反之效果，盖由印度人民之心理观之，其本国虽有广大
之土地与资源，然在未获得国家自由以前，彼等并不视为其印度本国之
所有，惟其一无所有，故亦一无所惧，而且除要求印度独立自由之外，其
他亦一无所求于人也。印度人民今日惟一之要求只为其国家之自由，
而所望于我盟邦者亦惟在对其国家自由之要求予以同情而已。印度国
民之特性，先天的偏于消极，且易走极端，余逆料印度国民大会在此轴
心侵略迫切时，发生此要求自由之运动，其内心当有若干之苦痛，但若
我盟邦毫不与以同情而使陷于整个之绝望，则余敢断言八月中国民大
会开会之后，彼国局势如任其变化，则必有不可收拾之危险，如果印度
内部发生反英或不幸之事变，则我东方战局必立受其影响。现时我盟
国为求取胜利，必须求得印度局势之安定与印度人民之合作，我盟邦实
有赖于印度，而印度人民则无所求于世界，彼等自视其争取独立自由之
运动，并非在战事起后新发生之运动，故并不考虑其是否有害于世界之
大局，在民族自由运动中之一切行动，彼等实无所顾忌，此心理是否错
误姑不具论，而彼等之心理则固如是。因此之故，彼等今日决非冷静的
舆论所能唤醒，亦非剖析利害所能促其觉悟。设若彼辈感觉一无和平
解决之希望时，势必铤而走险，急不暇择，即同归于尽，亦所不顾。目前
惟一的启其反省之方法，惟在我盟邦，尤其为彼等夙所仰望如美国者，
以第三国之资格，向之表示同情予以安慰，以冀挽回其理智，使之发生
新希望，以为公道犹存，然后可使局势由缓和而安定，而彼等衷心感激

乃能使之诚意参加作战也,否则如使印人绝望且使其以对英国之感情而对我同盟各国,万一时局到此,实为世界人类最大之悲剧,岂惟英国一国有损而已哉。就英国方面而言,英国实为大国,近年方执行其明智之属领地政策,为反侵略战争中之主要国家,而印度则为弱小民族,且现当世界空前大战进行之中,一切自非可以常轨处置。为英国本身荣誉与真正利害计,余以为英国当用非常之勇气与忍耐,非常之远见与英断,从速消弭局势恶化之原因,免为轴心国所利用,以肆其欺骗之宣传。否则若任令局势迁延坐误,待至反英运动发生后而英国仍执经常之殖民地法律以相绳,或用军警压力相强制,则压力愈大,反动愈强,适以扩大骚乱与不安,无论其所得结果如何,即使印度此后非暴力运动为英国所镇慑而平服,然而同盟国精神上之损失与打击,必较任何战争失败为尤甚,此尤英国所最不利者也。印人一部分之偏激错误者,以为"与其终不得自由,则英国与轴心国何择",此固为我盟邦所应极端排斥之谬论,然英国方面最明智之政策,则应为"宁以整个自由还印度,决不使轴心军队插足于印度之寸土"。若英国果能采取此种态度与精神,则印人对英之印象必可大见改善,而且余深信印度之局势亦必因之改观也。余以为此时美国应以公正之态度劝导英印,谋得合理与妥善之解决,诚以此事,实于人类之祸福与盟邦之信誉有关,而其责任则莫宜于由同盟作战领导者之美国毅然肩荷之也。余上文所言,决非危言耸听,实为贯彻我同盟国作战之宗旨,以及共同利害关系,而不能不有所言。兹因时势迫切,特以盟国一员之资格,密为阁下贡献余之所见。此电并不公开于任何方面,但供阁下之参考,究应如何挽此僵局与危机,惟望阁下详加考量。余固不欲固执所见,惟觉我盟国对印度局势应速定正确之方针并有所尽力,庶几整个战争不致蒙受重大之不利耳。切盼有以见教为幸。

谈话备忘录

华盛顿,1942 年 7 月 28 日

中国外交部长按其请求于本日下午来访。该部长面交蒋介石发给总统的一份紧急电报,电文副本附后。

宋博士要求我先读该电,因为他说在我了解电文内容后,他要就该电文谈些意见。

宋博士强调以下几点:

1. 蒋介石确信印度国民大会散会后,如无外力协助,无疑将发生爆炸性事件;

2. 他相信,印度人预计日本在雨季一过即将进犯印度,从而将更推进他们的运动,此事在较近期内即会发生;

3. 他认为,英国对以上两个事实完全没有察觉;

4. 他认为,印度国民大会实际上代表印度人民的愿望,在重要性和代表性上可以和若干年前的"中国国民革命委员会"相比;

5. 他确信,亚洲各国人民都将印度问题视为一场试验,以验证联合国家是否具有诚意;

6. 他相信,如果中国政府和美国政府作为英国政府和印度国民大会双方的朋友参加他们代表间的谈判,如果中、美两国对于任何达成的协议条款的执行承担保证责任,印度国民大会将会接受远低于他们要求的条件;

7. 蒋介石相信,这个问题极为紧迫,其结果将在很大程度上决定远东战争的结局。

我向这位部长说,将立即将该电送交总统,在明日(星期三)太平洋作战委员会的会议以后,总统或许有可能至少向他谈谈韦尔斯初步的反应。

韦尔斯致罗斯福

华盛顿,1942 年 7 月 29 日

总统阁下:今晨接到阁下电话,现遵嘱随函送上蒋介石来电,阁下拟致丘吉尔的电报,我想阁下将交由麦克雷①上尉通过海军密码发出此电。

然而,我想应提出,我不相信如现在所起草的电文会取得有益的结果。国务院所得到的一切情报证实蒋介石的看法,即印度在国民大会于 8 月 6 日集会后,将出现危急的严重局面。这是一个与我们在远东的军事和海军利益存亡攸关的问题。在我看来,作为印度国民大会和英国政府间的友好中间人,美国政府和中国政府代表进行斡旋,可能得出在战争期间可以适用的某种令人满意的办法,而且从现存局势的危急性质看,在任何情况下不致有害。

附件:罗斯福致丘吉尔

华盛顿,1942 年 7 月 29 日

总统致"前海军人员"②。我今日收到蒋介石一封长急电。蒋要求我视此电为极密件,但鉴于来电性质,极愿将电文内容立即通知阁下。因拟于近日电复蒋介石,如蒙迅速见告阁下对回电内容的想法及愿提出的任何建议,不胜感激。

FRUS,1942,Vol. 1,pp. 699–700

罗斯福致蒋介石③

阁下关于印度局势来电已于 7 月 29 日经由宋子文博士送到,当即进行深入思考研究,想阁下亦能料及。

尊见以为为取得我们共同的胜利,必须使印度局势稳定以及必须

---

① McCrea.

② 丘吉尔专用密码名称。

③ 副国务卿韦尔斯于 8 月 8 日下午奉总统指示将此电交宋子文。存档副本无日期。

使印度人民参加共同的战争努力,对此本人完全同意。我也同意阁下所说,如果印度发动反对英国或联合国家的运动,只能使轴心国得利,而且此种事件将严重影响战争的整个进程。

然而,对于阁下所建议的由本国政府劝说英国政府及印度人民"谋得合理与妥善之解决"一节,我所面临的困难,想阁下亦能理解。英国政府相信,他们向印度人民提出的方案应该能实现对双方都公平的调整,从而应能使印度更积极参加战争,支持联合国家,而到战争胜利时再采取任何满足印度人民独立愿望的最后步骤。

此外,英国政府感到此刻来自联合国家其他成员的建议会损害在印度现有的唯一政府的权威,会在印度导致出现阁下和我都希望尚能避免的真正危机。

在这种情况下,我认为阁下和我暂时不采取您所考虑的行动较为明智。如果在下一两个星期印度事态发展到更为严重的阶段,一经得知即考虑阁下所建议的某些步骤,这种可能性并不排除。阁下所有建议必将时刻铭记在怀,此点可请释念,对阁下向我提出的建设性的、坦率的建议深感欣慰。任何涉及贵我两国共同致力的事业的事务,尚请随时和我联系。

FRUS,1942,Vol.1,pp.705-706

英国外交部致英国驻华使馆
1942年8月7日

1.通过你自己的情报渠道,你可能已知道,经英国政府同意,印度政府业已决定,一俟国大党全国委员会通过或批准一项威胁要发起群众抗议运动的决议,政府即立刻依印度防卫条例下令逮捕甘地和国大党工作委员会委员。政府将宣布国大党工作委员会、国大党全国委员会和各省委员会(而非整个印度国大党)为非法组织,没收其办公地点和资金,逮捕那些有能力和有发起群众运动的企图的人。这次行动的主要目的是通过逼走和拘留领袖人物而使这场群众运动流产。必要时将与军事部门协商采取一切可行的预防措施以应付各地可能发生的示威和骚乱。如果通过上述措施从一开始即瓦解这次运动的愿望不能达成,就有必要采取更强硬的措施以对付整个国大党。

2. 目前,这些意向当然要严格保密;在甘地和国大党其他领导人被拘留之前,你绝不可将这些情况透露给蒋介石将军。

3. 你获悉逮捕行动业已实施的消息之后,应立即要求拜见蒋介石将军,向他说明由11名印度成员和4名欧洲成员(包括总督在内)组成的总督行政委员会完全支持印度政府采取此项行动。国大党执行委员会的决议仅仅是该党要破坏印度在战争中与盟国合作的长远计划的开端(证明此点的有关文件和资料将予以公布)。我们的行动是基于联合国家的整体利益而采取的,而不仅仅是为了保护英国在印度的利益。

PREM45/3

罗斯福致丘吉尔

华盛顿,1942年8月9日

考虑到你给我的电报内容,我已答复蒋介石,在我看来,目前考虑采取他在给我的电报中建议的任何措施都是不明智不妥当的。我强调指出,在这严重关头,我们当然不希望看到任何破坏印度政府权威的举措。不过,我告诉他,我很高兴与他就这个问题和其他影响联合国家重大利益的问题保持密切联系,因为我认为,让他感到他向我提出的建议得到了友善的考虑是较为明智的。我担心如果我不这么做,他会自做主张采取行动,我想你也会认为这在目前是非常危险的。所以,我向他畅开大门,以后他如有进一步的建议且认为有必要的时候,欢迎他向我提出来。

PREM45/3

蒋介石致罗斯福①
重庆,1942 年 8 月 10 日

罗斯福大总统阁下:印度国民大会领袖甘地及尼赫鲁等各常务委员已被逮捕,余前次致电阁下所最杞忧者,不幸竟成事实,殊属痛心。此事对我盟邦在东方之战局,实为重大之打击,对未来整个局势,实蒙最不利之影响,如任其发展,则我盟国之作战宗旨,无以见信于世界,在精神上即无异为轴心之德、日张其声势,若不从速挽救,则我民主阵线作战之宗旨已失,即使最后获得胜利亦等于失败,盖世人将谓我盟邦不能实践我解放人类、争取自由之作战宗旨,而相反的乃有压迫自由之事实也。余迫切向阁下呼吁,请阁下出面主持正义,以缓和印度之局势,而使之归于安定。贵国为我民主盟邦之领袖国家,阁下又为二十八国所拥护之大西洋宪章之发起人,值此人心激荡、安危系于一发之时,敢祈速定方针,有所指示,不胜切盼。特电奉闻。并候惠复。蒋中正。

《战时外交》第 3 卷,第 475 页

罗斯福致蒋介石②
华盛顿,1942 年 8 月 12 日

凡是谋求击溃轴心国的所有国家及人民,无疑都一致认为无论其是非曲直,甘地领导的力量和英国政府之间的争议未得解决,实属不幸,对所有有关方面都同样不幸。阁下和我对此局面当然感到惋惜。联合国家由于和战争局势有关对此特别关心,我们非常希望对此局面的调整作出贡献。

毋须赘言,我国政府按其长期执行的政策,特别是按大西洋宪章的条款,对于那些渴望独立者的独立必然深为关切。美国政府官方发言人长期以来一再声明这一政策。例如对于菲律宾已将这一政策付诸实

---

① 罗斯福于 11 日将此电转达丘吉尔,并问其"作何感想"。
② 由远东司司长(汉密尔顿)面交中国大使(胡适)。

行。任何人对美国政府这些一清二楚的行为和言论都不致作出错误的解释或错误的理解。

尽管阁下和我都力图在避免事实上介入其内部争论的情况下,促成英国政府及甘地先生(他的言论既代表他本人也代表他的追随者)之间严重分歧与争议的友好调整,但显然迄今未能做到。美国政府历来的意见是,由于双方争议似乎涉及很多事实和因素,美国政府不对争议双方进行积极的调停,反而可以更有效地施加其影响,发挥其作用。

阁下和我都清楚,无论争议的是非曲直,任何延缓战争努力的行动,不是在理论上而是在实际上帮助了日本的武装力量。

我们曾经始终如一地谋求促进能度过战争时期的调整办法,使我们可以取得反抗野蛮暴虐的胜利。

在这方面我们需要印度的援助,但愿甘地能更清楚地看到这种即时援助的必要性,并且还希望他能理解,对印度人民而言可能发生的最坏的事将是轴心国获胜。

我今天对包括宋子文先生在内的太平洋作战委员会说,我认为我和阁下的立场是,应向英国政府和甘地及其追随者说明,我们在道义上无权强迫英国政府及国大党,但是我们应向双方说明,阁下和我处在朋友的地位,在双方邀请时将乐于协助。

同时,我认为应当明白告知双方,由于双方,中国、美国及所有其他国家均在为生存而努力奋斗,印度的帮助对于共同的事业,包括印度人民自身的事业是极为重要的。

我想起1775年美国13州的历史。每一殖民地都是个独立的政权。后来成立了不同形式的共和制政府。它们组成一个松散的邦联。但是在1783年它们的独立得到承认时,发现在成立一个永久的立宪制联邦政府以前,必须有一个喘息时间。因此,它们经历了六年时间的试验和讨论。最后,采用了一部联邦宪法,一直沿用到今天,达153年之久。

我认为在现阶段阁下和我能为印度人民效劳的最好方法是,不公开呼吁或表态,而是使人知道一个简单的事实:我们以友人的地位随时准备响应求助的呼吁,但呼吁须来自双方。我的想法是,不必将这个简单事实写在纸上,因为谁都清楚。

如阁下和我都执行上述政策,可随后在争议双方愿接受我们的友好调停时共同磋商调停的适宜性和可行性。现已向在印度美国军队发出下列命令,谨提出供参考:

"美国在印度军队的唯一目的是进行盟国对轴心国的战争。在这一地区进行战争时,盟国的主导目的是援助中国。美国军队决不允许参与其他任何性质的活动,除非印度受到轴心国的攻击,如遇这种情况,美国军队将协助保卫印度。美国在印度的军队将严格地认真避免参与印度的内部政治问题,即使是参预的迹象也要避免。美国军队只应在危及其个人安全或美国公民个人安全时采取防御性措施。"

FRUS,1942,Vol.1,pp.715–717

丘吉尔致罗斯福

1942 年 8 月 13 日

蒋介石在我们之间制造难题,并干涉那些他本人不甚了解且影响我们主权的事情,这是很不妥当的。拘留甘地的决定是由 12 名行政委员作出的,其中只有一名欧洲委员。这些印度人既爱国又能干,绝不比任何一位国大党领袖逊色。他们表现出了极大的勇气,很有必要维护他们的权威。蒋关于希望我们释放国大党领袖以使他们帮助盟国的所有言论都是无稽之谈。国大党领袖只关心一件事,即国大党的最高权力,我认为你可以提醒蒋注意,甘地打算以允许日军取道印度与希特勒会师为基础与日本进行谈判。我个人毫不怀疑,他们之间另外还有一项谅解,即国大党可以支配足够的日军以镇压占人口多数的 9000 万穆斯林、4000 万贱民和 9000 万诸侯领地的臣民。他的电文的风格促使我说。

……

2. 今后几个星期的事态将会表明印度国大党对印度民众的实际影响力是极为有限的。

英国驻华使馆致英国外交部
重庆,1942 年 8 月 12 日

1. 蒋介石不在重庆,昨天下午他在乡间别墅会见了我。我①按您的电报内容向他作了陈述,并利用了克里普斯爵士最近的声明。

2. 蒋介石详细阐述了他个人对印度问题的态度,要点如下:

①他没有料想到印度政府采取如此迅速的行动。

②应继续寻找和平解决办法。

③印度问题的妥善解决对联合国家的胜利是至关重要的。

④他同情印度人民的抱负,但认为现在要求英国人撤走是不实际的。

⑤国大党是解决问题的关键因素,如果与国大党的争议能够获得解决,印度问题其他方面的解决也就不难了。

⑥让印度人感觉到联合国家中至少有一个成员同情他们是非常重要的。中国不应采取伤害印度人民感情的政策。如果印度人感到不能够指望联合国家中任何一国的同情,他们将会投入日本的怀抱。

3. 在这种形势下,蒋介石认为有必要早日解决印度问题。他认为解决的唯一办法是美国居中斡旋。他认为在逮捕之前,国大党本来是会接受美国的调停建议的。在目前形势下,他认为英国政府应当提出一项建议。由联合国家授意美国居中调停。如果美国政府愿意调解,所提建议应该是,美国(代表其他联合国家)将保证在战后实现克里普斯关于给予印度独立的建议。如果给予独立地位,关于自治领地位的提法,应予取消。

---

① 英国驻华大使薛穆(Horace James Seymour)。

4.蒋介石说以上均是他个人的看法。他要求把上述看法转告首相,由首相来做决定。我说我当然会把这些看法转告您本人和印度政府,但是由于涉及到三方,所以我不能肯定进行调停的建议能被三方所接受。

5.翻译员详细记录了蒋介石的谈话。我正要把记录的副本送往外交部和海外事务部。这些记录有趣地说明了蒋介石对整个问题的态度。

6.你从上述叙述可看出,蒋介石的态度没有什么变化。他认为国大党是代表中亚舆情的唯一组织,并希望恢复磋商。

PREM45/3

蒋介石、薛穆谈话记录

重庆,1942 年 8 月 12 日

(薛穆)上次晋谒讨论印度问题,此次亦以此问题奉扰。此次印度政府取此步骤,在事前实曾作种种尝试以避免之,不幸皆告失败,故不得已于取得英国政府同意之后,拘禁国民会议若干领袖。兹有三点,愿以奉告:

一、此举得印度政府行政会议之全体拥护,该会议为印度代表十一人、英国代表四人所组成。

二、国民会议所发起之运动,实为足使印度作战努力全体瓦解之一种计划之发轫。闻不久将有说明此点之文件发表。

三、此项步骤之动机,不独为保护英国本身之利益,实亦为维持整个联合国之利益。

英国政府于战后愿任印度人民自择其政体之政策始终不变。克利浦斯爵士曾发表宣言,申述目前印度政府之基本组织如突然撤去,必立即召致混乱现状,此文想早入钧览。

(委座)过去者已成过去,余不愿多加论述。目前吾人所应注意者为如何可以获得和平解决此项纠纷之方案而已。此次事变发生之骤,实出予意外,盖余初意不合作运动发动之后,必有一星期或十日之犹豫时间,即可从中发动调解。不料国民会议通过决议案之后,立即执行拘禁,不留间隙。然事虽如此,我人仍当求一和平解决之道。

予今拟先将余个人对印度问题之地位与态度向贵大使一述之。基本言之,此项问题实为英、印间之内政问题,余以第三者不独无干涉之意……

此外,涉及余之态度者,更有二点,应向贵大使说明之:

一、太平洋战事爆发以来,中、英两国之利害已完全一致,英国之利益即为我国之利益,我国之利益,亦即为英国之利益。余既取此态度,故余之任何动作,确信英方必能知我动机之真诚,而不致发生误会。

盖余之衷心,实常以英国利益及同盟国之利益为念,所取态度,绝无任何自私之动机。事后事实之展现,当可证实余此项态度之真挚。

二、就主义之立场言,余应承认,余对印度人民求取自由之期望,实表十分之同情。

(薛穆)对于第二点,中、英两国之态度实无二致,盖我二国对印度人民求取独立之期望皆表同情也。

(委座)余对印度问题,并不愿受个人情感之支配,且与印人亦并无任何特殊关系。中国过去曾受外力之压迫,故对印度独立之期望,自具同情之至诚,然余本个人行政之经验,深感印度对英所提立即撤退之要求,太不实际,实未便遽加赞同。余所主张者,英、印双方应成立某种谅解,俾悬而难决之问题得一和平解决之……

盖为同盟国之共同利益起见,必为英、印求得一和平解决之途径。此为余藏之于心,朝夕萦怀之纠结。

(薛穆)钧座对印度问题之关切,英方绝无致疑者,惟一般观察者,深感钧座似过分注重国民会议,而未能多加注意印度问题之其他方面耳。

(委座)各人观点,自难一致。就余个人言,确以为国民会议为解决印度问题之关键,但能解决国民会议之症结,印度其他问题,自可迎刃而解。至我对印度求取自由之运动,表示同情亦有必要,愿以友人之地位,向贵大使一述余个人之感想。专就英、印双方以及整个联合国阵线之利害立场推论,设不幸而印度问题和平解决完全绝望,英、印双方感情破裂,各趋极端,假定此时,中国亦随英国而与印度取对立之态度,势必使印度感四面楚歌之压迫而投入日本之怀抱,因是引狼入室,断送整个印度为日本之占领地,是为英国之不幸,亦为中国之不幸。此种可能之发展,实横亘余怀,惴惴不能自已者也。因此余一贯主张,联合国所取之政策,不应伤及其与印度人民之关系,而尤以中国所取者为甚。试举中国以为例,其对印度问题,表面上所取之政策,不独不必与英国相同,且应完全异致。假令两国所表示之政策绝对吻合,则印人将深感绝望,不得不求支援于日本,是岂英国之利哉!假令印人在对英关系陷入僵持之时,环顾四邻,尚有某某联合国同情之支援,则其希望未绝,决不作冒险投敌之举。目前局势发展至此,为我共同利益起见,联合国实不应采取平行政策,应各尽所能以阻止印度为日本之工具。

(薛穆)国民会议之领袖已在有意无意之间为日本工具矣。

(委座)余不信彼等肯受敌人之利用。即以尼赫鲁为例,日本绝无使彼动摇之可能。

(薛穆)此言固确,然国民会议领袖所发动之罢工等风潮,扰乱治安,并阻碍政府之种种业务,倘不制止,必造成不堪设想之后果。

(委座)目前现象实为拘禁国民会议领袖后自然之反响。我人如仔细分析印度人民之心理,则就目前为止,此项运动尚为纯粹之民族运动,绝未受日本之影响。

(薛穆)本人亦无指此运动受日本影响之意,惟国民会议之措施,确有助于日本。

(委座)余仍主张,此项问题不解决,将使我作战努力受严重打击,而和平解决实为解此症结惟一满意而迅速之方案。如何可以获得和平解决,余意惟有美国出面调解之一途。美国迄今尚未公开表示其立场,倘能邀请美国出为调人,印人或不致反对。我联合国实应促成此举。

在国民会议领袖未被捕前,余自信当可劝其接受美国之调停,今事势变易,不敢预断其反响如何矣。然为英国计,似仍应策动联合国敦促美国出面调解。美可以联合国代表人之资格,向国民会议保证,英于战时必实践克利浦斯爵士所建议之各条件,于战后必允印度之独立。在国民会议领袖未被捕前,余信印方颇有接受此项办法之可能。

在此危急时期,余深盼英方能取现实之态度以解决此难解之问题。至英印争持之点,尚有自治领与完全独立之纠结,英方坚持以前者为度,印方力争以后者为准。实则自治领如澳洲与加拿大,与完全独立,相去无几。英方倘能慨然以自由还诸印人,允许印人完全独立之名义,借以维持印人之爱戴,亦至得计。盖余以为英国用妥协之精神,准予印度全部之自由与独立,余信三十年内,印人必不能完全脱离英国之范围,而英国在印之势力实际仍可继续存在,盖印人欲于短时间内,使英国在印之政治、经济、工业势力全部撤离,实为绝对不可能之事实。故余以为,英国尽可以恢然大度之姿态换取印度人民之好感,实无迫其铤而走险,掀起革命波潮之必要,若使印度不得不用革命方式取得自由时,则英人在印之势力自然崩溃,不能继续存在,此乃另一问题也。余深愿能得时间之许可,亲赴伦敦向英国当局详述衷曲,俾其深信余所取政策之有充分理由也。

最后,余愿再向贵大使申述前言。为联合国之共同利益计,余不愿中、印两民族发生仇视之情感,盖保持两民族之好感,不独不致妨碍同盟国之利益且可助益之。故已发一电致甘地、尼赫鲁及阿沙德表示慰问之意……

《战时外交》第 3 卷,第 476—481 页

英国外交部致英国驻华使馆
1942 年 8 月 18 日

1. 我们将认真考虑蒋介石将军的意见,并作出适当答复由你转告于他。

……

2. 英国政府完全支持总督针对蒋介石将军致印度政治家们的电报和蒋廷黻博士的声明所采取的方针。因此,除把总督本人的口信转告蒋介石之外,还请代表英国政府向他作如下陈述:

3. 英国政府完全理解,中国政府是完全出于加强共同的战争努力的强烈愿望的。但英国政府必须严正指出,在目前由国大党发动的民众抗议运动正如火如荼。中国政府与国大党领导人直接联系的举措以及在国内发表公开声明表示同情国大党的作法,必定会严重妨碍印度政府维护对团结作战十分必要的法律和秩序的努力。不言而喻,中国政府应接受劝告,放弃干涉印度内政的念头。

4. 在这方面,蒋介石将军应了解,正如我在第 1056 号电报中强调指出的,逮捕国大党领袖及采取其他措施的决定是由总督在行政委员会作出的,该委员会中有 11 名印度领导人(而不是我在第 1056 号电报中说的4 个)。作出决定时,只有两名英国委员出席会议。因此,如果中国政府公开支持国大党,后果只能是让这些政治家对中国的意图充满疑惧,而正是他们勇敢采取爱国立场,反对企图削弱印度作战能力的活动。如果英国政府默许此种干涉,会使他们担心英国政府想拆他们的台。

5. 英国政府也应考虑到穆斯林对这种对待国大党的措施的反应,以避免造成公众骚乱,加大我们的困难。这与你在第 1134 号电报第 5点和第 6 点中包含的错误概念有关。所谓的印度国大党代表了印度全体国民的感情。这当然与事实相去甚远。

6. 中国目前的行动与去年国共两党矛盾最为尖锐时英国政府采取的立场完全相反。

7. 关于蒋博士使团的印度之行,你可以说印度政府仍然乐于接待,但印度政府希望使团领导人及其成员能作出保证,在印期间克制活动,不予那些反对我们两国正在为之奋勇作战的伟大事业的异己分子以任何把柄。

英国外交部致英国驻华使馆

1942 年 8 月 26 日

请把首相的下述电文转告蒋介石委员长：

1. 我已收到薛穆爵士关于阁下 8 月 11 日与他就印度问题所作谈话的纪要。由于您要求把这次谈话内容转告于我，并申明这些意见是阁下个人的意见，所以我借此机会给予直接答复，本着认真、真诚和友善的精神谈一谈我个人的看法。

2. 我不认为国大党能代表印度。印度和欧洲一样，是有许多不同的种族、民族和宗教混杂相处的一块大陆。例如，有 9500 万穆斯林，4500 万贱民和 9000 万诸侯领地的臣民，国大党不代表他们中的任何一员，它几乎完全是一个印度族的政党。如果把这些人数较多的少数民族加在一起，就会形成所有印度人中的一个多数群体。此外，国大党与尚武好战的印度各族人民绝无共同之处，印度各族中有数以百万计的人志愿参军投身于目前的战争，在印度没有义务兵役制。这些勇敢的印度士兵主要来自北方各族，其中又以穆斯林为最多。如果将来某一天由于立宪政制的推进，使我们承诺把英国军队撤出印度的话，穆斯林战士迅速在印度议员中占主导地位。甘地先生只有在以帮助日军取道印度与德国人会师为代价，引入足够的日军以压制穆斯林和非印度族各邦及种族的情况下，才能在全印度建立起印度族的统治地位。有迹象表明他准备与日本人进行谈判，但这件事本身对他来说还远远不够。日本人可能得借给他一支军队，否则他和他的朋友们会立即被勇敢的人们推翻。我认为阁下可能愿意认真思考一下这些问题。

3. 我认为盟国之间最好遵守不干涉内部事务的原则。我们决心在各个方面尊重中国的主权，我们甚至在国共两党矛盾最尖锐之时也做得无可挑剔。所以，如果阁下与国大党或那些致力于削弱印度政府作战能力和破坏这个重要地区的内部和平和秩序的人进行政治联系的话，我将十分遗憾。我担心这样的事会使英国舆论的主流对阁下产生误解，人们会自然而然地认为我们抗击德、意、日三国的战争负担，因我们长期视为英雄和朋友的一个人而加重了。

4.您曾建议英国政府接受美国总统充当英国与国大党和印度之间的关系的调解人。关于这项建议,我想指出这样一个事实,即在我任首相或政府成员期间,英国政府绝不会在影响英国国王兼印度皇帝全权的问题上接受此类调解。正如阁下所了解的我对罗斯福总统怀有最热烈的友情和崇敬之情,我们是为整个战争共同工作的最亲密的战友。我肯定他不会向我提出此类建议,因为他非常了解我对国王和议会所承担的责任。

5.在访问莫斯科时我非常高兴地发现斯大林心境极佳,对他和俄国人民正在以毫不动摇的决心进行的这场战争的未来充满了信心。德军今年夏季在俄国的战绩未给我留下深刻印象。迄今为止,他们显示的力量比他们1941年开始大屠杀时所宣称的要小得多。现在看来,日本人在了解德、俄前线度过日益临近的冬季的具体条件之前是不愿意进攻俄国的。站在俄国人的立场,我乐于看到这一情况,但这必定会使印度的防卫成为一项更为紧迫的任务,而且会给阁下和中国人民增添更大的负担。然而,我向顾维钧博士谈过,我坚持要实施沿滇缅路和遥罗、马来亚和中国之间的其他道路攻击日军交通线的计划。我命令韦维尔将军来开罗见我,以便商定这些计划,使之与我们的其他计划相配合。我热切希望我们能够做一些事情,以便尽快解除在阁下的卓越领导下的中国人民身上的压力。

PREM45/3

二、订立平等新约

说明:抗战前期,中国已经获得美英承诺,将在战后与中国谈判取消不平等条约问题。太平洋战争爆发后,面对新的形势,中国开始重新考虑废除不平等条约的时间问题,美英也考虑提前废约问题。英美的考虑有所不同,英国希望美国与其采取平行行动,以便尽可能保留更多特权,美国则较为积极。经努力,中国与美国率先达成废止旧约的共识。中英在谈判是否包括九龙租借地的问题上意见分歧。在英国的坚持下,国民政府做出让步,暂时搁置九龙问题,中英谈判得以顺利进行。新约废除了列强在华的主要特权,但仍遗留了一些问题。不平等条约的废除是中国人民长期斗争的结果,它大大提高了中国的国际地位。此后,中国陆续与其他国家签订平等新约。与此同时,中国开始考虑与美国订立新的通商航海条约。

本章主要资料来源:

中国第二历史档案馆藏外交部档案

中国第二历史档案馆藏资源委员会档案

中国国民党中央委员会党史委员会编,秦孝仪主编:《中华民国重要史料初编——对日抗战时期》第三编《战时外交》(三),台北"中央"文物供应社,1981 年(以下简称《战时外交》第 3 卷)

中国国民党中央委员会党史委员会编,秦孝仪主编:《先总统蒋公思想言论总集》第 37 卷,台北"中央"文物供应社,1984 年

中央档案馆编:《中共中央文件选集》第 14 册,中共中央党校出版社,1992 年

United States Department of State, *Papers Relating to the Foreign Relations of the United States*(《美国外交文件》,以下简称"FRUS"),

Japan,1931－1941;1942,China;1943,China

英国国家档案馆藏英国外交部档案 FO371/31659、31661、31662、31663、31664

英国国家档案馆藏英国内阁档案 CAB65/128。

（一）废约问题的提出

说明:抗战前期,美、英两国政府多次声明,在远东战事结束后的适当时期与中国商讨取消领事裁判权和其他特权问题。1941 年 4 月,驻英大使郭泰祺奉调回国,他在返华途中,奉命与美国政府商谈废约,美方作了肯定的表示。太平洋战争爆发后,美英开始考虑提前废约的利弊得失。几经考虑后,终于作出决定,提前在战时废除不平等条约,以鼓舞中国军民的士气。美英并选择在中国国庆节前夕作为一个大礼送出,通知中国可立即进行废约谈判。

韦尔斯[①]声明
1940 年 7 月 19 日

关于英国首相在 7 月 18 日声明中对在华治外法权问题所作的表示,代理国务卿在回答记者询问时作如下评论:

"我国政府关于此问题最近的声明,见于 1938 年 12 月 31 日送交日本政府的照会,其中特别提及关于美国及其他国家放弃在华长期拥有的某些特别权利的进展。中国和包括美国在内各国关于此问题的讨论,因 1931 年的满洲事件及随后 1932、1935 年中、日关系的恶化而告中断。1937 年我国政府又重新考虑此问题,但此时又发生当前的中、日战争,以致政府的正常工作在广大地区普遍遭到破坏。

---

①　时为美国代理国务卿。

"我国政府传统的及业经宣布的政策和意图,是在条件允许时,就我国与其他国家放弃根据国际协定在华所享有的治外法权及其他一切所谓'特殊权利'问题,迅速与中国进行有秩序的协商,并达成协定。此项政策迄未变更。"

FRUS, Japan, 1931–1941, Vol. 1, p. 927

郭泰祺致王宠惠

华盛顿,1941年4月29日

重庆。外交部。四八号。廿九日。亮兄①赐鉴:并请转呈介公。本日与适之兄②同谒总统及外交部长,总统对世界局势,绝不抱悲观,指座前所悬世界大地图,谓祺等云:巴尔干之失败甚或土耳其不支,均不必太重视,最大关键,仍在大西洋海上交通之维持,与中国抗战力量之维持,滇缅交通尤为重要。总统对我政府抗战之精神,与蒋公领导之毅力,均表示敬佩。并云:前日已指拨与中国大量军用品及交通资料,以后仍当陆续资助。并云:彼观察中国今日抗战力量,实较去年今日更强云。谒外交部长时,外长畅谈彼八年来世界局势之反感,③祺因与商谈中央所嘱废除条约束缚,改订基于平等互惠原则之新约事。并谓:此正与彼素所主张之国际政策与经济政策之基本原则相同,当能得其赞同。外长欣表同情,允为转陈总统,并与部中同人商榷。事前祺曾与外部熟人密商,彼等均允协助,并闻。再,订约事,请暂守秘密。祺。

《战时外交》第3卷,第707页

---

① 王宠惠字亮畴。
② 胡适时任驻美大使。
③ 原文如此。

郭泰祺致外交部

华盛顿，1941 年 5 月 6 日

重庆。外交部。五十号。六日。今日下午访美外长辞行，并继续商洽废除不平等条约事。赫耳①对平等相互原则甚赞同，谓极愿中国完全恢复主权云。据美外部政治顾问浩恩拜克②意，此事以换文方式为最适当，一面由我方赞成美政府对国际贸易平等待遇之主张；一面由美方自动声明于远东战事结束后，即商议放弃在华之特殊权力。换文稿现已拟就，正在考虑中，日内续商，于祺离美前或可发表。祺。

《战时外交》第 3 卷，第 708 页

郭泰祺致外交部

华盛顿，1941 年 5 月 25 日

极密。一三三号部电奉悉。五月五日电计达。换文内容大旨如次：

（一）本人致美外长函

阁下当忆及一九三七年八月十二日中国政府曾致阁下照会，赞成阁下一九三七年七月十六日声明中所缕述之原则，并述明中国之政策与美国政府之见解完全一致。中国之立场当时如此，现在仍系如此。

国际商务关系上之不歧视待遇，与夫国与国间合作与公平往还之广大原则，素为中国人民所信仰。其含义为忠实遵守国际信约，并以和平谈判之方式商得彼此同意之协定，以调整国际关系上各问题。吾人信仰且赞同贸易机会均等与不歧视待遇之原则。

中国政府于恢复和平之日，希望并愿意在其本国经济上，及其本国与他国之政治、经济关系上，将各该项原则充分予以适用。

---

① 即赫尔。
② 即亨贝克。

……

赫尔致郭泰祺
华盛顿,1941 年 5 月 31 日

部长阁下:阁下关于华盛顿之行以及在此短暂停留期间双方会谈的 1941 年 5 月 26 日来函诵悉。

我方对阁下此行深表赞赏。

从阁下来函得悉,中国政府及人民重申,赞成我国政府所信守的构成各独立国家得以互惠互利自由合作之国际秩序的唯一实际基础的普遍基本原则,对此深表欣慰。

如阁下所知,美国政府及人民所信奉的纲领是以国与国之间平等待遇的原则为基础、为准绳的。此项原则包含具有法律意义的国际关系的平等,商业关系的不歧视及机会均等,以及文化发展方面的相互交流。此项原则的内在意义是每一国家尊重另一国家的权利,每一国家履行既定的义务,不以武力而以正常和自由的协商方式变更国与国之间的协定,以及公平处理对于国家生活和平发展、互利的国际贸易的增长至关重要的国际经济关系。此项纲领的宗旨之一是消除可能导致政治冲突的经济与其他方面的失调。

美国政府及人民一贯深切关心中国的幸福与发展,当亦为阁下所知。不言而喻,美国政府将继续采取已经采取的措施,以满足中国重新调整在其国际关系方面不正常状态的愿望,并希望一俟和平恢复,即就放弃我国与其他国家根据有关治外法权的条约及实施措施的规定,在华长期享有的某些具有特殊性质的最后权利的问题,与中国政府迅速进行正常磋商,达成协议。

任何国家通过合法的正常程序,对于朝着和平、安全、稳定、公正、普遍福利状况所作的任何前进,我国政府均予欢迎和鼓励。阁下来函中关于中国承诺支持经济关系方面的平等待遇、不歧视原则所作的保证,在当前国际冲突时期以及战事结束之后,必将产生良好影响。

美国政府致力于支持本国人民所信奉的原则。美国政府无保留地确信,美国、中国以及其他国家所共同致力的事业——国家安全,国与国的公平交易及基于正义的和平,终将实现。

FRUS,Japan,1931–1941,Vol.1,pp.929–930

汉密尔顿①备忘录

华盛顿,1942 年 3 月 27 日

美国政府是否应于此刻主动采取行动,与中国政府协商缔结一个新的标准条约,内容着重于美国将放弃其国民按现行条约在华享有的治外法权及其他有关的特殊权利,对这个问题有多方面赞成和反对的考虑。

主要的反对意见如下:

1. 美国政府已于近期通知中国政府,一俟和平恢复,即准备迅速着手放弃本国长期在华享有的治外法权及其他特殊权利(见国务卿 1941 年 5 月 31 日致新任中国外交部长函)。

2. 同意放弃美国公民因日本对中国领土的军事占领而事实上不能在美国侨民聚居中心行使的权利,将无疑被敌人作为根据,以指责本政府故作姿态,表现软弱。

3. 美国驻重庆大使馆以及情报协调处驻重庆代表的情报表明,中国政府及人民比较关心的是军事行动及成就,而非言辞及外交辞令,而美国在近几个月中多少过于着重言辞,特别是会使中国人满足于自己所做的工作并将自身行动与盟国行动进行不适宜比较的一些言辞。

4. 战争结束后,无疑中国将有一段不安定时期,在此期间美国国民可能特别需要由治外法权及其他有关权利提供的保护。

5. 战争结束时,本国政府将有一些事情希望中国政府去做。将治

---

① Maxwell M. Hamilton,美国国务院远东司司长。

外法权及其他有关权利保留至彼时，能使本政府掌握且有一定重要性的讨价还价因素。

6. 在美国致力于和中国商订一项新的标准条约时，无疑会出现涉及不动产的非常棘手的问题。美国政府可能希望为美国国民获得在中国各地拥有不动产的权利。美国很多州的法律禁止中国人拥有不动产。关于这个问题，美国和泰国于 1937 年 11 月 13 日签定的条约达成一项原则，即第 1 条（第 7 款）。该条文字如下：

"凡涉及取得、拥有及处置不动产，缔约一方的国民，包括公司，合伙组织，社团及其他法律实体，在缔约另一方的领土内，均应完全遵守该不动产所在地适用的法律。本条中所指不动产所在地适用的法律，凡涉及泰国国民者，应理解并解释为该不动产所在的美国的州、领地或属地的对不动产适用的法律；本条不得解释为变更、影响废止美国的州、领地或属地对不动产适用的法律。"

中国政府，就其目前情绪看，能否接受此种条款，不能肯定。

7. 当前的战争行动可能还将继续一个时期，在此时期中将出现各种各样变化，有些变化可能是无从预料的。此时缔结的新约，对于在战争行动结束时出现的局面来说可能是过时的或不适宜的。

在所附 3 月 19 日备忘录中，亚当斯①提出结论，认为"现时放弃治外法权得不偿失，修改美国与中国现行条约在战争行动结束后按当时情况进行较为明智"。

主要的赞成意见：

1. 在我国愈来愈明显地感到，当前的战争是一场人民战争，美国和联合国家不仅为保存自身而战，而且为人类权利与尊严以及为取得超过以往的一般的政治、经济与社会制度方面平等而战。美国人民认为治外法权以及其他相关的权利是与时代不合的。已经有些年了，这种与时代不合的东西，和我们正在为之而战的越来越深入人心的概念形

---

① Walter A. Adams，美国国务院远东司官员。

成强烈反差。因此,放弃治外法权及其他特殊权利,符合联合国家的战争目的,并是这种目的的一种体现。

2. 中国人对于讨价还价非常敏锐。他们知道美国人民总体上对于保持在华治外法权的态度。因此,保持这种权利直至战争行动停止以后,似乎不会成为本国政府的一种具有重要意义的讨价还价因素。

3. 由于中国存在着战争状态,大部分美国人,至少是在(日本军事占领的)主要中心居住的美国人的正常活动已经停止。有些美国人,至少是已经离开中国或能够离开的美国人,不得不重新调整他们的工作。治外法权制度是必然要取消的。战争行动结束后,中国无疑将有一段混乱或不稳定的时期,尽管如此,在战争行动停止后,在中国固有条件下,在更具有永久性的条件下,建立和维持美国人的在华活动,要比用任何方式保持治外法权或其他特权所带来的任何条件——充其量是在一个临时阶段内——似乎更为可靠。如果在战争结束后可能就会出现的不稳定状态下,将在华治外法权保持一段时期,这会鼓励美国人返回中国,并在一定程度上恢复治外法权制度下可以进行的活动。以后,当着中国敦促放弃治外法权时,这些美国人就会抗议;而当他们必须服从不可避免的事态发展时,就必然要再次重新调整他们的活动。看来,最好不要设想让一种在广义上不再符合现代观念的制度再次出现的情况。

结论:

美国政府此刻主动采取行动,与中国政府协商缔结一个新的标准条约,内容着重于美国将放弃其国民在华享有的治外法权和其他相关特权。对这件事的反对意见要比赞同意见更易于罗列,且乍看起来比后者更具分量。然而,本人认为赞同意见比反对意见更具分量和持久性的影响。虽然此时也许不是本国政府按照所议方针主动采取行动的最佳时机,虽然在英国政府目前关于印度地位问题的考虑产生结果之前可能不会出现最佳时机,本人仍建议商务条约司和远东司组建一小型委员会,在严格保密的情况下着手进行拟订可望由本国政府在不远的将来递交中国政府的条约草案的准备工作。

　　注意：我认为本国政府应在适当时机与英国政府进行协商。

FRUS,1942,China,pp. 271-274

亨贝克备忘录

华盛顿,1942 年 4 月 9 日

　　本人同意亚当斯的"现时放弃治外法权得不偿失"的结论。然而，关于何时修改"比较明智"的问题，本人不愿附和亚当斯所作的承诺，因为在"战争行动终止"前局势就可能变化。

　　本人也同意汉密尔顿的建议，即设立一小型委员会，"为草拟一份（根据事态发展）可能在不久的将来由我国政府提交中国政府的一份适宜的条约，开始在严格保密情况下进行准备工作"，不过必须明确说明这一步骤可以而且必须在保密的条件下进行。

　　（在两份备忘录中）提出的反对在"现时"采取最终解决问题的明确行动的观点，似乎超过赞成观点。我国在华治外法权问题，此刻在中国人和我国的人民的头脑中都不突出。此刻我方并无为鼓励中国士气或安抚中国而采取特殊行动的特殊需要。我看不出我们在此时"打这张牌"的重大理由。可能会出现我们手中需要一张牌、有这张牌对我们有利、打这张牌对我们很适当的时机。我们应当进行这种准备工作，这会使我们处于一旦时机出现时能及时行动的地位。

FRUS,1942,China,pp. 274-275

《纽约时报》文章：东方第一夫人①致西方

　　自中国向世界开放以来，东西方关系之发展可划作三个阶段。在第一阶段，西方一直靠武力作为对付中国之手段。西方以枪口相威逼，一次又一次令她蒙受耻辱。不论从象征意义抑或是实际意义上讲，她

---

　　① 指宋美龄。

的所有口岸城市皆是在刺刀逼迫下开放的。

结果可以逆料。中国乃下定决心尽量少与西方交往。虽然她被强迫通了商,但是她并非甘心如此,因此她把社会与外交上的交往减至最低限度。她躲进自己的象牙塔中,决心让迄未开化之世界步入其权力崇拜之轨道。她不屑屈尊降贵以学西人方法。

此政策未能奏效。它使中国在现代科学与工业的发展上处于落后境地,并因此造成中国与世界在发展上相脱节。与此同时,商人则侵犯中国主权,依其自己的模式在中国建立起自治城市。不过,为保全中国的面子,商人将其掩蔽在一层外国人居留地与租借地的薄纱下。西人还建立起一种恶劣的司法制度,这便是举世皆知的治外法权,它使外国人不再受中国法庭之裁决。

对我们的物质资源,西方亦不放过。我们最富庶的矿藏皆沦为外国人控制。外国人掌管了我们的海关、盐捐和铁路,事实上他们掌管了一切公用事业,甚至外汇控制权亦落入他们之手。除基督教会外,西方的政策总的说来是凭借武力最大限度地从我方索取,而反过来尽可能地不予付出。

在处理对华事务上,西方世界奉行优越至上的基本信念,并长期贯彻始终。

然而,随着对中国文学与哲学体系的了解,西方学者正在取得进步。他们认识到,中国对世界文化做出了巨大的贡献。才华卓越的各国文人学者翻译了一大批中国作家的最伟大作品,将其展示于西方世界。尽管这一举措方向正确,但是它却未能修正西人强加于中国的错觉,此种错觉是西人所持有的优越至上的坚定信念的基础。

尽管多数西方人在文化上尊重中国,但是在宪法上他们却不能以平等对待。随着贸易的发展,各个国家有必要互相缔结政治和经济协定,中国也被迫成为其中的一员。然而,具有重要意义的是,所有这些被中国推断为卑劣的条约实际上是不平等条约。西人的这种根深蒂固的傲慢的优越感得到了条约口岸大班们的(银行和其他商号的外国老

板)极大鼓励。这些大班们局限于不断同华人买办打交道和在俱乐部
与酒吧中所搜集到的无稽之谈,对中国充满了偏见。不用说,此种顽固
不化的态度对中国以及她与世界的关系造成了无限的危害。

接着开始了第二个阶段。然而,只是在经历了一场惊天动地的震
荡之后,西方人才被迫认识到,中国远不是其哲学体系中所梦想的那样
一种情况,即使如此,这种认识也还不完善。当日本于 1937 年对我们
发动战争之时(这场战争妨碍了中国的对外贸易),西方人开始变得极
富同情心,他们立刻赞扬起中国,或许在最初他们还颇有些屈尊降贵的
味道。

但是,尽管他们很富有同情心,其兴趣只表现为一种超然其上的性
质,他们就象是一群观赏一场大学足球比赛的观众,坐在安全的看台上
为比赛加油,而他们自己并不冒个人危险参加赛事。只是到了后来,由
于世界各国特别是美国和英联邦的热爱自由的人士艰苦无私的努力,
在街上旁观我们的人才认识到,我们正在进行的战斗也是他要进行的
战斗。我们抛洒热血,为防止我们的城市、村庄和资源沦落敌手而将我
们风光宜人的国家弄得满目疮痍,这些不单是为了我们的利益,也是为
了他的利益。善意的驱使但却缺乏了解,造成他在看待我们时意趣
茫然。

1937 年的上海抗战与所谓坚不可摧的马其诺防线的保卫战,二者
的境遇是多么的不同! 外国列强不准中国人在上海地区设防,甚至连
在城市附近开挖战壕也不允许,而他们却允许日本人用上海作海陆军
基地,多奇怪的状况! 可是,我们装备简陋的军队守着一条仓促搭建起
来的防线竟坚持了三个月,他们抗击着拥有海军舰队,性能优越的大
炮、飞机和装备精良的步兵的庞大日军。

当后人书写上海华人抗战史的时候,他们将会记载道:我们遭受了
巨大的人员损失,因为我们的士兵个个渴望飞身直扑敌人的咽喉,他们
拒绝躲在战壕之中。只是由于服从了最高统帅所下达的严格命令,我
们的士兵才没有将血肉之躯化作弹丸而射向日军。

　　随着列强对中国史诗般抗战的重要性意义的全面认识,我们开始进入第三阶段。这时,列强自身感受到了日本强大势力的沉重打击,他们开始扪心自问:是什么秘密武器使中国能保持不败呢? 起初他们常常从物质装备方面来看战争,因此他们还不明白我们的武器就是中华民族的精神遗产,物质装备固然重要,可它不是万能的。我们必须激励前方的战士,要让他们明白,他们正在进行的战斗是值得为之牺牲家园、所爱的人们和其他一切生命中所宝贵的东西的。

　　在过去的三个月间,我们中国人民以难以置信的惊愕之情目睹了西方军队投降的场面,据解释说,这是由于日本太过于强大了。此种解释对我们中国来说实在是难以理解。同时我们也理解不了为什么西方人借口未做好战争准备,在这么久时间里一直态度温顺地将所遭受的侮辱、非礼及伤害吞咽在肚中。

　　我们也不明白,为什么自诩有先见之明的西方人竟看不出每过去一小时日本就多一次实施更沉重打击的准备机会,而与此同时列强只是满足于用纸糊的枪弹去加固阵地。在日本对中国发动侵略战争时,我们并无准备。事实上没有一个国家比我们更缺乏准备了,因为中国尚没有从几十年的内战创伤中恢复过来,但我们还是应战了。

　　在过去的五年间,没有发现一起中国军队降敌的例子。而在另一方面,广大官兵战至最后一人的例子却数不胜数,尽管他们除了投降外无望得到增援也没退路,但是他们蔑视做这样一种选择。有好几位中国高级军官当认识到失败已不可逆转、保全性命的唯一希望是投降时,他们选择了自尽。对他们来说,死亡要胜于受辱。

　　这种精神不可战胜的例子我可以讲出很多,但我想只举其中一例。今年年初,在湖南省新墙河畔的战役中,王超奎少校与占压倒优势的敌精锐部队展开了战斗,在被敌包围的情形下,他和全营的士兵全都战死疆场。

　　对中国士兵来说,坚守到最后一粒子弹和最后一兵一卒不仅仅是一句漂亮的言词。当我们的战士奔赴战场之时,他们已做好了牺牲的准备。他们觉得自己肩负着祖国所赋予他们的神圣使命,他们决心要完成这种使命,必要的话,他们不惜付出自己最宝贵的生命。这种爱国之情亦为其家人所共享。我曾遇到过成千上万名男人战死疆场的妇女,但是我却没听到过一句抱怨的话。悲痛自然难免,可她们没有抱怨,相反,她们却为能将自己的一切奉献给自己的祖国而感到无比自豪。过去西方人一直以为中国民族是一个崇尚艺术与哲学的民族,不能作出战争所需要的那种斯巴达式的牺牲。事实证明,这种评价是错误的,因为在当今中国的词汇里你找不到"投降"这个词,"为真理而死,就死得其所"这种坚强意志深深植根于我们民族的心中。

让我们暂时抛开战争的道德方面不谈,去看一下最近发生的一桩时间老人亦庄亦谐的报复事件。在上一个世纪,一支英、法联军部队夺取了作为平津地区海防要塞的大沽炮台。大沽炮台的炮位是依照攻击来自海上的假设而建造和设定的。联军实际上是派遣一支小分队从守军身后登陆而夺取炮台的。炮台的中国指挥官对此举异常愤怒,他强烈指责外国人违反了竞技的规则。西方世界对中国的这种对军事艺术滑稽可笑的概念嗤之以鼻。

光阴荏苒。几个月前,香港与新加坡被攻陷。为了防范来自海上的攻击,使之坚不可摧,两地都曾花费过巨资,但敌人不费吹灰之力便从背后包抄将其占领了。当年在大沽作战的年老的中国指挥官而今已在天堂,倘若他对凡间之事仍有兴致,倘若他对香港与新加坡陷落的方式放声嘲笑,人们会原谅他的。

现在回到我们的正题。中国近五年来的流血牺牲所树立的榜样为麦克阿瑟将军领导下的勇敢的菲律宾军队所效仿。西方人最好扪心自问一下,同样的敌人在新加坡、仰光和爪哇势不可挡,而菲律宾的军队却抵挡了这么长时间,这是为什么? 麦克阿瑟将军肯定不比其他人拥有更多的物资,我想此现象可从美国通过麦克阿瑟将军向菲律宾人所做出的仁义之举和坦诚呼吁得到解释。

这种心理上的作用永远不可抗拒。人们并不倚重西方所拥有的优势。菲律宾人曾得到许诺,恢复她们的独立与自由。他们明白,诺言定会得到遵守。因此,为捍卫自己的领土,他们是自豪喜悦地和美国战友一道并肩作战,而不是像外国雇佣军那样,胜负对他们来说归根结底只不过是意味着主子的更迭。

这不禁让我联想起最近刚刚到过的印度。印度人民是一个具有丰富精神文化素养的民族,有着无穷的潜力。倘若使其确信,他们正在为自己的国家争取民主与自由而战,那么,他们定会涌发出菲律宾人民所具备的那种激动人心、无穷无尽的热情。

到目前为止,就西方而言,将印度的精神力量用在我们日常的抵抗斗争中还是一个未知数。印度的战争资源还未得到开发,她还没有展开真正意义上的抵抗斗争。然而,一旦她充分发挥出其所拥有的物质精神活力与能量,那么,她对民主阵线的推动将震惊整个世界。

将来会怎样呢? 西方必须要修正它对东方的观念。我们中国定会予以报答。在我们正在开创的这个世界社会体系中,并没有什么高低贵贱之分。人不分男女老幼,一定要平等相待,这样,我们才能加速实现我们的伟大理想。东西方都曾愚蠢地想固步自封,然而各方皆未能成功,且不可能成功。因此,各方必须得承认,别人有些东西值得自己学习。我们希望,西方现已了解到中国的精神力量对其自身的价值,正是这种精神力量使我们挺过了最黑暗的时刻。我们中国也必须了解西方的科学发展对我们的价值。让我们——东方和西方各以自己的方式对世界精神文化和科学成就(这是唯一的财富)的宝库作出慷慨的贡献。

几千年来,国与国之间应尽的义务一直是中国哲学思想的中心主题。其中有一位大圣人教导我们,谦卑是一味苦药,傲气十足的国家若表现出谦卑将会受益无穷。

"故大国以下小国,则取小国。小国以下大国,则取大国。故或下以取,或下而取……夫两者各得其所欲,大者宜为下。"

"江海所以能为百谷王者,以其善下之故……我有三宝,持而保之。一曰慈,二曰俭,三曰不敢为天下先。慈故能勇,俭故能广,不敢为天下先,故能成器长。”

这种从行将被人忘记的年代中所放射出的智慧,恰好为今天纷乱的世界所急需,它可以帮助我们彻底改正彼此间形成的观念,增进东西方之间的相互了解与赏识。

《纽约时报》(New York Times)1942 年 4 月 19 日

英国大使馆致国务院备忘录
华盛顿,1942 年 4 月 25 日

英王陛下政府前已声明在和平恢复时放弃英国在华治外法权的意图,最近复考虑早日开始与中国政府讨论放弃此治外法权的条约的可能性。英国政府考虑在此刻开始此项磋商的本意,是觉得采取此项做法可能鼓舞处于战争的困难时刻的中国政府。然而,英国当局经重新考虑后认为,在现阶段此种行动只能被解释为意志软弱的结果,从而不能产生所期望的效果。因此,英国政府认为必须等到形势转向对日本不利的时刻。

2. 英国政府和美国政府已声明将在远东恢复和平时商谈放弃治外法权,中国政府可能愿意将问题搁置到彼时。然而,如果中国政府自己在此时提出此问题,则情况当然不同,而英国政府当然要作出同情的表示。

3. 英国政府认为关于此问题与美国政府采取平行的行动最为理想。在此,应提及 1937 年 3 月 30 日美国驻伦敦大使馆送交〔英国〕外交部的备忘录,其中提到国务院认为在华治外法权问题,是英国与美国同样关心的事,两政府可以一如既往相互合作。贾德干①在其 1937 年 5 月 14 日致阿瑟顿②函中答复,英国政府完全同意在备忘录中表示的

---

① Alexander Cadogan,英国副外交大臣。
② Ray Atherton,美国驻英大使馆参赞。

两国政府密切合作的意愿。英国政府仍然持此观点,因此希望美国政府,在仔细考虑要采取任何此种性质的行动方面,作好与英国洽商的准备。

FRUS,1942,China,pp. 276–277

怀南特①致赫尔

伦敦,1942 年 6 月 29 日下午 2 时

国务卿亲鉴:艾登和我谈及放弃英、美在华治外法权事。他和我们的意见十分一致,即现时两国政府不宜采取任何主动行动,并且同意我们的意见,鉴于目前盟国在远东的军事情况,如现时采取任何此种行动,则可能在中国被曲解。但是,他认为,如中国人自己提出此问题,或者情况的变化使两国政府宜于采取主动行动,则两国政府确有必要联合磋商。他相信,英、美两国在时机到来时就放弃在华治外法权采取平行行动,将成为在远东政策方面协调和合作的象征,这对于贵我两国及中国本身都必然是有利的。艾登从克拉克②在华盛顿的谈话,以及国务院 5 月 6 日致英国大使馆备忘录(5 月 30 日第 1437 号绝密指令)知道国务院同意他的观点。他非常重视这个问题,要求我将上述内容向您电告。我完全同意他的意见。

FRUS,1942,China,pp. 280–281

赫尔致怀南特

华盛顿,1942 年 8 月 27 日下午 2 时

1. 国务院仍在研究废除美国在华治外法权和其他相关权利的问题。我们在研究过程中当然考虑了本国的舆论倾向。虽然没有强大且集中的压力迫使政府采取行动,但从报纸的评论以及对此感兴趣的人

---

① John G. Winant,美驻英大使。
② Ashley Clarke,英国外交部远东司司长。

的言谈和来信中可以明显看出,中国政府废除治外法权的要求会在美国获得强烈支持。有鉴于此以及其他一些因素,我们倾向于这样的观点:虽然现在不是对这个问题采取某些积极措施的适当时机,但不久的将来是否会有比这更好的时机,是颇令人怀疑的。反之,由于中国、美国和其他国家内部政治思潮的自然趋向,我们以后也许会发现,虽然这个问题的主动权仍在我们手中,但我们所处的地位将远远不如现在有利。

2. 在对整个问题进行研究的过程中,我们既认真考虑了采取行动的各种利弊,也考虑了在决定采取主动行动的情况下,什么样的方法最有效且对有关各方最有利。关于此点,我们倾向于第三段中拟定的方法和步骤。

3. 遵循下列方针与中国政府秘密接触:美国和英国政府一直在考虑分别废除美国和英国在华治外法权的问题。两国赞成终止在华治外法权及其实践,保证放弃目前享有的各种特权。如果两国政府现在能找到某种切实可行的办法进一步澄清这个事实,两国都会感到高兴。两国相信,这样的步骤会特别精当地筑成未来(特别是战后)中、美关系和中、英关系的总体框架。两国也相信,更为准确地了解三国政府关于治外法权问题的概念和目的,对三国人民均有助益。正常的程序应该是,美、中两国政府和英、中两国政府分别就签订以现代最佳国际惯例为基础,并符合国际关系普遍准则的新条约进行谈判。这些条约将取代现有的特殊条约,完全废除治外法权,为贸易和各种设置确立正常的权利。这一程序不但符合而且具体体现美、英、中三国政府共同恪守的在国际关系中通过正常的谈判和协商解决问题的原则。

迄今为止,美、英两国政府尚未与中国政府讨论国务卿在1941年5月31日致中国外交部长的信中关于此事的声明和英国政府相似的立场。深层的原因是,在美、英、中三国的主要活动集中于获得军事胜利的特别时期,美、英在华治外法权问题似乎不是一个非常急迫和重要的问题。

　　如果中国政府认为现在即应采取积极行动，美、英两国政府将同意马上就通过签订新条约废除治外法权和其他相关权利一事与中国政府进行谈判。美国政府和英国政府最近几年中签订的各种新条约是涉及问题相当广泛的综合性文件。虽然这类条约的条款有相当标准的模式，但双方通常仍然需要花费数月时间就条约进行谈判，以全面交流看法，最终缔结双方都完全满意的条约。鉴于中国在国际社会的地位和当代国际关系的复杂性，我们认为中国政府原则上也会赞同签订这样的综合性条约。

　　此类条约的谈判也许会持续数月之久，此外，在谈判过程中也可能走漏风声。为自身利益计，敌国政府可能希望抓住一切机会抨击谈判的拖延或谈判双方明显的意见分歧。虽然预计不会出现任何不应有的拖延，但我们认为对上述因素仍需加以考虑。

　　鉴于上述态势，在中国政府认为目前进一步采取某些措施有所助益的情况下，美、英两国政府建议，美、中两国政府和英、中两国政府立即分别进行谈判，以签订美、英两国废除在华治外法权的简要条约，并对由此产生和与此相关的广泛的问题进行调整。这种简要的条约的谈判所需的时间可能远远少于详细的综合性条约的谈判时间，而且不必冒走漏风声的危险。因此，目前进行简要条约的谈判不会有与综合性条约谈判相同的不利方面。而且，在战争期间，当着敌人对中国部分领土暂时保持军事占领的时候，要是力求在条约中写入涵盖国际关系所有方面的详细条款，还可能引起人们的某些怀疑。

　　我们认为，美国和中国如果签订一项简要条约的话，其内容应包括①：

　　……

　　4.作为上面第三段所述基本态度的一部分，我们建议美、英两国政府把简要条约草案提交中国政府考虑。

―――――――――

　　①　下列 7 条即中美新约的主要内容，故从略。

5. 如果与中国政府进行接触,结果可能会是,中国政府在对各种因素加以考虑后,不愿就此事在目前这个特别的时刻采取行动。但目前进行接触也可能会使中国政府督促美、英两国立即彻底废除在华治外法权,而不等待进行新条约的谈判。意识到这种可能性,我们现在倾向于与中国政府进行接触。

6. 请向艾登先生转达上述内容,并声明,我们非常希望早日获知英国政府的想法。你还须声明,如同我们以前表示的那样,我们当然希望在此事中与英国政府共同协商和合作,以解决此项问题。

FRUS,1942,China,pp. 282–285

怀南特致赫尔

伦敦,1942 年 9 月 1 日

国务院在 8 月 27 日下午 2 时的第 4087 号电报中阐述的关于废除在华治外法权和其他相关权利的建议,已于今天早晨在一次预备性会谈中转交英国政府。阿什利・克拉克的初步反应并未反对,他对国务院与英国政府协商的作法表示感谢。艾登先生当然希望仔细研究该项问题。阿什利・克拉克表示,他认为关于废除治外法权的一般性问题,英国和我们的观点实际上是相同的。然而,他又自言自语地说,两国政府不久以前都认为现在不是提出这个问题的适当时机,他很想知道,到底是什么新情况使我们改变了看法。我们告诉他,除了国务院在电报中所谈的情况外,我们不知道有其他背景。不过,我们自己认为,除了电报第一段所说的美国舆论倾向外,略微好转的军事形势(目前在所罗门群岛的胜利即是证明),也是促成国务院作此项决定的一个因素。关于舆论倾向,他表示,拟议中的行动在联合王国也可能会得到同样普遍的支持。他虽然未明言,但本大使感到,如果国务院把认定目前是在这个问题上采取主动的适当时机的理由说得更充分一些,可能更为有用。顺便说一下,克拉克并不认为中国人现在有可能自己提出这个问题,他声称他们的立场一直是,治外法权已永远成为过去。

关于提出的"简要条约"的方案,他当时未作评论,只是说他会进行考虑。

FRUS,1942,China,p. 286

赫尔致怀南特

华盛顿,1942 年 9 月 5 日下午 2 时

关于你 9 月 1 日晚 8 时的第 4886 号电报,兹复如下:

正如国务院 8 月 27 日下午的第 4087 号电报中所表明的,国内赞成废除美国在华治外法权和其他相关权利的舆论,是促使我们得出那些结论的一个比较重要的因素。显然,不但公众普遍抱有赞成废除治外法权的想法,而且这种舆论在政府部门以及非官方和官方的圈子内也越来越强烈,这使我们相信,这种倾向将日益增强。当然,我们也考虑了中国的意见,以及表明蒋介石将军和中国政府最近正在中国的对外政治关系方面采取更为积极态度的种种迹象。此外,正如你在来电中指出的,我们也考虑到了太平洋地区和中国军事形势的好转(在中国,美国空军的成功活动起了一定的促进作用)。我们还认为,我们应该经常地尽可能地解决一些突出问题。最近在"自由"中国发生的一项美国人枪杀诉讼案(它可能使我国政府陷入尴尬的境地)[1],使我们产生了在治外法权问题上采取此种行动的强烈愿望。

我们因此得出了这样的看法:由于不大可能出现在这个问题上采取积极行动的理想时机,目前也许是我们采取某些行动、特别是主动行动的良好时机。如果现在采取积极行动,我们应该希望实现三个主要目标:1. 为联合国家的事业赢得某些心理和政治上的利益,这些利益将对中国带来具体的帮助,并加强中国的作战决心;2. 永远消除我们对华关系中存在的不正常现象;3. 达成一项原则协议,规定美、英两国公民在中国享有通常在其他友邦享有的正常权利。

---

[1]　1942 年 8 月 16 日,一名美军中士在云南某地被美国人博特纳·雷纳·卡尼枪杀。

请把上述内容转告阿什利·克拉克先生和艾登先生,并重申,正如以前所表示的那样,我们仍然希望继续与英国政府协商和合作。

FRUS,1942,China,pp.287-288

高斯致赫尔

重庆,1942年9月8日上午9时发
下午3时收到

经过认真考虑,我认为中国的形势和趋向不利于我们提出签订前电中所述的简要条约的建议……

我相信我们主动提议进行条约谈判的时机正在来临,但是我坚决主张签订综合性条约以确定未来的中、美关系。

我深信,如果我们提出在签订简要条约的同时无限期拖延考虑非综合性(原文如此)条约的建议,中国将乐于接受。中国目前的态度是要得到,几乎是要索取而不愿给予或让步。中国存在民族化和政府独揽大权的明显趋势,存在打算收回或抑止外国在华既得利益,自然而然地废除治外法权和其他相关权利的倾向。人们公开表示希望,战后美国通过政府而非私人提供对中国有利的信贷,资助中国重建家园,实施工业和其他行业的宏伟计划,而且,这些贷款只以中国的国家信用作担保,而不特别考虑如何偿付。

没有任何迹象表明,中国愿意尊重贸易和其他方面关系的互利原则。这对未来的中、美关系不是一种健康的或令人满意的形象。在我看来,目前采取过于慷慨的政策,放弃治外法权和其他相关权利,希望以后在一般关系和贸易关系方面得到公平和公正的对待的作法是十分错误的。

我们应该让中国人认识到,在我们放弃特权的同时,我们认为中国应当对那些必须承认和满足的美国在华利益承担义务和责任,中国有责任为建立以互相尊重、互相谅解和互惠互利为基础的中、美关系尽自己的一份力量。我认为,实现这一点的最理想的办法莫过于坚持在放

弃特权的同时谈判签订综合性条约。

　　除非战事结束前就签订这样的条约,那么令人满意的贸易关系和其他关系就会长期难以建立,长期处于一种极不确定的状态。战后,中国肯定会面临国内的诸多难题。那时,我们很可能找不到成功地进行综合性条约谈判的机会。但是,如果我们现在能签订综合性条约,在两国关系的稳定基础和互利互惠得到某些合理保证的情况下,我们也许能够立即参与中国的复兴和重建工作。与外国签订基本条约还可能会成为战后中国政府重建和组织工作的一个稳定因素。

　　这种条约的谈判当然需要花费时日,但即使在战事结束以后,谈判也不会一蹴而就。我们的敌人可能企图利用谈判的拖延进行宣传。但这很容易用沦陷区的现状和敌人与沦陷区傀儡政府之间的关系中存在的大量问题加以驳斥。

　　我关心的是,上述简要条约的提纲中未提出这样的建议,即在签订简要条约的同时,应该订立一项议定书或达成一项谅解,为将来中国司法管辖之下我国公民及其利益提供最低限度的合理保证。我并不是说我们能指望获得 1931 年要提未提的那份谅解中包含的所有保证。但我认为,我们可以指望发表一项宣言,为保护我国公民及其利益提供最低限度的必要保证。在过去十年中,令人很不满意的中国警察、司法和监狱制度不仅没有改善,反而有所退化。令人遗憾的是,政府和党的秘密组织体系遍布全国,获得了广泛的权利和主导地位,对中外人民在这个国家享受"四大自由"造成了严重威胁。

　　……

FRUS,1942,China,pp. 288-290

怀南特致赫尔

伦敦,1942 年 9 月 8 日晚

9 月 8 日晚 11 时 50 分收到

　　下面的备忘录是今天下午艾登先生交给我的,我拍发给你,供你参阅。及至英国各自治领政府把各自的观点告诉艾登先生,他再转告我后,我将立即向你通报。

"英国首席外交大臣特向阁下——美国驻英大使致意,并荣幸地告诉他,美国使馆参赞 9 月 1 日送交本部的公文(内有立即就在华治外法权和其他相关权利问题与中国政府进行接触的建议),本部已给予认真考虑。

联合王国政府也认为,虽然目前不是向中国提出此问题的最佳时机,但在不久的将来是否能出现比这更好的机会,是令人怀疑的,在这个问题上的主动权仍在享有治外法权的国家手中是颇有好处的。因此,英国政府真诚欢迎美国政府提出的美、英两国政府现在应共同采取措施解决这个问题的建议。经英国各自治领政府同意(它们的意见正在及时收集中),它们将乐于与美国政府协商,按美国的建议拟定一项简要条约,在美国认为美、英联合与中国政府接触的时机来临时,提交给中国政府……

同时,英国政府也同意,把目前的行动局限于签订一项仅涉及国务院来函中提及的废除治外法权和其他相关权利问题的简要条约,是较为理想的。国务院指出的在战争期间谈判签订综合性条约的种种不利之处,给英国政府留下了深刻印象。英国政府特别赞同这一观点:如果中国政府提出这样的建议,美、英两国政府应该坚持把这个问题推迟到战争结束以后再解决。

另一个问题是关于上海。美国和英国的绝大部分商业利益集中在上海,与上海有关的问题似乎是一个特殊问题。英国政府有理由相信,中国政府在要求收回整个上海地区归中国不受限制的管辖的同时,也愿意给予上海以特殊地位,以使上海港与外国商业利益的合作得到继续发展。因此,我们认为,重要的是拟议中的条约不妨碍美、英两国政府在和平谈判中要求这种特殊地位。我们也许可以在条约中提一下这个问题。

对美国好意向英国通报上述建议,英国政府表示感谢。如果阁下能够立即把上述内容和英国的感谢之意转告美国政府,英国政府将十分高兴。一俟我们获悉英国各自治领政府的意见,我们会马上通知美国大使。"

FRUS,1942,China,pp. 290-292

赫尔致高斯
华盛顿,1942 年 9 月 18 日下午 6 时

1. 英国政府业已告诉我们,它同意我们关于治外法权问题的总的观点,它并认为,目前把行动局限于签订我们所说的那种简要条约,是较为理想的。

2. 英国政府指示,它认为为上海安排某种特殊地位是可能的,也是较为理想的。为了弄清楚英国对此事的看法,我们曾表示,我们认为废除所有特权对有关各方的集体利益是最佳选择。英国政府解释说,它希望安排外国顾问参与未来上海市政府的工作。它表示希望在拟议的条约中不要写入在上海问题上束缚其手脚的任何具体条款。

FRUS,1942,China,pp. 295-296

韦尔斯致怀南特①
华盛顿,1942 年 10 月 3 日晚 10 时

1. 我们预料,随着中国新任驻美大使②的上任,我们可能看到,中国政府会就其希望的废除在华治外法权制度一事经常与本国政府接触。正如我们以前所说的,我们认为目前应该就废除在华治外法权问题采取某些积极行动的一个重要原因,是为了显示美国和英国的主动性并把主动权继续掌握在我们手中。

2. 鉴于上述考虑,我们认为,本国政府应该在严格保密的情况下通

---

① 在一张附言条上,韦尔斯写道:"计划已经总统批准,韦尔斯,10 月 3 日。"
② 魏道明,接替胡适。

知中国驻美大使,英国政府在严格保密的情况下通知中国驻英大使,并让二位大使在严格保密的情况下报告中国政府,美、英两国政府数星期来一直在认真考虑就废除在华领事裁决权之事与中国政府进行接触的问题,这项考虑目前已达到这种地步:美、英两国政府均希望在不远的将来分别把条约草案提交中国政府考虑,以最终签订该项条约。

3. 请把上述内容尽早转告艾登先生,并说,我建议美、英两国10月9日星期五分别把上述意思向中国驻华盛顿大使和驻伦敦大使作口头通知,考虑到时差,美国政府上午通知,英国政府下午通知。

4. 请告诉艾登先生,我们在研究英国外交部、高斯大使以及英国驻重庆大使向英国政府提出的意见和建议(由高斯大使转来)后,拟定了简要条约文本,并正另电拍发。收到该电文后,请转呈艾登先生供英国政府参阅,并请英国政府提出它想提的意见。

FRUS,1942,China,pp.296–297

汉密尔顿会谈备忘录

华盛顿,1942年10月9日

参与者:韦尔斯、中国大使魏道明、汉密尔顿

中国大使于今晨10时造访韦尔斯。

韦尔斯然后说,他邀请大使来访,是为了把他手中所持一份文件中所述的事告知大使。韦尔斯说,他先读这份文件,然后交给大使。接着,韦尔斯朗声宣读了所附的如下声明:

"美国政府关于在情况有利时迅速努力达到放弃美国在华治外法权的政策,已在很多场合明确表示。近几个月中,美国政府一直在考虑中、美两国政府之间是否要讨论一项会使该政策立即实施的条约。

"美国政府认为,如贵我两国政府缔结一项简要的条约,规定在两国未来缔结一项全面的现代友好通商条约以前,立即废除我国在华治外法权及各种相关权利,解决废除这些特权后将产生的各种问题,并规定在双方都合适的时候谈判一项全面的现代条约,则我们心目中的基

本目的当可实现。因此,我国政府准备在不久将来,向中国政府提出一份如上述性质的简要草约,供中国政府考虑。

"明日适逢中国国庆日,我方拟在今晚9时发表简要公开声明,以便使有关此事的新闻在10月10日晨报上刊登。

"美国政府对此事在公开宣布前严格保密,并请中国政府亦在宣布前同样对待。

"据悉,英国政府也将在今天向中国政府驻伦敦的代办通知有关此问题的英国政府的观点,相信与美国政府的观点相同,并悉英国政府也将作出相应的公开声明。

请中国大使以急密电通知其政府,告以美国政府准备迅速按前文第二段中所定方针和中国政府议定条约,以及美国政府希望在不久将来向中国政府提交该项简要草约,供中国政府考虑。"

韦尔斯在读完声明后即将其交给大使。韦尔斯然后说,他将此事通知中国大使,感到非常高兴。韦尔斯还说,大使也知道,美国政府在1931年已经在当时的讨论中将它放弃在华治外法权的意图通知中国政府。韦尔斯回顾说这样的讨论因日本侵略满洲而告中断。韦尔斯也提到美国政府对于此事表示其态度的其他场合。韦尔斯再次表示,他将美国政府对此事的现在想法告知中国政府,感到非常高兴,相信中国必然也很高兴。

中国大使说,这表示两国间的融洽关系迈进了一大步。他说,他要立即将此事报告政府。

大使又探询,韦尔斯觉得美国政府何时可以提出他所说的草约供中国政府考虑。韦尔斯答复说,他认为草约的提出不会超过一星期。

FRUS,1942,China,pp. 307-308

宋子文致蒋介石

华盛顿,1942年10月9日

密呈委座钧鉴:立即取消不平等条约,美方无问题,业于阳(七日)

电略陈。美国务部今日正式通知文及魏大使，愿与中国商谈废除不平等条约办法，文适因公赴纽约，由魏大使先往接洽，业经魏大使急电呈报。副国务卿威尔斯约文星期一详商，容续电陈。文叩。佳（九日）。

蒋委员长批示：复。宋部长、魏大使：佳电悉。美国表示自动取消不平等条约，愿与我订立新约，殊为欣慰。并望为我政府与人民致谢罗总统。又领事裁判权以外，尚有其他同样之特权，如租界及驻兵与内河航行、关税协定等权，应务望同时取消，才得名实相符也。

《战时外交》第 3 卷，第 712 页

蒋介石致罗斯福

重庆，1942 年 10 月 11 日

值兹中华民国三十一周年之纪念日，欣悉美国自动放弃在华之"治外法权"，举国无不欢忭。又闻贵国为我国庆特在"独立厅"鸣自由之钟，此项自由钟声，已在我国每一国民之心中，激成对美亲密热诚之回响。此有其裨于敝国继续抗战民气之提高，实胜于其他任何之力量。中正个人亦深为此一优美动人之壮举所感动，实无适当言词足以表达余欣慰之感情。

中正自幼即对贵国"自由钟"与"独立厅"等名词，寄以热烈之向慕，此心早已深镌不磨之印像。在求取国家自由之奋斗中，无时不在怀想中国终有一日确立为一完全独立民主之国家，而今此一理想业已由吾人共同实现矣。

阁下为使我中国获得平等地位，所表现伟大精神之领导，以及无上之道德勇气，中正愿掬我衷诚致其感谢；并向阁下保证，中国在求取全人类自由之共同事业中，决不有负阁下之雅望也。

《战时外交》第 3 卷，第 713—714 页

（二）中美新约谈判

说明：中美新约谈判开始前，美国已经拟好条约草案，主要涉及原则性问题和一些重大问题。美方原意只在废除治外法权及其相关特权，并不想涉及过多问题，而中国方面则希望将各种不平等特权整个取消，重订新约。美方草案没有提及通商口岸制度、公共租界的特区法院制度、沿海贸易及内河航行等特权。中国要求将互相给予国民待遇改为"不得低于第三国人民之待遇"，即互惠国待遇，美方予以同意。1942 年 11 月下旬，中美之间对条约的大部分条款大体达成共识。

侍从室第二处致参事室代电
1942 年 7 月 5 日

侍秘字第 13013 号

王秘书长亮畴兄、王主任雪艇兄钧鉴：据驻美国军事代表团熊团长式辉卌电称，自北非战局紧张，邱吉尔回英后，此间全力注意，西方对我援助视为次要。窃意此时军事上既难望有接济，似应提出政治要求，藉以振作人心、维持士气，前美与我约在战后取消不平等条约，此为美日未宣战以前之事，今日情形不同，宜先向美方交涉，由美自动提出无条件的立即取消。据职观察，其可能性甚大，盖美国号召世界对侵略国抗战，且欲以民族解放为口号，此时对我国无大量物资接济，更无理由推卸此种精神上同情，将来和会应不再讨论此项问题，则我方发言自更便利，当否仍乞钧裁等语。所陈意见是否可采，希即会同核议具复为盼。中正。午微。侍秘

中华民国卅一年七月五日

附批：

先送张参事拟办

七、五、十六时

杰

国防最高委员会秘书厅为致参事室代电
1942 年 7 月 9 日

雪艇吾兄勋鉴:顷奉委座午微侍秘代电,以据驻美国军事代表团熊团长式辉卅电所陈意见,是否可采,饬与吾兄核议具复等因。兹特抄录原电送上,敬祈核示意见,以便会同签呈为荷。专颂勋祺

附抄原代电一件

弟王宠惠敬启　　七月九日

附批:

军委会参事室主任王世杰批

送孙秘书并案办

杰

张忠绂签呈
1942 年 7 月　日

张忠绂谨拟

谨签呈者:奉到七月五日侍秘字第 13013 号钧谕:职等研究结果,窃以为熊团长式辉来电中所建议者,其观察与理由至为正确,但其结论似尚有改进之余地。美国现时全力注意欧洲战场,对我在军事上一时难望有大量接济,我自可于此时向美方提出政治要求,以保障中国在战后之权利与地位。惟此项要求若仅限于由美方自动取消不平等条约,则我方所得者未免过少。盖不平等条约在战后之必将被废除,应无疑义。我方似宜乘此机会,向美方提出下列两项重大要求:(一)与美国(或加入英国)缔结一同盟条约,规定于战后若干年中,有相互以军力

援助之义务。(二)与美国成立谅解,保证中国得于战后自由发展中国之工商业,并给予中国以经济与技术上之援助。上述两项要求中之任何一项若能完满达到目的,其对于中国之利益均甚重大。为集中目的与努力起见,美方自动取消不平等条约之要求,似可暂时不提。诚如熊团长所云,取消不平等条约之要求,颇易办到,然而不平等条约在战后决无存在之余地,我方若仅以提前取消不平等条约为满足,则我反失去今日对美交涉之良好机会。是否有当,仍乞钧裁。

附:盟约及换文草稿各一

同盟条约草稿

中华民国、美利坚合众国(与大英帝国),为击败日本,争取最后胜利,并于战后务使日本无重行侵略并破坏和平之可能,兹订定条款如下:

第一条:缔约国双方保证,在此次战争中,决不与日本或未经完全屈服之任何日本政府,进行任何谈判,或缔结休战条约,或和约。

第二条:缔约国双方在战后,愿与其他同盟国家密切合作,并以美利坚合众国总统与大不列颠首相于一九四一年八月十四日共同宣言中所公布之原则为基础。

第三条:在战后普遍的世界和平制度与安全保障尚未树立以前,缔约国双方应立即尽力采取一切措置,务使日本无重行发动侵略并破坏和平之可能。

第四条:在战后普遍的世界和平制度与安全保障尚未树立以前,缔约国之一方,若因日本两度侵略,而被卷入战争,则缔约国之他方有以全力援助其与国之义务。倘普遍的世界和平制度与安全保障一时未能树立,则本条之有效期应继续二十五年。

第五条:本约自签字之日起,立即发生效力。

关于经济部分之换文草稿

○○阁下:

中国政府于战后深愿实行自由贸易政策,并遵守大西洋宪章中关于经济部分所确立之原则,以促进中国与世界之繁荣。

美国政府深知中国之繁荣对于世界之繁荣有极重大之关系,是以美国政府愿于战后扶助中国工商业之发展,而不与以任何阻碍,并将给与中国以中国所自愿,为发展此等工商业所需经济与技术上之援助,务使中国在经济方面合法之愿望得以实现。

中国政府认为,自由贸易政策之原则,与大西洋宪章中所确立之经济原则,在实施上,不应足以阻碍中国日后发展本国工商业之合法愿望。

附批:

仍送张参事

主旨甚善,请将可提两点,再予以充实,俾更具体化。

世杰七、八

中国第二历史档案馆藏外交部档案,761/155

王世杰致王宠惠函稿

1942 年 7 月 18 日

亮畴先生大鉴:接奉九日大札暨抄送委座代电一件,均悉。一是兹拟就呈后意见一件,送请誊酌会签呈复为荷。耑此,即颂勋祺

　附签呈一件

弟王○○敬复启　月　日

签呈

谨签呈者:奉本月五日侍秘字第一三○一三号代电,此批驻美军代表团熊团长电呈,拟请向美方交涉立即取消不平等条约。饬会同核议具复等因。经会同研究,窃以为不平等条约之废除,美国在原则上已正式承认,至于付诸实施,无论如何不能不另有具体协定,以规定领事裁判权、租界、内河航行权等等特权废除后之善后措施,此时似不宜再行提出。但为促使美方对我注意起见,似可酌向美政府提出战后经济互

助草约,其内容似可由宋部长考量情形拟定,大体侧重(一)资本;(二)机器及材料;(三)技术方面之协济。

以上拟议,是否有当,敬乞

察裁。谨呈

委员长

国防最高委员会秘书长王〇〇

军事委员会参事室主任王〇〇

七、十八

蒋介石致宋子文

重庆,1942 年 10 月 12 日

宋部长:关于废除治外法权事,应静待美政府提出其所谓简短之草约后,我方再行表示意见,此时不必作任何交涉。惟我方不妨间接表示,甚望其将过去所有各种不平等条约,一律作废,整个撤消,重订平等合作之新约也。中对罗总统谢电已交此间英、美大使转致,并交各报发表矣。中正。震。

《战时外交》第 3 卷,第 714 页

宋子文致蒋介石

华盛顿,1942 年 10 月 13 日

密呈委座钧鉴:真(十一日)电敬悉。(一)美所拟先订之简约要点,为废除以领事裁判权为中心之各种特权,如租界、驻兵等权。但草约须一星期或十日后始可脱稿,双方再进行磋商。此事文已略有布置,故拟由魏大使先行交涉,如有困难,随时由文在渝就近请示办理。以后订立通商等新约,尤为繁重,必须秉承钧意,并先与我有关机关详细商讨,始臻妥善也。军部已派专机,文日内即拟启程。(二)美方认为中、美关税协定并无束缚,与中、英协定不同。(三)侨民问题美方拟暂不

提,文明日见国务卿当提及之。余容续陈。文叩。元。

蒋委员长批示:复。元电悉。请兄先回国可也。中正。

《战时外交》第 3 卷,第 714—715 页

魏道明致外交部

1942 年 10 月 24 日

重庆。外交部:今晨国务卿面交下列条约草案,并说明美国政府已竭其可能使内容包括广泛。在谈判期间,条约草案内容,必须绝对保守秘密。

中美关系条约草案(译文)

中华民国、美利坚合众国为使两国间之一般关系更形明切起见,订立本约,为此简派全权代表如左:

中华民国国民政府主席特派

美利坚合众国大总统特派

两全权代表各将所奉全权证书互相校阅,均属妥善,议定条款如左:

第一条

现行中、美两国间之条约与协定,凡规定美国政府或其代表,得管辖裁判在中国境内美国人民之一切条款,兹特撤销作废。美国人民在中国境内,应依照国际公法之原则及国际惯例,服从中华民国政府之管辖裁判。

第二条

美国政府认为一九〇一年九月七日中国政府与各国政府(包括美国政府)在北京签订之议定书,应予废止,并同意该议定书及其附件所给予美国政府之一切权利,即予停止。

美国政府愿与中华民国政府合作,以期与其他有关政府成立必要之协定,俾将北平使馆界之行政与管理权,连同使馆界内之一切公共资产与公共债务,移交于中华民国政府,并相互谅解,中华民国政府于接

收使馆界行政与管理权之时,应准备担任并履行使馆界内之一切公共义务及债务,并承认及保护该界,以及承认及保护该界内之一切合法权利。

中华民国政府兹允许美国政府为公务上之目的,有权继续使用在北平使馆界内已划与美国政府之土地,其一部分建有属于中华民国政府之房屋。

第三条

美国政府认为上海及厦门公共租界之行政与管理权,应归还中华民国政府;并同意凡与上述租界有关而属于美国政府之权利,应予废止。

美国政府愿与中华民国政府合作,以期与其他有关政府成立必要之协定,俾将上海及厦门公共租界之行政与管理权,连同上述租界之一切公共资产与公共债务,移交于中华民国政府,并相互谅解,中华民国政府于接收上述租界行政与管理权之时,应确定办法,担任并履行上述租界之公共义务及债务,并承认及保护上述租界内之一切合法权利。

第四条

为使美国人民(包括公司及社团)或美国政府,在中华民国领土内,业经取得不动产之权利与所有权,特别是由于本约第一条规定所废止各条约及协定之各条款不致发生任何问题起见,双方同意上述现有之权利与所有权,不得取销作废,并不得以任何理由加以非难,但依照法律手续提出证据,证明此项权利或所有权,系以欺诈取得者,不在此限。

双方并同意中华民国政府对于美国人民或政府享有之不动产所有权、永租权或其他契据,如欲另行更换新契据,则应给予所有权新契据,中国官厅不得征收任何费用。此项所有权新契据,应充分保障上述租权,或其他契据之持有人及合法之继承人及移转人,其原来权利包括转让权,不得蒙受减损。

双方并同意中国官厅不得向美国人民或美国政府征收涉及本约生

效以前有关土地移转之任何费用。

第五条

美国政府早予中华民国人民在美国全境内享有旅行、居住及经商之权利；中华民国政府同意予美国人民在中华民国境内享有同样之权利，两国政府在各该国法律管辖所及之境内，尽量给予对方国人民关于各项法律手续、司法审判、各种租税与各该政府之征收，以及经营商业之待遇，不得低于本国人民之待遇。

第六条

美国政府与中华民国政府相互同意，彼此之领事官，获得对方国之执行职务证书后，得在对方国现在或将来允许任何外国设领之口岸与城市居住，两国之领事官在其领事区内，享有与其本国人民会见、通讯以及指示之权，其本国人民遇有在该领事区内被拘、被捕、被监禁、或听候审判时，应立即通知该领事官，该领事官经通知地方主管官厅后，得探视此等人民。总之，两国之领事官应享有现代国际惯例所给予之权利、特权与豁免。

双方并相互同意，对方人民在此国领土内者，得有随时与其领事官通讯之权利，对方人民在此国领土内之被拘、被捕或听候审判者，其与领事官之通讯，地方官厅应予转递。

第七条

美国政府与中华民国政府相互同意，经一方之请求，或无论如何于抵抗敌国之战事停止后六个月内，进行谈判，签订一近代广泛性之"友好通商航海设领条约"，此项条约将以近代国际程序与中、美两国近年来与他国政府所缔结之近代条约中所表现之国际公法原则与国际惯例为根据。

前项广泛性之条约未经订立以前，倘日后遇有涉及中华民国境内美国人民（包括公司与社团），或美国政府权利之任何问题发生而不在本条约范围内，或不在中、美两国间现行而未经本约废止或与本约不相抵触之条约、专约及协定之范围内者，应由两国政府代表会商，依照普遍承认之国际公法原则及近代国际惯例解决之。

第八条

本条约自互换批准书之日起发生效力,本条约应予批准,批准书应于华盛顿迅速互换。

本条约于一九四二年〇月〇日在华盛顿签字盖印,共计两份。

《战时外交》第 3 卷,第 716—719 页

宋子文致蒋介石

重庆,1942 年 10 月 30 日

遵谕整理中美关系条约草案之意见由。

关于中、美关系条约草案事,兹遵谕拟呈该约修正中、英文草案各一件,又换文中、英文稿各一件,连同依照钧座指示整理后之本部意见一件,录呈钧核。共附五件。

附:外交部对于中美关系条约草案意见

遵照指示整理

第一条

本条以无条件废止中、美现行各条约及各协定中有关治外法权之一切条款,并规定美国人民在中国境内依照国际公法原则及国际惯例,受中国政府之管辖,尚属妥善。

第二条

第二项中"……并承认及保护该界……"一句,已去电查询,有无错误,如果属实,拟予取销。

同项中"……承认及保护该界内之一切合法权利"一句下,添"但以不违背中国法令者为限"。

第三项关于美国保留使馆界内土地之使用权,拟提议取销,如美方坚持,拟改用换文方式规定之。

第三条

第二项关于承认保护公共租界内一切合法权利一句下,添"但以

不违背中国之法令者为限"。

第四条

第一项不动产之权利以诈欺取得者一句中,拟于"诈欺"二字下添"或其他非法手段"。又"不在此限"一句下,拟加一但书:"惟此项权利之行使不得违背中国关于征收捐税、征用土地及有关国防之法令,并非经中国政府之许可,不得移转于第三国政府或人民(包括公司与社团)。"

第五条

此条前段中关于内地杂居权之规定,尚属妥善。

后段中关于美国人民在华所享受之待遇"不得低于本国人民之待遇"一句,拟改为"不得低于第三国人民之待遇"。

第六条

第一项"彼此之领事官……得在对方国现在或将来允许任何外国设领之口岸与城市驻扎",拟改为"……得在对方国所同意之口岸与城市驻扎"。

同项"……其本国人民遇有在该领事区内被拘捕、被监禁或听候审判时应立即通知该领事官",与"该领事官于通知地方主管官厅后得探视此等人民",尚属妥善。

第七条

第一项关于缔结广泛性新商约一节,尚属妥善。

第二项中"……任何问题发生而不在本条约范围内,或不在中、美两国间现行而未经本约废止或与本约不相抵触之条约、专约及协定之范围内者……",拟改为"……任何问题发生而不在本条约及换文范围内,或不在中、美两国间现行未经本约及换文废止,或与本约及换文不相抵触之条约、专约及协定之范围内者……"。

第八条

此条关于签字盖印及批准等事为例行规定,似甚妥善。

附加意见三则

一、在新约中拟加一条文曰:"中华民国与美利坚合众国之关系应以平等互惠之原则为基础。"此条拟作为新约第一条。

　　二、在新约中,美国虽同意取销关于美方在使馆界及公共租界之权利,但使馆界与公共租界之取销仍须得所有关系各国之同意,为防止将来少数国家故意阻难起见,便中拟由我国征询美方对此意见,俾成立默契。

　　三、查中美关系条约草案内关于(1)口岸制度,(2)沿岸贸易、内河航行、外人引水,(3)外国军舰游弋、驻泊等权,尚无明文放弃,拟以换文方式声明作废。

《战时外交》第 3 卷,第 722—724 页

宋子文致蒋介石

重庆,1942 年 12 月 7 日

　　中国政府及美国政府彼此认为此国之船舶,许其自由驶至彼国对于海外商船业已或将来开放之口岸、地方及领水,并认为在此等口岸、地方及领水内给予此等船舶之待遇,不得劣于给予各该本国船舶之待遇,且应与给予任何第三国船舶之待遇相同。两国之内河航行及沿海贸易,不在国民待遇之列,由两国依法自行管理,惟双方同意此方之船舶,在对方境内关于内河航行及沿海贸易所享受之待遇,应与任何第三国船舶之优待相同。

　　关于美大使十二月四日送来对于内河航行及沿海贸易条款审查意见:

　　查本月三日美大使来访部长时,曾面交美方所拟关于内河航行及沿海贸易之条款(与四日备函送来之稿除一二无关重要之文字外完全相同),嗣美大使又亲笔代拟下列修正条文:

　　"双方并谅解倘日后中国在任何情形下,给予任何第三国之船舶以内河航行或沿海贸易权,应给予美国船舶以同样之权利。"

　　本部对此认为可以接受,业已将上述一段加入换文中,并已致电魏大使令其照送美国国务院。四日美大使特又备函送来关于内河航行及

沿海贸易修正草案美方原拟条款,想系会谈后,与使馆人员或与英大使相商,认为亲笔代拟之条文不妥,故又将原拟条款送来。

查美大使四日送来所拟条款,关于双方经营海外商运船舶之进口及待遇问题,与美方原提案相同,业经我国同意,至于内河航行及沿海贸易部分,不但与其三日亲笔所拟条文大相径庭,即与美国国务院致魏大使节略中所规定者亦大不相同,在节略中美方已允放弃此项权利,仅在进一步协定尚未成立之前,希望中国对于此项现行权利暂时不加限制,今美大使所提条款,虽承认中国对于航行之管理权,但外人之内河航行及沿海贸易权均已无形保留,似难接受。

《战时外交》第3卷,第734—735页

宋子文致蒋介石

重庆,1942年12月12日

送呈魏大使来电及本部致魏大使电由。

中美新约中对于内河航行及沿海贸易问题,魏大使本月十日呈部电及本部十一日致魏大使电中、英文各一件,录呈钧阅。

附一:驻美大使魏道明致外交部电

民国三十一年十二月十日

重庆。外交部钧鉴:关于本人第六十五号电呈事,在进一步讨论中,美国国务院非正式提出下列代替换文中之条款:"并相互谅解,如中国政府允许任何第三国船只参与沿海贸易或内河航行,亦应给予美国船只以同样之权利。"是否予以接受?敬请电示为荷。魏道明。

附二:外交部致驻美大使魏道明电

民国三十一年十二月十一日

执事第六十七号来电中所述美国国务院对于内河航行及沿海贸易之最后提议,显与本部第六十二号电相左,美国国务院对该电中我方建议之草案反应如何?深盼获悉电复。

《战时外交》第3卷,第735—736页

王宠惠致蒋介石

重庆，1942 年 12 月 16 日

奉交下外交部呈报关于中美、中英新约中涉及沿海贸易及内河航行问题意见及谈判情形，嘱与王秘书长雪艇会商具报等因，谨将研究意见，胪陈如下：

一、关于中美新约，本月十日外交部致魏大使电所拟内河航行及沿海贸易条款，尤其"……倘日后任何一方以内河航行及沿海贸易权给予第三国船舶时，则应给予彼方船舶以同样之待遇……"一段完全以平等互惠为原则，甚属妥善。据最近魏大使电告，美政府对于此项条款原则上业已表示同意，惟因恐其他国家一时不肯放弃此项权利，致使美国商业利益独遭歧视，不免有所顾虑，且恐为议会方面所反对，故拟将我外部原电中"日后"二字删除。按照我外部所提条款，美国对于在华之内河航行及沿海贸易权将立予放弃，而不问其他国家是否采取同一步骤，至于将来中国政府再以此种权利给予第三国时，则美国自可要求平等待遇，若将外部电中"日后"二字删去，非但将来中国政府以内河航行及沿海贸易权给予第三国时，美国得要求同样之待遇，即在今日若有任何国家拒绝放弃此种权利，美国亦可要求继续享受其原有之权利。但自美国立场言，亦自有其理由，盖美国一旦放弃此种权利，而其他国家仍继续享受，对于美国利益，实不啻为一种不平等之待遇，故美方仍坚持删去"日后"二字，我方似亦不便拒绝，且在华享受内河航行及沿海贸易权之主要国家为英国，现亦表示放弃此种权利，故事实上当不致有重大流弊。

二、中英新约中关于内河航行及沿海贸易问题，似应照中美新约办理，未便独持异议。至伊洛瓦底江查系国际河流，依照国际通例华船本有经该江入海之权，与外人在华所享受内河航行之特权，未可相提并论，似不应在新约中规定我方放弃此种通常权利。

以上两项是否有当，敬候钧裁。

关于取消美国在华治外法权及处理有关问题之条约

华盛顿,1943 年 1 月 11 日

中华民国、美利坚合众国为欲重视两国人民间素来之友好关系,并以平等与主权国家之资格,表示共同志愿,使彼此所承认规定人类关系之高尚原则得以发扬光大,决定订立条约,以谋调整两国间有关事项,各派全权代表如左:

中华民国国民政府主席特派驻美利坚合众国特命全权大使魏道明;

美利坚合众国大总统特派外交部部长赫尔;

两全权代表各将所奉全权证书互相校阅,均属妥善,议定条款如左:

第一条 现行中华民国与美利坚合众国间之条约与协定,凡授权美利坚合众国政府或其代表实行管辖在中华民国领土内美利坚合众国人民之一切条款,兹特撤销作废。美利坚合众国人民,在中华民国领土内,应依照国际公法之原则及国际惯例,受中华民国政府之管辖。

第二条 美利坚合众国政府认为一九零一年九月七日中国政府与他国政府,包括美利坚合众国政府,在北京签订之议定书应行取消,并同意,该议定书及其附件所给予美利坚合众国政府之一切权利应予终止。

美利坚合众国政府愿协助中华民国政府与其他有关政府成立必要之协定,将北平使馆界之行政与管理,连同使馆界之一切官有资产与官有义务移交于中华民国政府,并相互了解,中华民国政府于接收使馆界行政与管理时,应厘定办法,担任并履行使馆界之官有义务及债务,并承认及保护该界内之一切合法权利。

在北平使馆界内已划与美利坚合众国之土地,其上建有属于美利坚合众国政府之房屋,中华民国政府允许美利坚合众国政府为公务上之目的,有继续使用之权。

第三条 美利坚合众国政府认为,上海及厦门公共租界之行政与管理应归还中华民国政府,并同意,凡关于上述租界给予美利坚合众国政府之权利应予终止。

美利坚合众国政府愿协助中华民国政府与其他有关政府成立必要之协定,将上海及厦门公共租界之行政与管理,连同上述租界之一切官有资产与官有义务,移交于中华民国政府,并相互了解,中华民国政府于接收上述租界行政管理时,应厘定办法,担任并履行上述租界之官有义务及债务,并承认及保护该界内之一切合法权利。

第四条 为免除美利坚合众国人民(包括公司及社团)或政府在中华民国领土内现有关于不动产之权利发生任何问题,尤为免除各条约及协定之各条款因本约第一条规定废止而可能发生之问题起见,双方同意,上述现有之权利不得取消作废,并不得以任何理由加以追究,依照法律手续提出证据,证明此项权利系以诈欺或类似诈欺或其他不正当之手段所取得者不在此限,同时相互了解,此项权利取得时所根据之官厅手续,如日后有任何变更之处,该项权利不得因之作废。双方并同意,此项权利应受中华民国关于征收捐税、征用土地及有关国防各项法令之约束,非经中华民国政府之明白许可,并不得移转于第三国政府或人民(包括公司及社团)。

双方并同意,中华民国政府对于美利坚合众国人民或政府持有之不动产永租契或其他证据,如欲另行换发新所有权状时,中国官厅当不征收任何费用。此项新所有权状应充分保障上述租契或其他证据之持有人与其合法之继承人及受让人,并不得减损其原来权益,包括转让权在内。双方并同意,中国官厅不得向美利坚合众国人民或政府要求缴纳涉及本约发生效力以前有关土地移转之任何费用。

第五条 美利坚合众国政府对于中华民国人民在美利坚合众国全境内,早已予以旅行、居住及经商之权利,中华民国政府同意,对于美利坚合众国人民在中华民国领土内,予以相同之权利。两国政府在各该国管辖所及之领土内,尽力给予对方国人民关于各项法律手续、司法事件之处理及各种租税之征收与其有关事项,不低于所给本国人民之待遇。

第六条　中华民国政府与美利坚合众国政府相互同意,彼此领事官经对方给予执行职务证书后,得在对方国双方同意之口岸、地方与城市驻扎。两国之领事官在其领事区内应有与其本国人民会晤、通讯以及指示之权。倘其本国人民在其领事区内被拘留、逮捕、监禁或听候审判时,应立即通知该领事官,该领事官于通知主管官厅后,得探视此等人民。总之,两国之领事官应享有现代国际惯例所给予之权利、特权与豁免。

双方并同意,对方人民在此国领土内者,有随时与其领事官通讯之权。对方人民在此国之领土内被拘留、逮捕、监禁或听候审判者,其与领事官之通讯,地方官厅应予转递。

第七条　中华民国政府与美利坚合众国政府相互同意,经一方之请求,或于现在抵抗共同敌国之战事停止后,至迟六个月内进行谈判,签订一现代广泛之友好通商航海设领条约。此项条约将以近代国际程序与中华民国政府及美利坚合众国政府近年来与他国政府所缔结之近代条约中所表现之国际公法原则与国际惯例为根据。

前项广泛条约未经订立以前,倘日后遇有涉及中华民国领土内美利坚合众国人民(包括公司及社团)或政府权利之任何问题发生,而不在本约范围内,或不在中华民国政府与美利坚合众国政府间现行而未经本约废止,或与本约不相抵触之条约、专约及协定之范围内者,应由两国政府代表会商,依照普通承认之国际公法原则及近代国际惯例解决之。

第八条　本约自互换批准书之日起发生效力。

本约应予批准,批准书应于华盛顿迅速互换。

本约于中华民国三十二年一月十一日即一九四三年一月十一日在华盛顿签字、盖印。中文及英文各两份,中文、英文有同等之效力。

魏道明

赫尔

换文

（一）

本代表奉本国政府之命，兹特声明：关于中华民国政府与美利坚合众国政府本日签订美利坚合众国政府放弃在中国治外法权及其有关特权之条约，中华民国政府认为关于通商口岸及上海、厦门公共租界特区法院之制度，以及中国领土内各口岸外籍引水人之雇用，美利坚合众国政府及人民所享有各权利一并放弃。鉴于此项通商口岸制度之废止，彼此了解，中华民国领土内，凡平时对美国海外商运已开放之沿海口岸，于本约及所附换文发生效力后，对于此项商运，仍继续开放。

双方同意，此国之商船，许其自由驶至彼国对于海外商运业已或将来开放之口岸地方及领水；并同意，在该口岸地方及领水内，给予此等船舶之待遇，不得低于所给予各该本国船舶之待遇，且应与所给予任何第三国船舶之待遇同样优厚。

双方了解，美利坚合众国政府放弃给予美利坚合众国船舶在中华民国领水内关于沿海贸易及内河航行之特权。中华民国政府准备以公平价格收购美方现时用以经营此项事业之一切产业；如任何一方以内河航行或沿海贸易权给予第三国船舶时，则应给予彼方船舶以同样之权利。缔约国任何一方在他方之沿海贸易及内河航行，依照他方有关法律之规定办理，不得要求他方之本国待遇。惟双方同意，一方之船舶在他方境内关于沿海贸易及内河航行所享受之待遇，应与任何第三国船舶之待遇同样优厚。

双方了解，美利坚合众国政府放弃给予其军舰在中华民国领水内之特权，并相互了解，中华民国政府与美利坚合众国政府对于彼此军舰之访问，应依照国际惯例及仪式，相互给予优礼。

双方了解，凡本约及换文未涉及之问题，如有影响中华民国主权时，应由两国政府代表会商，依照普通承认之国际公法原则及近代国际惯例解决之。

关于本约之第四条，中华民国政府兹声明：该条内所指关于现有不动产权利之转让权所受之限制，中国官厅当秉公办理。如中国政府对于所提出之转让拒绝同意，而美方利益关系人希望中国政府收购该项权利时，中国政府本公平之精神及为避免该利益关系人之损失起见，当以适当之代价收购之。

双方了解，美利坚合众国在中国之法院及美利坚合众国在中国之领事法庭之命令、宣告判决、决定及其他处分，应认为确定案件，于必要时，中国官厅应予以执行。双方并了解，当本约效力发生时，凡美利坚合众国在中国之法院及美利坚合众国在中国之领事法庭之任何未结案件，如原告或告诉人希望移交于中华民国政府之主管法院时，该法院应从速进行处理之，并于可能范围内适用美国法律。

双方了解，此种同意与谅解，如荷贵国政府证实，即作为本日所签订条约内容之一部分，并自该约生效之日起，发生效力。

本代表应请贵代表证实上述之了解，为荷。

本代表顺向贵代表重表敬意。此致

美利坚合众国外交部部长赫尔

魏道明

中华民国三十二年一月十一日即一九四三年一月十一日

（二）

关于美利坚合众国政府与中华民国政府本日签订美利坚合众国政府放弃其在中国之治外法权及其有关特权之条约，本代表接准贵代表本日之照会，内开：

"本代表奉本国政府之命，兹特声明：关于中华民国政府与美利坚合众国政府本日签订美利坚合众国放弃在中国治外法权及其有关权之条约，中华民国政府认为关于通商口岸及上海、厦门公共租界特区法院之制度，以及中国领土内各口岸外籍引水人之雇用，美利坚合众国政府及人民所享有各权利一并放弃。鉴于此项通商口岸制度之废止，彼此了解，中华民国领土内，凡平时对美国海外商运已开放之沿海口岸，于本约及所附换文发生效力后，对于此项商运，仍继续开放。

双方同意,此国之商船,许其自由驶至彼国对于海外商运业已或将来开放之口岸地方及领水;并同意,在该口岸地方及领水内,给予此等船舶之待遇,不得低于所给予各该本国船舶之待遇,且应与所给予任何第三国船舶之待遇同样优厚。

双方了解,美利坚合众国政府放弃给予美利坚合众国船舶在中华民国领水内关于沿海贸易及内河航行之特权。中华民国政府准备以公平价格收购美方现时用以经营此项事业之一切产业;如任何一方以内河航行或沿海贸易权给予第三国船舶时,则应给予彼方船舶以同样之权利。缔约国任何一方在他方之沿海贸易及内河航行,依照他方有关法律之规定办理,不得要求他方之本国待遇。惟双方同意,一方之船舶在他方境内关于沿海贸易及内河航行所享受之待遇,应与任何第三国船舶之待遇同样优厚。

双方了解,美利坚合众国政府放弃给予其军舰在中华民国领水内之特权;并互相了解,中华民国政府与美利坚合众国政府对于彼此军舰之访问,应依照国际惯例及仪式,相互给予优礼。

双方了解,凡本约及换文未涉及之问题,如有影响中华民国主权时,应由两国政府代表会商,依照普通承认之国际公法原则及近代国际惯例解决之。

关于本约之第四条,中华民国政府兹声明:该条内所指关于现有不动产权利之转让权所受之限制,中国官厅当秉公办理。如中国政府对于所提出之转让拒绝同意,而美方利益关系人希望中国政府收购该项权利时,中国政府本公平之精神及为避免该利益关系人之损失起见,当以适当之代价收购之。

双方了解,美利坚合众国在中国之法院及美利坚合众国在中国之领事法庭之命令、宣告判决、决定及其他处分,应认为确定案件,于必要时,中国官厅应予以执行。双方并了解,当本约效力发生时,凡美利坚合众国在中国之法院及美利坚合众国在中国之领事法庭之任何未结案件,如原告或告诉人希望移交于中华民国政府之主管法院时,该法院应从速进行处理之,并于可能范围内适用美国法律。

双方了解,此种同意与谅解,如荷贵国政府证实,即作为本日所签订条约内容之一部分,并自该约生效之日起,发生效力。

本代表应请贵代表证实上述之了解,为荷。

本代表顺向贵代表重表敬意。"

本代表兹特证实,关于美利坚合众国政府与中华民国政府本日签订之条约,业已成立之同意与谅解,正如贵代表上述来照所称者。

本代表顺向贵代表重表敬意。此致
中华民国驻美利坚合众国特命全权大使魏道明

赫尔

一九四三年一月十一日

王铁崖主编:《中外旧约章汇编》第3册,三联书店,1982年,第1256—
1262页

国民政府令
1943年1月12日

互尊主权,原属国际之公谊;独立平等,尤为建国之始基。溯自清季以还,因吾国势之不振,受不平等条约之束缚,迄今已达一世纪之久,爱国志士呼吁奋斗,未尝一日忘此! 国父遗嘱之诏示,亦视不平等条约之废除为最短期间应促实现之急务。

现本府已与美国及英国政府分别签订条约,废除英、美在华之治外法权及其他有关之特权,并各废止1901年9月7日在北京缔结之辛丑和约,同时英美两国政府宣布上海与厦门公共租界内之行政与管辖权,应归还吾国,租界内之所有权利,亦均放弃;其与英国签订之条约中,英国政府更放弃天津及广州租界内之各种权益,此外英、美两国复将其在吾国内河与沿海航行之权,一并取消。

上项条约之缔结,皆我全国民众及文武官吏之不断努力,固肇其端,而英、美两国政府1942年10月9日之友好建议,实促厥成。其有合于吾国四万万五千万同胞一致之愿望,而足以为恢张正义和平之基础,举世周知。今吾国既获以完全独立、平等、自由之地位,与维护和平正义之国家齐驱并进,自必益怀其所以得之之艰难,淬励奋发,自强不息,冀无负友邦密切合作之期许。凡我国民,对于各友邦人士,应更宏扬其自尊自重之心,勉循讲信修睦之训,推诚相与,务使一切言行,悉合国际最高标准,借与友邦共负重奠世界之重责,以进人类环境永久之和平,特将此旨昭告全国,咸使知之,此令。

《国民政府公报》1943 年 1 月 13 日

亨贝克备忘录

华盛顿,1943 年 6 月 9 日

美国政府正在采取措施消除或缓解本国对待华人移民的歧视性的立法以及各种实际作法。在美国政府采取适当行动之前,这是它必须面对的一个问题。中国人的政治水平已达到了一定的高度,其民族主义精神也有了很大程度的发展,这种精神必将使他们越来越反对暗含中国的种族是"劣等的"和中国人是"不受欢迎的"人的政治评价的处境和行为。

过去四十年中,我们曾经不把日本人当作一个平等的种族来一体对待,但在我们的歧视中变得越来越聪明的日本人却把这种歧视当成了外交问题,并把受歧视的事实当作跳板和武器,在国民中进行普遍反对白种人,特别是美国人的宣传活动。像前海军元帅山本等人对美国的极端仇视,以及这些人向美国开战并要击败美国的欲望、意图、计划和努力,很大程度上是由我们歧视他们这个种族的事实所激发的,他们过去是,现在也是这个种族的成员。

直到近来,中国人还未对这个问题表示出极大的愤慨。他们有其他更为实际的问题和争端使他们担忧,需他们应付处理。他们意识到自己缺援少助。他们对自己内在的力量和民族文化的优秀品质充满信心。他们自视为"富有的"民族,他们相信,他们有昔日的辉煌,他们并

不寻求"显要的地位"。然而,中国人现在越来越明确地认识到了国际
关系中存在的形形色色不愉快的事实;他们发现了由于被歧视而产生
的无能为力;他们期望与其他国家的政府和人民进行更广泛、更有效和
更有影响的接触;他们正在估量其庞大的人力资源和比较充裕的自然
资源的潜能;他们已经看到,只有那些既有需求又坚持要求获得的人们
才能得到越来越多的自由、平等权利等等,他们已完全致力于不断反对
其他国家对他们种族的歧视并与之进行日益坚决的斗争的进程。

美国政府和人民越早面对这个问题,就会越早地以一种对我们害
处最小而对其他有关各方政治利益最大的方式来解决它。我们和中国
人之间存在的问题尚未达到那种怨恨和偏见会妨碍我们找到双方都可
接受的解决方案的地步。

眼下我国应该关注的问题是修改我们的法律和办事程序以消除对
中国人的歧视,同时采取保护措施防止大批华人移民涌入美国。我们
完全能够制订一项可以同时实现上述两个目标的法律。

我们面临的现实政治问题是让国会通过这样的一项法案。

通过观察当前的形势,可以得出下面的结论,即目前的舆论普遍赞
成善待中国和中国人:公众和绝大多数国会议员原则上都赞同显示本
国赞赏中国人并对他们示以良好祝愿的某些行动,在与轴心国、特别是
日本的战争中,作为一个战斗群体的中国人的利益和努力是与我们密
切相连的。此外,似乎有许多国会议员、尤其是众议员愿意采取有效行
动修改我们的法律,以便消除我们对华人的歧视。在众议院移民委员
会,大部分人都赞成消除对华人的歧视,但又担心会使大量华人涌入美
国,也担心会造成东方移民问题的其他麻烦;在该委员会,没有一项建
议是绝大多数人都赞同的;在该委员会,也有少数人反对对我们的移民
法进行任何修改。许多迹象表明,该委员会欢迎来自政府执行机关、尤
其是国务院和司法部的指导。目前还没有多少迹象表明司法部比国务
院更愿意对此事给予指导。

人们相信,从美国目前和将来在与中国以及亚洲和世界上其他国

家关系中的影响力的角度来看,这个问题是重要的。在谈到外交政策、国际关系问题时,我们历来高唱"机会均等"和"平等待遇"的论调。近些年来,尤其是 1933 年以来,我们一直在特别强调这两项原则。我们已经通过参与《大西洋宪章》和《联合国家宣言》的起草工作阐释了它们的具体概念。我们经常或明或暗地在关于战后政策和实践的宣言中提到它们。中国人已开始引用我们的话,指出"行动比言词更重要更确实",他们在密切注视着我们的行动,我们负责的和不负责的行动;他们在要求我们有所表现。他们对我们的态度将越来越多地受到我们给予他们的对待的影响。所以,从外交关系的角度看,排华问题和我们能否对移民法进行修改的问题就对中国人的影响而言都是重要的。在这种情况下,政府的执行机关,尤其是国务院,似乎应向国会说明其观点:关于这些问题,美国政府怎样做才是最佳选择。

我认为,如果对这个问题最了解的两个机构能给予正确的指导,则可帮助移民委员会拟定并提出一项方案,这样,该议案就能被国会两院讨论而不致引起太大的反对声浪,而且较有把握获得通过……

我们认为,国会领导人不用太费力就可以明白透彻地阐述这个问题,使绝大多数议员了解基本情况,投票支持委员会提出的政府赞同的议案,以满足目前形势下的需要。

前驻美大使施博士已公开陈述了中国人的需求:"他们……希望,作为一个种族,能够得到美国法律给予世界上几乎所有其他种族的各项权利。至于移民问题,中国人只希望在确定配额的基础上享受美国为进入美国的外国人制定的一般性移民政策。至于入籍问题,中国政府……希望那些有意成为美国公民的中国人能被允许像其他国家的公民一样实现其愿望。至于担心中国人进入美国的问题,现在已几乎纯粹成了一个尊重民族的问题,因为根据给中国人确定的配额每年进入美国的新增移民不会超过 100 人……"

至于方案,已经起草了一项,其特点是:废除我们法律中明确禁止华人移民的条款,为华人确定配额(可能使 105 人进入美国)。我们已得到暗示,这样的安排会被中国官方接受。此外,这种安排定能足以使各种诽谤不攻自破,对那些诽谤,反对这一行动的人已表示出了担忧。

FRUS,1943,China,pp.777-780

赫尔备忘录
华盛顿,1943 年 6 月 11 日

中国大使如约前来拜访。他提出要国会保证通过一项法案以取消排华法,并建立一个能给予进入本国的华人和给予其他国家的国民相同待遇的平等基础。他说,即使新法案只允许 100 名华人进入美国,它也会成为能为中国人民带来良好精神影响的律条。我回答说,正如大使所了解的,我国政府对能被国会通过的关于这个问题的任何措施均表赞同。我说,换言之,我们不想冒误导中国人的危险,不想冒险公开支持某项建议而引起中国人的严重失望,不想在明知某项措施在国会通过的希望不大的情况下说它肯定能被通过。所以,作为中国真正的朋友,我们与国会保持着最密切的联系,希望能够提出并采取某些措施,作为废除排华法的前奏。

大使提到了来自得克萨斯州的一名议员提出的一项法案。① 他认为我们可能会发现这项法案值得支持,所以他提出了这一要求。我回答说,我非常高兴对这个问题加以全面重视,我知道,国务院的每一个人在目前的形势下都乐于尽其所能。

FRUS,1943,China,p.781

赫尔致罗斯福
华盛顿,1943 年 9 月 25 日

亲爱的总统先生:我要谈的是您 8 月 23 日的备忘录,司法部长写给您的关于众议院第 3070 号议案的信以及有关排华的一些问题,关于

---

① 众议员马格纳森 6 月 29 日提出的"废除排华行为,建立配额及其他"的议案。

后者,已有许多项议案被提交到了国会。

对于废除排华法和像对待其他国家一样把中国纳入移民法范围的各种活动,国务院向来持同情态度。我们认为按配额移入的华人应该是中国本土移民而不是在其他国家长期居留的华人。

向国会提交的关于这个问题的各项议案中,众议院第 3070 和第 2942 号议案似乎最接近总体目标。

然而,国务院也非常担心,如果其中某些议案在众议院引起激烈争论,或者议案本身欠妥,或者甚至遭到否决(这是最为不幸的),则有可能给我们与中国的友好关系带来不利的政治影响。所以,我已指派一位助理国务卿除与参议院领导人就此事保持接触外,还与众议院领袖进行密切联系。该助理已和发言人、多数党领袖以及移民委员会的绝大多数委员进行了会晤。

众议院移民归化委员会已举行了听证会。听证会结束时,该委员会进行了投票,以 9 比 8 的票数决定采纳一项协议,取消某议案中关于给中国移民配额的条款,又以同样比例的票数决定提出一项议案,该议案只限于解决废除排华法的问题和终止 1880 年与中国签订的《移民条约》的问题,但它不允许为中国确定移民配额。大约在同一时间,国会某些议员向国务院一些官员表示,上述议案绝无通过之可能。

今年夏初,众议院领导人曾表示,谨慎是当时这项计划必不可少的一个组成部分,并指出,在当时的环境中采取促进性的积极措施是行不通的,那种环境会一直持续到夏季休假开始。他们那时认为,国会重开之后再做进一步的考虑比较可取。

由于国会已经重开,我正在向合适的国会领导人重提此事,希望形势已经发生变化,足以进行积极有利的考虑,但我深为忧心的仍然是,议案遭国会否决会对我们与中国政府的关系产生非常不利的影响。引起激烈的争论也将是令人遗憾的,因为这可能会造成议案以微弱多数获得通过。

我会尽我所能以促进目标的实现,并乐于时时向您通报情况。

FRUS,1943,China,pp. 781-783

布雷肯里奇 · 朗①备忘录
华盛顿,1943 年 10 月 6 日

今天早晨,我和白宫发言人雷伯恩②谈论了华人移民法的问题。他说该法将在今天早晨提交给移民委员会;它在移民委员会处于有利的地位,但仍会引起某些议员的反对;他们能够轻易得到裁决委员会的裁决;他认为该法案处于有利地位,当然也有议员会反对,国务卿给议会写一封信将会大有助益。

我告诉他,我能够向他保证在适当的时候写这样一封信,我会就此事与他保持联系。

FRUS,1943,China,p. 783

斯退丁纽斯致雷伯恩
华盛顿,1943 年 10 月 14 日

亲爱的发言人先生:关于华人移民问题的众议院第 3070 号议案已由移民归化委员会提出,不久将由众议院讨论,您也许希望了解国务院对此项议案的意见。

由于中、美之间的传统友谊,由于中、美之间在目前的战争和未来的岁月中存在许多共同利益,国务院特别希望促进两国间的亲密关系。

我们认为,最终消除在移民和归化方面对华人的歧视有很大的益处,这些歧视是许多年以来中、美之间产生误解的根源。回顾过去,美国已自愿地废除了美国公民在中国享有的治外法权。中国人特别赞成此项举措。现在应该进一步采取措施消除歧视政策,承认中国在为民

---

①　Breckinridge Long,助理国务卿。

②　Rayburn.

主而战的联合国家中的地位,承认其在民主世界中伟大的未来。

这种承认定会给正在与妄图毁灭中国的敌人进行英勇作战的中国盟友带来极大的鼓舞,定会使敌人进行的关于美国对华态度的虚假宣传不攻自破。

排华法是在采用按配额制度限制移民的措施之前实施的。通过给华人规定移民配额,通过给予作为移民合法进入美国的华人归化入籍的权利,对华人的歧视将被消除,中国将作为一个大国得到承认,当然,中国还要受移民配额的限制。因为国会会时常强调此事。

国务院呼吁,消除歧视是一项明智现实的政策,如不消除歧视,将会妨碍美、中两国在战时及战后贸易发展和文化交流的关系。

以这种方式显示我们与中国的传统友谊也是富有远见的明智举措。中国是东方大国,其使命是与其他民主国家平等参与建立以民主理想为基础的文明,成为与敌对恶势力作战的中坚力量。

FRUS,1943,China,pp.783-784

斯退丁纽斯致高斯

华盛顿,1943 年 10 月 27 日晚 10 时

10 月 21 日,众议院通过呼声表决法通过了允许华人按一定配额移民美国和允许经合法途径进入美国永久居留的华人归化为美国公民的法律,参阅国务院 10 月 12 日下午 5 时拍发的第 1468 号电报。参议院尽早采取措施的前景颇为乐观。

FRUS,1943,China,pp.785-786

赫尔致高斯

华盛顿,1943 年 12 月 18 日

1943 年 12 月 17 日,总统批准了国会第 199 号公共法,其第一部分废除了排华法;第二部分确定了华人移民的配额(每年 105 人),且规定 75% 的名额优先给予中国本土的华人;第三部分确定,华人和华商

得取得公民的身份。

所有华人不论在何国出生均可享受华人种族的配额,但下述不占配额的人除外:归来的有永久性居住权的侨民(第四部分 b 条);1924年移民法规定的外交使节、教授及他们的家属(第四部分 d 条);留学生(第四部分 e 条);原来的美国妇女(第四部分 f 条)。

华人是指有一半中国血统的人,而不是有一半其种族不合于公民身份的血统的人。

中国血统少于一半的人和不合格血统少于一半的混血儿的资格认定问题正在考虑之中,关于这些人,以后你会接到指示。

给华人的配额不影响给中国的 100 个配额,它们由出生在中国、按以前实施的法律就有资格取得公民身份的人享有。

FRUS,1943,China,pp. 786–787

(三)中英新约谈判

说明:中英之间的谈判难度大大超过了中美谈判。英方草案的基本原则与美国提出的大体相似,但由于英国在华享有特权多于美国,草案亦略有不同。双方在国民待遇、沿海贸易和内河航行等问题上进行了较多讨论。中英之间谈判新约的最大困难是九龙租借地交涉。中国希望收回所有租借地,但英方认为香港问题不在讨论范围之内。最终,国民政府作出让步,暂时搁置了这一问题。

1. 新约谈判开始

英国政府声明

1942 年 10 月 10 日

帝国政府曾于一九三九年一月十四日、一九四〇年七月十八日及一九四一年六月十一日公开宣布:准备于远东军事行动结束后,与中国政府进行谈判,以废除英国人民迄今仍在华享受之治外法权。帝国所与咨询之美国,亦曾发表相似之声明。帝国政府兹为强调其对中国盟友之友谊与联系计,决定就此事作更进一步之表示。外务部大臣特于十月九日向伦敦中国大使馆代办表示,帝国政府愿于最近将来与中国政府进行谈判,并将以规定立时放弃在华治外法权及解决有关问题之草约,提交中国政府考虑。帝国政府最近曾与美政府就此事交换意见,欣悉美政府亦于同日向中国驻美大使提交类似之通知。两国政府能对此重要问题采取相似之行动,实使伦敦方面极感满意。

《战时外交》第 3 卷,第 751 页

蒋介石致丘吉尔

重庆,1942 年 10 月 11 日

中国对于贵国决定废除在华"治外法权"之友善举动,深为感动。此种阐示我中、英友谊基于平等互信之明证,必可于远东以及世界,开创一崭新而有意义之时代。英国自动放弃此等陈旧之特权,业已博得一道德上重大之胜利。此实阁下本于大政治家之远见卓识之一永久贡献也。

《战时外交》第 3 卷,第 751—752 页

薛穆[①]致英国外交部

重庆,1942 年 10 月 16 日上午 10 时

第 1429 号。

关于您的第 1325 号电报,兹复如下:

1. 我的美国同仁已把华盛顿转给他的美国条约草案的摘要转交于我。我认为这在现阶段已经足够,一俟确定下来,我们的条约草案即可

---

① Horace James Seymour,英国驻华大使。

从伦敦拍发。

2. 此间非常欢迎10月10日发布的声明,蒋介石等许多著名人士都发表了声明,中国报章的评论也表示十分欣赏。不能指望再进一步拖延澄清我们的立场了。中国政府和民众被告知,英国政府向中国政府提出条约草案的意图是立即取消治外法权,并解决与此密切相关的其他问题。关于后者的范围问题,定会产生热烈的讨论,因为它尚未像中国人期望的那样把在近期取消1901年《辛丑条约》和放弃租借地及租界等内容包括进来。

3. 在这种情况下,中国人很可能会认为废除所有不平等条约当然包括放弃租借地(如九龙),还可能包括归还香港。

4. 10月14日回答议会质询时涉及到了香港问题,其内容已由新闻社的电报传至此处,但从措辞来看,似在暗示各项建议只与放弃治外法权有关。如果我们必须要降低我们的姿态的话,那将是令人非常遗憾的。您也许认为有必要让公众马上知道,我们的建议中包括放弃租借地和租界,废除其余不平等条约之事将尽可能快地解决等内容。

5. 如果我能被告知我们对于上面第三段中提及的放弃九龙租借地一事的态度,我将非常高兴。10月7日,威尔其先生在此间向新闻界的告别演说中声称:"我们相信,这场战争必定意味着帝国主义国家统治其他国家的时代的终结。例如,从现在开始,中国的每一寸土地都将只能由生活在那里的人民统治,我们现在就应该这么说,而不是等到战后。"

FO371/31659,53651

英国外交部致薛穆
1942年10月22日下午3时30分

第1368号。

关于您的第1429号电报,兹复如下:

1. 你可能已从我的第1353号电报转告的条约草案中看出,条约与香港殖民地和包括新界在内的香港任何部分均无关系,不过,条约的确包含废除 1901 年《辛丑条约》和放弃租借地及租界等内容。我们希望尽快把草案转交中国,这将消除中国政府在这些问题上的疑虑。同时,我们似应尽可能避免就条约的详细内容发表任何声明。

2. 根据美国政府的意见,我们已对条约草案作了修改,目前我们正在抓紧完成条约草案。我们还在等待各自治领和印度的意见。修改文本将尽快拍发给你。

3. 美国政府想在几天后提出其条约草案。美国建议,如果到时候我们的条约草案仍未完成,我们应向中国驻伦敦代办通报一下,说我们与美国政府的草案总体上是一致的。我们正在考虑这项建议。

FO371/31659,53651

中英关系条约草案(译文)①

中华民国国民政府主席、大不列颠、爱尔兰及海外诸自治领君主兼印度皇帝陛下愿以友好精神,确定两国间之一般关系,借以解决若干与在中国之管辖权有关之事件,为此决定缔结条约,爰各简派全权代表如左:

中华民国国民政府主席阁下特派

大不列颠、爱尔兰及海外诸自治领君主兼印度皇帝陛下(本约此后简称英王陛下)特派

两全权代表各将所奉全权证书互相校阅,均属妥善,议定条款如左:

第一条

(一)本约所指缔约双方之领土,在英王陛下方面,指大不列颠联合王国、北爱尔兰、印度、英王之一切殖民地、海外领土保护国、在英王保护或宗主权下之一切疆土以及其联合王国政府所执行委托统治之一

———

① 外交部将英方草案译出后于 1942 年 11 月 1 日呈蒋介石。

切委托统治地;在中华民国国民政府主席阁下方面,指中华民国之一切领土。本约中以下各条所称缔约此方或彼方之领土,即系本约所指之上述各该方领土。

(二)本约"缔约当事一方(或他方)人民"一辞,关于英王陛下方面即为本约所指领土内之一切不列颠臣民以及在不列颠保护下之人民;关于中华民国方面即指一切中国人民。

(三)本约"缔约当事一方(或他方)公司"一辞解释为依本约所指各该方领土之法律而组成之有限公司及其他公司合伙暨社团。

第二条

现行中华民国国民政府主席阁下与英王陛下间之条约与协定,凡规定英王陛下或其代表,得管辖在中华民国领土内英王之臣民或公司之一切条款,兹特撤销作废。英王之臣民或公司,在中华民国领土内,应依照国际公法之原则及国际惯例受中华民国政府之管辖。

第三条

(一)英王陛下认为1901年9月7日中华民国政府与他国政府,包括英王陛下联合王国政府,在北京签订之议定书,应予废止,并同意该议定书及其附件所给予英王陛下联合王国政府之一切权利,即予停止。

(二)英王陛下联合王国政府愿协助中华民国政府,与其他有关政府成立必要之协定,俾将北平使馆界之行政与管理权,连同使馆界内之一切官有资产与官有债务,移交于中华民国政府,并相互谅解,中华民国政府于接收使馆界行政与管理权之时,应拟定办法,担任并履行使馆界内之一切官有义务及债务,并承认及保护该界内之一切合法权利。

(三)中华民国政府兹允许英王陛下之政府,为公务上之目的,有权继续使用在北平使馆界内已划与英王陛下联合王国政府之土地,其上一部分建有属于英王陛下联合王国政府之房屋。

第四条

(一)英王陛下认为上海及厦门公共租界之行政与管理权,应归还中华民国政府,并同意凡与上述租界有关而属于英王陛下之权利,即予废止。

（二）英王陛下联合王国政府愿协助中华民国政府，与其他有关政府成立必要之协定，俾将上海及厦门公共租界之行政与管理权，连同上述租界之一切官有资产与官有债务，移交与中华民国政府，并相互谅解，中华民国政府于接收上述租界行政与管理权之时，应拟定办法，担任并履行上述租界之官有义务及债务，并承认及保护上述租界内之一切合法权利。

（三）英王陛下同意将天津英租界（包括英方所管全部市行政区域在内），及广州英租界，归还中华民国政府统治管理，又同意凡与该两租界有关而属于英王陛下之权利，即予废止。

（四）天津英租界（包括英方所管全部市行政区域在内）及广州英租界之行政与管理，连同其官方资产与官方债务，应移交中华民国政府，并相互谅解，中华民国政府于接收该两租界行政与管理之时，应拟定办法，担任并履行该两租界内之一切官有义务及债务，并承认及保护该两界内之一切合法权利。

第五条

（一）为使英王陛下之人民及公司或英王陛下联合王国政府在中华民国领土内，业经取得不动产之权利，特别是由于本约第二条规定所废止各条约及协定之各条款，不致发生任何问题起见，双方同意上述现有之权利，不得取消作废，并不得以任何理由加以追究；但依照法律手续，提出证据，证明此项权利系诈欺取得者，不在此限，其于日本占领期间以没收方法而取得者，应照公平条件归还原主。

（二）双方并同意，中华民国政府对于英王之人民或公司，或英王陛下联合王国政府享有之不动产永租契或其他契据，如欲另行更换为所有权新契据时，中华民国官厅不得征收任何费用，此项所有权新契据应充分保障持有上述租契或其他契据人、合法之继承人及受让人，并不得减损其原来权益，包括转让权在内。

（三）双方并同意，中华民国官厅不得向英王之臣民或公司或英王陛下联合王国政府征收涉及本约生效以前有关土地移转之任何费用。

第六条

英王陛下早予中华民国人民,在英王陛下各处领土全境内,享有旅行、居住及经商之权利;中华民国政府主席阁下同意予英王之人民在中华民国领土内,享有相同之权利。缔约双方在各该领土之内,务必给予对方之人民与公司,关于各项法律手续、司法行政、各种租税之征收与有关条件,以及经营商业不低于各该本国人民与公司之待遇。

第七条

缔约一方之领事官,获得对方国所给予之领事执行职务证书后,得在对方现在或将来允许任何外国设领之口岸与城市驻扎。缔约一方之领事官,在他方领土内于其所辖领事区内,享有访问与指示其本国人民与公司及与其通讯之权,而缔约一方之人民与公司,在他方领土之内,亦随时有与其本国领事官通讯之权。遇有缔约一方之人民在他方领土之内,被地方官厅逮捕或拘留时,应立即通知其在该管领事区内之本国领事官,该领事官于其辖区范围以内,有探视其本国任何被拘候审人民之权。缔约一方人民在他方境内被拘,其与本国领事官之通信,地方官厅应予转递该管领事官。缔约一方之领事官在他方领土之中,应享有现代国际惯例所给予之权利、特权与豁免。

第八条

(一)缔约国双方相互同意,经一方之请求,或于抵抗敌国之战事停止后至迟六个月内,进行谈判,签订一现代广泛之"友好通商航海设领条约",此项条约,将以近代国际程序与缔约双方近年来与他国政府所缔结之近代条约中,所表现之国际公法原则与国际惯例为根据。

(二)前项广泛条约未经订立以前,倘日后遇有涉及中华民国领土内英王之人民与公司,或英王陛下联合王国政府或印度政府权利之任何问题发生,而不在本条约范围内,或不在缔约双方间现行而未经本约废止或与本约不相抵触之条约、专约及协定之范围内者,应由缔约双方之代表会商,依照普通承认之国际公法原则及近代国际惯例解决之。

第九条

本条约应予批准,批准书应于重庆迅速互换。本条约自互换批准书之日起,发生效力。

上开全权代表爰于本约签字盖印,以昭信守。

本约二份,订于重庆。

《战时外交》第 3 卷,第 752—756 页

外交部对于中英新约草案意见书

1942 年 11 月 7 日

约首

查英方原草案中,"……借以解决若干与在中国之管辖权有关之事件……"字样不妥,且为中美关系条约草案约首所无,拟删。

第一条(此条关于本约适用之范围系英方新添)

草案第一条第一项规定新约所适用于英方之领土,不包括自治领在内,盖以自治领别具缔约权,英国不能擅自签订束缚其自治领之条约,我国分别与自治领缔约,于我似有利无害,因各自治领之缔约条件,不致较英方为苛,此点似可赞同。

同条第二项"即指一切中国人民"应改为"即指一切中华民国人民"。

第二条(此条关于废止治外法权事项与中美关系条约原草案第一条相同)

本条以无条件废止中英现行各条约及各协定中有关治外法权之一切条款,并规定英国人民在中国境内,依照国际公法原则及国际惯例受中国政府之管辖,尚属妥善。

第三条(此条关于使馆界事项与中美关系条约原草案第二条相同)

本条第二项中"……承认及保护该界内之一切合法权利"下,拟照致美方答案,添"但以不违背中国法令者为限"一句。

第四条(此条第一、第二两项关于上海、厦门公共租界事项与中美关系条约原草案第三条相同;第三、第四两项关于天津、广州租界事项为英方原草案所添;第五、第六两项关于九龙事项为我方拟添)

本条第二项关于"……承认及保护公共租界内一切合法权利"下,及第四项关于"……承认及保护该两租界内之一切合法权利"下,均拟添"但以不违背中国法令者为限"一句。

关于九龙租借地事项,拟加入本条中,兹另拟二项于后,列为第五、第六两项。

第五项　英王陛下认为一八九八年六月九日在北京签订之《中英展拓香港界址专条》应予废止,并同意该专条所给予英王陛下联合王国政府之一切权利,即予停止。

第六项　英方在九龙租借地(如该专条附图所示者)之行政与管理权,连同其官有资产与官有债务,应移交中华民国政府,并相互谅解,中华民国政府于接收该租借地行政与管理之时,应拟定办法,担任并履行其一切官有义务及债务,并承认及保护该地内之一切合法权利,但不违背中国法令者为限。

第五条(此条关于业经取得不动产事项与中美关系条约原草案第四条大致相同;"不在此限"下一段系英方新添者)

本条第一项不动产之权利,以诈欺取得者一句中,拟照中美关系条约修正草案第五条于"诈欺"二字下添"或其他非法手段",并在"不在此限"四字下添一但书,"惟双方同意此项权利之行使,不得违背中国关于征收捐税、征用土地及有关国防之法令,并非经中国政府之许可,不得移转于第三国政府或人民(包括公司)"。

同项"不在此限"下英方加"其于日本占领期间以没收方法而取得者,应照公平条件归还原主"一段,拟删去,理由有二:(一)与中美关系条约修正草案取其一致。(二)在日军占领期间英人财产落入华人手中者多,而华人财产落入英人手中者少,归还原主于英特别有利。

第六条(此条关系内地旅行、居住、法律手续、司法行政事项与中

美关系条约原草案第五条相同）

本条"……关于各项法律手续、司法行政、各种租税之征收及有关事项，以及经营商业不低于各该本国人民与公司之待遇"内之"以及经营商业"一段，拟照中美关系条约修正草案删去。

第七条（此条关于设领事项与中美关系条约原草案第六条意义相同而文字略异）

本条内"彼此之领事官……得在对方国现在或将来允许任何外国设领之口岸与城市驻扎"拟照中美关系条约修正草案改为"……得在对方国所同意之口岸与城市驻扎"。

又本条内之"……与公司……"字样，系英方所添，拟一律删去。

第八条（此条关于订立通商航海条约事项与中美关系条约原草案第七条相同）

本条第一项关于缔结广泛性新商约一节，尚属妥善。

本条第二项中"……任何问题发生而不在本条约范围内或不在中、英两国间现行而未经本约废止或与本约不相抵触之条约、专约及协定之范围内者……"拟照中美关系条约修正草案，改为"……任何问题发生而不在本条约及换文范围内或不在中、英两国间现行而未经本约及换文废止或与本约及换文不相抵触之条约、专约及协定之范围内者……"。

第九条（此条关于批准互换生效事项与中美关系条约修正草案相同）

本条关于签字盖印及批准等事，为例行规定，似甚妥善。

附加意见三则：

一、在新约中拟照致美方答案加一条，文曰"中华民国与大不列颠、北爱尔兰联合王国及印度之关系，应以平等互惠之原则为基础"，此条列为新约第一条。

二、查中英新约草案内，关于（1）口岸制度，（2）沿岸贸易、内河航行、外人引水，（3）外国军舰游弋、驻泊，（4）总税务司雇用外人等权尚无明文放弃,拟照致美方答案以换文方式声明作废。

三、刘公岛租借地因一九四〇年方展期十年,拟暂不提。

《战时外交》第3卷,第764—767页

宋子文致蒋介石

1942年12月7日

拟具中英换文及会晤纪录意见,录呈鉴察由。

关于英方所拟中英换文及英大使与职会晤纪录,业经译成中文录呈钧座在案。兹就该换文及会晤纪录,拟具意见,敬请鉴核。再,美大使于本月四日送来关于内河航行及沿海贸易修正条文草案一件,谨拟具意见,一并呈阅。

附一:审查意见一

对于"英方所拟中英换文草案"之初步审查意见

(一)关于英方草案附件第一点:

(甲)关于英方放弃一切有关在华通商口岸制度之现行条约权利一项,拟比照我方对美提案办理,于换文中声明废止口岸制度后,加入下列字句:"鉴于通商口岸之废止,双方谅解,中国领土内凡已对美国海外商运开放之沿海口岸,于本约及所附换文生效后,对于此项海运仍继续开放。"

至于双方从事海外商运之船舶给予本国船舶待遇及最惠国待遇一层,我方在对美案中业已允许,此处自应同意。

(乙)关于英方放弃一切有关上海及厦门公共租界特别法院之现行条约权利一项,拟删去"条约"二字,以防无条约根据之特权继续存在。

(丙)关于英方放弃有关在中国境内雇用外籍引水人之现行权利一项,英方要求中国政府声明于上海重行开放之际,雇用充分数目之合格外籍引水人,至适当数目之中国引水人受有训练而能接替时为止,此项要求原则可予同意,但无须列入换文,可由我国海关作下列之声明:

"中国海关将于上海一港雇用适当数目之合格引水人,不问其国籍谁属,以迄有适当数目之中国引水人受有训练能接替时为止。"

(The Customs will employ adequate number of qualified pilots irrespective of nationality for the port of Shanghai until an adequate number of Chinese pilots can be trained to take their place.)

(丁)关于英方放弃有关其兵舰驶入中国领水之现行条约权利一项,拟删去"条约"字样,以防无条约根据之特权继续存在。

(戊)关于任用英籍人员为海关总税务司一节,英方允许放弃其任何权利,自为我方所欢迎。

(己)关于未结案件与美方提案相同,我方对美业已接受,此点自应同意。

(庚)关于沿海贸易及内河航行之权利,拟照对美提案修正,中国船只虽在英国领水内(指海峡殖民地及印度)享有经营沿海贸易与内河航行之权利,但我方应不惜牺牲此种权利,以求达到彻底废除外人在华之内河航行及沿海贸易权利。

(二)关于英人在华现有不动产权利转让权之限制一项,与美方提案相同,可予同意。

(三)关于英方草案附件第三点:

(甲)关于此缔约人民在彼缔约国境内游历、居住及经商之各种限制,英方主张适用国民待遇,未便同意,拟改为最惠国待遇,即将英方来文"如此项同样限制亦施行于缔约彼方人民时"修正为"如此项同样限制亦施行于一切外国人民时"。

(If the same restrictions are imposed upon all foreigners.)

(乙)关于战争期中此缔约国人民在彼缔约国境内游历及居住之限制,应适用最惠国待遇,我方似可同意。

(四)关于个人身份事件之审理所应适用之法律问题,拟不于换文中规定,由两国各依通常国际私法办理。

(五)关于购买不动产问题,英方认为一九二八年中国与若干国家所订条约内曾有规定,希望英国人民亦得享受此项权利,现时我国对于上述条约正拟修改,此点似未便接受。

(六)关于本约及换文以外之问题,而又影响中国主权者,由两国代表会商依照国际公法及惯例解决之,此点原系我方提案,经英方接受,已无问题。

附二:审查意见二

关于十二月三日部长与英大使会谈时所提出之诸问题

甲、关于条约部分:

一、条约序文　关于我方提议增列之第一条(以平等互惠之原则为基础),英方认为不需要,因本约内容即足以表现此种精神,英方并拟将条约序文修正如下:"愿以友好之精神、平等之基础及依照现代国际惯例确定两国之一般关系。"对于此点,拟予接受。

二、对于使馆界及租界内英方合法权利之保护,我方曾提议加一但书(但此项权利应合乎中国之法令),英方认为无此必要,拟照对美方案同意撤销。

三、关于归还九龙租借地一节,英大使谓尚未奉到政府训令,我方对此拟坚持原来之立场,要求归还。

四、关于英方现有不动产权利取得之手续问题,英方提出之修正意见,与美方提案相同,拟予同意。

五、关于"经营商业"给予国民待遇问题,我方主在商约中规定,英大使谓英人对此点至为重视,故希望在未缔商约之前,对于英人经营商业者暂予国民待遇等语,按此事美方业已同意我国提案,我方似应坚持原议。

乙、关于换文部分:(已详审查意见一内)

2. 关于沿海贸易与内河航行权、国民待遇及购置不动产

国务院来电①
1942 年 10 月 27 日

1. 昨日下午,中国大使馆参赞前来国务院,要求澄清与废除治外法权的条约草案有关的一些问题……

刘先生②问到约文是否提及内河航行和沿海贸易问题;如未提及,这些问题是否会成为以后谈判的主题。他被告知:条约有意解决造成美、中关系不正常的核心问题——领事裁判权,而且考虑到了那些需要立即给予重视的问题;草案未明确提及内河航行和沿海贸易问题;它们属于我们尚未着手解决的商业事务之例;没有为以后的谈判保留任何特别的主题;我们无意寻求保留、维持或从中国获取任何有违于现代国际关系惯例和常规的特权;如果中国政府对此问题有任何特别的建议,我们将乐于接受。

2. 请你向英国外交部通报上述内容。至于沿海贸易和公私船只在内河航行问题,我们大体上有意消除美中两国之间不正常的条约关系。我们同时也认识到,这些特殊问题可能会牵涉到因废除内河航行权而受到影响的码头和其他船务设施的所有权及其赔偿等具体问题的解决;对这类具体问题的磋商可能会令人不快地耽搁我们向中国政府提出的简短条约的签订。总之,我们对这个问题采取灵活的态度。倾向于在条约中,写进某些适当条款,尤其是如果中国人希望如此的话。国务院希望尽快获知英国政府对此事的看法。

FO371/31661

---

① 这是美国国务院发给驻英大使怀南特转达英国外交部的。
② 刘锴,驻美使馆参赞。

克拉克备忘录
1942 年 11 月 3 日

当我 10 月 29 日把关于治外法权的条约草案转交给中国代办时，我乘机以个人的角度就我们两国的总体关系谈了一些看法。

我说，这项条约的签订将给中英关系带来新的发展，为消除双方的误解（很不幸，这是过去几个月的特点）铺平道路。美中条约和英中条约都将使中国人对我们和整个世界承担新的义务和责任。

就我们的关系而言，我希望中国能对我方的立场给予更多的同情和理解，而不像提出贷款时表现的那样。虽然我们当时打算竭尽全力帮助中国，结果却导致产生恶意。这几乎是在向我们表明：最好不要提出给予财政援助。

陈博士①对此均表示同意。他回忆说，在 1926 年（是年 12 月我们在备忘录中初次宣布有意废除所有旧条约）前后的四年间，他一直主持外交事务。当时，因我方聘请一批中国通担任顾问，使得谈判的道路上充满了荆棘。他特别希望这次谈判中不发生此种困难。我回答说，倾听这些人的意见是为了确保他们作为在华侨民而得到公正对待。

最后，我对陈博士说，如果中国新闻界对印度等国的事务采取更为积极的态度，对大英帝国对这次战争所做的巨大贡献采取更为慷慨的态度，我们将十分欢迎，我认为这是我们理应得到的。

陈博士是个极好的听众，但即使他十分准确地把上述意思汇报给中国政府，也不大可能对中国政府产生太大的影响。因此，我认为值得把上述内容记录在案，作为使中国人认识到应由他们为英中关系的改善做出贡献的一种努力的起点。

FO371/31661

---

① 陈维诚，1942 年 10 月初，顾维钧大使陪同英国国会访华团离开伦敦回国，陈维诚任临时代办。

怀南特致赫尔

伦敦,1942 年 11 月 13 日子夜

11 月 14 日凌晨 3 时 33 分收到

我刚刚收到艾登先生 11 月 12 日关于在华治外法权条约草案的来信及附件。

艾登先生的信如下:

"你在 10 月 28 日和 11 月 1 日的来信中询问我们对于国务院 10 月 27 日和 31 日的两封电报的意见,它们与我们关于在华治外法权的条约草案有关。

现在我寄来我方关于几个问题的一项声明,如果你能转告国务院,我将十分感谢。

在沿海与内河航行这个困难问题上,我们的强烈愿望是推迟到我们在互惠基础上谈判广泛条约时再对此问题作出明确安排。如果看起来我们在这一点上比较坚持,那就请你理解,这部分是因为,在正常时期我们在对中国的这种贸易中的利益是巨大的,可能大于除日本外的任何大国。因此,这对我们是最为重要的事情之一。"

附件

就国务院 10 月 27 日电报第 1 段第 2 小段中罗列的问题给予中国驻华盛顿大使馆参赞的答复,英国外交部表示同意,虽然该部知道与吴淞有关的唯一一协定是 1932 年在友邦的帮助下签订的中日停战协定,它因随后敌对行动的爆发而失效。在认识到目前的条约中止了庚子赔款的同时,英国政府想询问,中国政府是否愿意使 1930 年 9 月"王——蓝换文"①继续有效,它对两国均有利。

对于国务院 10 月 27 日电报第 1 段第 3 小段中所列各点,外交部大体上也表示同意。他们的意见如下:在向中国提交的条约草案中不

---

① 1930 年 9 月南京国民政府外交部长王正廷与英国驻华公使蓝普森达成《解决中英庚款换文》。

明确涉及内河航行和沿海贸易问题,草约第2款(美方草约第1款)也不特别废止迄今为止英国船只赖以进行内河航行和沿海贸易的条约权利。而且,英国政府极不情愿把任何并非特别有必要的有关航行问题的严格规定列入目前的条约。他们希望以后再商讨这些问题,目的是在谈判关于商业和航行的广泛条约(正如美方草约第7款、我方草约第8款所预计的)的过程中,达成对双方都有利的安排。英国政府同时准备告诉中国政府,他们虽然无意保留目前拥有的单方面的条约权利,但希望在谈判广泛条约之前,中国政府不要禁止英国船只在中国内河航行,如能同意此点,也请不要禁止在沿海的贸易活动,特别是因为在英国和英属殖民地,中国船只事实上都被允许从事这些贸易活动。

看来,如果能够按照这些方针使问题得以解决,就会节省谈判条约的时间。但是无论如何,英国政府的看法是,按上述方针与中国政府交涉要比立即提出条约约束好一些。因此,如果新提的条款非得列入条约不可,英国政府愿意接受,惟该条款须符合怀南特先生11月1日来函内所附国务院电报中提出的总方针。但是,英国政府希望按照英国所签订的其他商务条约中的类似条款来拟定本条约草案的措辞,并与印度政府进一步商议此事。

然而,外交部也指示,国务院所提条款中的"将要向外国商业活动开放的口岸,地方和水域"之句显然与美国条约草案第5款不一致,该款给予了在中华民国各地进行贸易的权利。外交部认为,在新提条款中,使用"海外航行"或"海外商运"比使用"对外商贸"更适当一些。其中又以"海外商运"一词更好一些,因为它可以使外来船只在开放口岸免受歧视。

FRUS,1942,China,pp.349–350

赫尔致怀南特

华盛顿,1942年11月17日晚7时

第三,现在看来,有三个重要问题需要决定:

（1）关于把中国政府提出的新增条款作为第一款的问题。正如我们指出的,国务院坚持认为不应把此款列入条约。

（2）关于内河航行等问题。对美国船只在沿海贸易和内河航行方面享有特权以及美国军舰在中国水域享有特权等等问题,我们已作了仔细考虑。

这些问题是中国外交部长最近在启程回国前口头提出的;10月26日,中国参赞再一次提出;11月10日,中国大使在交给我的文件中也曾提到过;11月13日中国参赞第四次提出这些问题。

正如在国务院10月27日下午5时电报第2段中表明的,我们大体上倾向于在条约中列入关于这些问题的适当条款,特别是如果中国人希望如此的话。中国人显然非常希望在条约或条约附文中列入此种条款。我们觉得中国人定会坚持此项要求,原因在于,一方面,我们在沿海贸易和内河航行（包括我们的军舰在内河的航行）等方面在中国享有权利是单方面的特权;另一方面,那些权利虽然事实上与治外法权无关,但在中国官员和公众的心目中,它与治外法权是密切相关的。

在与中国官员会谈的整个过程中,我们多次强调,我们绝对无意于保留或从中国取得任何有悖于国际关系惯例的利权;我们的想法一直是,新条约将永远消除两国关系中的不正常状况;新条约的主要目的是废除治外法权和其他特权,解决因废除特权而产生的此类新问题。我们一直打算通过条约解决与特权有关的各种困难问题,如果条约的签订因这些难题而被推迟,那将十分不幸。中、美两国公众不可能长期不了解在重要问题上存在着困难。毫无理由地推迟签约本身就能显示出存在着争议或其他重大困难。我们可以肯定,对于任何显示要保留我方不打算授予中国人的那些单方面的重要特权的事态发展,此间舆论定会大加抨击。

根据上述理由,我们建议英国政府按我们的总方针进一步考虑把一项条款列入条约的问题。关于这一点,我们当然也注意到了艾登先生在11月12日来信中的声明,如果此事是不可避免的,英国政府将表示同意,虽然英国政府希望按照英国其他条约中的类似条款来拟定本条约草案的措辞。

我们接受英国外交部的建议:用"海外商运"代替我们所提条款第 2 段中的"对外商贸"一词,该条款涉及将对海外商运开放的口岸、地方和领水。(我们不认为我方草约第 5 款中的"进行贸易活动"一段是授予或暗含着内河航行等权利。)

(3)第 5 款中关于商业的条目问题。在英国政府的诚心要求之下,我们已同意把此条包括进条约,虽然我们认为,从逻辑上讲这应该是以后的广泛条约中考虑的问题之一。

(4)我方不反对删除第 5 款中的"和进行商业活动"几个字,我们更乐于知悉英国政府对此事的进一步看法。

第四,我们的条约草案已于 10 月 24 日提交中国政府。由于显而易见的原因,我们期望尽快与中国人就约文的最后定稿达成协议。如果条约能在此后三至四星期内签订,我们将十分高兴。

FRUS,1942,China,pp. 355–358

英国外交部致驻华使馆

1942 年 11 月 27 日凌晨 3 时 20 分

关于你 11 月 13 日讨论治外法权的电报,兹复如下:

……

11. 我们坚决反对中国提出的对第六款的修改方案。我们认为在商务方面取得国民待遇非常重要,英国政府有权利在平等互利的基础上要求得到它。因此,我们认为这项原则的具体实施宜留至以后的广泛条约来加以考虑。我们愿意以此句为本条款第二句的开端:"以待第八款提到的广泛条约的签订",前提条件是保留"进行商务活动"这几个字。

……

16. 关于沿海贸易和内河航行问题你首先应按照我 11 月 17 日电

报第 3 段的意思向外交部长说明。在英国、各殖民地以及印度,都允许中国船只从事这些贸易;我们过去在中国的权利不是单方面的。为了进一步加强我方的这一观点,你可以引用 1894 年缅甸条约第 12 款的内容,该款授予中国船只在伊洛瓦底江的航行权。如果中国政府在互换照会中仍然坚持把这个问题列入条约,我们愿照下述步骤行事。我们将声明,我们不保留沿海贸易和内河航行方面拥有的任何单方面的条约权利。作为回报,中国政府应发表声明,宣布虽然中国只把从事这种贸易活动的权利保留给中国国旗下的船只,允许现有的贸易活动在新作出的安排之前继续按原来的方式进行。此外,我们应该准备在别无他法时只接受中国政府关于沿海贸易的意见(此点仅限你知道)。

　　……

　　18. 我们愿意在互换照会中放弃指派英国公民充任中国海关总税务司的要求。同时,你应口头表达英国政府的期望:为了中国自身的利益和以海关税收为担保的债券持有人的利益,中国政府应继续以目前的方式管理海关。

　　……

FO371/31662

怀南特致赫尔

伦敦,1942 年 11 月 27 日晚 10 时

　　我刚收到艾登先生的来信,立即拍发给你,内容如下:

　　"外交部对国务院放弃要求经营商业的国民待遇的决定极为遗憾。外交部希望国务院根据下列理由重新考虑这一决定:(1)放弃这项要求将对日后谈判广泛条约时在如此重要问题上产生严重影响;(2)我们草拟的有关条款完全是暂时性的。我们'将尽量互相协调'。内阁于 11 月 30 日(星期一)考虑此事,外交部迫切希望美国政府在此之前不要向中国大使馆通报该项决定。

　　就目前情况看,内阁极有可能不放弃要求在中国获得商业方面的

国民待遇的原则,他们认为此点极为重要。所以,他们可能会决定向中国政府坚持此项要求,虽然他们会为单独这样做而感到遗憾。"

怀南特致赫尔

伦敦,1942 年 11 月 5 日下午 5 时
1942 年 11 月 5 日下午 2 时 25 分收到

我刚刚收到艾登先生 11 月 5 日的来信,内容如下:

"关于在华治外法权问题,我驻重庆大使已提请我们注意,目前的条约草案未提及我国国民将来购置不动产的权利问题。

美方草案第 4 款(我方第 5 款)只保证了已有的权利。至于旧条约规定的在通商口岸获得永久性租借地的权利,与目前条约中的规定并不矛盾,美方草案的第 7 款(我方草案第 8 款)间接保留了这项权利。但是这两项条款均未给予我国国民在全中国购置不动产的权利。第 5 款给了在中国各地居住和经商的权利,但这不包括拥有不动产的权利,虽然这项权利也许是美国政府未曾明言的要求。

我注意到,1928 年中国与意大利签订的条约附有中国外交部长的下述声明:'本部长兹以中华民国国民政府名义,声明:意国人民在中国停止享受领事裁判权及其他特权,并两国之关系达于完全平等地位之后,中国政府鉴于中国人民于意国法律、章程范围之内,在意国领土之任何区域内,享有居住、营商及土地权,故允许意国人民在中国享有同样权利,但仍得以法律及章程限制之。'在同年中国与比利时、丹麦、葡萄牙签订的条约中也附有同样的声明。

此点对于我们的在华利益相当重要,我们非常希望在目前的谈判中以互惠互利为基础加以商讨。在一份附加的换文中解决这个问题也许更容易一些。中国政府对第 5 款很可能有自己的看法,就这些看法进行磋商将使我们有机会要求涉及这个问题。

如能尽早收到美国政府关于这个问题的意见,我将十分感谢。如

果需要,我当然可以向你进一步阐述英国政府所持立场的详情。"

艾登先生告诉我,英国的条约草案已于 10 月 30 日递交中国外交部副部长。

FRUS,1942,China,pp. 342-343

赫尔致怀南特

华盛顿,1942 年 11 月 7 日晚 8 时

关于你 11 月 5 日下午 5 时的电报,兹复如下:

请非正式地转告艾登先生,我们在把关于治外法权的条约草案交给中国人之前,曾对他提出的问题作过仔细考虑,我们总的想法是:

我们对于新条约的基本思路之一是,新条约总体上应限于治外法权问题和与此密切相关的问题。此外,我们认为新条约应解决主要问题,总体上应具备能够在中、美两国立即获得支持的特点。我们在条约草案中写入了使美国公民在中国享有新权利的条款,但仅限于不与这个特点相冲突的少数事项。

我们认为,如要竭力涉及艾登先生提出的问题,将延误条约的签订,且会因某些州的法律条文而在美国引出与各州和联邦司法有关的难题。在本国政府签订的各项现代条约中,与不动产有关的问题都以非常详细和准确的条款作了规定。在大多数情况下,不动产的所有权问题均未曾涉及。如有涉及,也是在特别条款中。因此,我们的意见是暂时搁置与这件事有关的问题,留至以后在我们与中国人可能签订的广泛条约中加以解决,如果彼时决定把这个问题写进条约,再确定采用何种形式和特点来处理关于这个问题的条款最为有利。

FRUS,1942,China,pp. 343-344

英国外交部致驻华使馆

1942 年 11 月 14 日晚 10 时 50 分

……

　　美国政府已经决定不与目前的条约一起提出购置不动产的问题。由于各州和联邦司法方面的原因,美国政府在给予互惠待遇方面可能有困难,故而希望避开可能延误谈判的争议问题。他们更愿意把这个问题留待以后的广泛条约加以解决。

　　2. 虽然我们可以在本国和大多数殖民地给予中国人购置不动产的权利,但印度可能会和美国政府一样,遇到联邦司法方面的困难。我们正在考虑通过互换照会解决这个问题,其中印度可能需要予以保留。

　　3. 你认为如无美国的支持,我们是否能够照上述办法实现以下两点:第一,在全国范围内购置不动产的权利;第二,确认旧条约赋予我们的各项权利。

　　4. 如果你的回答是肯定的,我们在答复中国人之前得再次征询美国政府的意见。

　　5. 鉴于各方在努力给予对方国民待遇,可能的一种选择是在第六款第二句所提到的事项之外增加购置不动产权利的内容。在这种情况下,印度可能会参与进来。

FO371/31662

治外法权:内河航行和沿海贸易

参阅他① 11 月 30 日的来信(F8042/828/10)

内附 12 月 1 日国务院关于内河航行和沿海贸易问题的电文。

备忘录

　　这份电报的重要部分是说,"为了节省时间",国务院已经训令驻华大使向宋博士递交美国关于内河航行的条款草稿。该条款的要旨是放弃美国在华的沿海贸易和内河航行权。通过此举,"为了节省时间"的美国政府已明确告诉中国人,如果中国新闻界表示赞扬,美国愿意在这个问题上作出让步。如果美国人作了让步,我们大概也只能这么做。

---

　　①　美驻英大使怀南特。

在商业方面的国民待遇、沿海贸易和内河航行以及购置不动产权这三个我们认为至关重要的问题上，美国人都拆我们的台。而且，由于他们的快速战术，我们被剥夺了与中国人进行实际谈判的任何机会。要是我们单独行动，绝不可能比这更糟。

中国人从美国得到了他们想要的一切，现在就看他们是否会拿九龙问题来使我们的条约停顿不前了。

布雷南

1942 年 12 月 3 日

对于这个特别的争议问题，我认为我们可以说的只能是，我们更喜欢美国最初在换文草稿中提出的建议：如果这个条约签不成，我们就把所有事项留至以后的广泛条约加以解决。在我们看来，最不好的解决办法是在条约中加进美国人现在向中国政府提出的那样一项条款。……

我们向美国人就他们在治外法权问题谈判后期对待我们的方式提出抗议的时机似乎已经来临。我建议我们在外交大臣的说明信中加进第 7934 号文件草稿的最后一段。当美国大使馆通知我们，美国政府已决定不等我们进一步表示意见即向中国政府作出正式答复时，这封说明信正在送呈外交大臣的途中。我斗胆建议把此件递交给大使本人，并在口头上对他加以强调。

呈上致美国大使和薛穆爵士的电文草稿。

克拉克

1942 年 12 月 4 日

FO371/31664

英国外交部致驻华使馆

1942 年 12 月 24 日晚 6 时 20 分

关于你 12 月 20 日讨论治外法权条约的电报，兹复如下：

1.关于第六款,你应继续要求在商业方面获得国民待遇,直至最后关头。但是如果中国人坚持反对立场不变,你可以让步。不过,你在那种情况下应在单方面的照会中提请中国政府注意,他们的声明(你在 12 月 15 日电报第 5 段中收录的声明)实际上已表明他们接受了在商业方面给予国民待遇的原则。你不必等到指令即可作这一陈述。

2.美国人现在已在所有问题上与中国达成一致意见,他们的条约将于 1 月 1 日签署。如果中国政府接受我们关于九龙租借地问题的解决方案和我们在换文中关于内河航行条款的修正案,我们愿在同一天与中国签订条约。

3.关于我在第 1573 号电报中提到的解决不动产问题的几种方案,我们仍希望你能使中国人同意其中的一种。但我们也不希望仅仅因这个问题而耽搁条约的签订。

FO371/31665

英国外交部致驻华使馆
1942 年 12 月 27 日晚 12 时 55 分

关于你 12 月 25 日讨论治外法权问题的电报的第 10 段,兹复如下:

(1)第六款:经营商业。正如我在 12 月 24 日的第 1629 号电报中指出的,你被授权放弃国民待遇问题。由于外交部拒绝对国民待遇原则作任何形式的表态,你最好不要在单方面照会中向他提出我在第 1629 号电报中提出的建议,因为该建议可能只会招致中国政府对该项原则的公开拒绝。

(2)海外航行问题。你设法删除了与"沿海口岸"有关的词句,很令人满意。我赞同你在第 4 段中提出的在"海外商运"之前加上"所有"一词的建议。

(3)不动产。我们在商业方面的国民待遇问题上作了让步,所以你应竭尽全力争取中国政府同意不动产方案。但请参阅我的第 1629

号电报的最后一句话。

（4）我同意在换文中增加你在第 9 段中建议的语句。

（5）九龙。参阅我的第 1634 号电报（12 月 26 日）。

FO371/31665

3. 英国拒绝谈判九龙租借地

薛穆致英国外交部

1942 年 11 月 13 日下午 6 时 10 分

第 1552 号。

承前份电报。

1. 在与泰克曼①爵士共同研读中国的草案并发现重大的变化后，我指出该草案远远超出了英国政府最初提出的废除治外法权并解决相关问题的建议范围。要求终止租借新界引出了与香港有关的一些重大问题，英国政府的确不希望现在商议此事。外交部长说，中国政府没有提出香港问题，但他们认为 1898 年的条约确实应该在目前的条约中作一交待。

2. 关于内河和沿海航行问题②，我说这个问题应在拟议中的通商航海条约中予以妥善解决……

3. 关于删除你拟定的第五款中最后几个词的问题，外交部长解释说，中国政府认为因日本占领而引起的此类问题最好应在最后的和平条约中加以解决。

4. 你将注意到，中国人对第六款的修改根本不能保证我们在商业活动中得到任何平等的待遇。宋子文博士先是说这个问题属于商务条约的范围，但后来又作出努力，看能否恢复我们的措辞。我不认为他们

————————

① Eric Teichman，英国驻华使馆顾问。

② 原文如此。

会同意这么做。关于双方因军事安全方面的原因而限制居住和贸易的权利，他不反对你在第1394号电报中的说法。同样，中国人提出的在新德里派驻领事的要求也未遇到任何困难……

5. 离开时，我对中方把九龙问题引入谈判再次表示遗憾。我担心这个问题会给伦敦造成不好的印象。

6. 正如我们在此间看到的，中国政府决心清除来自不平等条约的所有特权，公众舆论在这个问题上也完全一致。外交部长威胁说，国民参政会坚持此议，刚刚开始的中央执行委员会会议无疑也强烈支持这一主张。他们现在提出的这个重要的新要求与美国的利益无关。据我们判断，美国政府没有理由不接受新草案中的这一小小改动。所以，中国人处在极有利的地位，他们完全了解这一点。

7. 我等待你的训令。

FO371/31663,53712

薛穆致英国外交部
重庆,1942年11月17日

第1564号。

中国政府提出新界问题毫不令人奇怪。一旦提出来，他们就不大可能放弃，因为他们认为租借地和我们的租界及上海公共租界一样，都属于有损于中国主权的不平等条约的范畴。条约谈判问题在此间引起了极大的兴趣，中国官员将完全支持政府要求我们实践我们的声明，在平等和互利的基础上建立两国的未来关系。

2. 从理论上讲，允许租借地保留至租借期满为止确实与这些原则不相冲突，但这种说法不会对中国人产生吸引力。他们的想法很简单，即任何外国都不应继续占据中国领土。与此相关，中国人避免提出与九龙或香港有关的问题。更进一步的难题是，如果中国军队在战争结束时控制了新界而新界的处置问题仍在争论之中，那将会出现非常困难的局面。

3.英国政府认为新界对香港至关重要,既有民事方面的考虑,也有军事方面的考虑,而且其中的某些考虑无疑仍然是很有分量的。你的第183号电报表明,你也许已经考虑了针对这个地区的计划。如果还没有,那么,也许可以为接受中国的这一要求说出许多理由,不管怎么说,这一要求不包括使用九龙等英国领土的要求。中国人默认香港(包括九龙)是英国领土,不在目前的谈判范围之内,这对我们是有价值的,虽然我不想把这价值估计得太高。

FO371/31663,53712

克拉克备忘录
1942 年 11 月 20 日

香港总督 1931 年 6 月 21 日的备忘录得出了下述结论:"我几经考虑认为,不但是九龙,而且新界的大部分地区(如果不是全部的话)对香港在经济和战略上都是必不可少的。"我相信这个结论是正确的,加上其他方面的理由,我建议我们在目前的谈判中不应同意放弃九龙租借地。

关于九龙租借地对于香港殖民地的重要性及业已形成的环境,上面提及的备忘录中已作了说明,此外,附在 1942 年 8 月 18 日克兰伯恩①勋爵给外交大臣的信中的殖民地部备忘录的第一和第二段也作了简要介绍。关于这一点,也许应该增加一项内容:九龙租借地是与威海卫在同一年(1898 年)获得的,威海卫已于 1930 年归还中国。最初达成的协议是,九龙城仍置于中国司法管辖之下,但这一条我们在 1899 年单方面取消了。这是 1936 年之前我们与中国政府之间产生一系列麻烦的根源。

看来,摆在我们面前的有三种办法:

1.接受中国现在提出的建议;

---

① Cranbone,英国殖民地部大臣。

2.完全予以拒绝；

3.努力拖延这个问题的解决日期。

九龙租借地与在中国领土上的其他租界和租借地不同,因为它与英国的领土是互为依存的。另一方面,它是中国人按明确的期限租借给我们的领土,与完全割让给大英帝国的香港和九龙半岛也不一样。因此我们必须坚决抵制中国的这一建议:毫无疑问,中国的计划是要把我们一步一步地挤出香港。遗憾的是他们让我们陷入了进退两难的境地,因为他们知道,如果我们拒绝其要求,我们就得不到美国的支持,他们就可以拒绝签订条约。这意味着采取上述头两种办法有极大的困难。即使我们试着采用第二种办法,我也认为我们也应着眼于第三种办法,而且我们应该立即开始尝试第三种办法。怎样才能做到这一点呢?

我们当然可以建议推迟讨论该问题而不讲任何理由,但我不知道我们这样做是否会走得太远。真正的问题是我们能否以任何理由说服中国人同意推迟讨论该问题。另外,这引出了香港未来的问题,这个问题已经作过讨论,而且迟早得面对它。

请你现在通读一下8月18日克兰伯恩勋爵的信中所附的殖民地部的备忘录。该备忘录称:"在我们即将放弃在华治外法权的时候,中国政府自然会考虑我们在香港的地位。"它特别强调,在香港或其他任何问题上的让步都"绝对不可能是由美国或其他国家的压力引起的"。该备忘录提出行动方针和策略,其实质是我们公开声明,在盟国胜利以后,我们将谋求远东的重建,确保和平和秩序。为此,我们希望所有的盟国到时候为了共同利益,在能做出特殊贡献的那些方面精诚合作。此外,在这样的形势下,我们应准备与中国政府共同考虑香港未来的地位,不应把保持英国对殖民地的主权之事置于谈判的范围之外。这个建议没有让我们承诺放弃香港,但它的确暗示,如果对我们有利的话,我们可能会这么做。事实上,这个想法的具体内容是,如果太平洋的其他主要国家(特别是美国)准备在太平洋地区建立联合防御体系,那将符合我们的利益,我们可能会把香港作为整个防御体系的战略要点之一。从经济角度考虑,我们应该保留发展和保护我们在香港的商业企业的权利。这也许符合总体的经济安排(或者我们与中国之间的双边安排)。

如果我们能在近期发表这样一项声明,那我们就可以对中国政府说,我们在考虑这样做,但同时认为九龙问题应该作为与香港的未来休戚相关的一个问题而留待以后再加讨论。我认为应把这个想法告诉殖民地部,我并建议立即把香港的战略意义告诉参谋长们,征求其意见。我们还应指出,发表这样一项声明不但可以使我们摆脱眼前的困境,而且一旦通过中、美两国的新闻界对我们施加压力时,我们就有了随时可以引用的文字凭据。

它将能使我们在光复香港(无疑这需要与美国军队甚至中国军队合作)之前坚持我们的立场不变。它还可以预防在主要由中国人光复香港的情况下给我们造成极为尴尬的局面。

FO371/31663,53712

布雷南[①]备忘录

1942 年 11 月 21 日

我赞成克拉克先生的建议,我只补充他在备忘录中讲得不充分的两点。

(1)香港殖民地包括三个地区:

a,香港岛,根据 1842 年的《南京条约》割让给英国;

b,九龙半岛,根据 1860 年的《北京条约》割让给英国;

c,九龙租借地,根据 1898 年的《展拓香港界址专条》租借给英国,租期 99 年。

(2)九龙租借地与在华的租界和其他租借地不同。专条明确宣

---

① John Brenan,外交部顾问。

布,该租借地是英国领土的拓展,英国在该租借地被授予了独立的司法权(九龙城除外,中国官员在该城继续行使司法权,但随后我们废除了中国的这一司法权)。

FO371/31663,53712

克拉克备忘录
1942 年 11 月 23 日

这个问题与外交大臣、劳①先生以及贾德干爵士进行了进一步讨论。

进一步考虑的结果是,劳先生认为最好的办法是把我们对中国人作的声明仅限于新界,但应使用殖民地部的与重建远东和各个盟国希望我们作出的贡献有关的措辞。这将使我们在拒绝把新界问题写入目前的条约时更容易站得住脚,而且还能使我们从美国人那里得到某些好处。劳先生建议我们向后者通报我们要采取的方针。

我只补充一点,要采取这个方针,我们就必须做好坚持我们的方针的准备,尽管它也许会使谈判破裂。另外仍宜训令薛穆爵士,让他在这个问题上酌情拖延答复(关于此点,参阅另外一份电报)。

FO371/31663,53712

克拉克致蒙森②
1942 年 11 月 25 日

亲爱的蒙森:

如你所知,中国政府已建议我们在目前关于治外法权的条约中废除 1898 年 6 月 9 日签订的《展拓香港界址专条》。薛穆爵士的意见归纳在他 11 月 17 日的第 1564 号电报中。

---

① Richard K. Law,英国议会外务次官。
② W. B. L. Monson,英国殖民地部官员。

中国人未提出香港问题,但他们的算计也许是,我们放弃新界是迫使我们放弃香港主权的一个有力步骤,他们指望,我们如抵制他们的建议将得不到美国政府的支持。我们觉得,无论我们是否认为在香港光复以后值得去做这件事,我们都应该抵制目前的这个建议。在此送上照此方针向薛穆爵士发布训令的电报草稿。

你将注意到,为了使建议容易被接受,我们使用了殖民局备忘录(附在克兰伯恩勋爵 8 月 18 日关于香港问题的信内)中提出的方案。这还有助于我们回复美国的任何批评。

请告诉我你是否同意此议。如果同意,我们将建议向美国政府通报我们的态度。

……

FO371/31663,53712

在华治外法权
——外交大臣备忘录
1942 年 11 月 29 日

中国政府对废除治外法权的条约草案的评论现已收到,我曾将副本在 11 月 2 日在内阁中传阅,由于涉及到共同的利益,我们与美国政府进行了协商,我们与美国在许多方面取得了一致意见。美国政府现已向中国政府作了正式答复,我正准备向驻重庆大使下达有关的训令。

然而,我们在一个重大问题上意见不一致,即是否在条约中写入一项条款,使我国公民在中国进行商业活动时在互惠基础上享受国民待遇。我们条约草案第 6 款中的第二句涉及到了这一点。中国人对此表示反对,美国政府费了很大的气力才得以在其条约草案中写进一项相似的条款,现在它向中国的反对让步,理由是他们的联邦和州法律很难使他们达成互惠安排。

美国政府放弃努力使我们在这个问题的谈判中获得成功的前景变得暗淡了。但是由于我们能够在条约涉及的英国领土内给予中国人互惠待遇,所以我们有资格坚持此点。

在目前的谈判过程中,我的目标一直是尽力确保把我们与中国的关系置于真正平等和互惠的基础之上,确保在我们失去治外法权以后不产生不利于我们的新的不平等。

所以,尽管在这一特别的交涉中我们得不到美国的支持,我仍建议训令驻华大使坚持要求商业方面的国民待遇,尽管这也许会延迟条约的签订。我相信我的同事们会赞成此议。

另一个非常重大的问题与美国无关。中国政府建议,作为我们条约的一部分,我们应同意放弃我们通过 1898 年的《展拓香港界址专条》在九龙租借地或"新界"获得的特殊地位。我认为应坚决抵制这项建议,但这引出了某些难题,外交部和殖民地部正在讨论这些难题。我建议马上与同事们商讨如何就此问题向中国作出答复。

FO371/31664,53752

内阁会议记录
1942 年 11 月 30 日

……

7. 战时内阁收到了外交大臣的一份备忘录。其中转述了给英国驻重庆大使关于废除治外法权的条约草案的有关训令。主要的争议问题是能否在条约中写入一项条款,使在华英国公民在商务活动中获得互惠的国民待遇。中国人对此表示反对,美国政府在其条约草案中已放弃了类似的一项条款。外交大臣请求战时内阁批准向驻华大使发布训令,指示他坚持为英国公民的商务活动索求国民待遇,即使这样做会拖延条约的签订。

外交大臣还建议拒绝放弃我们在九龙的地位。

战时内阁批准上述建议。

CAB65/128,53752

克拉克备忘录
1942 年 12 月 1 日

中国政府要求我们在关于治外法权的条约中取消九龙租借地(新界)。如何答复这一要求,外交大臣希望劳先生进行考虑。经劳先生批准,一份电文草稿被送至殖民地部和海军部,以征求它们的同意。往其他各部也送去了副本,以便征求其意见。

我和劳先生都同意,电文草稿中采取的方针将给予我们说服力极强的理由,拒绝结合目前的谈判商讨该问题,或在新界光复以前讨论它。

殖民地部同意我们的草稿,海军部建议作一些细小的修改(这些东西实际上已包含于其中)。其他部门没有意见……

FO371/31663,53712

英国外交部致薛穆
1942 年 12 月 5 日

第 548 号。

关于你 11 月 17 日讨论九龙租借地问题的第 1564 号电报,兹复如下:

1. 我不准备把新界问题与目前的谈判联系起来考虑,因为它不仅与治外法权毫无关系,而且英国领土的拓展(正如 1898 年的条约所说的)与在华的租界完全不同。我们正在废除我们在租界的特权。

2. 因此,你应通报中国政府,英国政府认为新界问题不包括在目前的条约范围之内。

3. 我宁愿就做到这一步。但是如果你认为我们必须走得更远一些,我们或可通报中国政府(如有必要,可书面通报),盟国胜利之后,我们将谋求重建远东,在陆地上和海上确保和平与秩序。对此,我们希望所有盟国为了共同利益,在它们能做出特殊贡献的一些方面精诚合作。在这种形势下,我们会与中国政府共同考虑在现行租借期内新界的未来地位。

4. 请告诉我,你认为这是否有必要,主动通报是否比被迫通报好。总之,在未向我汇报的情况下不要采取行动。

FO371/31663,53712

薛穆致英国外交部

重庆,1942年12月7日晚10时20分

第1651号。

1. 鉴于我向外交大臣汇报过的情况(我的第1552号电报),英国政府考虑不把新界包括在条约范围之内是毫不为怪的,但现阶段我们无法确定,中国人把这个问题引入目前的条约谈判仅仅是为了尝试一下还是为了彻底解决。我认为后一种情况更有可能。我敢肯定,中国人不会同意战后继续保留租借地。

2. 我同意,最好的办法是,如果我们能够干脆拒绝在条约中写入新界问题,我们就坚持不变。但是,发表声明宣布不会无限期搁置这个问题是十分必要的,我提出以下建议。

3. 至于您在电报第三段中提议发表的声明,中国人也许会把它看作是我们打算继续保留租借地的一种表示,我想他们会问我们考虑进行的重建是否会影响到香港。在向中国外交部长通报英国政府不把新界包括在目前条约之中时,我认为我可以补充说,我们考虑到这些地区的任何领土调整都涉及到几个国家的利益,而且这些地区具有重大的战略意义,必须留待以后和平解决。我认为以此开始也就足够了。如果中国人要求进一步解释,我认为我们应按您建议的方针自动发表一项补充声明,但声明的行文应当是明明白白的表示,而非暗示,我们亦想做出努力,应当避免使用"在现行租借期内"等措辞。然而,我怀疑中国人以目前的心情是否满意把租借地问题留待战后再进行讨论的保证。

4. 如果在您对本电报的复电到达之前,中国外交部长即准备恢复

条约谈判的话,我将按您的第 1548 号电报第 2 段的指示与他对话。

FO371/31664,53752

薛穆致英国外交部

重庆,1942 年 12 月 15 日下午 4 时 50 分

第 1678 号。

承前封电报。

1. 我告诉外交部长,英国政府认为九龙问题不在目前谈判事项的范围之内,不准备讨论它。我强调说,为满足中国在相关问题和废除不平等条约权利方面的愿望,我们已经做出了很大的努力。

2. 在顾维钧博士和外交部新任副部长的支持下,外交部长指出,中国公众把租借地和租界视为同一种东西,国民参政会上已经提出了这一问题,扫除造成两国人民互相产生误解的一切因素是人心所向,中国政府认为如果签订的条约不保证解决九龙租借地问题,那就不可能实现这个目标。他们指出,他们一直克制自己不提香港问题。

3. 我对这些说法进行了反驳,外交部长在结束讨论时要求我把中国政府对这个问题的看法转告给您。

4. 在杭立武于晚间造访泰克曼爵士转告外交部长个人给我的下述口信之前,我们一直不清楚中国政府是否打算进一步深究此事。宋子文博士拿不准他能否说服蒋介石,孔祥熙博士(目前他的影响力相当大)……签订条约①,如果该条约不写入取消九龙租借地的条款的话。如果因此而耽误了问题的解决,拖延了条约的谈判(如在贷款谈判中一样),那将是令人十分遗憾的。在谈话过程中,泰克曼爵士明确表示,英国政府的决心已经下定,不可能同意结合目前的谈判考虑该问题,因为二者完全无关。杭立武本人承认我们的态度有一定的道理且符合逻辑,所以他以个人身份提出了下述建议:中国政府向英国政府转

---

① 此句中显有漏字,删节号处似应为"反对"一类字眼。

交一份公函,声明中国政府在承认该问题与目前谈判的事项无关的同时,希望在将来某一更适当的时候重新提出。对这一建议,英国政府愿意采取什么样的对策呢?

5. 我认为中国政府在这个问题上使自己处在了进退两难的境地,我建议我们按上述方针找出解决的办法。但是我担心任何暗示要继续保留租借地的答复都不会使中国人满意。要理解他们的想法,我们必须想一想 1898 年各国纷纷索要租借地的历史,当时外国对中国的侵略达到了高潮。

FO371/31664,53752

英国外交部致薛穆
1942 年 12 月 19 日

您 12 月 15 日的第 1678 号电报:九龙租借地。

我倾向于认为,杭立武的建议(见您电报的第四段)提供了一种可以接受的解决办法。英国政府可按照下述方针作出答复:虽然新界的未来问题不包括在目前条约的范围之内,我们现在不可能讨论它,但我们准备在战争胜利后讨论之。

2. 我正在谋求内阁授权我照此办理。但同时你被授权(如果你认为可行的话)向他们说明,按照你个人的看法,英国政府将按照上述方针作出答复,但你不能提及我。

FO371/31664,53752

内阁会议记录
1942 年 12 月 21 日

……

7. 战时内阁收到了外交大臣关于九龙租借地的一份备忘录。中国政府坚持认为,作为拟议中的关于治外法权条约的一部分,我们应该同意放弃我们在那儿的地位。我们主张租借地不包括在条约范围之内,条约只涉及在中国领土上的治外法权问题。中国政府也许会发现,他们从所坚持的立场后退是不可能的。为了不拖延条约的签署,外交大臣在备忘录中建议,我们发表一项声明,表示准备在大战胜利后讨论租借地的未来。驻华大使认为中国人可能会接受这一解决办法。

讨论中的要点:

①我们或可争辩说,鉴于我们给美国人租借了基地,中国人也不应反对把九龙租借给我们,因为它对香港的防务是至关重要的。

②有人指出,九龙对我们的价值不仅仅限于防务方面。香港的供水和机场都在九龙租借地,城镇和船坞都是从岛屿往陆地延伸的。

③首相认为,我们在这个问题上应坚持我们以前坚持的方针,即现在不可能考虑领土调整问题,必须把它留到战后的和平会议上加以讨论。如有必要,可以补充说,我们认为这个原则可以被用于解决九龙问题,尽管从严格意义上讲,九龙问题不是一个领土问题。

④飞机生产大臣建议按照下述要点答复中国:如果中国政府希望英国重新考虑这些领土的租借条款,那就应该把这个问题推迟至战后的和平会议上加以讨论。

战时内阁:

同意外交大臣按照第三或第四项建议斟酌答复中国政府。

CAB65/28,53752

薛穆致英国外交部

重庆,1942 年 12 月 22 日下午 5 时 30 分

第 1709 号。

今天,顾博士对我讲了条约谈判的情况。他说,虽然其他重要问题能够很容易获得解决,但新界问题会使条约无限期拖延,并给我们的关系带来非常不利的后果。他认为可能行得通的解决办法是英国政府在条约之外发表一项与在华盛顿会议上关于威海卫的声明相似的声明,表示英国政府打算把租借地归还中国,并将在晚些时候就将来的各项

安排进行谈判。

2. 我指出英国政府不准备在目前的谈判中解决这个问题,无法接受他的这项建议。我随后说,我一直在想向您建议,中国政府把提出这个问题的真实愿望告诉我们,虽然这个问题与条约谈判没有丝毫关系。我无法确定您是否赞成这个建议,也不知道您会作出什么样的答复,但我认为其内容不外乎是表示我们愿意在战争胜利之后讨论这个问题。这仅仅是我个人的意见,因为我得到的训令是,英国政府认为这个问题根本不在目前的谈判范围之内。顾博士说,他认为英国政府如不表示愿意放弃租借地,中国政府是不会满意的。

3. 这是令人很不满意的,但似乎仍应该按照您在1604号电报中建议的解决办法尝试一下,而不管顾博士所说的话。该办法能否被接受,我不很乐观,因为恢复租借地是中国的一项基本政策。不过,鉴于英国政府在条约谈判中对中国人的慷慨举措,他们也许会接受这项解决办法,作为权宜之计。

FO371/31665,53772

布雷南备忘录

1942 年 12 月 23 日

我认为我们也许可以肯定,不但要恢复租借地而且要恢复被外国占领的所有中国本部领土,是中国的一项基本政策。这些领土既包括被敌人占领的地区,也包括香港和澳门等地。

压力会一如既往持续不断,但其强度将随环境的变化而变化。中国人目光远大,如有必要他们准备等待,但是他们也会抓住每一个可能的机会努力实现其目标。

治外法权问题的谈判提供了取消九龙租借地的机会,中国使用了劝说和威胁等正常外交手段。威胁手段是指不签署条约。无法确定这是不是一种吓唬。孔博士对蒋委员长的影响力可能会被用于以拒绝签约为由施加压力,如在签订贷款协议时的情况一样。顾维钧因没有成功解决后一个问题,所以正在这件事上努力挽回自己的声誉。

我个人的看法是,我们应坚持抵制中国在对我们真正重要的问题上施加的压力。如果我们能把一个令人信服的个案呈现在世人面前,我们将因强硬而非让步而获得更多的尊重。然而,必须承认签不成条约会产生令人非常尴尬的后果。在美国放弃以后,我们在中国继续行使治外法权将很困难。在面临反对的情况下试图这么做将使我们与中国人的关系变得非常紧张。

克拉克的批语:

我们已给薛穆爵士发去指令,让他力图按照下述方针达成妥协,即中、英双方互换信件,声明这是和平会议所要解决的问题,我们必须等待这一指示的结果。

FO371/31665,53772

薛穆致英国外交部
重庆,1942 年 12 月 25 日下午 2 时 40 分

第 1720 号。

关于您的第 1622 和 1625 号电报,兹复如下:

1. 在 12 月 25 日的会谈中,中国外交部长坚持要把放弃九龙租借地的内容写进条约。我表示拒绝,然后按照您的建议作了让步,说我们认为"在战争胜利之后"再做此事更好一些。外交部长答应立即向本国政府转告这项建议。我认为他个人赞成此议,但他无权作出决定。

2. 中方谈判代表在讨论中对"租借期限"的表述抱有怀疑。如果他们同意有妥协,您是否可以考虑使用"租借地"或"租借地问题"这样的措辞,他们认为,如果使用了"租借期限"这个说法,他们也许会使自己背上负担,使租借地问题继续带有未知的变数。

FO371/31665,53772

薛穆致英国外交部

重庆,1942 年 12 月 27 日下午 3 时

第 1732 号。

1. 顾博士今天答复说,中国政府考虑了通过互换照会解决该问题的建议。他们决定不接受任何解决方案,除非该方案明确声明英国政府打算把租借地归还中国。他们不反对在条约之外解决该问题,也不反对战后再进行各项实际安排,但是英国政府如不作上述声明,他们就不(又一个不)签订条约。

2. 我在长时间的讨论中指出,条约对中国人相当有利,拒绝签订是不负责任的决定,因为它解决的并不是一个完全不同的问题。我还指出,英国政府已作出很大努力以满足中国政府的要求,建议互换让双方都满意的照会,表示我们准备在战后讨论问题等。据我看,英国政府不会同意现在就解决该问题。如果因此拒绝接受对许多重要问题作出的令人非常满意的安排,拒绝消除造成摩擦的许多因素,那将是令人十分遗憾的。正如信用贷款案中一样,我们在主动建议做某件事之后,却因为我们不能做完全不同的另一件事而受到指责。

3. 顾博士说他只谈个人的看法。他说,据他所知,该条约不会被签订,除非"我们明确说明我们在这个问题上的打算"。他对此表示遗憾,但政府和党都已作了承诺,现在不可能后退。他还提到了1898 年的历史和人们对租借地问题的十分强烈的感情(这无疑是存在的)。

4. 我想外交部长现在会通知我,中国政府将拒绝签订条约,除非我们公开声明我们打算把租借地归还中国。这将导致两国正在迅速改善的关系严重倒退。

FO371/31665,53772

克拉克备忘录

1942 年 12 月 28 日

这份电报答复我们在 F8447 中的那份电报。那份电报询问,在

"租借"之后省去"期限"一词是否能解决这个问题。按照顾博士的话（他可能被授权讲这些话）判断,这个问题不会很容易得到解决。

　　我与贾德干爵士和彼得森①爵士讨论了这份电报。我们的结论是:

　　①我们现在处在中国人的压力之下,妥协是不明智和不安全的。我们应该坚持下去,不惜以牺牲整个条约为代价。

　　②应谋求内阁批准照此方针给薛穆爵士发布训令,并授权他(如果有所助益的话)删去"期限"一词。

　　③向美国政府通报我们目前的立场和态度,询问他们是否支持我们。

　　致美国政府的一份公函正在准备中。附上为外交大臣(如果他同意上述意见的话)准备的用于内阁会议的一份草稿。

FO371/31665,53772

内阁会议记录
1942 年 12 月 28 日

　　……

　　5. 外交大臣说,为了与战时内阁在一周前作出的决议保持一致,中国政府已被告知,如果中国希望英国重新考虑九龙租借地的租借条款,那么,英国政府的意见是,这件事应该在和平会议上加以讨论。顾维钧告诉薛穆爵士,他认为除非我们明确表示打算把租借地归还中国,否则,中国政府在 1943 年 1 月 1 日将不签署拟议中的关于治外法权的条约。这事会很棘手,因为我们本来应该放弃治外法权,本不该签署什么条约提出取代治外法权的任何东西。外交大臣说,他的意见是我们应该坚持前此所作的答复,明确表示该项答复不仅仅涉及到了租借期限,而且也涉及到租借地本身。当然,租借地和治外法权是毫不相干的两

---

①　Maurice Peterson,外交部亚洲司次官。

个问题。

外交大臣又说,在磋商关于治外法权的条约的过程中,为遵从美国的意见,我们已在不少问题上作了让步。所以,他认为我们有权要求美国政府现在敦促中国政府不要坚持己见。他建议要求美国政府就此事进行斡旋。

战时内阁:

同意外交大臣提出的看法,请他按照上述内容安排拍发电报。

CAB65/28,53752

英国外交部致薛穆

1942 年 12 月 28 日

第 1641 号。

关于你 12 月 27 日讨论九龙租借地问题的第 1732 号电报,兹复如下:

1. 此间已进一步考虑了这个问题。你被授权在"租借"之后删去"期限"一词,或者用"问题"一词代替,如果这能确保在我们建议的基础上达成协议的话。

2. 我们不准备超出这个范围,我们不可能接受顾博士提出的解决办法,如果中国坚持,我们只好不签订条约。

……

FO371/31665,53772

薛穆致英国外交部

重庆,1942 年 12 月 28 日下午 2 时 20 分

第 1736 号。

1. 外交部长今天告诉我,中国政府对我们提出的互换照会的建议已经进行了两次讨论。他们认为不能接受这个解决办法。他恳切要求英国政府重新考虑这个问题。他说,我们讨论的结果是我们在其他问

题上都达成了一致意见,中英关系(他对此十分关注)在过去几个月中得到了极大的改善,目前的解决方案应该为我们两国的关系奠定真正坚实的基础。他还特别强调了中国政府和人民反对继续保留租借地的思想情绪,强烈要求英国政府同意先宣布愿意把租借地归还中国,具体细节以后再进行磋商。可以把这件事和条约分开来做,但是,任何把九龙租借地排除在外的解决方案都不会达到在互相信任的基础上建立两国关系的目标。如果这样,他本人将会十分失望。

2. 我按照前此确定的方针发了言,无需在此重复。

3. 外交部长说,他试图让政府接受我们的建议(我相信此点),但未获成功。我也接受了他关于中国人对这个问题抱有情绪的说法。这种情绪一直存在,并且因国际社会对中国地位的重视(如中国成为四大国之一,与同盟国中的其他领袖国家平起平坐等等)而得以加强。

4. 宋子文博士未明言如果我们不声明愿意归还租借地,中国政府将不签订条约,但他很明显是想转达这个意思。我无法确定他们是否会拒绝签约。他们或许还未作出决定。如果他们真的拒绝,就很令人担心了。我们可能陷入窘境:中国人在与美国签订条约之后,会单方面宣布废除治外法权。即使他们不这样做,也将出现很困难的状况,并将导致经常性的摩擦。

5. 外交部长说,其他问题都已经以我的第 1719 号电报内容为基础达成了一致意见,其中包括土地方案。他说,对于你在第 1636 号电报中提出的修正案,也无人表示反对。因此,中国的立场似乎是,在解决九龙问题的前提下,才会同意伦敦的条约和照会。

FO371/31665,53772

薛穆致英国外交部

重庆,1942 年 12 月 30 日晚 8 时

第 1745 号。

1. 我认为,我在第 1736 号电报中汇报的外交部长提出的要求不会

改变你的看法,所以我今天告诉他,你不准备超越我向他阐述过的方针互换照会。

2. 外交部长说他将向政府汇报,但他不认为政府会按照这些方针行事。中国人将坚决反对把这个问题推迟至战后解决。我们不能不撇开这个问题吗?无需为谈判规定时限,谈判也可能会没有结果,但不应推迟至战后。我说,提出这个建议是没有用处的,因为英国政府不准备超越原来建议的范围。

3. 我把互换照会的文稿(将附在下一份电报中)交给外交部长,纯粹作为我个人的建议。他已从参加前几次谈判的中国官员的记录中了解了文稿的大部分内容。看上去他的感觉是正确的。我向他说明,确切的措辞还未获通过。

4. 外交部长再次避免直接声明,如果英国不承诺归还租借地,中国将不签订条约。我指出,站在中国人的立场看,仅仅因为这一点,而拒绝签订对他们非常有利的条约,绝对是一项严重的错误。

FO371/31665,53772

薛穆致英国外交部

重庆,1942年12月30日

第1746号。

中国外交部长致英国大使。

"我荣幸地禀告阁下,中国政府承认,1898年6月9日的条约规定的香港新界的租借问题与目前进行的条约谈判的诸项事务无关,但中国政府同时希望在更适当的时候提出这个问题。

"我荣幸地告知业已收到阁下今天的照会,照会内容如下:

"英国政府也认为,新界的未来问题不在今日签订的条约的范围之内,现在不可能来讨论它,但是,如果中国政府想让英国重新考虑租借地问题,英国政府将在战争胜利后讨论之。"

FO371/31665,53772

蒋介石被迫让步

"晨五时醒后,考虑与英国订新约事。我虽不要求其对九龙问题作任何保留之约言,而彼反要求我声明九龙不在不平等条约之内,否则,彼竟拒绝签订新约。果尔,我政府惟有自动发表废除不平等条约之声明,以不承认英国在华固有之权利;一俟战后,用军事力量由日军手中取回,则彼虽狡狯,亦必无可如何。此乃为最后之手段。如彼无所要求,则我待签字以后,另用书面对彼说明:交还九龙问题暂作保留,以待将来继续谈判,为日后交涉之根据。"(12 月 31 日日记)

"对英外交,颇费心神,以九龙交还问题英坚不愿在新约内同时解决,余暂忍之。此实为对英政策与技术一大改变也。"(12 月 31 日记本月反省录)

[日]古屋奎二编著:《蒋总统秘录》第 13 册,台北"中央"日报社,1974 年,第 42 页

关于取消英国在华治外法权及其有关特权条约
重庆,1943 年 1 月 11 日

中华民国国民政府主席阁下、大不列颠爱尔兰及海外诸自治领君主兼印度皇帝陛下,愿以友好精神使两国间之一般关系更为明显,并借以解决若干与在中国之管辖权有关事件起见,订立本约,为此各派全权代表如左:

中华民国国民政府主席阁下特派中华民国外部部长宋子文为全权代表;

大不列颠爱尔兰及海外诸自治领君主兼印度皇帝陛下(此后简称英王陛下)为大不列颠爱尔兰联合王国特派英王陛下钦命驻中华民国全权大使薛穆爵士为全权代表;

印度特派黎吉生先生为全权代表;

各全权代表各将所奉全权证书互相校阅,均属妥善,议定条款如左:

第一条

（一）本约所适用之缔约双方领土，在中华民国国民政府主席阁下方面，为中华民国之一切领土；在英王陛下方面，为大不列颠及北爱尔兰联合王国、印度、一切殖民地、海外领土、英王陛下之保护国、及在英王保护或宗主权下之一切疆土、以及联合国政府所执行委任统治之一切委任统治地。本约以下各条所称缔约此方或彼方之领土，即系指本约所适用各该方领土。

（二）本约所称"缔约此方（或彼方）人民"字样，在中华民国方面，为一切中华民国人民；在英王陛下方面，为本约所适用之领土内之一切不列颠臣民及受保护之人民。

（三）"缔约此方（或彼方）公司"字样，在本约适用上，应解释为依照本约所适用之各该方领土之法律而组成之有限公司及其他公司、合伙暨社团。

第二条　现行中华民国国民政府主席阁下与英王陛下间之条约与协定，凡授权英王陛下或其代表实行管辖在中华民国领土内英王陛下之人民或公司之一切条款，兹特撤销作废。英王陛下之人民及公司，在中华民国领土内，应依照国际公法之原则及国际惯例，受中华民国政府之管辖。

第三条

（一）英王陛下认为一九〇一年九月七日中国政府与他国政府，包括英王陛下联合王国政府，在北京签订之议定书应行取销，并同意，该议定书及其附件所给予英王陛下联合王国政府之一切权利应予终止。

（二）英王陛下联合王国政府愿协助中华民国政府与其他有关政府成立必要之协定，将北平使馆界之行政与管理，连同使馆界之一切官有资产与官有义务，移交于中华民国政府，并相互了解，中华民国政府于接收使馆界行政与管理时，应厘订办法，担任并履行使馆界之官有义务及债务，并承认及保护该界内之一切合法权利。

（三）在北平使馆界内已划与英王陛下联合王国政府之土地，其上建有属于英王陛下联合王国政府之房屋，中华民国政府允许英王陛下联合王国政府为公务上之目的，有继续使用之权。

第四条

（一）英王陛下认为，上海及厦门公共租界之行政与管理应归还中华民国政府，并同意，凡关于上述租界给予英王陛下之权利应予终止。

（二）英王陛下联合王国政府愿协助中华民国政府与其他有关政府成立必要之协定，将上海及厦门公共租界之行政与管理，连同上述租界之一切官有资产与官有义务，移交于中华民国政府，并相互了解，中华民国政府于接收上述租界行政与管理时，应厘订办法，担任并履行上述租界之官有义务及债务，并承认及保护该界内之一切合法权利。

（三）英王陛下同意将天津英租界（包括英方工部局所管全部区域）及广州英租界之行政与管理归还中华民国政府，并同意，凡关于上述两租界给予英王陛下之权利应予终止。

（四）天津英租界（包括英方工部局所管全部区域）及广州英租界之行政与管理，连同其官有资产与官有义务，应移交于中华民国政府，并相互了解，中华民国政府于接收该两租界行政与管理时，应厘订办法，担任并履行该两租界之官有义务及债务，并承认及保护该两租界内之一切合法权利。

第五条

（一）为免除英王陛下之人民及公司或英王陛下联合王国政府在中华民国领土内现有关于不动产之权利发生任何问题，尤为免除各条约及协定各条款因本约第二条规定废止而可能发生之问题起见，双方同意，上述现有之权利不得取销作废，并不得以任何理由加以追究，但依照法律手续提出证据，证明此项权利系以诈欺或类似诈欺或其他不正当之手段所取得者不在此限。同时相互了解，此项权利取得时所根据之原来手续，如日后有任何变更之处，该项权利不得因之作废。双方并同意，此项权利之行使应受中华民国关于征收捐税、征用土地及有关国防各项法令之约束，非经中华民国政府之明白许可，并不得移转于第三国政府或人民（包括公司）。

（二）双方并同意，中华民国政府对于英王陛下之人民或公司或英王陛下联合王国政府持有之不动产永租契或其他证据，如欲另行换发新所有权状时，中国官厅当不征收任何费用。此项新所有权状应充分保障上述租契或其他证据之持有人与其合法之继承人及受让人，并不得减损其原来权益，包括转让权在内。

（三）双方并同意，中国官厅不得向英王陛下之人民或公司或英王陛下联合王国政府要求缴纳涉及本约发生效力以前有关土地移转之任何费用。

第六条　英王陛下对于中华民国人民在英王陛下各领土内，早予以旅行、居住及经商之权利，中华民国同意，对于英王陛下之人民在中华民国领土内，予以相同之权利。缔约双方在各该方之领土内，尽力给予对方之人民及公司关于各项法律手续、司法事件之处理及各种租税之征收与其有关事项，不低于所给予本国人民与公司之待遇。

第七条　缔约此方之领事官经彼方给予执行职务证书后，得在彼方领土内双方所同意之口岸、地方与城市驻扎。彼方领土内之缔约此方领事官在其领事区内应有与其本国人民及公司会晤、通讯以及指示之权，而缔约此方之人民及公司在彼方领土之内，亦随时有与其本国领事官通讯之权。遇有缔约此方之任何人民在彼方领土内，被地方官厅逮捕或拘留时，该地方主管官厅应立即通知在该地领事区内之彼方领事官。该领事官于其管辖范围以内，有权探视其任何被逮捕或在狱候审之本国人民。缔约此方之人民在彼方领土内被监禁者，其与本国领事官之通信，地方官厅应转递与其主管之领事官。缔约此方之领事官在彼方领土内，应享有现代国际惯例所给予之权利、特权与豁免。

第八条

（一）缔约双方经一方之请求，或于现在抵抗共同敌国之战事停止后，至迟六个月内，进行谈判，签订现代广泛之友好通商航海设领条约。此项条约将以近代国际程序与缔约双方近年来与他国政府所缔结之近代条约中所表现之国际公法原则与国际惯例为根据。

（二）前项广泛条约未经订立以前，倘日后遇有涉及中华民国领土内英王陛下之人民或公司或英王陛下联合王国政府或印度政府权利之任何问题发生，而不在本约及换文范围内，或不在缔约双方间现行而未经本约及换文废止或与本约及换文不相抵触之条约、专约及协定之范围内者，应由缔约双方代表会商，依照普通承认之国际公法原则及近代国际惯例解决之。

第九条　本约应予批准，批准书应于重庆迅速互换。本约自互换批准书之日起发生效力。

上开全权代表爰于本约签字、盖印，以昭信守。

本约用中、英文各缮两份。中文、英文均有同等之效力。

中华民国三十二年一月十一日，即西历一九四三年一月十一日，订于重庆。

宋子文

薛穆

黎吉生

换文

甲、中国外交部长宋子文博士致薛穆爵士照会

中华民国国民政府主席阁下与大不列颠爱尔兰及海外诸自治领君主兼印度皇帝陛下（代表大不列颠及北爱尔兰联合王国及印度）本日所签订之条约，于其谈判时曾讨论若干问题，双方均已同意，兹将关于各点所获之谅解记录于本照会之附件，该项附件作为本日所签订条约内容之一部份，并自该约生效之日起发生效力，如荷阁下以联合王国政府之名义证实此等谅解，本部长至深感幸。

本部长顺向贵大使重表敬意。此致

英王陛下钦命驻中华民国全权大使薛穆爵士阁下

中华民国三十二年一月十一日

宋子文

附件

（一）关于本约第二条及第八条第二项，双方了解：

（甲）英王陛下放弃关于在中国通商口岸制度之一切现行条约权利，中华民国国民政府主席与英王陛下相互同意，缔约一方之商船许其自由驶至缔约彼方领土内对于海外商运业已或将来开放之口岸、地方及领水，并同意，在该口岸、地方、领水内，给予此等船舶之待遇不得低于所给予各该本国船舶之待遇，且应与所给予任何第三国船舶之待遇同样优厚。缔约一方之"船舶"字样，指依照本约所适用该方领土内之法律登记者。

（乙）英王陛下放弃关于上海及厦门公共租界特别法院一切现行条约权利。

（丙）英王陛下放弃关于在中华民国领土内各口岸雇用外籍引水人之一切现行权利。

（丁）英王陛下放弃关于其军舰驶入中华民国领水之一切现行条约权利。中华民国政府与联合王国政府，关于缔约一方军舰访问彼方口岸，应依照通常国际惯例，相互给予优礼。

（戊）英王陛下放弃要求任用英籍臣民为中国海关总税务司之任何权利。

（己）所有现在中华民国领土内设置之英王陛下一切法院，既经依照本约第二条之规定予以停闭，该项法院之命令、宣告、判决及其他处分应认为确定案件，于必要时，中国官厅应予以执行。又，当本约发生效力时，凡在中国之英王陛下法院任何未结案件，如原告或告诉人希望移交中华民国政府之主管法院时，应即交由该法院从速进行处理，并于可能范围内，适用英王陛下法庭所适用之法律。

（庚）英王陛下放弃给予其船舶在中华民国领水内关于沿海贸易或内河航行之特权。英王陛下之人民或公司用以经营此项事业之产业，如业主愿意出卖时，中华民国政府准备以公平价格收购之。中华民国政府放弃一八九四年三月一日在伦敦签订之专约第十二条所给予中国船舶在伊洛瓦底江关于航行之特权。如缔约一方在其任何领土内以沿海贸易或内河航行之权利给予任何第三国之船舶,则此项权利亦应同样给予缔约彼方之船舶,但以缔约彼方准许缔约此方之船舶在彼方领土内经营沿海贸易或内河航行为条件。沿海贸易与内河航行依照彼方有关法律之规定办理,不得要求彼方之本国待遇。惟双方同意,缔约一方之船舶在缔约彼方之领土内,关于沿海贸易及内河航行所享受之待遇,应与任何第三国船舶之待遇同样优厚,惟须遵守上述但书之规定。

(二)关于本约第五条第一节最末句,中华民国政府兹声明,该条内所指现有不动产权利之转让权所受之限制,中国官厅当秉公办理。如中国政府对于所提出之转让拒绝同意,而被拒绝转让之英王陛下之人民或公司请求收购时,中国政府本公平之精神及为避免使英王陛下之利益关系人民或公司损失起见,当以适当之代价收购该项权利。

(三)双方了解,通商口岸制度之废止不得影响现有之财产权,并了解,缔约一方之人民在缔约彼方之领土全境,得依照缔约彼方之法令所规定之条件,享受取得并置有不动产之权利。

(四)双方并同意,凡本约及本照会未涉及之问题,如有影响中华民国主权时,应由中华民国政府与联合王国政府之代表会商,依照普通承认之国际公法原则及近代国际惯例解决之。

乙、薛穆爵士复中国外交部长宋子文博士照会

顷准贵部长本日照会内开:"中华民国国民政府主席阁下与大不列颠爱尔兰及海外诸自治领君主兼印度皇帝陛下(代表大不列颠及北爱尔兰联合王国及印度)本日所签订之条约,于其谈判时曾讨论若干问题,双方均已同意,兹将关于各点所获之谅解记录于本照会之附件,该项附件作为本日所签订条约内容之一部份,并自该约生效之日起发生效力,如荷阁下以联合王国政府之名义证实此等谅解,本部长至深感幸。"等由。本大使兹特代表联合王国政府证实贵、我双方成立之谅解,正如贵部长照会之附件所记录者,该项附件作为本日所签订条约内容之一部份,并自该约生效之日起发生效力。

本大使顺向贵部长重表敬意。此致

中华民国外交部长宋阁下

西历一九四三年一月十一日

薛穆

丙、中国外交部长宋子文博士致黎吉生先生照会

中华民国国民政府主席阁下与大不列颠爱尔兰及海外诸自治领君主兼印度皇帝陛下（代表大不列颠及北爱尔兰联合王国及印度）本日所签订之条约，于其谈判时曾讨论若干问题，双方均已同意，兹将关于各点所获之谅解记录于本照会之附件，该项附件作为本日所签订条约内容之一部份，并自该约生效之日起发生效力。如荷阁下以印度政府之名义证实此等谅解，本部长至深感幸。

本部长顺向贵代表表示敬意。此致

印度驻中华民国专员公署黎吉生先生

中华民国三十二年一月十一日

宋子文

附件

（一）关于本约第二条及第八条第二项，双方了解：

（甲）英王兼印度皇帝陛下放弃关于在中国通商口岸制度之一切现行条约权利，中华民国国民政府主席与英王兼印度皇帝陛下相互同意，缔约一方之商船许其自由驶至缔约彼方领土内对于海外商运业已或将来开放之口岸、地方及领水，并同意，在该口岸、地方及领水内，给予此等船舶之待遇不得低于所给予各该本国船舶之特遇，且应与所给予任何第三国船舶之待遇同样优厚。缔约一方之"船舶"字样，指依照本约所适用该方领土内之法律登记者。

（乙）英王兼印度皇帝陛下放弃关于上海及厦门公共租界特别法院一切现行条约权利。

（丙）英王兼印度皇帝陛下放弃关于在中华民国领土内各口岸雇用外籍引水人之一切现行权利。

（丁）英王兼印度皇帝陛下放弃关于其军舰驶入中华民国领水之一切现行条约权利。中华民国政府与印度政府,关于缔约一方军舰访问彼方口岸,应依照通常国际惯例,相互给予优礼。

（戊）英王兼印度皇帝陛下放弃要求任用英籍臣民为中国海关总税务司之任何权利。

（己）所有现在中华民国领土内设置之英王兼印度皇帝陛下一切法院,既经依照本约第二条之规定于以停闭,该项法院之命令、宣告、判决及其他处分应认为确定案件,于必要时,中国官厅应予以执行。又,当本约发生效力时,凡在中国之英王陛下法院任何未结案件,如原告或告诉人希望移交中华民国政府之主管法院时,应即交由该法院从速进行处理,并于可能范围内,适用英王陛下法庭所适用之法律。

（庚）英王兼印度皇帝陛下放弃给予其船舶在中华民国领水内关于沿海贸易及内河航行之特权。英王陛下之人民或公司用以经营此项事业之产业,如业主愿意出卖时,中华民国政府准备以公平价格收购之。中华民国政府放弃一八九四年三月一日在伦敦签订之专约第十二条所给予中国船舶在伊洛瓦底江关于航行之特权。如缔约一方在其任何领土内以沿海贸易或内河航行之权利给予任何第三国之船舶,则此项权利亦应同样给予缔约彼方之船舶,但以缔约彼方准许缔约此方之船舶在彼方领土内经营沿海贸易或内河航行为条件。沿海贸易与内河航行依照彼方有关法律之规定办理,不得要求彼方之本国待遇。惟双方同意,缔约一方之船舶在缔约彼方之领土内,关于沿海贸易及内河航行所享受之待遇,应与任何第三国船舶之待遇同样优厚,惟须遵守上述但书之规定。

（二）关于本约第五条第一节最末句,中华民国政府兹声明,该条内所指现有不动产权利之转让权所受之限制,中国官厅当秉公办理。如中国政府对于所提出之转让拒绝同意,而被拒绝转让之英王兼印度皇帝陛下之人民或公司请求收购时,中国政府本公平之精神及为避免使英王陛下之利益关系人民或公司损失起见,当以适当之代价收购该项权利。

（三）双方了解，通商口岸制度之废止不得影响现有之财产权，并了解，缔约一方之人民在缔约彼方之领土全境，得依照缔约彼方之法令所规定之条件，享受取得并置有不动产之权利。

（四）双方并同意，凡本约及本照会未涉及之问题，如有影响中华民国主权时，应由中华民国政府与印度政府之代表会商，依照普通承认之国际公法原则及近代国际惯例解决之。

丁、黎吉生先生复中国外交部长宋子文博士照会

顷准贵部长本日照会，内开："中华民国国民政府主席阁下与大不列颠爱尔兰及海外诸自治领君主兼印度皇帝陛下（代表大不列颠及北爱尔兰联合王国及印度）本日所签订之条约，于其谈判时曾讨论若干问题，双方均已同意，兹将关于各点所获之谅解记录于本照会之附件，该项附件作为本日所签订条约内容之一部份，并自该约生效之日起发生效力。如荷阁下以印度政府名义证实此等谅解，本部长至深感幸。"等由。本代表兹特代表印度政府证实贵、我双方成立之谅解，正如贵部长照会之附件所记录者，该项附件作为本日所签订条约内容之一部分，并自该约生效之日起发生效力。

本代表顺向贵部长表示敬意。此致
中华民国外交部长宋阁下

西历一九四三年一月十一日
黎吉生

双方同意之会议记录
（中华民国三十二年一月十一日于重庆）

关于本日签订之条约，中国外交部长致英大使照会中附件第一节甲项，彼此了解，缔约双方为国防计，有权封闭任何口岸，禁止其一切海外商运。

关于本日签订之条约，中国外交部长致英大使照会中附件第一节庚项，英大使通知中国政府，印度与缅甸或与锡兰间之贸易一向认为沿

海贸易。

宋子文

薛穆

《中外旧约章汇编》第 3 册，第 1262—1272 页

薛穆致宋子文
1943 年 1 月 21 日

径启者：接准贵部长一月十一日关于九龙租借地事之照会。在该照会中，贵部长通知本大使，以中国政府对于此事，保留日后提出讨论之权等由。本大使兹答复，并奉告贵部长者：即本大使业已将上述通知转达本国政府矣。本大使顺向贵部长重表敬意。此致
中华民国外交部部长宋阁下

薛穆　一九四三年一月二十一日于重庆英国大使馆

《战时外交》第 3 卷，第 781—782 页

（四）关于中美中英新约草案的研讨

说明：在中美、中英新约谈判期间，国民政府相关部门对新约草案及谈判细节进行了详细的研讨。中国第二历史档案馆所藏国民政府档案中所记录的这些文件，有助于我们了解政府内部对于新约谈判的设想及考虑。

1. 军委会参事室与侍从室等来往文件

侍从室致王世杰
1942 年 12 月 7 日

径启者：顷奉委座交下外交部宋部长十二月四日签呈一件，为录呈

英方所拟换文草案中英订约会晤记录及中美订约来文,电请鉴核等由,并奉谕交参事室王秘书长审核等因。相应附函,送请查照遵办为荷。

此致

参事室王主任雪艇

　　附送(一)外交部原签呈一件;

　　(二)英方所拟中英换文草案原文及译文各一件;

　　(三)驻美大使馆十二月二日来电;

　　(四)发驻美魏大使电稿及译文各一件;

　　(五)宋部长十二月三日与英大使会晤记录及译文各一件。

国民政府军事委员会委员长侍从室启、十二、七

中国第二历史档案馆藏外交部档案,761/168

照译英方所拟中英换文草案

中华民国国民政府主席阁下与大不列颠爱尔兰及海外诸自治领君主兼印度皇帝阁下本日所签订之条约,于其议定之际,曾讨论并同意若干问题,兹将关于各所获之谅解记录。关于本照会附件,如荷阁下以联合王国及印度政府之名义就此等谅解予以证实,本代表至深感幸。

附件

一、关于本约第二条及第八条第二项,双方谅解:

英王陛下放弃一切有关于在华通商口岸制度之现行条约权利,关于海外商船待遇之问题,及在本日所签条约第八条所定之广泛条约缔定以前,兹同意缔约一方之商船得许其自由驶至缔约方对于海外商船现在开放或将来开放之口岸地方及领水,并同意对于缔约对方船舶给予之待遇不得劣于给予本国船舶或任何其他外国船舶之待遇,缔约一方之船,得许其自由驶至缔约彼方对于海外商船现在开放或将来开放之口岸地方以及领水,并同意对于缔约对方船舶给予之待遇不得劣于给予本国船舶或任何其他外国船舶之待遇,缔约一方之"船舶"一辞,指本约所适用该方领土内依法注册者。

英王陛下放弃一切关于上海及厦门公共租界特别法院之现行条约权利。

英王陛下放弃一切关于在中华民国领土口岸雇佣外籍引水之现行权利;中国政府因上海进口困难,为顾全大船航行之安全起见,声明顾于上海重行开放于同盟国家船舶之际国内雇充分数目之合格外籍领水,至适当数目之中国领水,受有训练而能接替时为止。

英王陛下放弃一切关于其兵舰驶入中国领水之现行条约权利,中华民国政府与联合王国政府关于缔约一方兵舰访问彼方口岸应依照一般国际惯例,互予优惠。

英王陛下放弃要求任用英籍臣民为中国海关总务税司之权利。

所有现在中华民国领土以内之英王陛下一切法院,既经依照本约第二条之规定予以停闭,任何该项法院之命令宣告、判决及其他处分均应视为确定案件,中国官员必要时应予执行,并在本约开始生效时,英王陛下在华法院之一切未结案件,倘原告或告诉人愿意,应移送中华民国政府之主管法院,由其尽量从速处理,至于可能范围内适用英王陛下法庭所适用之法律。

关于在中华民国领水内沿海贸易及内河航行之权利,虽与治外法权无关,应留待本日所签条约第八条所指之广泛条约时规定较为适当;英王陛下放弃英方商船所享在中国之沿海贸易及内河航行之权利,中国政府虽保留其权利使沿海贸易及内河航行限于悬挂中国国旗之船只,但声明因鉴于中国船只目前既准许在本约所适用之英王陛下领土内经营沿海贸易及内河航行之事实,在两国未成立进一步之协定时,中国政府无意用各种限制以阻止英王陛下方面之船只经营此项商业。

二、关于本约第五条第一节最末句,中国政府兹声明该条内所措现有不动产权利转让权之限制,中国官员当秉公处理,如中国政府对可提出之转让拒绝同意,而被拒绝转让之英王陛下之人民或公司愿意出售时,中国政府本公平之精神及为避免使英王陛下购买该项权利。

三、关于本日所签条约第六条双方了解本约并未阻止:

（甲）施行对于缔约一方人民在缔约彼方领土内之游历、居住及经商之各种限制，如此项同样限制亦施行于缔约彼方人民时；或

（乙）施行在战事期间为国家安全起见，而对于缔约一方之人民在缔约彼方领土内之游历及居住之各种限制，如此项同样限制亦施行于一切外国人民时。

四、双方谅解：一切关于个人身份之事件，包括一切有关婚姻能力、婚姻解除、婚姻对于配偶财产之效力、子女认知监护及一切有关遗嘱继承、法定继承、遗产分配与清理之各种问题，以及总而言之一切有关亲属法之事件，中国法院对于在华英王陛下人民均应适用关系当事人所隶之不列颠统治领土内之法律。

双方并谅解关于个人身份之事件，本约适用之英王陛下领土以内之法院均适用关系当事人所在地之法律。根据此项原则，英国法律或关系领土之法律对于中国人民，只于其在该领土以内设有无限之住所而无意离去时，方予适用，倘一中国人民只暂居于英王陛下领土而有意返回中国者，英王陛下领土内之法院应适用中国法律。

五、此项应加入关于购置不动产权利之相互谅解（未附原文）。

六、双方并同意：凡任何问题为有影响于中国主权而未包括于本约及本换文之内者，应由中国政府与英王陛下政府之双方代表会商，依照公认之国际公法原则及近代国际惯例解决之。

中国第二历史档案馆藏外交部档案，761/168

发驻美魏大使电

仰将下列节略照送国务院：

中国政府对于美国政府提议修正约稿及换文之节略，业经加以慎重考虑，鉴于两国间特殊友好之关系，决定对于美国政府所提之修正，除关于在中国领水内之沿海贸易及内河航行之一节外，全部予以接受。中国人民对于沿海贸易及内河航行问题，极端重视，故中国政府极盼对此问题能照外国军舰驶入中国领水问题，同样予以明白之解决。因此，

中国政府愿为下列之声述：

关于美方对于约稿之修正：

美国政府既对于接受中国所提关于平等互惠之第一条感觉有为难之处，中国政府同意将所提该条完全撤回。

同样，关于美国约稿第二条及第三条之第二段末尾"以及承认及保护该界内之一切合法权利"一节，中国政府为容纳美国政府愿望起见，同意将所提"但以不违背中华民国法令为限"附加文句予以撤回。

关于中国提案中第三段第一项所述美国草案中之"诈骗"字样一语，中国政府接受美方之修正如下："系以诈骗或类似欺诈或其他不正当之手段取得者不在此限，惟相互谅解此种权利取得时所根据之法定手续，如将来有任何变更之处，该项权利不得因之作废。"

关于我方对美草案第四条之增加文字之第一部分"双方并同意此项权利应遵守中华民国关于征收捐税、征用土地及有关国防之法令"，美国政府既表同意，中国政府深以为慰。

至于同条增加文字之第二部分，关于此项权利之移转于第三国政府或人民，中国政府重行考虑后仍希望能维持中国之提议，但愿意依照美国政府所提之方式或于所附换文内作一声明。

中国政府对于美国政府同意删去美国草案第五条中之"经营商业"数字，及同意中国关于开设领馆之意见，表示欣慰。

关于美方对于换文之修正：

（1）美方修改之第一段自首句至："中国境内各口岸外籍引水人之雇佣等一并放弃"止，均可无更改接受。至于对美方海洋商船开放口岸一节，中国政府提议为代替列举口岸名称起见，加入下列字句："鉴于通商口岸制度之废止，彼此谅解，凡中国境内已对美国海洋商船开放之沿海口岸，于本约及所附换文生效后，对此项商船仍予开放。"

（2）至于第二段关于海洋商船之待遇及第三段关于军舰之访问，中国政府对于美方草案亦表赞同。

（3）对于沿海贸易及内河航行一点，中国政府愿重申其对于此问

题之重视,并提议以下列字句代替美方草案之第四段:

"双方相互谅解美国政府放弃美方船只所享受在中国领水内关于沿海贸易及内河航行之特权,中国政府准备以适当之代价收购美方既在经营此项事业之一切产业。"

双方并谅解倘日后中国在任何情形下给予任何第三国之船舶以内河航行或沿海贸易权,应给予美国船舶以同等之权利。

美方所提换文稿之其余各段自"双方相互谅解凡本条约及本换文未涉及之问题"一语以下至换文末段,均可完全接受。

中国第二历史档案馆藏外交部档案,761/168

参事室致侍从室第二处

1942 年 12 月 9 日

案准本月七日侍秘川字第一四八五号大函,为奉交下外交部宋部长签呈暨英方所拟换文草案,中英订约会晤纪录及中美订约来文等件,并奉谕交本室审核等因。请查照遵办。等由。兹经办理完竣,缮具研究意见签呈一件,连同原送各件,函请贵处查照转呈为荷。此致

侍从室第二处

附件(照抄来文)

十二月九日

中国第二历史档案馆藏外交部档案,761/168

参事室签呈稿

1942 年 12 月 9 日

谨签呈者:奉钧谕研究中美、中英订约谈判书。兹将研究结果签呈如次:

(甲)关于中美订约及换文事,认为我外交部所提出之主张殊为慎密。与美磋商之结果亦甚良好。现在对美约稿及换文稿,除内河航权及沿海贸易问题外,彼此已无意见上之差异。我外交部最后发致魏使

之训令,对于内河航权及沿海贸易问题,提议两点:(一)"双方相互谅解:美国政府放弃美方船只所享受在中国领水内关于沿海贸易及内河航行之特权,中国政府准备以适当之代价收购美方既在经营此项事业之一切产业。"(二)"双方并谅解:倘日后中国在任何情形下给予任何第三国之船舶以内河航行或航海贸易权,应给予美国船舶以同样之权利",以上第一点自极妥当。至于第二点,在原则上亦无大碍。但其词句为一片面而非相互给予"利益均沾"之条款。最终定约时,我加:"此种情形如果发生,则美国亦给予中国船舶以内河航行或沿海贸易同样之权利"一句,似此则在方式上为互惠。预计此种磋商,美政府必不难同意,因美政府申明彼已将此等权利给予其他缔约国也。

(乙)关于中英订约及换文事,情形较为复杂。其中至少有两点,我方似应坚持:(一)九龙租界地必须收回;(二)原草约第六款中之"及经营商业"一辞,必须删除。此点美国既已表示同意,我如坚持原意,应可办到。其他彼此意见相异各点,我方似可坚持,一律照中美间商定之结论解决,英方所提各点,如涉及国际私法适用问题诸项,亦以在未来商约中详定为宜;我外部在谈话时该此点之表示,至为恰当。

以上研究结果,是否有当,谨连同发交研究之原件并呈,敬祈察核,
谨呈
委员长
　附缴呈原件

参事室主任王○○谨呈

中国第二历史档案馆藏外交部档案,761/168

参事室签呈稿

1942 年 12 月 22 日

谨签呈者:奉交我外交部呈送中英新约谈判会议记录、英国大使馆与吴次长来往函件、暨该部关于中英订约审查意见各件,饬审核等因。谨查外交部所采立场,均甚妥善,似应照该部所预定方针办理。又次列

二点，拟并请钧座察知注意。

"经营商业"问题　关于本问题，依台克满致吴次长函，则我方在谈判时似曾表示可以接受"国民待遇"之原则。惟认此事须在商约中规定而已。但据吴次长复台克满之函，则仅谓此一问题宜在商约规定，并未对"国民待遇"之原则作何表示。吴次长复函如此措词甚允当。大概将来商订商约之时，关于经营商业问题，我方不得不承认，"国民待遇"之原则可以适用于若干商业方面，势亦能认其可以适用于任何商业。因此之故，英方倘希于此次文以外得到一种关于此问题之了解，我方最好仍然设法拒绝。倘无法完全拒绝，我方似亦只能承认将来订商之时，当尽可能之范围考虑"国民待遇"的原则之适用。

购置不动产问题与双层国籍问题　此两问题，我方应仍照外交部原来意见，不在换文中规定。

以上所陈，是否有当，敬乞察核。谨呈

委员长

　　附缴呈原送各件

　　　　　　　　　　　　　参事室主任王○○谨呈

　　　　　　　　　　　　　卅一年十二月廿二日发

谨签呈者：

关于中英订约本月十四日谈判记录，外交部对此之审查意见，以及台克满与吴次长来往函件，职室研究结果，认为外交部之主张大体均妥善，惟（一）其中关于经营商业一点，我方原主张留待商约中，再行计议。我方之用意，原在反对在第八条中所指之广泛条约未行缔结以前，应先与英国国民以国民待遇，尤不愿立即在条约中规定此种待遇，以束缚中国日后之立场。即在本月十四日之谈判中，宋部长虽允对上述第一种方式重加检讨，但同时表示，"深感中国政府难以同意"。但本月十五日台克满略似交换记录之来函中，竟直谓："敝方了解，贵方接受关于经营商业彼此给予国民待遇之原则，但认为此事以在商约中规定为宜。敝方对此甚为重视，以为至少应将此点在条约中明白提及。"而吴次长复函第二点云:关于彼此国民经营商业之待遇,中国政府仍以为此项问题,在新商议中规定,较为合宜。此种措词,固已答复台克满来函中所云:"至少应将此点在本约中明白提及",但对台克满来函中所云:"敝方了解,贵方接受关于经营商业彼此给予国民待遇之原则"一段,似尚未能与以辩正。盖我方是否已完全同意,愿"接受关于经营商业彼此给予国民待遇之原则",因之而束缚中国日后商订商约时之立场,本为一事,而是否"应将此点在条约中明白提及",又另为一事也。查吴次长英文原函中所用文字样为在新商约中"dealt with",此两字似应译为"议及"二字较妥,外交部中译意竟用"规定"二字,较"议及"二字尤缺乏弹性,然无论如何,我方对台克满来函中所云,中国已接受此项原则一点,似须有一明白表示,以免日后英方认此为双方同意之记录,而以之束缚中国之立场也。

(二)关于中国人民在伊洛瓦底江所享有之航行权问题,吴次长去函中所云,极为得体,但台克满来函中之词句,似认定此种权利为一八九四年中英条约第十二条中之规定,而国际公法及习惯关于国际河流之一般权利,英方日后同意放弃在华之内河航行及沿海贸易权,则英方同时必将坚持收回中国人民在伊洛瓦底江所享有之航权,我方关于此点,似应及早做充分之准备。

关于购置不动产一节,英方之两种建议虽均平等互惠,但外交部之意见第五点,已明白提出两国之经济情形不同,其主张甚为正确。查关于此点之症结,似在是否适用国民待遇一点,英方之第二种建议,虽未明言国民待遇,但其所言缔约国之法令所规定之条件一语,是否意指适用于本国国民之法令? 若然,则仍无异于国民待遇。

关于在上海口岸雇佣引水人问题,吴次长去函英文原文中本谓足额(adequate)之数目,而非"相当数目"。查此点宋外长既已事先允诺,且又不用正式换文,似无大碍。

中国第二历史档案馆藏外交部档案,761/168

侍从室致参事室

1943 年 6 月 21 日

外交部对于中英新约草案意见书

约首

查英方原草案中"……借以解决若干与在中国之管辖权有关之事件……"字样不妥,且为中美关系条件原草案约首所无,拟删。

第一条(此条关于本约适用之范围,系英方新添)

草案第一条第一项规定新约所适用于英方之领土,不包括自治领在内,盖以自治领别具缔约权,英国不能擅自签订束缚其自治领之条约,我国分别与自治领缔约,于我似有利无害,因各自治领之缔约条件,不致较英方为苛,此点似可赞同。

同条第二项"即指一切中国人民",应改为"即指一切中华民国人民"。

第二条(此条关于废止治外法权事项,与中美关系条约原草案第一条相同)

本条以无条件废止中英现行各条约及各协定中有关治外法权之一切条款,并规定英国人民在中国境内依照国际公法原则及国际惯例受中国政府之管辖,尚属妥善。

第三条(此条关于使馆界事项,与中美关系条约原草案第二条相同)

本条第二项中"承认及保护该界内之一切合法权利"下,拟照致美方答案,添"但以不违背中国法令者为限"一句。

第四条(此条第一、第二两项关于上海、厦门公共租界事项,与中美关系条约原草案第三条相同,第三、第四两项关于天津、广州租界事项为英方原草案所添,第五、第六两项关于九龙事项为我方拟添)

本条第二项关于"……承认及保护公共租界内一切合法权利"下,及第四项关于"……承认及保护该两租界内之一切合法权利"下,均拟添"不违背中国法令者为限"一句。

关于九龙租借地事项,拟加入本条中,兹另拟二项于后,列为第五、第六两项。

第五项　英王陛下认为一八九八年六月九日在北京签订之《中英展拓香港界址专条》应予废止,并同意该专条所给予英王陛下联合王国政府之一切权利,即予停止。

第六项　英方在九龙租借地(如该专条附图所示者)之行政与管理权,连同其官有资产与官有债务,应移交中华民国政府,并相互谅解,中华民国政府于接收该租借地行政与管理之时,应拟定办法,担任并履行其一切官有义务及债务,并承认并保护该地内之一切合法权利,但以不违背中国法令者为限。

第五条(此条关于业经取得之不动产事项,与中美关系条约原案第四条大致相同,"不在此限"下一段系英方新添者)

本条第一项"不动产之权利以诈欺取得者"一句中,拟照中美关系条约修正草案第五条于"诈欺"二字下添"或其他非法手段",并在"不在此限"四字下添一但书,"惟双方同意此项权利之行使不得违背中国关于征收捐税、征用土地及有关国防法令,并非经中国政府之许可,不得移转于第三国政府或人民(包括公司)。"

同项"不在此限"下,英方加"其于日本占领期间以没收方法而取得者,应照公平条件归还原主"一段拟删去,理由有二:(一)与中美关系条约修正草案取其一致;(二)在日军占领期间英人财产落入华人手中者多,而华人财产落入英人手中者少,归还原主于英特别有利。

第六条(此条关系内地旅行、居住、法律手续、司法、行政事项,与中美关系条约原草案第五条相同)

本条"……关于各项法律手续、司法、行政、各种租税之征收及有关事项,以及经营商业不低于各该本国人民与公司之待遇"内之"以及经营商业"一段,拟照中美关系条约修正草案删去。

第七条(此条关于设领事项,与中美关系条约原草案第六条意义相同,而文字略异)

本条内"彼此之领事官……得在对方国现在或将来允许任何外国设领之口岸与城市驻扎",拟照中美关系条约修正草案改为"……得在对方国所同意之口岸与城市驻扎"。

又本条内之"……与公司……"字样系英方所添,拟一律删去。

第八条(此条关于订立通商航海条约事项,与中美关系条约原草案第七条相同)

本条第一项关于缔结广泛性新商约一项,尚属妥善。

本条第二项中"……任何问题发生而不在本条约范围内,或不在中英两国间现行而未经本约废止,或与本约不相抵触之条约专约及协定之范围内者……",拟照中美关系条约修正草案改为"……任何问题发生而不在本条约及换文范围内,或不在中英两国间现行而未经本约及换文废止,或与本约及换文不相抵触之条约专约及协定之范围内者……"。

第九条(此条关于批准互换生效事项,与中美关系条约修正草案相同)

本条关于签字、盖印及批准等事,为例行规定,似甚妥善。

附加意见三则

一、在新约中拟照致美方答案加一条,文曰"中华民国与大不列颠北爱尔兰联合王国及印度之关系,应以平等互惠之原则为基础",此条列为新约第一条。

二、查中英新约草案内,关于(1)口岸制度;(2)沿岸贸易、内河航行、外人引水;(3)外国军舰游弋驻泊;(4)总税务司雇用外人等权尚无明文放弃,拟照致美方答案以换文方式声明作废。

三、刘公岛租借地因一九四零年方展期十年,拟暂不提。

换文

本代表奉政府之命声明如下:关于本日签字之中华民国政府主席阁下,与大不列颠爱尔兰及海外诸自治领君主兼印度皇帝陛下间废除治外法权及其有关权利之条约,本国政府之了解以为通商口岸及上海与厦门公共租界特区法院之制度,外国人民经营沿海贸易与内河航行,外国籍引水人之雇用,中国海关之雇用外国籍总税务司,外国军舰事先未获得中国政府之同意,驶入中国口岸,均包括于本约废除范围;本代表应请贵代表证实上项了解为荷。

本代表顺向

贵代表重表敬意

中国第二历史档案馆藏外交部档案,761/168

中英新约修正草案译文

中　华　民　国　国　民　政　府　主　席
不列颠爱尔兰及海外诸自治领君主兼印度皇帝陛下 愿以友好精神
确定两国间之一般关系,(删去——借以解决若干与在中国之管辖权有关之事件)订立本约,为此简派全权代表如左:

中华民国国民政府主席阁下特派

大不列颠爱尔兰及海外诸自治领君主兼印度皇帝陛下(本约此后简称英王陛下)特派

两全权代表各将所奉证书,互相校阅,均属妥善,议定条款如左:

第一条(此条系照中美关系条约修正草案而增添者)

中华民国与大不列颠北爱尔兰联合王国及印度之关系应以平等互惠之原则为基础。

第二条(中美关系条约原草案及修正草案无此条)

(一)本约所指缔约双方之领土,在英王陛下方面,指大不列颠北爱尔兰联合王国、印度、一切殖民地、海外领土、保护国、在英王保护或宗主权下之一切疆土以及其联合王国政府所执行委托统治之一切委任统治地;在中华民国国民政府主席阁下方面,指中华民国之一切领土,本约中以下各条所称缔约此方或彼方之领土,即系本约所指之上述各该方领土。

(二)本约"缔约当事一方(或他方)人民"一辞,关于英王陛下方面,即为本约所指领土内之一切不列颠臣民以及在不列颠保护下之人民,关于中华民国方面,即指一切中华民国人民。

(三)本约"缔约当事一方(或他方)公司"一辞,解释为依本约所指各该方领土之法律而组成之有限公司及其他公司、合伙暨社团。

第三条(此条与中美关系条约修正草案第二条相同)

现行中华民国国民政府主席阁下与英王陛下间之条约与协定,凡规定英王陛下或其代表,得管辖在中华民国领土内英王之臣民或公司之一切条款,兹特撤销作废。英王之臣民或公司在中华民国领土内,应依照国际公法之原则及国际惯例受中华民国政府之管辖。

第四条(此条与中美关系条约修正草案第三条相同)

(一)英王陛下认为一九零一年九月七日中华民国政府与他国政府包括英王陛下联合王国政府在北京签订之议定书应予废止,并同意该议定书及其附件所给予英王陛下联合王国政府之一切权利即予停止。

(二)英王陛下联合王国政府愿协助中华民国政府与其他有关政府成立必要之协定,俾将北平使馆界之行政与管理权,连同使馆界内之一切官有资产与官有债务移交于中华民国政府,并相互谅解,中华民国政府于接收使馆界行政与管理权之时,应拟定办法,担任并履行使馆界内之一切官有义务及债务,并承认及保护该界内之一切合法权利,但以不违背中华民国法令为限。

(三)中华民国政府兹允许英王陛下之政府为公务上之目的,有权继续使用在北平使馆界内已划与英王陛下联合王国政府之土地,其上一部分建有属于英王陛下联合王国政府之房屋。

第五条(此条第一、二两项与中美关系条约修正草案第四条相同,第三、四两项关于天津、广州租界事项,为英方草案所添,第五、六两项关于九龙事项为我方添拟)

(一)英王陛下认为上海及厦门公共租界之行政与管理权,应归还中华民国政府,并同意凡与上述租界有关而属于英王陛下之权利即予废止。

（二）英王陛下联合王国政府愿协助中华民国政府与其他有关政府成立必要之协定，俾将上海及厦门公共租界之行政与管理权，连同上述租界之一切官有资产与官有债务移交与中华民国政府，并相互谅解，中华民国政府于接收上述租界行政与管理权之时，应拟定办法，担任并履行上述租界之官有义务及债务，并承认及保护上述租界内之一切合法权利，但以不违背中华民国法令为限。

（三）英王陛下同意将天津英租界（包括英方工部局所管全部区域）及广州租界之行政与管理权归还中华民国政府，又同意凡与上述两租界有关而属于英王陛下之权利，即予废止。

（四）天津英租界（包括英方工部局所管全部区域）及广州英租界之行政与管理权，连同其他官有资产与官有债务，应移交中华民国政府，并相互谅解，中华民国政府于接收该两租界行政与管理权之时，应拟定办法，担任并履行该两租界内之一切官有义务及债务，并承认及保护该两界内之一切合法权利，但以不违背中华民国法令为限。

（五）英王陛下认为一八九八年六月九日在北京签订之《中英展拓香港界址专条》应即废止，并同意该专条所给予英王陛下联合王国政府之一切权利，即予停止。

（六）英方在九龙租借地（如该专条附图所系者）之行政与管理权连同其官有资产与官有债务，应移交中华民国政府，并相互谅解，中华民国政府于接收该租借地行政与管理权之时，应拟定办法，担任并履行其一切官有义务及债务，并承认及保护该地内之一切合法权利，但以不违背中华民国法令者为限。

第六条（此条与中美关系条约修正草案第五条大致相同，“不在此限”下一段系我方拟添者）

（一）为使英王陛下之人民及公司或英王陛下联合王国政府在中华民国领土内业经取得之不动产之权利，不致发生任何问题，特别是由于本约第二条规定所废止各条款而发生之问题，双方同意上述现有之权利,不得所有作废,并不得以任何理由加以追究,但依照法律手续提出证据,证明此项权利系以诈欺或其他非法手段取得者不在此限(删去——其于日本占领期间以没收方法而取得者,应照公平条件归还原主)。惟双方同意此项权利之行使,不得违背中国关于征收捐税、征用土地及有关国防之法令,并非经中国政府之许可,不得移转于第三国政府或人民(包括公司)。

(二)政府享有之不动产永租契或其他契据,为欲另行更换为所有权新契据时,中华民国官所不得征收任何费用,此项所有权新契据,应充分保障持有上述租契或其他契据人合法之继承人及受让人,并不得减损其原来权益,包括转让权在内。

(三)双方并同意中华民国官厅不得向英王之臣民或公司或英王陛下联合王国政府征收涉及本约生效以前有关土地移转之任何费用。

第七条(此条与中美关系条约修正草案第六条相同)

英王陛下同意中华民国人民在英王陛下每一领土全境内享有旅行、居住及经商之权利,中华民国政府主席阁下同意予英王之人民在中华民国领土内享有相同之权利,缔约双方在各该领土之内,务必给予对方之人民与公司关于各项法律手续、司法行政、各种租税之征收与其有关事项(删去——以及经营商业),不低于各该本国人民与公司之待遇。

第八条(此条与中美关系条约修正草案第七条意同而文字略异)

缔约一方之领事官获得对方国所给予之领事执行职务证书后,得在对方国(删去——现在或将来允许任何外国设领)所同意之口岸与城市驻扎,缔约一方之领事官在他方领土内,于其所辖领事区内,享有访问与指示其本国人民(删去——与公司)及与其通讯之权,而缔约一方之人民(删去——与公司)在他方领土之内亦随时有与其本国领事官通讯之权,遇有缔约一方之人民在他方领土之内被地方官所逮捕、拘留时,该主管官所应立即通知对方领事区内之领事官,该领事官于其管辖区域范围以内,有探视其本国任何被拘或在狱候审人民之权利,缔约一方人民在他方境内被监禁者,其与本国领事官之通信,地方官所应予转达,与其缔约一方之领事官在他方领土内,应享有现代国际惯例所给予之权利、特权与豁免。

第九条(此条与中美关系条约修正草案第八条相同)

(一)缔约国双方相互同意经一方之请求,或于抵抗敌国之战事停止后至迟六个月内,进行谈判,签订一现代广泛之友好通商航海设领条约,此项条约将以近代国际程序与缔约双方近年来与他国政府所缔结之近代条约中,所表现之国际公法原则与国际惯例为根据。

(二)前项广泛条约未经订立以前,倘日后遇有涉及中华民国领土内英王之人民与公司或英王陛下联合王国政府或印度政府权利之任何问题发生,而不在本条约及换文范围内,或不在缔约双方间现行而未经本约及换文废止或与本约及换文不相抵触之条约、专约及协定之范围内者,应由缔约双方之代表会商,依照普通承认之国际公法原则及近代国际惯例解决之。

第十条(与中美关系条约修正草案相同)

本条约应予批准,批准书应于重庆迅速互换,本条约自互换批准书之日起,发生效力。

上开全权代表,爰于本约签字盖印,以昭信守。

本约二份订于重庆　　　　年　　　月　　　日

中国第二历史档案馆藏外交部档案,761/168

中英新约草案

中　华　民　国　国　民　政　府　主　席
大不列颠爱尔兰及海外诸自治领君主兼印度皇帝陛下　愿以友好精神确定两国间之一般关系,借以解决若干与在中国之管辖权有关之事件,为此决定缔结条约,爰各简派全权代表如左:

中华民国国民政府主席阁下特派

大不列颠爱尔兰及海外诸自治领君主兼印度皇帝陛下(本约此后

简称英王陛下）特派

两全权代表各将所奉全权证书互相校阅，均属妥善，议定条款如左：

第一条

（一）本约所指缔约双方之领土，在英王陛下方面，指大不列颠联合王国、北爱尔兰、印度、英王之一切殖民地、海外领土、保护国、在英王保护或宗主权下之一切疆土以及其联合王国政府所执行委托统治之一切委托统治地；在中华民国国民政府主席阁下方面，指中华民国之一切领土，本约中以下各条所称缔约此方或彼方之领土，即系本约所指之上述各该方领土。

（二）本约"缔约当事一方（或他方）人民"一辞，关于英王陛下方面，即为本约所指领土内之一切不列颠臣民以及在不列颠保护下之人民，关于中华民国方面即指一切中华民国人民。

（三）本约"缔约当事一方（或他方）公司"一辞，解释为依本约所指各该方领土之法律而组成之有限公司及其他公司、合伙暨社团。

第二条

现行中华民国国民政府主席阁下与英王陛下间之条约与协定，凡规定英王陛下或其代表，得管辖在中华民国领土内英王之臣民或公司之一切条款，兹特撤销作废。英王之臣民或公司在中华民国领土内，应依照国际公法之原则及国际惯例受中华民国政府之管辖。

第三条

（一）英王陛下认为一九零一年九月七日中华民国政府与他国政府包括英王陛下联合王国政府在北京签订之议定书应予废止，并同意该议定书及其附件所给予英王陛下联合王国政府之一切权利即予停止。

（二）英王陛下联合王国政府愿协助中华民国政府与其他有关政府成立必要之协定，俾将北平使馆界之行政与管理权，连同使馆界内之一切官有资产与官有债务移交于中华民国政府，并相互谅解，中华民国政府于接收使馆界行政与管理权之时,应拟定办法,担任并履行使馆界内之一切官有义务及债务,并承认及保护该界内之一切合法权利。

(三)中华民国政府兹允许英王陛下之政府为公务上之目的,有权继续使用在北平使馆界内已划与英王陛下联合王国政府之土地及其上一部分建有属于英王陛下联合王国政府之房屋。

第四条

(一)英王陛下认为上海及厦门公共租界之行政与管理权应归还中华民国政府,并同意凡与上述租界有关而属于英王陛下之权利即予废止。

(二)英王陛下联合王国政府愿协助中华民国政府与其他有关政府成立必要之协定,俾将上海及厦门公共租界之行政与管理权,连同上述租界之一切官有资产与官有债务移交与中华民国政府,并相互谅解,中华民国政府于接收上述租界行政与管理权之时,应拟定办法,担任并履行上述租界之官有义务及债务,并承认及保护上述租界内之一切合法权利。

(三)英王陛下同意将天津英租界(包括英方所管全部市行政区域在内)及广州英租界归还中华民国政府统治管理,又同意凡与该两租界有关而属于英王陛下之权利即予废止。

(四)天津英租界(包括英方所管全部市行政区域在内)及广州英租界之行政与管理,连同其官方资产与官方债务,应移交中华民国政府,并相互谅解,中华民国政府于接收该两租界行政与管理权之时,应拟定办法,担任并履行该两租界内之一切官有义务及债务,并承认及保护该两界内之一切合法权利。

第五条

(一)为使英王陛下之人民及公司或英王陛下联合王国政府在中华民国领土内业经取得不动产之权利,特别是由于本约第二条规定所废止各条约及协定之各条款不致发生任何问题起见,双方同意上述现有之权利不得取消作废,并不得以任何理由加以追究,但依照法律手续提出证据,证明此项权利系以诈欺取得者不在此限,其于日本占领期间以没收方法而取得者,应照公平条件归还原主。

(二)双方并同意中华民国政府对于英王之人民或公司或英王陛下联合王国政府享有之不动产永租契或其他契据,如欲另行更换为所有权新契据时,中华民国官所不得征收任何费用,此项所有权新契据,应充分保障持有上述租契或其他契据人合法之继承人及受让人,并不得减损其原来权益,包括转让权在内。

(三)双方并同意中华民国官所不得向英王之臣民或公司或英王陛下联合王国政府征收涉及本约生效以前有关土地移转之任何费用。

第六条

英王陛下同意中华民国人民在英王陛下各处领土全境内享有旅行、居住及经商之权利,中华民国政府主席阁下同意予英王之人民在中华民国领土内享有相同之权利,缔约双方在各该领土之内,务必给予对方之人民与公司关于各项法律手续司法行政各种租税之征收与有关条件,以及经营商业不低于各该本国人民与公司之待遇。

第七条

缔约一方之领事官获得对方国所给予之领事执行职务证书后,得在对方现在或将来允许任何外国设领之口岸与城市驻扎,缔约一方之领事官,在他方领土内于其所辖领事区内享有访问与指示其本国人民与公司,及与其通讯之权,而缔约一方之人民与公司在他方领土之内,亦随时有与其本国领事官通讯之权,遇有缔约一方之人民在他方领土之内被地方官所逮捕或拘留时,该主管官所应立即通知其在该管领事区内之本国领事官,该领事官于其辖区范围以内,有探视其本国任何被拘或在狱候审人民之权利,缔约一方人民在他方境内被拘,其与本国领事官之通信,地方官所应予转达该管领事官,缔约一方之领事官在他方领土之中,应享有现代国际惯例所给予之权利特权与豁免。

第八条

(一)缔约国双方相互同意,经一方之请求,或于抵抗敌国之战事停止后至迟六个月内,进行谈判,签订一现代广泛之友好通商航海设领条约,此项条约将以近代国际程序与缔约双方近年来与他国政府所缔结之近代条约中,所表现之国际公法原则与国际惯例为根据。

(二)前项广泛条约未经订立以前,倘日后遇有涉及中华民国领土内英王之人民与公司或英王陛下联合王国政府或印度政府权利之任何问题发生,而不在本条约范围内,或不在缔约双方间现行而未经本约废止或与本约不相抵触之条约、专约及协定之范围内者,应由缔约双方之代表会商,依照普通承认之国际公法原则及近代国际惯例解决之。

第九条

本条约应予批准,批准书应于重庆迅速互换,本条约自互换批准书之日起发生效力。

上开全权代表,爰于本约签字盖印,以昭信守。

本约二份订于重庆　　　年　　月　　日

中国第二历史档案馆藏外交部档案,761/168

中英新约草案初步审查意见

按中英新约草案其内容与中美新约草案,除增列数点外完全相同,兹就增列部分签注初步审查意见于后:

一、应予赞同之点

I.草案第一条第一项规定新约所适用于英方之领土不包括自治领在内,盖以自治领别具缔约权,且按一九二六年帝国会议(Imperial Conference)之决议及一九三一年 The Statute of Westminster 之规定,自治领与联合王国间无论就内政或外交而言,彼此平等,不相隶属,故英国不能擅自签订束缚其自治领之条约,而我国分别与自治领缔约,于我似有利无害,盖无论如何,各自治领之缔约条件,似不致较英方为苛,此点可予赞同。

II.草案第二条(相当于中美草约第三条)关于交还租界行政与管

辖权一事增列天津、广州两英租界之交还,我方自无异议。

Ⅲ.草案第五条(相当于中美草约第四条)第一项后加"其于日本占领期间以没收方法而取得者,应照公平条件归还原主"一款,我方可无异议。

(二)应予考虑之点

Ⅰ.草案第一条第一项规定条约所适用于英方之领土,不包括自治领在内,现在加拿大、澳洲联邦、纽西兰均已表示准备与我另订新约,但南非联邦、爱尔兰自由邦尚未有表示。又纽芬兰在一九三三年前早经认为自治领,但以内部之纷乱,复于该年受英国(指联合王国)政府之统治,实际上无缔约,据草案第一条第一项英方领土是否包括纽芬兰在内,英方应予说明。

Ⅱ.各自治领政府及其人民在华所享受之特权,原以中英不平等条约为根据,今中英不平等条约既已废止,则各自治领政府及其人民所享之特权失其根据,我方应于中英新约签订之日同时作一声明如下:"中英两国业经根据平等互惠原则签订新约,废除英国在华所享有之一切片面特权,凡援用过去中英条约而在华享有此种特权之自治领其在华享有之特权自应随本约生效而消灭,中国深愿与各自治领签订条约建立友好关系。"

Ⅲ.草案第一条第一项对于条约所适用英方之领土既采列举方式,依其文义香港亦包括在内,我国是否同意。又九龙为租借地,应于订约时交涉收回。

Ⅳ.草案第七条(相当于中美草约第六条)关于设领地点之规定,英方口头表示须于换文声明:印度首都新德里及深拉(Simla)(该两地有伊朗、阿富汗及尼泊尔领馆)为例外一节,拟仍照中美约稿修正为"彼此之领事官……得在对方国所同意之口岸与城市驻扎……",如此则换文或默契均无必要。

Ⅴ.草约中并未提及英国在西藏特权,我方应乘此新约签订之时提出交涉。

附一九二六年帝国会议决议摘要（略）

中国第二历史档案馆藏外交部档案，761/168

参事室拟定关于中英中美新约的
意见方案及王世杰批

1943 年 9 月 2 日

方案一　治外法权取消后英国在华商务关系——中国应有开明政策以鼓励互惠商业之继续及进行。

方案二　中国移民——中国应有政策、声明，尊重英美各国对此问题之决定权，并声明决无增加移民之要求。

方案三　东三省——东三省及中国他处之发展将均需要英美之投资等等。但东三省之发展为整个中国发展之一部，不特视为特殊区域，不容亦无须日本单独之助力。

方案四　高丽——高丽需要国际助力，而不是日本单独之助力。

方案五　日本工商业——应予维持，但不能因此而妨及远东各地幼稚经济生活之合理生长。

方案六　香港及 Key Points——如有全球性之制度，中国可以善意考虑合作。如基于各帝国过去之占领或租借权益而强立一制度于东亚，则极不公允。

方案七　不列颠殖民政策——实行扶植政策之时期与方式之保证，须要中立分子更高度之参加。

方案八　太平洋区域会议——应分分子国与参加国。非太平洋国家而在太平洋有殖民权益者只对于该殖民地之安全及进步一事参加责任。但此会议之如何组成、目的如何、处理方式如何、武力何在，需要积极建议。

存　　　　　　　　　　　　　　　　　世杰　　九、二

中国第二历史档案馆藏外交部档案，761/168

参事室关于中英关系条约草案译文
与中美新约草案译文比较批注

1943 年 9 月　　日

中英关系条约草案译文

中　华　民　国　国　民　政　府　主　席

大不列颠爱尔兰及(海外)诸自治领君主兼印度皇帝陛下 愿以友好精神确定两国间之一般关系,借此解决若干与在中国之管辖权有关之事件,为此决定缔结条约,爰各简派全权代表如左:

中华民国政府主席阁下特派

大不列颠爱尔兰及海外自治领君主兼印度皇帝陛下(本约此后简称英王陛下)特派

两全权代表各将所奉全权证书互相校阅,均属妥善,定条款如左:

第一条　略

第二条

现行中华民国国民政府主席阁下与英王陛下间之条约与协定,凡规定英王陛下或其代表,得管辖在中华民国领土内英王之居民或公司之一切条款,兹特撤销作废。英王之臣民或公司,在中华民国领土内,应依照国际公法之原则及国际惯例受中华民国政府之管辖。

第三条

(一)英王陛下认为一九〇一年九月七日中华民国政府与他国政府,包括英王陛下联合王国政府,在北京签订的议定书应予废止,并同意该议定书及其附件中所给予英王陛下联合王国政府之一切权利即予停止。

(二)英王陛下联合王国政府愿协助中华民国政府,与其他有关政府成立必要之协定,俾将北平使馆界之行政与管理权,连同使馆界内之一切官有资产与官有债务,移交中华民国政府,并相互谅解,中华民国政府于接收使馆界内之一切官有资产与官有债务时,应拟定办法[△美草约为"准备"]担任并履行使馆界内之一切官有义务及债务,并承认及保护该界内之一切合法权利。

（三）中华民国政府兹允许英王陛下之政府，为公务上之目的，有权继续使用在北平使馆界内之已划与英王陛下建有属于英王陛下联合王国政府之房屋。

第四条

（一）英王陛下认为上海及厦门公共租界之行政与管理权，应归还中华民国政府，并同意与上述租界有关而属于英王陛下之权利，即予废止。

（二）英王陛下联合王国政府愿协助中华民国政府，与其他有关政府成立必要之协定，俾将上海及厦门公共租界之行政与管理权，连同上述租界之一切官有资产与官有债务，移交与中华民国政府，并相互谅解，中华民国政府于接收上述租界行政与管理权之时，应拟定办法，担任并履行上述租界之官有义务及债务，并承认及保护上述租界内之一切合法权利。

（三）英王陛下同意将天津英租界（包括英方所管全部市政区域在内）及广州英租界归还中华民国政府统治管理，又同意凡与该两租界有关而属于英王陛下之权利，即予废止。

（四）天津英租界（包括英方所管全部市政区域在内）及广州英租界之行政与管理，连同官方资产与官方债务，应移交中华民国政府，并相互谅解，中华民国政府于接收该两租界行政与管理之时，应拟定办法，担任并履行该两租界内之一切官有义务及债务，并承认及保护两租界内之一切合法权利。

第五条

（一）为使英王陛下之人民及公司或英王陛下联合王国政府在中华民国领土内业经取得不动产之权利，特别是由于本约第二条规定所废止各条约及协定之各条款发生任何问题起见，双方同意上述现有之权利不得取消作废并不得以任何理由加以追究[△美草约为"非难"]。但依照法律手续提出证据证明此项权利系诈欺取得者不在此限，其于日本占领期间以没收方法而取得者应照公平条件归还原主[△美草约所无]。

（二）双方并同意中华民国政府对于英王之人民或公司或英王陛下联合王国政府享有之不动产永租契约或其他契据，如欲另行更换为所有权新契据时[△美草约"永租契"上有"所有权"三字]，中华民国官方不得征收任何费用，此项所有权新契据应充分保障持有上述租契或其他契据人、合法继承人及受让人并不得减损其原来权益，包括转让权在内。

（三）双方并同意中华民国政府官方不得向英王之臣民或公司或英王陛下联合王国政府征收涉及本约生效以前有关土地移转之任何费用。

第六条

英王陛下早予中华民国人民在英王陛下各处领土全境内享有旅行、居住及经商之权利，中华民国政府主席阁下同意予英王的人民在中华民国领土内享有相同之权利。缔约双方在各该领土之内务必给予对方之人民与公司关于各项法律手续、司法行政、各种租税之征收与有关条件[△美草约为"各种租税与各该政府之征收"]以及经营商业不低于各该本国人民与公司之待遇。

第七条

缔约一方之领事官，获得对方国家所给予之领事执行职务证书后，得在对方现在或将来允许任何外国设领之口岸与城市驻扎，缔约一方之领事官，在他方领土内于其所辖领事区内，享有访问与指示其本国人民与公司，及与其通讯之权，而缔约一方之人民与公司，在他方领土之内，亦随时有与其本国领事官通讯之权利。遇有缔约一方之人民在他方领土之内，被地方官方逮捕或拘留时，应立即通知其在该管领事区内之本国领事官，该领事官于其辖区范围以内[△美草约内有"经通知地方主管官方后"]，有探视其本国任何被拘候审人民之权。缔约人民在他方境内被拘，其与本国领事官之通讯，地方官厅应予转递该管辖领事

官。[△美草约系另项规定]

缔约一方之领事官在他方领土之中应享有现代国际惯例所给予之权利、特权与豁免。

第八条

(一)缔约国双方相互同意,经一方之请求,或[△美草约有"无论如何"四字]于抵抗国之战事停止后至迟六个月内进行谈判,签订一现代广泛友好通商航海设领条约,将以近代国际程序与缔约双方近年来与他国政府所缔结之近代条约中所表现之国际公法原则与国际惯例为根据。

(二)前项广泛条约未经订立以前,倘日后遇有涉及中华民国领土内英王之人民与公司或英王陛下联合王国政府或印度政府权利之任何问题发生,而不在本约范围内,或不在缔约双方间现行而未经本约废止或与本约不相抵触之条约、专约及协定之范围内者,应由缔约双方之代表会商,依照普通承认之国际公法原则及近代国际惯例解决之。

第九条　略

中国第二历史档案馆藏外交部档案,761/168

2. 蒋介石与参事室往来电

蒋介石致参事室电
1945 年 4 月 22 日

国民政府军事委员会代电:

侍秘字第 27527 号

参事室王主任勋鉴:据外交部吴次长呈报我国与英国签订关于双方军队人员互享治外法权换文经过,并请示可否即行接受英方建议成立协定等情。兹将原呈件转发,希审核具报为盼。中正。卯养。侍秘。

附发原呈及中英文交换文稿各一份,办后仍缴还。

中华民国卅四年四月廿二日发

中国第二历史档案馆藏外交部档案,761/139

参事室签复
1945 年 4 月 27 日

签呈：

奉本年四月二十二日侍秘第 27527 号代电交下外交部吴次长签呈，我国与英国签订关于双方军队人员互享治外法权换文经过，嘱为审核具报等因，奉此。经详加研究，认为该项换文及附件所定办法均系依照平等互惠原则，内容尚属妥善，拟请钧座准予照办。是否有当，敬祈钧核。谨呈

委员长蒋

　　附缴还外交部原签呈及附件

万异　四月廿五日

世杰

中国第二历史档案馆藏外交部档案，761/139

蒋介石批代电
1945 年 5 月 2 日

国民政府军事委员会代电：

侍秘字第 27687 号

参事室王主任勋鉴：四月廿八日第 373 号签呈及缴还外交部原签呈及附件均悉。已准如拟复令外交部照办矣。中正。辰冬。侍秘。

中华民国卅四年五月二日发

中国第二历史档案馆藏外交部档案，761/139

3. 中美中英旧约的废除

蒋介石致全体将士令
1943 年 1 月 1 日

各战区司令长官并转各集团军总司令暨全体将士钧鉴：我国受不

平等条约之束缚,已历百年,国民备受侵略之痛苦,国家久处屈辱之地位,凡我黄帝子孙、革命将士莫不引为莫大之耻辱。兹者我盟邦英美,在我去年双十节国庆纪念日自动宣告取消其在华所享受之各种特权,并提议立即改订平等互惠之新约。百年枷锁,一旦解除,国运前途,顿现光明,我先知先觉之国父,率领我无数同志和全国军民创导国民革命,亘五十年之不断的奋斗,以蕲求国家之自由平等,迄于今日,乃得达成此废除不平等条约之目的。而我全国将士十年以来,对疯狂残暴之敌人,作生死存亡之搏斗,至此乃亦获得牺牲流血初步之代价。抚今思昔,应知此自由平等机运之开启,实由我无数先烈无数军民舍身毁家,成仁取义,积无量数火花血渍之所鼓铸而成,其历时盖如是其悠长,其牺牲盖如是其惨痛,其得之盖如是其艰屯苦辛而非偶然也。昔人有言:莫为之前,虽美不彰,莫为之后,虽盛弗继。我军人献身国家,以捍卫国土,保障国权,光大国运为神圣之职责,上对亿万世祖先遗留之光荣,下对亿万年民族未来之运命,皆负有绳继发扬之重任。当此承先启后之机,国运转旋之会,我全体将士更须认识国家独立自由之难得以及我军人自立自强之必要也。惟自强乃能获取真正之自由,必自立乃能巩固永久之独立,今暴敌尚凭陵于我国境之内,而我国能否自跻于平等国家之林,与世界人类尽其同等之责任,正有待于吾人更艰苦之奋斗。……

《先总统蒋公思想言论总集》第 37 卷,第 256—257 页

中共中央关于庆祝中美中英间废除不平等条约的决定

1943 年 1 月 25 日

最近中美、中英间签订了废除不平等条约的协定,美英放弃了在华的特权。我们应当庆祝不平等条约的废除,各地党部凡在战争环境许可下,均于旧历元旦前后召开军民庆祝大会,庆祝中美、中英间新的关系与新的团结,坚定军民抗战信心,号召军民为驱逐日寇,完成中国独立解放而斗争到底。一切共产党员,均须循此目标前进。并向全国人民说明下列各点:

（一）中国近百年的历史是中国逐步丧失独立沦为半殖民地殖民地的历史，同时，又是中国人民为民族独立解放而英勇斗争的历史。一方面是帝国主义的侵略与残暴，中国民族中败类自西太后、袁世凯、北洋军阀、不抵抗主义者、直到汪精卫等等卖国求荣的无耻；另一方面是中国人民的觉醒、反抗与解放斗争，自鸦片战争、太平天国、义和团、辛亥革命、五四运动、大革命、红军运动直至现在的民族大抗战。一方面是荒淫与无耻，一方面是庄严的斗争。

（二）中国殖民地化过程与民族解放过程的斗争，到了"七七"抗战以后，已进入到决定胜负与决定中国最后命运的阶段。百年来中国人民独立解放的斗争涌出了领导这个斗争的国民党与共产党。"七七"抗战的发动，民族统一战线的形成，国共合作的坚持，全国军民的卓绝奋斗，国际反法西斯联合阵线的形成，英、美、苏（苏联还远在十月革命后即发表声明书，声明废弃帝俄与中国签订的一切不平等条约，后又签订孙文越飞协定，更于一九二四年正式签订条约，完全取消中俄间不平等条约，完全放弃沙皇俄国在中国取得的特权）对中国抗战的同情与援助，使中国的国际地位提高了，使中英美间不平等条约得到废除。

（三）中国今后命运是要在抗日战争的烽火中得到决定。抗战已五年有半了，今后困难尚多，我们必须坚持抗战，克服困难，巩固国内团结，反对民族败类——汪精卫及其他无耻汉奸，揭露日汪间一切奴役中国、出卖中国的协定，打走日本帝国主义，收复一切失地，不如此，中国的独立解放便无法实现，中美、中英间不平等条约之废除也还是一纸空文。

（四）中国要变成独立的国家，要变成与世界列强列于平等地位与平等关系的国家，不仅有赖于对日战争的胜利，而且有赖于战后国家之建设。我党中央在去年七七宣言中已指出战后中国应当是一个什么样的中国。尤其重要的是历史事实证明了：当国内团结，国共合作时，中国是充满着光明与希望的，当分裂内战时，人家便来欺负，国必自侮，而后人侮之。上一次国共合作，曾经收复了汉口、九江租界，这一次国共合作,又取消了不平等条约。战后新中国的建设,是保证中国独立解放的重要关键。

(五)中国共产党自诞生后,便投入了民族解放斗争的最前线。孙中山先生受俄国十月革命的影响,改变革命方法,采取发动群众的路线,实行与共产党合作,改组国民党,提出打倒帝国主义,废除不平等条约的口号。共产党在大革命时代始终尽了急先锋的作用,后虽不幸破裂,被迫退入农村,继续民族解放的斗争,但自"九一八"后,共产党又不断提议,组织民族统一战线与恢复国共合作,特别是"七七"抗战后,国共两党实行合作,举国一致在蒋委员长领导之下,发动伟大的抵抗日本帝国主义侵略的自卫战争。在抗日战争中,共产党及其所领导的八路军、新四军始终是站在最前线的地位,担任最艰苦的职务,转战敌后五年有半,抗击在华日军恰好一半,前仆后继,未尝稍懈。共产党不仅是为抗战胜利而坚决斗争,并且还要在战后独立、自由、民主、与国际列强列于平等地位之新中国的建设工作中,同样也站在最前线。

《中共中央文件选集》第 14 册,第 17—19 页

《解放日报》社论:中国共产党与废除不平等条约
1943 年 2 月 4 日

延安各界正开盛大的群众大会庆祝不平等条约的废除。在前线与后方各地,日内均将召开同样的大会。全国人民对于我伟大民族之获得国际地位的平等,正在兴奋热烈地进行庆祝。本报愿乘此机会,一述中国共产党与废约运动。

"中国近百年的历史是逐步丧失独立沦为半殖民地的历史,同时又是中国人民为民族独立解放而英勇奋斗的历史。"在这一历史时期中,大体上又可以划分为两个阶段,前一阶段为帝国主义者残暴侵略,中国腐朽统治者卖国求荣,中国国际地位日益下降的阶段,后一阶段为中国人民民族觉悟生长、民族团结增强、民族解放斗争如火如荼发展的阶段。这种划分是大体上的,因为在前一阶段中,也曾有过平英团、太

平天国、义和团、辛亥前夜的护路斗争等等民众的反抗运动,而后一阶段中,亦曾有过"九一八"后汪精卫的不抵抗主义与投降主义。然而基本上是可以作这种划分的,因为前一阶段中虽然有民众反抗运动,但这种运动是自发的、民族觉悟程度不高的、组织散慢的、目标不清楚的、屡仆屡起的斗争,只有在后一阶段上,中国人民才清楚地认识了帝国主义加于中华民族的桎梏,才有高度的民族自觉,才有鲜明的打倒帝国主义的口号,才有强有力的领导人民斗争的政党,及全民族的团结奋斗,以致能够进行神圣的抗战和取得目前废约的成功。后一阶段上虽曾有人如汪精卫之流和我们民族死敌日本帝国主义者,谈和平、谈共荣、讲妥协、签条约。可是民众义愤终于焚毁了这些纸张,爆发了伟大神圣的祖国战争。这两个阶段底分水岭是一九二一年——中国共产党之诞生。中国共产党,是认清中国所处的半殖民地地位及提出推翻国际帝国主义压迫及废除不平等条约的第一个政党。当在中国尚有许多人士迷信"威尔逊宣言"和期待"列强援助"之时,中国共产党在其第一个政治宣言——一九二二年五〔七〕月第二次全国大会宣言上,以"帝国主义宰割下之中国"为题,而分析了"帝国主义列强历来侵略中国的进程",暴露了"世界资本主义榨取中国的本相",指明了"帝国主义列强在这八十年侵略中国时期之内,中国已事实上变成了他们的殖民地了,中国人民是倒悬于他们欲壑无底的巨吻中间",提出了"推翻国际帝国主义的压迫,达到中华民族完全独立"的战斗口号。并于同年六月第一次对时局宣言中提出:"改正协定关税制,取消列强在华各种治外特权,清偿铁路债款,完全收回管理"之要求,此乃废除不平等条约这一口号之嚆矢。为达到这一目的,中国共产党曾大声疾呼倡导民族民主的联合战线,两年之后这一联合战线结成了,共产党员加入了国民党,国民党改组于广州,其第一次全国代表大会通过了新的政纲,其中有一条是:"一切不平等条约,如外人租借地、领事裁判权、外人管理关税以及外人在中国境内行使一切政治的权力侵害中国主权者,皆当取消,重订双方平等互尊主权之条约。"这时候,中国共产党所提出之口号已成为民族民主联合战线的口号,全国人民的口号。自此以还,民族斗争日益澎湃,由"五卅"而省港罢工、而北伐、而占领武汉、而收回汉口租界。不幸中途变生,功败垂成。此后十余年中,中国共产党始终坚持着推翻帝国主义统治争取民族独立解放的光辉旗帜。当汪精卫之流窃据要津,高唱"不抵抗主义"、"一面抵抗、一面交涉"及签定屈辱条约时,中国共产党却坚持地领导民族解放斗争,宣传、组织和实行以民族革命战争抵抗日本帝国主义侵略的口号;此后,中国共产党又为抗日民族统一战线之结成奔走呼号,乃于芦沟桥事变之后,在蒋委员长领导之下,发动了全国抗战,恢复了国共合作,五年以来坚持不屈,用能屡挫暴寇,使中国一跃为世界四强之一,而获得了今日不平等条约之废除与平等新约之签订。

从这历史的回顾中,我们可以看到:

(一)中国共产党是中华民族解放的急先锋,它是推翻帝国主义在华统治、废除不平等条约的首倡者,是这一主张始终不屈的坚持者,是抗日民族统一战线的创议者,是抗日战争中站在最前线的英勇战士。而共产党之能够首先认清中国的半殖民地的屈辱地位,提出争取民族独立解放之正确的口号、方向、道路、方法,乃是因为它是马列主义的政党,它掌握了集几千年人类思想大成的理论与方法。正是马列主义帮助中国共产党去了解周围环境,判明祖国所处的危急状况,认识奋斗的方向,提出战斗的口号。正是马列主义帮助中国共产党发扬中国人民反抗外敌的光荣传统,走出狭隘的排满口号,抛弃"列强援助"的幻想,而走上广泛的坚决的反对帝国主义争取民族独立的斗争。马列主义及掌握马列主义的中国共产党乃是中华民族解放斗争的灯塔。

(二)中国共产党不仅是废除不平等条约的口号底倡导者,而且是争取这一口号实现、争取民族独立解放实现的主要的方法——民族统一战线底倡议者。中国共产党早就看到,只有全民族团结一致的斗争,才能求得中华民族之自由平等。历史事实证明了中国共产党远见之正确,大革命时代与抗战时代,不论对内对外都是中华民族近百年史上最光明最充满希望的时代。目前废约之成功,将来抗战之胜利,均唯民族统一战线与国共合作是赖!

(三)虽然如此,在今日废约成功之时,中国共产党却并不以此自炫。它深知在这事业上,政党倡导之力固然不可湮没,然而这个成功,总的说来,是全国人民努力奋斗的结果。人民,唯有人民,乃是这一光荣史诗的作者。政党只是人民的一部分,它的领导只是把人民的公意"集中起来"为口号、纲领,又"坚持下去"为广大人民的伟大运动。任何政党只有在能够与人民一起正确反映与集中人民的要求而又不折不挠坚持这个要求,才能成为运动的胜利的领导者,反之,就会成为可怜的失败者,历史的丑角。所以,若问:这是谁的成功? 我们将毫不迟疑地回答:这首先是中华民族广大人民的成功。我们衷心地崇拜我们伟大人民的力量底雄伟,而要更深入民众,加强与民众的联系,正确反映民众的要求和坚持民众的要求。人民——这是中华民族求得自由平等底力量的源泉和保证。

(四)正如我们在中共中央二十五日决定中所看到的,中国共产党,一方面,热烈庆祝废约之成功,另一方面,却强调争取抗战胜利之重要。废约和平等新约之订立,固然是中华民族独立解放斗争中的一个重大成功,可是,这还不是民族解放底彻底实现……因为必须"打走日本帝国主义,收复一切失地,不如此,中国的独立解放便无法实现,中美、中英间不平等条约之废除还是一纸空文"(中共中央决定)。现在日本帝国主义者蹂躏着我们的大好山河,不击败它,不把它赶出中国境外,则一切平等条约的规定,便不能实现。胜利——抗日战争的胜利是当前的急务。在欢欣庆祝之中,我们应更"坚定军民抗战的信心,号召军民驱逐日寇,为完成中国独立解放而斗争到底!"我们已经有了中美、中英间废除不平等条约的成功,我们还需战胜日寇的民族战争的胜利,我们需要胜利,我们一定能够胜利。全国军民,全国同胞,为抗战胜利而努力呵! 为彻底实现民族的独立解放而奋斗呵!

（五）与其他国家订立新约

说明：以中美、中英废除旧约为先导，中国废除不平等条约进程全面启动。此后，中国陆续与有关国家订立新约，废止其享有的各种特权。中国第二历史档案馆所藏文件，反映出这一进程的若干方面。

1. 哥伦比亚

侍从室送交核议外交部签呈中哥新约谈判情形致参事室函
1943 年 10 月 31 日

径启者：顷奉委座交下宋部长十月二十九日签呈一件，为报告中哥新约谈判情形请核示等由，并奉谕"先交参事室核议具复"等因。相应附函送请查照遵办，并请办后仍将原呈一并送还为荷。此致
参事室王主任
附原呈件
　　国民政府军事委员会委员长侍从室第二处启　十月卅一日
原呈
关于我国与哥伦比亚订约事，双方对于约稿大体业已同意。惟对于第五条入境条款意见，稍有出入，当由本部呈奉钧座核准，电饬李公使提出下列条文：
"两缔约国人民得在与其他国人民同样条件之下，依照彼此现行移民法令自由出入彼此领土，双方了解本条之规定，不适用于哥伦比亚共和国为美洲家人民所设之特殊便利，但此项特殊便利，如为任何非美洲国家人民所享有时，则应立即同样给予中华民国之人民。"
此案提出后，哥方以为西班牙文化国家在特殊情形下，或须以特优条件招致西班牙工人或技术人员前往，不愿中国人民援例要求享受同

样条件为理由,坚持删去最末一句"但此项特殊便利如为任何非美洲国家人民所享有时,则应立即同样给予中华民国之人民"。李使力争无效。

　　查中哥尚无条约关系,为保护侨胞计,新约等待订立,且我与中南美国家,以往所订条约除古巴外均无入境条款。现与哥方商订约稿即照哥方意删去上述一句,亦较我国与一般中南美国家所订条约为佳,李公使来电主张接受,不为无理。惟拟在让步之前,再提出一修正案,向哥方作最后之折冲。修正案如下:"两缔约国人民得在与其他国人民同样条件之下,依照彼此现行移民法令自由出入彼此领土。本条之规定,不得解释作为适用于哥伦比亚共和国为美洲国家人民所设之特殊便利。但了解此种解释系为一切非美洲国家所接受者。"(详文稿见本室签呈稿)

　　如哥方对于此项文字仍不能同意,则拟接受哥方之要求,删去前案末一句,俾新约得以签订,是否有当,敬请
钧裁。谨呈
委员长蒋

职宋子文印呈　三十二年十月廿九日
中国第二历史档案馆藏外交部档案,761/165

参事室奉交核议外交部中哥新约谈判情形拟具意见呈稿

1943年11月3日

　　奉交议外交部呈报中哥新约谈判情形一案,遵经详加研究,窃以不平等条约既经废止,我国与他国订约宜特别谨慎,力避接受对于华侨之任何差别待遇。哥伦比亚政府既坚持我国移民不能与美洲国家人民或西班牙人民享受同等待遇,我若承认,即系接受差别待遇。在原则上已值重新考虑。且我国在哥伦民为数并不过四百余人,在战事未结束交通未复常态以前,亦当不易增加。此时倘若接受哥方意见,与之订约,对我国未必有重大实益。

基于以上考虑,认为可先照外交部原签呈所提之修正案,即:

"两缔约国人民得在与其他国人民同样条件之下,依照彼此现行移民法令,自由出入彼此领土。本条之规定不得解释作为适用于哥伦比亚共和国为美洲国家人民所设之特殊便利,但了解此种解释系为一切非美洲国家所接受者。"

向哥交涉,如该国对此仍不表同意,则缔约谈判尽可暂予搁置。敬乞钧裁。谨呈

委员长

参事室主任王〇〇

附缴还外交部原签呈一件(原签呈已留底,附于卷后)

中国第二历史档案馆藏外交部档案,761/165

蒋介石关于核议外交部签呈中哥新约谈判情形致参事室代电
1943 年 11 月 7 日

参事室王主任勋鉴:十一月三日第 328 号签呈呈复外交部所陈中哥新约谈判情形核议意见已悉。已照复该部遵办矣。中正。戌虞。侍秘。

中华民国三十二年十一月七日　发

中国第二历史档案馆藏外交部档案,761/165

2. 阿富汗

侍从室关于请核议外交部宋部长呈报中国
与阿富汗订约及换使事具报致参事室代电稿
1943 年 11 月 14 日

本会参事室王主任勋鉴:据外交部宋部长呈报中国与阿富汗订约及换使事,经令我驻英、土、伊等国使馆与驻各该国之阿使分别洽商,嗣据驻土公使来电,阿方同意与我订立友好条约,惟以在新疆喀什噶尔设

本约应由两缔约国各按本国法律于最短期间批准,批准书应迅速互换,本约自互换批准书之日起发生效力。

为此两全权代表爰于本约签字盖印,以昭信守。

本约用中文、阿文及法文各缮两份,以法文本为准。

大中华民国三十二年　　　月　　　日即阿历

月　　日　订于

中国第二历史档案馆藏外交部档案,761/165

3. 瑞典

蒋介石转发外交部呈送中瑞新约约稿请核议致参事室代电

1945 年 1 月 19 日

本会参事室王主任勋鉴:据宋部长子文呈送我与瑞典新约约稿,并拟具意见请示前来。兹将原件随文转发,即希核议具复为盼。中正。子效。侍秘。附发原件,办后仍缴。

中华民国卅四年元月十九日发

中国第二历史档案馆藏外交部档案,761/164

参事室关于签复外交部修正中瑞新约
约稿中沿海贸易之意见签呈

1945 年 1 月 22 日

奉交下外部所拟中瑞(典)新约约稿及意见嘱为核议具复等因。经职室详加研究,认为该约稿大致与中美、中英、中挪新约相同,内容尚属妥当,似可照予同意。惟第八条内关于批准手续,瑞方主加瑞方须经国会同意一点,虽云系表示郑重,然前句"依照宪法程序"似已足包括国会同意,再加此句究嫌蛇足,且如单许瑞方加此一句表示郑重,反有示我方不重视此约之嫌,似于瑞方亦非得计,且中外新约尚少此类文字,今独许瑞方,似于新通例及体制亦觉乖违,故主商瑞方仍将该句删除。

换文中第一项之最后一句所提"国外商运"与第二项最前一句所提之"商船"范围大抵相同,条文稍嫌重复,似可将第一项之最后一句删除。

换文第五项虽云将来可以修改,但规定一方与第三国拟订避免复税之协定,他方不得要求援用,是不啻使瑞方有课我侨民以复税之权,而我则无论日前与今后均不致有课外侨以复税之税法,故在事实上成为片面的最惠待遇,似应坚持修改。

以上所议是否有当,敬乞钧核。谨呈

委员长

附缴还宋部长原稿及附件

王世杰批:发。一、廿二

蒋介石转复外交部遵办中瑞新约致参事室代电
1945 年 2 月 9 日

参事室王主任勋鉴:一月廿三日签呈悉。已准如所拟转复外交部遵办矣。中正。丑佳。侍秘。

中华民国卅四年二月九日发

蒋介石转外交部遵办中瑞新约修正案致参事室代电
1945 年 2 月 26 日

国民政府军事委员会代电　　侍秘字第 26650 号

参事室王主任勋鉴:关于中瑞约稿前据一月二十三日第 368 号呈复核议意见前来。经以丑佳侍秘代电转复外交部,并复知各在案。兹据外交部宋部长签呈,以该约对于沿海贸易及内河航行问题尚未完全解决,经与兄等商洽,向瑞使提出修正文,拟俟其政府复电同意即行签订新约等语。兹将原呈随文转发,即希核签具复为盼。中正。丑宥。侍秘。

附发原呈一件,办复仍缴。

中华民国卅四年二月廿六日发

中国第二历史档案馆藏外交部档案,761/164

参事室关于外交部修正中瑞约稿中沿海贸易及内河航行问题之审核意见签呈

1945 年 3 月 5 日

奉交下外交部宋部长签呈,以关于中瑞稿内沿海贸易及内河航行问题尚未完全解决,经商洽修正请示前来,嘱为核签具复,并发下原签呈一件。等因;经职室详加研究,认为我方所提修正案尚属妥当,如瑞方同意似可照签新约,拟恳钧座饬知准照所拟办理。惟斯坎的那维亚国家既不包括荷兰在内,则我方应用何种方式承认瑞典与荷兰之特殊关系,恐尚须由外交部研究交涉。以上意见是否有当,敬祈钧裁。谨呈委员长蒋

附:缴还宋部长原签呈一件

抄外交部宋部长子文三十四年二月二十四日签呈

关于中瑞订约事,本部前已将中瑞新约约稿暨本部所拟意见呈奉钧座侍秘字第二六三九号代电核准在案。惟现对于沿海贸易及内河航行问题,尚未完全解读。兹将瑞方立场及我方所提对案签请鉴核。

查瑞方原提换文第三段规定瑞典放弃其在华现有之沿海贸易及内河航行特权。但第四段则又规定之:"缔约任何一方在他方之沿海贸易及内河航行依照他方有关法律之规定办理,不得要求最惠国待遇及他方之本国待遇。如任何一方于日后签订之协定中,沿海贸易或河航优惠给予第三国船舶时则应给予彼方船舶以同样之优惠,但中华民国不得要求瑞典给予'北方国家'中任何一国或数国之特殊优惠。"

查瑞方提案与中美、中英、中挪等新约有不同之点二:(一)三国新

约均只规定沿海贸易及内河航行,依照各本国有关法律办理,缔约一方不得要求他方之本国待遇。但瑞案则除此以外,并规定不得要求最惠国待遇。其所持理由,则为瑞典久已予荷兰以沿海贸易及内河航行之权。若予他国以最惠国待遇,则可援荷兰例享受同样权利。前不久德国即曾作此要求,瑞典当予拒绝。故瑞典与他国所订条约均有此规定。(二)所谓北方国家系指挪威、丹麦、荷兰及冰岛。瑞典与多数国在历史及地理上向有特殊关系,故该数国等所享受之特殊优惠应作例外,瑞典与各国所订条约均系如此。

查此几点,据职部调查研究结果,均属实在。且与我国利害,亦无冲突。惟对其措词究嫌片面,爰向瑞使提议将该段换文完全取消,另于其前段末仿照中英新约加一句"沿海贸易与内河航行依照缔约双方各该国有关法律之规定办理"。当瑞使接受向其政府请示,现据该使复称,其政府意见,以瑞典与各国所订条约均有将北方国家除外或类似之规定,此为其政府历来政策。若与中国订约无此一款,深恐将来其他国家或将援例,该段换文仍应保留。

职部当与王秘书长亮畴及王主任雪艇商洽,瑞方所持理由,颇有历史根据。但(一)"北方国家"名词在其所订条约中属少见,且觉太泛。"斯坎的那维亚国家",则较普通,且为一般通用之地理名称,应予照改。(二)瑞典、荷兰特殊关系,自可承认。但此后若瑞典与他国订约,给予沿海贸易及内河、沿海航行权时,我似亦可要求最惠国待遇,仿照中英新约将该段文字略加修改如下:"如任何一方于日后签订之协定中以沿海贸易或内河航行优惠给予第三国船舶,则应给予彼方船舶以同样之优惠,但以彼方以同样优惠经予此方之船舶为条件,中华民国不得要求瑞典给予斯坎的那维亚国家中任何一国或数国之特殊优惠,沿海贸易与内河航运则依照缔约双方各该国有关法律规定办理,不得要求彼方之本国待遇。"经向瑞使提出,渠已转呈其政府请示。如得复电同意,拟即签订新约。理合报请鉴核。谨呈

委员长蒋

4. 荷兰

蒋介石转发外交部关于中荷订约原呈致参事室代电
1945 年 4 月 30 日

本会参事室王主任勋鉴:据外交部吴次长四月六日及廿八日先后呈报中荷订约情形请示前来。兹将原呈件转发,即希审核签复为盼。中正。卯卅。侍秘。

附原呈二件附件,如文办后仍缴。

中华民国卅四年四月三十日　发

参事室关于侍从室转发外交部修正中荷约稿签复意见签呈
1945 年 5 月 10 日

签复对于中荷约稿之意见,奉本年四月三十日侍秘字第二七六五号代电交下外交部关于中荷订约之签呈两件,饬加审核具报等因,奉此。经职室详加研究,谨签具意见如下:

(一)查我与荷方最大争执之点,在我要求华侨入境之完全自由或以荷境华侨人数为准定其每岁入境之额,及入境后在旅行、居住、经商各方面应受最惠国待遇,荷方则坚持不肯。此项主张关系我国侨民利益者甚大,我自不能轻予放弃。

(二)惟两国订约谈判已将近两年之久,迁延未决,对于我方亦殊不利。现欧战结束,荷印收复之期不远,荷兰政府态度可能转为倔强,将来再议,亦未必较现在之约稿有利。

(三)现在之约稿第六条规定"缔约一方应给予缔约他方人民以进出其领土之权利,暨在其领土全境内旅行、居住及经商之权利",亦颇可为日后进一步交涉之根据。

基于以上考虑,拟请钧座准照外交部四月二十八日签呈所拟办理,即对于入境旅行、居住、经商问题,可于签约前,声明我方将于商订中荷商约时再行提出解决。

以上所拟,是否有当,敬祈钧核。谨呈

委员长

附缴外交部原呈及其附件(略)

中华民国卅四年五月十日　发

蒋介石办理外交部关于中荷订约签复情形致参事室代电

1945 年 5 月 16 日

本会参事室王主任勋鉴:五月十一日第 374 号签呈及缴还外交部呈件均悉。已准如拟复令外交部照办矣。中正。辰铣。侍秘。

附原呈二件附件,如文办后仍缴。

中华民国卅四年五月十六日　发

5. 阿根廷

驻智利使馆汤武为撰《阿根廷之国力内政与外交》
致王世杰往来函稿

1945 年 3 月 24 日—5 月 2 日

汤武为撰《阿根廷之国力内政与外交》致王世杰函

1945 年 3 月 24 日

雪公部长钧鉴:上年十二月十四日函计邀鉴核。查阿根庭之内政外交动向久为国际重视,我曾与其商谈订交换使,迄无进展。兹墨西哥会议结束,阿必回至美洲国际社会,或更参加旧金山会议,而我亦必与

阿发生相当关系,匪独旅阿数百华侨之福利问题已也。兹谨撰《阿根廷之国力内政与外交》一文,随函奉达,借供参考。专此,敬叩

崇祺

内子附笔叩安

乡末汤武拜叩

三十四年三月二十四日于智京

阿根廷之国力内政与外交

汤武谨撰

阿根廷为南美三强之一,其国力雄厚程度如何,内政前途是否民主,外交矛盾能否根本解决?至关重要,谨就就近调查观察所得,摘要胪陈,以供参考。

(一)国力估计 阿根廷国土面积计百万英里,大于英、法、德、义、比、瑞、西、葡、丹麦、南斯拉夫十国之和。中部为一大平原(pampa),土壤特肥,易于垦殖。全国土地百分之一〇·七,业经耕种,百分之四四·四用作畜牧,百分之一七·九则为森林,耕地数量可能增至百分之二八·六八,是全国土地百分之八五·七皆有森林价值。

农产牲畜极富,牛肉输出占世界贸易输出均占世界第二位,牛皮、棉花、烟草、糖酒产量亦多。用作制革染色之漆树(quebracho),则系世界专利。矿产较逊,仅有少数铅、锡、锌、钨、锰等物,石油产量可供全国需要半数,煤、铁甚为缺乏,多为瑞典、美国输入。政府最近提倡亚麻子油代充燃料,上年对外贸易出超计美金三万万四千万元,约等于对英美输出之和,以故不畏英美经济制裁。通货情况之佳,为南美冠,生活指数较战前仅略增高。

阿根廷人口近一千四百万,百分之一九·五为欧洲移民,百分之七七·四为欧人后裔,百分之三·一为印第安人混合血统,全国现有印第安人、黑人三万,为泛美各国种族最纯之国,移民成分以西班牙、意大利为最多,一九一一年以来数达二百二十万,因此阿根廷人民之文物制

度、生活习惯仍属拉丁系统，尤其自尊心特强，一受人抑制，即生极大反感。

阿人贫富悬殊，全国土地五分之一均为二〇七二户所有，平均每户有地六四八二四方英亩，Buenos Aires 一省（国都所在）土地百分之三八·六三为二三〇户所有，平均每户有地四六一九一方英亩，欧人所谓"富如阿根廷人"者，实指此类地主而言。全国劳工达四百万，生活尚足温饱，内实业工人一百零四万，平均工资每年美金四百二十元，中等阶级甚强，集中城市，城市居民在一八六九年占全国人口百分之三三，一九三八年则增至百分之七四，国都一地已有全国人口百分之二八。

阿根廷教育发达，有国立大学五所，分学院二十四所，校长、院长均须选举产生，任期四年、二年不等，小学为义务强迫性质，全国共一四五六五所，在学生童达二〇一六三三〇人，全国图书馆计一五五六所，文盲人数占人口百分之一六，为中南美文盲最少之国，十四岁以上之儿童，无论男女自上年起均须军训，为一种征兵前期训练，注重体力锻炼。

全国工厂计六万五千所，上年成品价值美金二十万万二千五百万元。农产畜牧共值美金八万万三千七百五十万元，内百分之八十一用作本国工业原料，是工业已日渐发达。惟因缺乏煤铁，工业化基本条件不备，且输出物品大多数为农产畜牧，主顾国自盼阿方采用其工业成品，故阿国高度工业化以后，必影响本国输出贸易。

军队方面，一年半以来，陆军增加一倍，海军二成，空军四倍，现有步兵十四师，骑兵六师共二十万人，海军十五万五千吨（为中美海军最大之国），飞机七百架，自造七五公分野炮一千一百五十门，坦克车三百五十部，有重至三十五吨者，所用铁砂达二百万吨，弹约可供十五万军队一年作战之用，通信器材以装备三十万军队，近经赶公路五十段飞机场多处，以二月完成在 Goya 城市者为最大建筑，费达美金一千二百万元。刻又增设航空部航空学校，陆军各国训练班（此节系秘密材料，拟请暂不予发表）。

（二）内政前途　阿根廷自一八一六年独立，一八二六年成立宪法政府。首任总统 Rivadavia 树立行政系统,取消奴隶贸易。一八二九年至一八五二年间独裁二十二年,提高中央威权,统一各省行政,人民素习于西班牙总督军头统制甚久,对 Rosa 亦颇爱戴。一八六二年以来,阿国宪政渐入常轨。第一次世界大战时,总统 Irigoyen 氏为人诚勇,富于爱国思想,极力避免卷入战事旋涡,反对美国无所不至。

第二次世界大战爆发,德义在阿加紧宣传,Misiones 一省邮件百分之九五竟皆为德人宣传文件(阿国境内有义人二百万、德人三十万)复因美国在巴京会议时操之过激,致引起阿人反感。总统 Ramirez 一九四四年一月二十六日与轴心绝交后不数日即被迫辞职,由副总统 Farrell 继任。新政府主要分子几全为军人,对德不免一时具同情,然尚无勾结轴心事实。且所谓三月政变,原因究为内政上之理由,抑关外交上之理由,仍待事实证明。美国未予承认,阿人仇美情绪因之益烈。

Farrell 政府利用民众自尊仇外心理,加紧建设,自上年二月二十八日起,已暗中实施全国总动员,实行扩充军备、民族经济两大政策。军备增加数量已如上述,审其目的,似为防御性质,冀与巴西并驾齐驱。虽智利南部之煤铁、波利维亚之石油,皆为阿国迫切需要,然在泛美制度以下,阿国亦自知不能轻于发动国际战争。经济方面,新建工厂多与国防有关,如造船厂、铁工厂、皮草厂、自行车厂等等是全国废铁旧轨几经搜集殆尽。劳工待遇日渐改善,工资亦提高,最近复实施劳资调解制度,防止罢工影响生产。一般人民对政府设施,尚能拥护。

阿根廷现政府以总统 farrell 将军、副总统兼陆军部长、劳工部长 Peron 上校、内政部长 Teisaire 海军少将三人为中心,总统、副总统分别领导一部分陆军力量,内长代表海军。副总统与内长联系最切,声望日高,业经超越总统。政府现已放开新闻检查尺度,释放大多数政治犯,召回所有停战之大学教授,举行国立各大学校长、院长之选举,并诚意准备大选,恢复议会政治。因 Farrell、Peron 深知惟有经过选举程序,方能巩固内部政权,打消国际攻击。且阿国社会状况,根本民主成分即多于反民主成分,例如一般报纸素主公道,La Prnsa 及 La Nacion 尤多说论,工会会员曾达全国劳工百分之六五·七六,组织相当健全,中产阶级力量在数量上早已压制地主及其所领导之农人,并尝提出"Democracy yes, Argentine yes, Facism No"之口号,教育发达,人民尚具政治思想,即小学教员人数已在十八万以上,渠等利益,自在民主。凡此种种,Farrell、Peron 诸氏,终不能长期完全抑制,必思有以利用以为己助,而使阿国内政前途日趋民主。

(三)外交矛盾　阿根廷为拉丁族,心理方面对欧洲各国比较接近,在商业上则与英有无相通,关系密切。英在阿投资计美金十二万万元(美仅投资三万万八千八百万元,一说英投资为十万万元)。一九三九年英购买阿输出全部百分之三五·九(美仅百分之一二);上年购百分之三七(美为百分之二二·五)。英自一九三二年与太瓦自治领会议后,与阿订立 Rosa 协定,允依照一九三一——三二年阿国牛肉入英数量续购百分之九十,阿国政府人民引以为快。虽 Malvinas 岛(英称 Falklands)自一八三三年即为英人所占,然阿人以美国自食门罗宣言,助英获得新陆土地,仇美甚于恨英。

阿根廷与紧邻各国关系亦佳,就巴西言,两者之间心理争斗诚为激烈,然上年阿国输入巴西,竟占第一位,近美金八千万元。智利与阿根廷传统友好,已订关税同盟原则,Farrell 继任总统时,智利立即无条件承认。玻利维亚在 Chaco 战时虽对阿不满,然一九四三年十二月革命成功,阿方协助甚大,现政府感阿可知,所产之石油、锡、银复为阿国需要。乌拉圭居阿根廷、巴西两大之间,缓动作用既大,受阿国经济扶持之处亦多。

阿根廷自认系南美第一强国,应居领导地位,对于美国之泛美政策历年来即抱不满,野心家亦互用作政争工具,兼之美加声称阿国牛有病,拒绝购阿国牛肉,更促起阿人公开反对美国。珍珠港事件后,美国为团结御御西半球,并维持本身尊严计,对阿抑制益甚,阿国鉴于北部强大,勉为接受巴京会议各议案,并进而与德日绝交,实美阿关系一时好转现象。

上年三月 Farrell 继任总统时，阿外交部长郑重声明：新政府"拟继续原有外交政策，重视美洲大陆之安全，团结与防止之一切协定……并希望在可能范围以内忠实履行种种协定"。美国未能置信，认为阿新政府有意援助轴心，于六月二十七日召回驻阿大使，八月十六日冻结阿国存美黄金，九月二十六日令止美国船只驶入阿国口岸，并倡议泛美各国拒绝承认阿国。

阿根廷自认对制止轴心分子活动，已尽甚大努力，并为表示与盟国合作起见，于九月二十八日照会英国，声明阿国决定不收容轴心战事罪犯，并不允许轴心战犯在阿存款或置产。十月十七日，阿国以既无所隐瞒亦无所畏惧之事，申请泛美协会召开外长会议，讨论阿国国际关系。此事美国与泛美各国"磋商"结果，未经接受。意者：阿国未经履行巴京会议之义务，并变更其政治作风，不得参加泛美会议。然阿国曾否履行其国际义务，适为申请开会讨论之主题。至于阿国之政治作风如何，则事属内政问题，根本即非外交商讨之对象。如是美阿关系益为恶化！

去年十一月七日，阿政府公布管理美洲以外交战国在阿商业条例：本年一月七日，检查阿京德商西门子等三公司账目，发现使用美金三十三万之"佣金"，认为解释理由不当，依法派员监管。二月中旬为德留难阿外交人员事对德提严重抗议，并封存德在阿之资金，公布阿之船只嗣后得使入任何海港。凡此姿态经引起国际重视，博得美方好评。

三月初墨西哥会议决议：阿根廷如能接受该会议各项决议，保证采取集团行动，抵抗侵略，并签署同盟国宣言，即可回转至美洲国际社会。是美阿外交之门洞开，而阿根廷势必在此黄金机会采取必要步骤——如对轴心宣战——俾恢复美国谅解，并取得盟邦同情。惟美阿间之外交矛盾原在两国文化民族之区，政治思想之纷歧，经济商务之冲突，殊非一国或双方一时变更其外交政策所能完全改善，而必须两国当局本互谅互信相敬相亲之精神，从心理建设、经济协调方面长期努力，方能根本解决。否则，战后英人经济势力日大，德人卷土重来，将愈增外在困难矣！

　　总之,阿根廷国力相当雄厚,内政前途日趋民主,实为英美在南美暗斗之焦点,亦拉丁美洲政治之中心。

三十四年三月廿四日于智京

王世杰复函稿

5 月 2 日

　　季平贤弟足下:接获三月廿四日来函,承示《阿根廷之国力内政与外交》一文,内容极为充实,至深欣慰。关于是类文字,以后尚希不时撰寄,以供参考为盼。耑此布复,即候时祺。

王〇〇复启

五月二日

中国第二历史档案馆藏外交部档案,761/164

侍从室致参事室关于中国阿根廷友好条约约稿笺函及签复稿

1945 年 7 月 12 日—28 日

侍从室致参事室笺函

1945 年 7 月 12 日

　　径启者:奉委座交下外交部吴次长七月十日签呈,附送中国阿根廷友好条约约稿中英文各一件,并奉谕"交参事室核议具复"。相应检同原呈件,送请查照办理,并将办理情形呈复委座为荷。此致
本会参事室王主任

国民政府军事委员会委员长侍从室第二处启

卅四、七、十二

　　附原呈及中阿友好条约中英文约稿各一份,办后请附还。

参事室之意见签复稿

1945 年 7 月 28 日

　　事由。签复对外交部所拟中阿友好条约约稿之意见请签核由
奉交下外交部所拟中国阿根廷友好条约约稿,嘱核议具复等因。

经加研究,认为此项约稿尚称妥善。其中第五、六两条规定之入境自由及工作自由等虽未必能为对方所完全接受,但作为初步交涉草案,自属可行。至第九条所称遇有解释不同,则应以英文为准一语,似与尊重订约主国本国文字宗旨不符,拟通知外交部将第九条改正为"本条约分缮中文及西班牙文本,在解释上具有同等效力",是否有当,敬请鉴核。

谨呈

委员长

　　附缴还外交部原呈及所附各件

参事室主任王○○

中国第二历史档案馆藏外交部档案,761/164

6. 古巴

外交部情报司检送中国与古巴友好
条约白皮书致军委会参事室签函
1945 年 1 月 9 日①

　　本部编印之中国与古巴友好条约白皮书业已出版。兹随函送上一册,请查收参阅并见复为荷。此致

军事委员会参事室

中华民国外交部情报司

三十三年十二月

中华民国、古巴共和国友好条约

　　中华民国、古巴共和国为加强两国固有亲睦邦交,增进两国人民相互利益起见,决定以平等及互尊主权之原则为基础,订立友好条约,为此简派全权代表如左:

　　中华民国国民政府主席特派驻古巴国特命全权公使李迪俊

---

　　① 此为到文日期。

古巴共和国总统特派外交部长马定内

两全权代表将所奉全权证书互相校阅,均属妥善,议定条款如左:

第一条

中华民国与古巴共和国及两国人民间,应永久和好,历久不渝。

第二条

两缔约国声明彼此具有坚强决心,亲密协作,以树立并维持基于正义之世界和平,及促进两国人民之经济繁荣。

第三条

两缔约国有相互派遣正式外交代表之权,此项代表在所驻国应享受国际公法通常承认之一切权利、优待及豁免。

第四条

两缔约国在彼此领土内共同商定之地方,有派驻总领事、领事、副领事、代表领事之权,此项领事官应行使国际通例通常承认之职务,并享受国际通例常承认之待遇。两缔约国领事官员于就职之前,应向所驻国取得执行职务证书,但此项证书,得由所驻国政府撤回。

两缔约国政府,不得任命经营工商业人民为领事官员,但名誉领事不在此限。

第五条

两缔约国人民,得在与其他国人民同样条件之下,自由出入彼此领土。

第六条

两缔约国人民,居住于彼此领土以内,关于其身体、财产应享受所在国法律章程完全之保护。

两缔约国人民,得于任何他国人民享有相同权利之地方,享有游历、居住、作工及经营工商业之权利,但须依照所在国之法律章程。

两缔约国人民,得依所在国之法律章程,享有设立学校教育其子女之自由暨集会、结社、出版、祀典、信仰、埋葬及营墓之自由。

关于本条,此缔约国之法律章程不得有歧视彼条约国人民之规定。

第七条

两缔约国间之其他关系,应以国际公法原则为基础。

第八条

两缔约国同意于最短期间内,另订通商航海条约。

第九条

本条约分缮中文、西班牙文与英文本,遇有解释不同应以英文本为准。

第十条

本条约应由两缔约国各依本国法定手续于最短期内批准,自互换批准之日起,发生效力,批准文件,应在夏湾拿互换。

为此两全权代表将本条约签字盖章,以昭信守。

中华民国三十一年西历一九四二年十一月十二日订于夏湾拿。

李迪俊

Martiney

中国第二历史档案馆藏资源委员会档案,廿八(2)682

中华民国驻古巴国特命全权公使李迪俊
致古巴国外交部部长马定内照会

照会

敬启者:关于吾人本日代表贵我两个政府签订之友好条约,兹将中国政府之见解声明如下:

(1)古巴政府将于最短期内制定必要法律,实施第五条之规定;在未制定此项法律前,关于此事之现行法规,暂时继续有效,但此种法规中之规定,如有足以解释为歧视中华民国人民者,对中国人民不得施行;

(2)本照会及贵部长同一意义之复照,有效期限为三年,期满前六个月任何一方得通知修改或废止,如届时双方均未作此项通知,本照会及贵部长复照应继续有效,直至任何一方随时通知废止之六个月后失效。

上述见解，请贵部长予以证实。

兹乘此机会，向部长表示最高敬意。此致
古巴共和国外交部长马定内阁下

李迪俊
中华民国三十一年十一月十二日

古巴共和国外交部长马定内复中华民国驻古巴国特命全权公使李迪俊照会

照会

敬复者：接准贵公使本日照会内开：

"敬启者：关于吾人本日代表贵我两国政府签订之友好条约，兹将中国政府之见解声明如下：

（1）古巴政府将于最短期内制定必要法律，实施第五条之规定；在未制定此项法律前，关于此事之现行法规，暂时继续有效，但此种法规中之规定，如有足以解释为歧视中华民国人民者，对中国人民不得施行；

（2）本照会及贵部长同一意义之复照，有效期限为三年，期满前六个月任何一方得通知修改或废止，如届时双方均未作此项通知，本照会及贵部长复照应继续有效，直至任何一方随时通知废止之六个月后失效。

上述见解，请贵部长予以证实。"

本部长兹代表古巴政府，认为此项见解并无错误。

兹乘此机会，向贵公使重申最高敬意。此复
中华民国驻古巴特命全权公使李阁下

Martiney

中国第二历史档案馆藏外交部档案，761/163

（六）关于中美商约的内部讨论

说明：不平等条约废除后，中国便开始考虑与外国订立平等公正的通商条约。中美商约是中国最优先考虑的条约。这一条约签署于战后的 1946 年，但从 1943 年起，国民政府内部便开始讨论这一问题，各部会之间对外交部所提条约草案进行了广泛的讨论。本节所收文件，均为中国第二历史档案馆藏档案，原件标注为 1943 年，而无具体日期。

1. 外交部拟定中美友好通商航海设领条约约稿

中美友好通商航海条约草稿
1943 年　月　日

中华民国、美利坚合众国为加强两国间永久和平并促进友好关系起见，根据一九四三年一月十一日中美条约第七条上规定决定议订一友好通商航海设领条约。为此，各派全权代表如左：

中华民国国民政府主席特派

美利坚合众国大总统特派

两全权代表，各将所奉全权证书，互相校阅，均属妥善，议定条款如次：

第一条

缔约此方人民，应准予进入，旅行及居住于彼方领土内，享有信仰及礼拜自由；从事不为当地法律所禁止之一切科学、宗教、慈善及商务工作，从事未经完全保留于所在国人民之各种贸易行业、制造业及职业；保有、建造或租赁及占有适当之房屋；及为居住、宗教、慈善、制造、商务及丧葬之目的而租赁土地；设立学校，以教育其子女；选雇代理人，依法谋生；以及从事因享有上述权利而附带或必须之任何事项，一如此后最惠国人民之待遇,唯须遵守所在国依法成立之一切当地法令规章。

　　缔约此方人民,在彼方领土内,其身体与财产,应享受经常不断之保护与安全。关于此点,彼等应享有现在或将来给予所在国人民之同样权利与优惠,但须依照加于所在国人民之同样条件。并应享有国际法所要求之保护与安全之程度。其财产非经合法程序或公平补偿,不得剥夺。

　　关于确立伤害或死亡之民事责任,与给予受害人之亲属、继承人或被抚养人以控诉权或金钱利益,法律上所规定之保护方法,如受害人系在缔约方领土内之此方人民,其亲属、继承人或被抚养人,不论是否外国人,或其居所系在损害发生领土以外,应在同样情形下,享有现在或将来给予所在国人民之同样权利与优惠。

　　第二条

　　缔约此方人民,在彼方领土内,依照当地法律,不论为行使或防卫,其权利应享有向彼方依法设立之各级法院陈诉之自由。

　　第三条

　　缔约此方人民,在彼方领土内,应依照所在国法令规章,缴纳税捐费用。但彼此了解,此项税捐费用,不应异于或高于所在国人民所应缴纳者。

　　第四条

　　缔约此方人民,在彼方领土内,应免服陆海空强迫兵役,不论系在正规军,国民兵或民团。又应免除代替个人兵役之一切金钱或实物捐输。并免除一切强迫借款或军事捐输。无论平时或战时,除加于所在国人民者外,不得负担其他军事征发。

　　第五条

　　缔约此方人民,在彼方领土内之住宅、货栈、工厂、商店,其他业务场所及一切其他财产以及为第一条所列举任何目的之用之一切房产,应予尊重。除依照所在国法令规章为其本国人民所规定条件与方式外,不得进行依据清查,或搜查前列任何建筑物及房产或查阅书册文件或账簿。

第六条

缔约此方人民,在彼方领土内依照当地法律之限制,一如所在国人民,享有取得与持有任何动产之权利。

缔约此方人民,在彼方领土内,得有以遗嘱、捐赠或其他方法,处分其一切动产之全权。其继承人、受遗赠人,不论是否彼方居民,应承受此项动产,并得由其本人或代理人予以占有,并任其保留或处分之。只须缴纳财产所在国人民在同样情况下,应行缴纳之税费。

第七条

关于不动产之取得、占有与处分,除本约第一条所规定为特定目的而租赁土地一项外,缔约此方人民,在彼方领土内,应在相互条件之下,并依照当地法令规章之规定,享有财产所在地法律给予之最惠国待遇。

遇有在缔约彼方领土内,保有地产或其他不动产或其利益之缔约此方人民死亡,而此项产业或其利益,依照所在国法律或遗嘱处分应传给缔约此方另一人民时,此另一人民无论是否彼方居民,无须取得归化证件,应获得此项产业或其利益,并自由处分之。

上列各款,不得妨害缔约双方法律各为国家安全利益起见,对外国人购买、占有及使用不动产现在或将来所规定之例外或限制。缔约此方人民,在彼方领土内所保有之不动产,非经财产所在地政府之明白同意,不得转让与任何第三国政府或人民。

第八条

在缔约双方领土间,应有通商航海之自由。缔约此方人民连同其船舶、货物,有前往他方领土内业已或将来开放之一切沿海口岸之自由。

缔约此方领土内之货物,包括天产、农作物或制造品,在输入彼方领土时,不应缴纳异于或高于任何其他国家同样天产、农作物或制造品所应缴纳之一切税费;亦不应遵守苛于任何其他国家同样天产、农作物或制造品所应遵守之规则与手续。

缔约此方往彼方领土输出之货物,不应缴纳异于或高于往任何其他国家输出之同样货物所应缴纳之一切税费;亦不应遵守苛于往任何其他国家输出之同样货物所应遵守之规则与手续。

关于任何进出口货物税费之数量与其征收,缔约此方同意给予彼方现在或将来给予任何第三国之一切优惠与豁免。

本条不得妨碍任一缔约国政府,采取适当步骤,以限制下列货物之进口:

一、外汇倾销或受有出口奖励或补助之货物;

二、缔约此方任何货物,包括天产、农作物或制造品,其输入彼方领土,并在彼方领土内以低于在本国领土内之相当价格出售,唯应顾及运输费及转移货物之其他连带费用;

三、任何货物之大量进口,及在其他情形下进口,以致引起或可能引起对同样或相似货物之国内生产者以严重危害者。

第九条

缔约此方对自缔约彼方领土输入,并于本约规定下享有最惠国税费优待之货物,有权令其具备输入国法令规章所规定之产地证明文件。惟关于此项产地证件之发给,不得使贸易受不必要手续或过大费用之阻碍。

关于发给此项产地证件之手续,双方同意:

一、出口商检出产国所具之申请书,经由驻在该国之货物最终目的地国领事官签证者,应认为该项货物产地之满意证明。此等领事官为签证此项申请书,有权审核一切文件或其他有关证件。

二、关于间接货运,除得依一款所规定由出产国出具之产地证明书外,可由最终输往最终目的地国之中间国出具证书,作为产地之证明,此项证明,应由在该中间国之寄货人,向驻在该国之出产国领事官提出申请书,经该领事官证明,并经驻在该国之最终目的地国领事官认可。但彼此了解出产国之领事官,除非于审核一切文件或其他证件,认为所述各项均属确实以后,不得证明出口商之申请书。

第十条

缔约此方之货物，包括天产、农作物或制造品，在输入彼方领土以后，关于内地税、通过税及有关堆栈与其他便利之收费与退税数量，应享有彼方货物包括天产、农作物或制造品之同样待遇。

第十一条

缔约此方，对自彼方输入之进口货或往彼方输出之出口货，不得设立或继续维持不适用于自任何第三国输入或往任何第三国输出之任何同样货物之禁令或限制。缔约此方对来自或输往第三国任何货物进口或出口禁令或限制之撤销，应即适用于来自或输往彼方领土之同样货物。

本约之一切规定，不得解释为限制缔约任何一方在歧视原则下，采取左列为适当措施之权利。

一、因国防民安所设立之禁令或限制；

二、为人道或教育立场所设立之禁令或限制；

三、关于军火、兵器及在特殊情况下一切军需品贸易所设立之禁令或限制；

四、为公共卫生及保护动植物，以抵御疾病、昆虫及有害寄生虫设立之禁令或限制；

五、为欲使外国货物适用在本国以内同类之本国货物，关于产、购、运销及消费之同一制度而设立之禁令或限制；

六、关于金、银、硬币、纸币或证券进出口之禁令或限制；

七、关于某种货物之生产或贸易，现在或将来系由国家专利或由国家统制专利而设立之禁令或限制；

八、为维持外汇稳定之禁令或限制；

九、为保护本国美术、历史或考古之实物而设立之出口禁令或限制；

十、因国民经济对于一切奢侈品之进口禁令或限制。

第十二条

缔约此方,如对禁止或限制输入输出之货物,发给准予输入或输出本国领土之许可证时,则取得此项许可证之条件,应予公开宣布,并明白规定,俾使有关之商人,得以知悉。此项许可证之办法,应尽量使其简单确定。许可证之申请,应尽速办理。又缔约此方,对自缔约彼方输入或往缔约彼方输出之货物发给此项许可证之条件,应与为其他任一外国发给此项许可证之条件,同样优厚。

缔约双方同意,凡对被禁止或限制之货物之输入输出设立定量与限额时,应在分配被限制货物准予输入输出之数量上,给予自缔约彼方输入或往缔约彼方输出之货物以公平之部分。

第十三条

股份有限公司与其他公司及社团,凡系依照缔约一方之法律,及在其法律下,现已或将来成立,并在其领土内设有主事务所者,不论为营利与否,缔约彼方,应承认其法律地位。但不得在缔约彼方领土内从事于违反法律之目的。此等公司与社团有不论为行政或防卫其权利,依照有关法律,依法设立之各级法院中陈诉之自由。

此等为缔约彼方所承认之缔约此方之公司与社团,其在缔约彼方领土内设立分事务所及执行业务之权利,应依照缔约彼方法令规章之规定,并完全受其管辖。

在缔约彼方领土内之缔约此方人民,凡为当地现行法令规章所许可,并在与任何第三国人民同样条件下,应享有组织与参加营利或非营利之股份有限公司与其他公司及社团之权利与优待,此项权利与优待包括发起、组织、股票之购买、主有与出售,及在此等公司、社团内担任业务执行人或职员之权利,在行使上述权利时,以及关于此等公司或社团之组织,或业务之管理或程序,此等人民所受之条件,不得次于现已或将来加于任何第三国人民之条件。此等在缔约彼方领土内,由缔约此方人民所组织、管理或参加之公司或社团,其行使任何业务之权利,应完全由其所拟从事营业之缔约彼方领土内一切现有或将来之法令规章管辖之。

第十四条

（一）缔约此方之制造商、贸易商及其他商人得由本人或以代理人、雇佣人之方法在缔约彼方领土内从事旅行商〔务〕之活动。惟须自缔约彼方，取得一按照一彼方现行法令规章所发给之执照。

在特殊情况下，缔约一方如认任何外国人其逗留足以危及公共秩序与本国安全时，得保留在其领土内禁止其从事本条所规定之一切活动之权利。

（二）为取得上述之执照，申请人必须向其本国取得一证明其旅行商身份之证书。此项证书，应由申请人欲往经营之国家领事签证，上述国家之官厅，一经申请人呈验此项证书，应给予（一）款所规定之执照。

（三）缔约此方之旅行商，在其进入与停留及离开缔约彼方领土时，应受彼方法令规章之管辖。关于关税与其他优待，及施于彼等或彼等样品之任何捐税，应享有任何第三国之待遇。

（四）本条内所指旅行商应了解为包括为推销或购买目的而旅行之商业组织代表。

第十五条

商船及其他私有船舶，凡系悬挂缔约此方之旗帜，并携有依此方法律之规定而证明其国籍之文件者，无论在缔约彼方领海内或在公海上，均应认为旗帜所代表国家之船舶。

第十六条

在缔约此方口岸内，凡以政府官员、私人、公司或任何组织之名义或为其利益而征收之倾税港税、引水费、灯塔费、检疫费及其他任何名目之类似税费，除非向在同样情形下之本国船舶征收者，概不得向缔约方之船舶征收。

第十七条

在两国口岸，船坞码头停泊所港湾内一切关于船舶之进出停在两国口岸，船坞码头停泊所港湾内一切关于船舶之进出、停泊、装卸货物等事项，缔约此方之船舶应于缔约彼方领土内，享有不低于给与其本国船舶之待遇,并应与任何第三国船舶之待遇同样优厚。

第十八条

缔约此方之船舶,由于气候恶劣,或因其他危难而避入缔约彼方口岸者,应许其在该口岸装修、购置一切必须之供应品,再驶往海洋,无须缴纳异于本国船舶在同样情形下,应缴之捐税。惟船主因开支而必须处分其一部分舱货时,应遵守所在地之规章与税则。

第十九条

缔约此方之船舶,如在海上遇难触礁、毁损或由于气候恶劣或偶发事变被迫驶入缔约彼方海岸之港口时,此等船舶与其舱货,应享有本国船舶在同样情形下法律上所予之同样利益与豁免,船长与水手关于其身体船舶与舱货,应受一切必须之协助与救济、救助工作,应依照该国法令规章办理。由此等船舶与舱货救出之物品、或出售是项物品所得之款项应交还原主或其代表,救助之费用,不得超过本国人民在同样情形下所缴纳之数。双方又同意,救出之物品,除准备在所在国销售者外,应免缴任何关税。

第二十条

船舶之国民待遇,不包括下列各项:

(一)彼此领水内之渔业权;

(二)缔约双方于各该口岸内关于分派特殊泊处所添装燃料、储存及处理舱货等特殊便利事项,由国家对公营或半公营税关经营之本国船舶所给予之特权。惟此等船舶,应以为公务上之用者为限。

(三)为促进造船业与航业,在特殊法律下以奖励金或其他特殊便利之方式给予本国船舶之利益。

第二十一条

缔约此方对来自或取道缔约彼方领土之人民与货物,除法律禁止入境之人民或禁止输入之货物而外,应予以通过国际交通上最便捷道路所经之本国领土(包括领水)之完全自由,但为国家安全现在或将来封锁之道路,不在此限。过境之人民与货物,不得对之征收过境税或有任何不必要之留难与限制。并关于费用、便利或任何其他事项,不应受任何歧视。

过境之货物必须在适当之关卡登记。但应豁免一切关税或其他类似之捐税。

对过境运输所取之一切费用,应依照运输之情形,务使合理。

第二十二条

本约中关于最惠国待遇或任何第三国待遇之规定,于下列情形不适用之:

一、缔约此方现在或将来有条件给予第三国之优惠,而缔约彼方并未完成同样或相当之条件者;

二、现在或将来给予毗邻国家专为便利边境贸易之优惠;

三、因关税同盟现在或将来给予第三国之优惠;

四、为避免复税起见,现在或将来与第三国约定给予之优惠;

五、中华民国以建设及工业化为理由,现在或将来给予第三国之优惠;

六、缔约此方依照缔约彼方得参加而并未参加之多边公约,现在或将来给予之优惠。

第二十三条

缔约此方,有在缔约彼方领土内双方同意之地点,派驻总领事、领事、副领事及其他领事官之权。

缔约此方之领事官于开始执行职务后,在缔约彼方领土内,相互享受最惠国同级官员所享受之一切权利、优待及豁免。上项领事官以其官员资格,应受与其有公务来往之驻在国所有中央、地方官员之尊重。

缔约此方政府,对于缔约彼方领事官之呈验,其本国行政首长签字,并钤盖国玺之正式任命状者,应免费发给必要之执行职务证书。缔约此方对其所接受之彼方上级领事官,将彼方政府允准而合法派任,或彼方政府之任何其他有权官员合法派任之隶属或代替之领事官,应依其法律,发给该受任人行使领事职权所需之证书。此项领事官,经出示其执行职务证书或隶属人员、经出示其他代用证书后,即应准予开始执行职务,并享受本约所给予之权利、优待及豁免。

缔约双方政府,不得任命从事工商业之人为领事官。但名誉领事不在此限。

第二十四条

领事官为派遣国人民者,除被控犯有当地认为非轻微罪而应受处罚者外,不得逮捕。上项领事官,应免除军事供应并应免除任何陆海空军行政或警察性质之服役。

关于刑事案件,原告或被告,均得要求领事官到庭作证,此项要求,应尽量尊重领事官之尊严暨其职务。而领事官方面亦应允从其要求。

关于民事案件,领事官应受驻在国法庭之管辖。但如该领事官系派遣国人民,且不从事营利之私人业务,其供词应在其住宅或办公处所以口头或文字为之。并应顾及其方便。倘出庭陈述不至严重妨碍其公务,该领事官应自动出庭。

第二十五条

领事官包括领事馆雇员,其为派遣国人民者,除在行使职权之国内从事营利之私人业务者外,应免除所有中央、州、省及市加诸人或财产之捐税。惟在执行职务之国家领土内,因不动产之占有或所有权或因自该领土内或属于该领土之财产取得收入而征收之捐税不在此限。所有领事官暨领事馆雇员,凡系派遣国人民,皆应免除为酬报其领馆工作所得之薪金、收费或工资之捐税。

缔约此方领土内,依法律或法理属于缔约彼方之土地及房屋,如专供后者政府之用,应免除一切中央、州、省及市之捐税。但因公共服务或地方公共改良所征收之费用,而该项房地因以获益者,不在此限。

第二十六条

领事官得于其办公处所门外安置国徽,并得以适当表记标明其正式办公处所。上项领事官,亦得在其办公处所、包括征检两国首都者,悬挂本国国旗。在用以执行领事职务之船只上亦同。

领事办公处所及档卷,无论何时不得侵犯。无论在任何情况之下,驻在国任何官厅,均不得侵入。上项官厅,无论以任何借口,皆不得检查或携去存于领馆中之文件或其他财产。领事馆不得用作庇护之所。领事官不得被要求在法院提示其档卷或证实其内容。

遇有领事官死亡、失能或离职而无隶属之领事官在馆时,馆中秘书或主事,其职位业经驻在国政府所知悉者,得暂摄该死亡、失能或离职领事官之职权,于其代理期间,应享受原任所有之权利、优待及豁免。

第二十七条

领事官为派遣国人民者,为保护其本国人民依条约或其他根据享有之权利起见,得在该馆领事区内向中央、州、省或市官厅洽商。对于上项权利之侵犯,领事官得提抗议。倘主管官厅不予补救或保护,得由外交途径,予以过问。若无外交代表时,总领事或驻扎系首都之领事官,得直接向该国政府,提起交涉。

第二十八条

领事官得依其本国法律,于其领事区内适当地点记录本国船上人员或本国人民或在本国领土内有永久居所者之证辞。上项领事官,得作成确认、证明及鉴定其本国人民之单独行为契据及遗嘱处分以及其本国人民为当事人之契约。该领事官得作成确认证明及鉴定用以表明或具体表现派遣国领土内任何财产之交付或其所负担之义务之文件,以及关于在派遣国领土内之财产或业务之单独行为,契据、遗嘱处分及契约;包括单由驻在国人民所为之单独行为,契据、遗嘱处分或合同在内。

依此完成手续之文件及其副本与译本,经领事官钤盖官章正式鉴定后,应在缔约双方领土内,分别认为原件或经鉴定之副本之凭证。且应与公证人或经领事官派遣国合法授权之其他官吏所作成及完成者,具有同样之效力。但无论如何,此项文件之作成与完成,应依照该项文件生效地国家法令规章之规定。

第二十九条

领事官对于本国私有船舶上因内部秩序所发生之纠纷有绝对之管辖权。凡船上官员水手间关于船上执行纪律之案件，无论于何地发生，倘该船及被控者进入其领事区内之港口，应由该领事官单独行使管辖权。如当地法律许可，关于工资之调整及有关工资契约之执行等案件，领事官亦有管辖权。

悬挂领事官派遣国国旗，而在其驻在国领水内之私有船舶上之行为，依驻在国法律，构成犯罪，而须受刑事处罚时，除非当地法律许可，领事官不得行使管辖权。

关于在驻在国领水内悬挂本国国旗之船舶上发生属于维持内政部秩序之事件，领事官得自由请求当地警察官厅之协助。一经请求，该警察官厅，应予以所要求之协助。

领事官得偕同悬挂本国国旗船舶之官员及水手，前往驻在国之司法官厅，以翻译人或代理人之资格，予以协助。

第三十条

遇有缔约此方人民，在缔约彼方领土内死亡，而在当地无已知之继承人或经其指定之遗嘱执行人时，当地主管官厅应将死亡事实，立即通知最近之死者本国领事官，以便将必需之消息转知关系人。

遇有缔约此方人民，在缔约彼方领土内死亡，而未留遗嘱时，如驻在国法律许可，并在遗产管理人尚未派定及遗产管理证书沿未颁发以前，死者身故时所住地方之本国领事官，应认为有权接管死者所遗之产业，以资保存与保护。此项领事官应有权接受当地法院或其他管理财产官厅之指定为遗产管理人。但以所管理之产业所在地法律许可者为限。

遇有缔约此方人民死亡时，既无遗嘱，又无已知继承人居住于死者驻在国之领土内，则死者之本国领事官，应被指定为其遗产管理人。但以此项任命为其本国政府规章所准许，并与当地法律不相冲突，及主管法院亦无特殊理由以指定他人者为限。

凡领事官担任已故本国人民之遗产管理人职务时，应受法院或其他任命其为遗产管理人之机关为一切必要目的的管辖。其程度,一如其驻在国人民。

第三十一条

缔约此方领事官,得代非居住于驻在国之本国人民收领应得之分额,并出具收据。此项分额或为得自遗产而其遗嘱尚在检认中者;或为根据所谓劳工赔偿法或其他类似法律规定之所得,但该领事官应将所领之款额,汇寄本国政府之适当税关,转给此项分额之应得人。并应向发给分额之机关,提交其汇款之适当凭证。

第三十二条

缔约此方领事官在其领事区内之缔约彼方各口岸,有权检查驶往或将确定前往其派遣国口岸任何国籍之私有船舶,借可察看此等船舶上之卫生、状况及其设拖,签署该领事本国法律所规定之健康证明书及其他文件,并将此项拟驶往其派遣国之船舶在驶离之港口遵守卫生规章之程度,报告本国政府,以便利此等船舶之入口。

第三十三条

缔约此方,同意准许彼方领事馆为公务上使用之一切家具、器物及供应品,免税进口,并免去任何查验。此等领事官与其家属及随从,凡为派遣国人民,其行李与一切动产不论其系该领事官赴任时随同进口者,或系在其任内任何时期输入者,均得享受免税进口之优待。但缔约任何一方法律禁止入口之物品,均不准带入。双方了解,领事官在其驻在国从事于营利之私人业务者,除政府供应品外不得享受此项特权。

第三十四条

缔约此方之船舶,在缔约彼方沿海地方遇难时,关于救助事宜之一切措施,应由遇难地点之船舶所属国领事官指挥之。当地政府应将遇难之情事,立即通知该领事官,在该领事官未到以前,当地政府并应采取一切必要措置,以保护遇难人等及保存该船舶之留存财产。除维持秩序,保护救助人员之利益(如彼等非属遇难船舶上之水手),以及实行关于救出之货物进出口办法外,当地政府不应加以干涉。

第三十五条

缔约双方了解,本约各条款不得影响、替代或变更彼此之现行或日后制定关于归化、移民、警察及保安之法令规章。但此项法令规章,不得构成专对彼方人民之差别待遇。

第三十六条

本约应予批准。批准书应于……迅速互换。本约自互换批准书之日起,发生效力,并在三年之内,继续有效。

在上述三年届满前六个月内,倘缔约任何一方未将变更本约内任何条款中任何规定,或满期终止本约之意旨,通知他方,则本约于上述期限届满之后,将无限期继续有效。但随时得以六个月前之通知,予以废止。

为此两全权代表将本约签字盖章印,以昭信守。

本约用中英文各缮两份,中英文本,同属有效。

中国第二历史档案馆藏资源委员会档案,廿八(2)682

2.中美商约草案各部会意见

财政部意见

查此项中美商约草案,依据平等互惠原则,适合国家建设需要,且与本部前次所提修正商约原则亦大致相侔,大体上已甚妥善,兹再详加研究,略提补充意见,以供参考:

(甲)对于原草案之一般意见。

一、原草案中之[领土]二字(Territories)其含义如何,似应以换文方式详加解释,因美国领土尚包有 Alaska, Hawaii, Panama canal zone, Phillippine Islands, Virgin Islands, Puerto Rico 等地,其政治地位各别,关税系统亦异,订约时如不明白解释,应用时恐发生异议。

二、原草约中[人民]二字(nationals)通常系指自然人而言,惟上年所订中美取消特权条约每栏[人民]二字之下注明[包括公司及社团]

等字样,此次中美商约各条款中[人民]二字,凡应包括公司及社团者,似亦应照例注明。

三、战后航空事业关系极为重要,分配航空路线必为国际间重大问题,中美间将来如不拟另订专约,似宜于本约中专条规定。

(乙)对于原草案之分条意见

一、第一条第一节[从事未经完全保留于所在国人民之各种贸易行业、制造业及职业]句中所谓[人民]经营各项企业当不能包括公营事业,似宜于[人民]二字之前加[政府及]三字,以为公营事业预作保留。

二、第三条本条规定外侨于所在国缴纳捐税应受国民待遇,所指捐税费用(Taxes impost and charges)等字之前似宜加内地(internal)二字,以表明国民待遇只限于内地税,而不包括关税。

三、第七条第三节规定,购买、占用及使用不动产不得妨害所在国家为安全利益而设定之法律限制,有两点似宜酌予补充:(1)本节仅提购买占有及使用,而未提[处分];惟外侨不动产之处分,亦可能妨害国家安全或公众利益;(2)原文所称有利于国家安全(in the interest of national security)等字样,其意义似只能适用于国防设施及军事区域,范围甚狭,外侨设使利用其不动产以妨害公众利益,势将无法取缔,故宜于国家安全字样后再加公众利益(Public interests)等字样,俾主权国家多一限制外人不动产之权利,于国于民必更有利。

四、I.第八条第五节第一项所谓外汇倾销(Exchange Dumping)一词,似应另附换文详加解释,以免争执。

II.第五节第二项所谓货物倾销,原草案含义尚不十分赅备。设使缔约国此方运销第三国货物其比价较之运销彼方者为高,则彼方仍受倾销影响,故本项[以低于在本国领土内]等字下,似宜加[或在第三国领土内]等字样,以资周密。

五、第九条本条似宜一并规定货物标记法之应用,以领事签证相辅而行。凡双方互相输入货品,均须明白标记某国制造,如made in U. S.

A 及 made in China 之类,俾易查明货物来源,便利关税征收。

六、I. 第十一条第二节第六项原规定缔约国禁限证券进出口不受本条前文之拘束,此类规定似嫌硬性,例如太平洋战事发生,南洋华侨多前往美国,因所携证券不许入口,致华侨产业大受损失,限制证券进出口一事,应否明列条文,仍请细酌。

II. 本节第八项专提维持外汇稳定,而未提及稳定国内物价及维持建设程序等事,似宜作补充规定。

III. 本节第十项之后拟请加列数项,以资周密。

1. 第十一项　因特殊事变而施行关于粮食或其他生活必需品进出口之禁令或限制。

2. 第十二项　因战争或国际中立而施行之进出品禁令或限制。

3. 第十三项　因推行警察法或租税法而实施之禁令或限制。

七、第十二条第二节系关于进出货物采用限额制之规定,惟限额制设依国别分配,极易引起纠纷,故现代各国多采商业输出国以货物本身之需要供给及品值价格自行决定,中美两国间如采定量与限额制时,似应以商业条件较为妥当。

八、第十三条本条主要精神在于依当地法令允许侨民组织文化、宗教及经济等类社团并能享受与第三国侨民平等之最惠待遇,而非国民待遇。惟查本条对于侨民组织政治团体并无明文限制,只有[但不得于缔约彼方领土内从事于违反法律之目的]之规定,此项条文将来设为他国援用在我国境内成立侨民政治组织,则顾虑滋多,拟请依各国惯例于本条之末加(政治组织除外)之但书,以杜流弊。

九、第二十二条关于最惠国待遇所列六项除外之规定颇合中国需要,惟第二项所指毗邻国家专为便利边境贸易之优惠,如所指系为便利两国边境人民之生活需要起见,似应仿他国先例,注明距离上之限制。

十、第三十三条规定缔约国准许彼此领事馆为公务上使用之一切家具器物及供应品免税进口一节,与国际惯例及中美两方原订办法尚属相符,惟原条文内所称[并免除任何查验]数字恐生流弊,拟请删除,以增弹性。

十一、第三十五条系采列举方式,将归化、移民、警察及保安四种法令指明,不受本约拘束。惟查本约牵涉法令多种,其效力均应超越条约之上,方足保障主权完整。设于此处仅列举四项反有挂漏之嫌,关于法律效力一点,似以改用概括规定为妥。

中国第二历史档案馆藏资源委员会档案,廿八(2)682

资源委员会意见

(一)关于工矿业 约稿第一条规定[缔约此方人民应准予于彼方领土内……从事未经完全保留于所在国人民之各种贸易行业制造业及职业……以及从事因享有上述权利而附带或必须之任何事项,一如此后最惠国人民之待遇,唯须遵守依法成立之一切当地法令规章]。

(a)约稿准予从事者只及工业即所称制造业(manufacturing industry)而不及矿业,本会至为赞同,本会对于外人经营矿业之意见(一)关于国防资源,外人绝对不能经营;(二)其余矿业外人可于取得特许案后经营,将来修改矿业时当将上项意见列入。

(b)约稿保留若干种工业对方人民不得经营,本会极为赞同。惟此种保留工业应能解释为随时可以法律增减,而不以签约时现行法律为限,查约稿对于法律有标明现在或将来等字样者例如第十三条(The rights of ... corporation should be exclusively governed by other laws and regulations which are in force as may hereater be estallished...),是否各条均应标明现在与将来,拟请考虑。

(c)对方能经营之工业(制造业)予以最惠国待遇,本会甚所赞同,但外人所能经营之工业似宜分为两类(一)依法注册类;(二)特许案类,至何种工业,外人须取得特许案方可经营,拟于将来工业法中规定,约稿行文拟请将此点补充。

(d)外人工业之财产(约稿第一条第二项)其保护为国民待遇而其工业之本身为最惠国待遇,将来所有施于外人工业之法令,恐有时与施于国民工业者不同,但施于工业本身之法令势将影响及工业之财产,而财产为国民待遇,其间出入,是否可能发生纠纷,拟请斟酌。

(二)关于公司企业组织及动产者　对方公司(尤其以企业目的或财务目的而组织之公司)在约稿第十三条第三项规定依法受第三国待遇,而对方人民动产(包括其取得)照约稿第六条规定则为国民待遇;如公司股票或其他取得产权因而取得随同发生之管理企业权者为动产之一种,其结果外人之财务公司或可依约稿第六条受国民待遇而活动,将使此方依约稿第十三条而限制外人财务兼并之法律失其作用,强大之财务公司或有可能操纵工矿事业,此中关系,亦请惠予注意。如使此项活动完全归入有条件的最惠国之待遇下,似较妥当。

中国第二历史档案馆藏资源委员会档案,廿八(2)682

侨务委员会意见

查此项中美商约初稿关于通商航海设领所应考虑各点均经分别提及,甚为周密。惟第一条及第十四条,似尚有考虑之余地。

(一)第一条[缔约此方人民,应准予进入,旅行及居住于彼方领土内,享有信仰及礼拜自由,从事不为当地法律所禁止之一切科学、宗教、慈善及商务工作……惟须遵守依法成立之一切当地法令规章],此[从事不为当地法律所禁止]及[唯须遵守依法成立之一切当地法令规章]字句,骤视之似甚公允,然他日如依照美国情形解释,恐华侨仍须受亏。盖一九二四年美国新移民律曾规定,商人资格以从事中美贸易者为限,于是一九二四年七月一日以前合法入境之商人,有因环境关系改营他业出口时,即不能领取回美准照,而从事织造业制造商及印刷金银首饰等商人,无论资本多至百数十万,均不得视为商人,无权自由往来及迎接妻子到美。一九三二年更颁布“第八七六号法例”,规定外国商人须系经营该商所属国家与美国之出入口贸易,其所购之货物最少须有百分之五十一来自该商之本国,因此一九二四年七月一日以后合法入境之华商子已届二十一岁,本人亦须从事中美贸易,否则出口时亦不得领取回美准照。现华侨受此限制，至不敢出口，失去往来自由者数达一二千人，此为侨民所最感苦痛之一事。此一九二四年新移民律及一九三二年第八七六号法例，尽可解释为当地法律及依法成立之一切法令规章，如果依此解释，既不违背本约稿第一条之规定，而华侨商人资格仍受严格限制，虽本条有[一如最惠国人民之待遇]一语，然是否可以抵销此项解释，似尚有疑问；再进一步言，美国从前对华移民条例现已撤销成办须顾虑，一九二四年新移民律作梗，然第八七六号法例仍在，似不无问题，况实施新移民法案人数系限定一百零五人，其免再持有识别证者，系目前永久居住美国之华侨，其离开美国时免再领返美证书者，系得有美国公民资格之华侨，是事实上仍有限制，究竟商人资格是否从此放宽，未见明文，则症结仍难解除。返视我国从前对美人来华经商既无特定法令限制，故在美方可以毋虑，而所当顾虑者厥为我方不能以平等互惠自解，故此条规定似须针对上述各节使之不能再作曲解，以限制华侨商人之资格而为旅美侨民解除痛苦，拟请将[从事不为当地法律所禁止]及[唯须遵守依法成立之一切当地法令规章]字句，易以其他比较活动词语（如不碍公安等宽泛词语）或径将此两句删除较为彻底，或在换文中附带声明。

（二）第十四条[缔约此方之制造商、贸易商及其他商人在缔约彼方领土内……]等语，依美国现行法令既不认制造商为商人，又限定贸易商应购本国货之比较数量，一如上节所述，拟请于[领土内]之下加入相当于[均认为商人并不限定贸易种类、数量及购买地点]等字句，以解除各种限制，而为华侨谋得便利。上述两条为针对华侨今后在美经商最有关系事项，乘此订约机会，似当予以注意。

中国第二历史档案馆藏资源委员会档案，廿八（2）682

地政署意见

查阅于外人地权问题，除现行土地法之限制外，本署前经拟定外人土地权利管理办法，呈请行政院核定中，是项办法内容之要点：（一）关于居住用地除面积应加以限制外,准许自由购买或租赁;(二)关于生产事业用地,须视其事业性质,依有关法令经国民政府特许,方得购买或租赁。所称有关法令当另由主管机关拟订,如工商矿业等为利用外资起见,得斟酌情形,予以特许;而农林渔牧等事业,因有关国民生计,似应不予特许。兹查中美商约初稿第一条关于外人主有及租赁房屋与土地未订有[须依照当地法令规章之规定]等字样,为使本国法令不受条约拘束起见,似应加订上项条件。

中国第二历史档案馆藏资源委员会档案,廿八(2)682

教育部意见

一、初稿大体尚可。关于教育之规定(见第一条仅准各国侨民在居留国设立学校,教育本国之儿童)亦属可行。

二、其中应行斟酌者似有左列十二点:

(一)第一条内 to engage in every trade vocation manufacturing industry and profession, not reserved exclusively to nationals of the country 一语,似不能包括违法及违背公共秩序或善良风俗之职业,第十一条虽设有限制及禁止之规定,但该条以进出口事项为主要对象,该项限制或禁止规定,是否适用于一般事项解释上,恐易滋纠纷,为预防争执起见,似可于第一条为更明确之规定。

(二)第十二条第二项第七款"State or state controlled monopoly"一语内之"monopoly"专指专卖事业,而不能包括其他公营事业(government-owned or government operatied enterprises),或公用事业(pulice utility enterprises),未免过狭,似可改为"enterprise"。

(三)第十一条第二项各款规定似应适用于一般事项,不妨另列为一条置于条约之首或末。

(四)第十七条关于内河航行权之有无未予明白规定,似应补入,以杜疑义。

(五)第二十四条第一项将犯罪行为分为 crimes 与 misdemeanors

二等,并规定领事官仅得因前者而受逮捕,此种犯罪行为之分等方法仅见于意大利、荷兰、西班牙等国之刑法(但名称性质均有出入),为法德等国法典所不采,即其英美法系国家亦不习见。盖英美法系国家亦大都采用三分制,即将犯罪行为分为叛逆罪(treasor)、重罪(felony)及轻罪(misdemeanor)三等。且何谓 crimes 与 misdemeanor 定义颇不一致,解释易滋纷歧,我国刑法对于犯罪之处罚虽有重轻,短短几条对于犯罪行为之分等并无规定,其情形与英美大陆各国根本不同。第二十四条第一项规定,与实际情形不免出入,似有修改之必要。

(六)第三十五条规定之本条约无超越或变更,有关归化移民入境(immigration)等法律条例规章之效力。易言之,本条约生效后,美国限制华人入境之移民律并不当然失效,且以后仍可对于华人入境不断加以限制。此不仅违背美国法院多年来所采之解释(按美国联邦律法及最高法院判例均承认条约为美国最高法 Supreme law of the land 之一种,凡国会所订法律与之抵触者无效),抑且有损国际间友爱平等之原则,于我国侨民赴美殊多不便。其末段但书虽称"previded they do not constitute measures of discrimination particularly directed against the national of the other party"云云,以资限制,但制定或运用移民律之国家,得利用限制二国以上侨民入境之方法,以逃避该项规定(如专限制黄种人或中国与日本人或安南人入境),实际上不足以保障我国侨民之利益。故对于移民入境一点似应规定原则如下:[本条约生效后,双方对于限制或禁止彼此侨民入境之法律、条例、规章,除为自卫或维持公共秩序所必要,并适用于各国侨民者外,应即废止。]

(七)第二十二条第三款关于关税同盟(Customs Union)之规定,反予对方以利用关税同盟以对抗我国之机会。以美国与南美各国关系之密切,此实甚为可能。我国处境与美不同,将来与他国缔结关税同盟之可能甚少,此点似无规定之必要。该项规定是否得计,似须考虑。

(八)条约中有时称 laws, ordinances and regulations,有时称 laws and regulations(如第一条、第九条、第十四条)似欠一致,易滋疑义,似

宜予以划一规定。

（九）余文中误写或费解之处似尚不免，如第六条 may taken passession 之 taken，第八条第五项第一款之 exchange dumping，第十四条之 operate 及 Samples，第二十条第二款之 provided always that（似系 when 或 in case that 之误），第二十八条第二项 under his official seal 之 his 是。

（十）关于条约之解释并无规定，似应补入。

（十一）条约编制似尚可酌予改变，使较为简明而具有系统，其法为：（甲）将适用于一般事项之共通原则归为一类；（乙）将关于领事官之职权地位规定其详，并涉及琐细，可谓考虑周密。惟领事官参加驻在国行政及司法事项之机会过多，易启进一步牵制之端，似宜慎重出之，重以今后数十年之情形而论，美人在华之利益或事业当较华人在美者为多，美国现有领事机关设备既优，人才亦当，将来易于把握机会，运用职权，发挥使命。该项规定有利于美者必较大，表面虽属互惠，实际不必机会均等，条约中应否将领事官职权酌予缩小，似不无考虑之余地。

中国第二历史档案馆藏资源委员会档案，廿八（2）682

内政部意见

查所拟内容本部甚表赞同，惟感一九三〇年四月十二日订于海牙之国籍法公约，对于二重国籍问题未获适当解决，则将来该商约订立后，难免不因权利义务问题发生纠葛，似有事先解决二重国籍问题之必要。

中国第二历史档案馆藏资源委员会档案，廿八（2）682

经济部意见

（甲）对于原草案之一般建议

（一）大西洋宪章及中美抵抗侵略互助协定（其中第七条涉及国际间之经济关系）虽宣布于战争期内，然支配之力及于战后，其中关于贸易自由郑重提及。惟我国经济未臻发达,产业情形特殊,为达成国家经济建设,不能不于相当期内采取保护政策,而在我国主权范围内,于不歧视原则下为适当统制性之措施,未可谓为与自由贸易政策相背驰,此于进行谈判本约之时,必须折冲运用,预邀谅解,借谋国际经济之合作。

(二)平等条约宜就缔约双方之政治经济环境,并筹兼顾我国深受不平等条约之害,亟当惩前毖后,杜渐防微,而在美华侨从前不无与所在地人民或第三国人民待遇歧异之事实,且非尽由条约所致者。美为联邦制,各州立法每个不同,在属地主义之法权下,自不免受各州不同法律待遇之痛苦,故于谈判订约之前,不能不详细研究美国各州法律之区别所在,我国侨民所受不平等待遇之实况,商谈商约时如能酌量提及,似不失为商及此事之机会。

(三)商约中最惠国待遇及任何第三国待遇条款之规定,其目的在对抗第三国,用以防止缔约对方之歧视待遇。此种条款表面上虽属互惠,然对产业不甚发达之国家则获利往往归于单方,殊属害多利少。就我国目前暨战后初期情势论,总以能避免不用为宜。本约稿用[最惠国待遇]字样者为第一节第七节第九节二十三诸条,用[任何其他国家]或[任何第三国]字样者为第八节十一节十二节十三节十四节十七诸条,按[最惠国]与[任何第三国]意义相似,范围略殊,前者为特指的,后者为一般的,用语分歧,解释时易生镠辖。惟摒弃不用,或难得对方同意,与中美新礼换文已用有[任何第三国]字样,对方自必据为要求之张本,又我与苏联所订中苏通商条约亦有[任何第三国待遇]条款之规定,更足为援例之依据,故权衡轻重,如未能完全避免,则宁可一律改用[任何第三国]字样,庶归一致。

(乙)对于原草案之分条意见

(一)第一条第一段末句[一如此后最惠国人民之待遇]似可删去,倘谈判时对方坚持最惠国待遇,则宁可改用[任何第三国]字样。

(二)第三条规定缔约双方人民在彼此领土内缴纳税捐费用适用[国民待遇]一节,似可删去。惟对方恐难同意。查美国与各国签订商约,关于缴纳税捐除少数外,殆均采用国民待遇。又我国与苏联所订中苏通商条约第四条,关于纳税已予苏联以国民待遇或任何第三国待遇,恐对方必借由援例。兹姑予提出,请谈判时注意,倘对方坚持,则亦以仅予任何第三国待遇为宜,此可就美芬商约第七条、美奥商约第七条暨美挪商约第七条均各规定纳税享受任何第三国待遇而未及国民待遇,可为交涉时之引证。

（三）第六条规定缔约双方人民关于取得与持有任何动产享受[国民待遇]一节,不无研究之余地。盖所谓[动产]包括范围至广,举凡公司股票、产业证券均属之,政府对今后利用外资实施方案,有视产业性质分类,厘订许可外资比例参加之拟议,倘照原条文草享有国民待遇,则与国策相抵触,故对此必须坚持不予以国民待遇。原条文拟请将第一段末句中[一如所在国人民]等字删除。

（四）第七条规定缔约国双方人民在彼此领土内享有取得及继承不动产之权利,而为有条件的最惠国待遇。本条规定尚称妥适,惟为慎重计,拟请注意对方各州对于外人取得不动产之规定其差别之处,对我方影响如何,俾可权衡应付,故本条第一段末句[最惠国]拟请改为[任何第三国]。又第三段[购买占有]拟请删改为[主有]。

（五）第八条中各项规定筹虑周详,较中苏通商条约为进步,而其精神尚符合近代条约中所表现之国际公法原则与国际惯例。惟为树建我国检政信誉,防阻对方将来借口禁止国产输入计,似可于本条第二段移增列一段文曰[关于任何进出口货物经缔约国一方政府检验合格给有证书者,缔约双方应相互尊重,不得借词禁止输入]。

（六）第九条规定,缔约双方关于发给领事签证货单之一般手续,确认领事签证货单为货物产地之满意证件,自无不可。惟我国情形特殊,今后既将奖励外资开发实业,则准许外人在华设厂制造似在意料之中,故将来输出之工业制造品中,必尽为纯粹国产,为保护纯粹国产计,对于我国输出货物产地证明,应以我政府规定之产地证书为输入国驻缔约彼方之领事官签证之必要审核证件,似宜另附换文,详加声明。

（七）第十条之规定对我方所受之影响与第三条相同,似宜避免国民待遇。

（八）第十一条原列第三项拟请增改为[关于军需兵器及在特殊情况下其他物品之贸易设立之禁令或限制],如此则较富有弹性,将来可以优为运用;又另增一项列为第十一项,文曰[关于现在或将来因共同履行国际义务所设立之禁令或限制]。

（九）第十三条第一、二两段关于组织公司部分与我国公司法之规定完全符合,惟第三段于今后我国利用外资之实施关系至巨。兹分析如次:

查今后外人在华经营实业,就政府现已考虑可能采取之重要应对原则如后:

（1）凡外国人在中国经营实业,应依中国法律按其营业组织呈请登记,其属于须经许可之营业,并应先行呈请许可。

（2）外国人在中国投资关系较重要之实业,以与中国政府或人民合资为原则,经规定得由外人独资经营者,应经政府特许专案核定之。

（3）合资事业之外资部分,除经营规模较大而中国尚缺少经验之事业,其所占之比率经专案呈准后,得不受限制外,其余一般具有控制操纵力量或盈利较易之轻工业,仍将酌定准许外资之比率,以为保护本国产业之开展。

（4）合资事业除董事长应为中国人外,其总经理可就事业性质酌许由外人担任。

依照上列四原则,检讨本条草案第三段所称[在缔约彼方领土内之缔约此方人民,凡为当地现行法令规章所许可,并在与任何第三国人民同样条件下,应享有组织与参加营利或非营利之股份有限公司与其他公司及社团之权利与优待],尚符合上列一、二两原则之规定。惟应否规定予以[任何第三国待遇],则尚待考虑。揆诸将来我国经济建设之有赖外国协助者,其合作程度之深浅必不相同,不得不预为筹谋。虽要约稿第二十二条对于最惠国待遇或任何第三国待遇有保留不适用之规定,但为免日后争执计,原文[并在与任何第三国人民同样条件下]句似仍以删除为宜。至本条第三段原文称:[此项权利与优待包括发起、组织及股票之购买、主有与出售,及在此等公司、社团内担任业务执行人〈按即公司法所称之董事(包括董事长)或经理〉或职员之权利,在行使上述权利时,以及关于此等公司或社团之组织,或业务之管理或程序,此等人民所受之条件,不得次于现在或将来加于任何第三国人民之条件。]与上列原则四,似有抵触,拟请删除。

(十)第十四条关于缔约双方人民从事于旅行商活动之规定,尚属周详。惟旅行商为各国对外贸易拓开市场之先锋,恒借其旅行商身份深入一方领土,作商业目的外之活动,故本条第一项所谓代理人、雇佣人,似可另以换文说明为:缔约双方之人民或为与欲往经商之一方缔有条约而在条约上许可其人民得在缔约一方领土内经商之第三国人民。

(十一)第二十二条为约中不适用最惠国待遇或任何第三国待遇之列举规定,实裨益于经济落后之缔约一方者为多,故原草案之精神实有助于我国今后经济建设,将来与对方谈判时必须力争。惟原第三项关于关税同盟一项,似宜特别慎重研究。查美国为达成其国防计划之成功及美洲全部经济团结之充实,年来已力图加强对南美各国之经济联系,将来与南美各国贸易势必有互惠或特惠商约之订定,关税同盟可能为此种趋势开展之一种,反观我国将来能否运用关税同盟,殊难预卜,权衡得失,似以不列为宜,故第三项拟请删除。

(十二)第三十五条规定,缔约双方本国现行及日后制定关于归化、移民、警察及保安四种法令规章,不受本约各条款之拘束,系采列举方式,似有挂漏之点,且本约稿数见有须依照所在国法令规章之规定,是本约牵涉法令决不止上列四种,似以改用概括规定或改以换文说明之。

司法行政部意见

（一）查中美友好通商航海设领条约其中各项规定大体上与美国对其他各国所已订之条约多所类似，惟按美国与各国所订各商约之最近本，均系随国家之经济状况及世界情势经多次修正而成者，并非一次即作此规定。我国现时经济能力薄弱，航行工具缺乏，订约时有无保留一部分权益之必要，似应与主管之经济部及交通部切实商拟。

（二）第七条规定关于不动产之取得、占有与处分……缔约此方人民在彼方领土内应在相互条件之下，并依照当地法令规章之限制享有财产所在地法律给予之最惠国之待遇。查世界各国对于外国人在本国领土内取得、占有或处分不动产权者约有四大类别：

一、内外人平等开放者——有英本国、义、西班牙、葡、瑞士、丹麦、加拿大、巴西等国。

二、采取相互主义者。

（1）以国内法规定者——有奥、匈、哥伦比亚。

（2）以条约规定者——有法、比。

三、采取条件主义者。

（1）以服从法律为条件者——有罗马。

（2）以经政府之许可为条件者——有瑞典。

（3）以都市区域外为条件者——有罗马尼亚。

（4）以有住所为条件者——有墨西哥、荷兰、智利、阿根廷。

四、不由中央政府规定，而由各联邦政府规定者有美国；中央政府只规定原则，许可权归联邦政府者有德国，但事实上现在未实行。

采取完全开放主义之国家，大都其国内经济状况已发达至最高峰，政治情形亦已稳定，且又多人口过剩之国家，其国内已无开发之余地，外人即在此等国家内购置不动产，独利甚少，故购置数量亦必不多；我国则不然，领域辽阔，土地多未开发，苟完全开放，难免不招致大资本之独占与压迫。故此点似不可完全照办。本约采用相互主义，在原则上虽系开放互惠，而执行时实多困难，盖美国采联邦立法主义，其各州之规定各不相同,今吾人与美采相互主义,则对待美国人似必须按其州籍,并依其本州之立法而分别给予各种不同之待遇。但此种办法事实上将不胜其烦。

按美国各州对外人购买土地有面积,每年收入额,享有年限,赠与继承购买住宅,营业等特别限制,各州多不相同。(一)如意利诺州规定外人购地只以享有六年为限,届期必转售与善意之买主或取得美籍后方可继承享有。(二)如威斯康星州规定,无居所之外国人购置量不能超过三百二十英亩。(三)有数州准许外国人购置土地,但以居民或宣告其有取得美籍之意念者为限,如印第安那州、密苏里州等。(四)限制继承不动产者,如亚利桑那州规定,外国人如欲继承不动产,须于五年内取得美籍。(五)如肯塔基州规定,外国人如系居民或曾宣告入籍之人,可以继承不动产,如非居民,只能享有八年。

我国经济落后,益以七年抗战,元气大伤。人民生活困难必无余力赴美国购置不动产,而美国人民则可用购买、赠与及继承之方式,在中国取得不动产所有权。照此情形,虽条约上订明互惠,而实际上则利在一方,此恐非维护国家主权之道。再此次中美商约将来或为他国条约之蓝本,以现时中美邦交之良好或不至有何问题,倘其他国家日后仿效,则我国难免不受损害。故关于不动产之条款,订约时似不可不特加慎重。

(三)本约稿第二十四条规定[领事官为派遣国人民者,除被控犯有当地认为非轻微罪而应受处罚者外,不得逮捕]等语。查美国法律 Misdemeanor(轻微罪)一字,系指数种罪名而言,与通常所称之[轻微]用意不同。换言之即美国法之 misdemeanor 未必尽如我国刑法第六十一条所指之可以减轻或免刑之罪名(此乃因中美法系不同)。果在原则上对领事官必欲有例外之规定,则为免日后纠纷起见,似应以列举罪名较为相宜。

(四)本约稿内有数处用 Law and Regulations,有数处用 Laws ordinances and regulations,不知原起草人初意是否有所区别,似应规定一律,以免日后应用时发生问题。

（五）第二十八条之 Agreement 与第二十九条之 Contracts 原意是否指同一之物，似欠明显。

（六）约稿中文本与英文本有意不相符者、有字句可酌改者，似有修正之必要，兹略举数例如次；

甲、第一条第二段 Their Property 中文作［其产权］，如照原文例应译为［财产］；

乙、第一条之 Taken 似无剥夺之意，按原译稿［非经合法程序不得剥夺］，实际上即经合法程序亦仍不得［剥夺］。

丙、［赔偿］二字有处罚之意。第一条之 Compensetion 一字与中国法律上所称之［补偿］意义相合，似可照改（参照土地法）。

丁、第二条 For the Prosecution as for the offense of their rights 原意者重权利，与［原告及被告］似同，而实不同，中国法之［原告］及［被告］二词，皆用在民事关系，原稿兼指刑事关系，似以酌改为宜。

戊、第七条［政府之明白同意］，Consent 一字，如不译为同意而改为［许可］是否较佳？请酌夺。

己、第十三条 Contral office 依中国法应为［主事务所］，原义为总事务所，拟改。

庚、第二十六条 Authorities 如不译为［官厅］而改为［官署］或较佳。第二十九条之 Police authorities ，Judicial authorities 均宜改为警察官署、司法官署。

辛、第二十六条第二段［领事官不得被要求在法院提示其档卷或证实其内容］，如改为任何人（或改无论何人）不得要求［领事官在法院内提示其公务上之档卷或证实其内容］，似与英文原意较近。

壬、第二十七条 Complaint 一字（原稿误作 Compliant）中文稿译为［抗议］，按抗议为 Protest，不如用［声明异议］一词代替。

癸、第三十条中国法律关于遗产管理人用［指定］Appoint 二字较原译之［任命］似觉较佳。

3. 外交部对各部会意见审查报告

中美商约草案各部会意见外交部审查报告

（甲）对于原草案之逐条意见

第一条第一节（人民之权利）

财政部主张于［从事］未经完全保留于所在国人民之各种贸易行业制造业及职业句中［人民］二字之前加［政府或］三字以为公营事业预作保留。

拟照加。

资源委员会提及外人所能经营之工业可分（一）依法注册类；（二）特许案类。拟于将来工业法中规定，并建议约稿行文将此点补充。

按此点事属国内法范围，无须于条约中明白规定，且约文中已有［遵守所在国依法成立之一切当地法令规章］字样。

侨务委员会主张将［从事不为当地法律所禁止］及［唯须遵守依法成立之一切当地法令规章］字句，易以其他比较活动词语（如不碍公安等宽泛词语），或径将此两句删去。

关于对外商约之缔结，不仅须增进在外华侨之地位，抑且须顾及在华外侨之可能活动，如删去［遵守当地法令规章］字样，今后我国对在华外侨之活动必将无法限制。又约稿中已规定彼此人民享受最惠国待遇，对方国不利于外侨之法令（例如，美国之第八七六号法例）如适用于一般外侨，我国亦无可如何，如其实施之结果尤不利于我国侨民，亦仅能据理交涉，商约中无法作详尽之规定。

地政署意见，关于外人主有或租赁房屋与土地应订有［须依照当地法令规章之规定］等字样。

本节已有［唯须遵守依法成立之一切当地法令规章］字句，且适用于全条文，无须另作规定。

教育部意见，本节内 To engage in every trade, vocation, manufacturing

industry and profession, not reserved exclusively to nationals of the country 一语，不能包括违法及违背公共秩序或善良风俗之职业，主张于本节内为更明确之规定。

查本节已规定［须遵守依法成立之一切当地法令规章］，外人自不能从事违法或违背公序良俗之职业，似无须另作规定。

经济部意见，本节内末句［一如此后最惠国人民之待遇］似可删去。

查本节中最惠国待遇以不删去为宜，否则仅规定受当地国法令之限制，不特侨民失其保护，随时有被歧视之点，且亦与一般商约之原则相背。

第一条第二节（身体与财产之保护）

资源委员会提出外人工业之财产，依照本节，其保护为国民待遇，而其工业之本身，依照前节为最惠国待遇，其间出入是否可能发生纠纷。

外人经营工业系一件事，外人财产之保护又系一件事，禁止或限制外人经营某项事业，并非对该事业之外人财产不予保护，例如英美人民现不能在华从事内河航行及沿海贸易，但用于该项事业之财产，仍受中国官厅对中国人民财产之同样保护。

第三条（捐税之国民待遇）

财政部主张于［捐税费用］（Taxes, imposts and charges）等字之前加列［内地］（internal）二字，以表明国民待遇只限于内地税，而不包括关税在内。

约稿内所称 Taxes, imposts and charges 本不包括关税在内，似不必加 internal 字样。

经济部主张删本条中关于缴纳捐税之［国民待遇］。

关于两国人民缴纳捐税一节，中美、中英等新约均已有国民待遇之规定，且关于缴纳捐税之国民待遇，系近代一般国际惯例。

第六条（动产之国民待遇）

按动产之国民待遇为近代一般国家所采用，如改为最惠国待遇，更恐有碍奖励外资政策之推行。兹拟将本条第一节条文酌加修正如下：

Article 1 subject to local laws and regulations and on the same term as the nationals of the state of residence, the nationals of each of the High contracting parties shall have the night to acquire and possess in the territories of the other movable property of every kind except those which are reserved particularly for the nationals of the state of residence。

俾在适用时富有弹性，即仍可以法律限制外人动产权利（如公司股票权），而不予以国民待遇。

第七条第一节（关于购置不动产之最惠国待遇）

司法行政部意见，关于不动产条款应特别慎重，经济部提请注意美国各州对于外人取得不动产之规定及其对于我国人民之歧视如何。

关于购置不动产权利，细查美国各州法律准许与否，虽各不同，但如经条约规定即以条约为准。

查中美商约草案第一条内既有 to own, erect or lease and occupy appropriate buildings and to lease lands for residential, scientific, religions, philanthropie, manufacturing, commercial and mortuary purposes 之规定，实际上已可满足在美华侨需要，若将第七条第一项删去，亦无不可。第七条第一项原文如下：

As regards the acquisition, possession and dispotion of immovable property, except as regards the leasing of lands for specified purposes. provided for in Article1 of the present treaty, the nationals of each of the High contracting parties shall enjoy in the territories of the other subject to reciprecity and upon compliance with the provisions of local laws and regulations, the treatment of the most favored nation accorded by the laws of the place where the property is situated。

如不删去文字，应加以修正，以不受各州纷歧法律之拘束为原则。兹拟依照中美新约换文附件三之规定，并于其后加最惠国待遇字样，以免美

国各州法律对于华侨购置不动产之手续及程序等等有歧视之限制,其全文如下:

The nationals of each high contracting party shall enjoy the right to acquire and hold real property throughout the territories of the other High Contracting Party in accordance with the conditions and requirement prescuibed in the laws and regulations of that High contracting party and upon the same terms as national of any third country。

第七条第二节(关于不动产之安全条款 safety clouse)财政部主张(1)于[购买占有及使用]以后加[处分]两字;(2)于[国家安全]字样后加[公众利益](Public interests)等字,俾对外人不动产权多加一层限制,经济部主张将[购买占有]删改为[主有]。

拟将第三节全删,其理由如次:(1)本条第一节已规定须受当地法令规章之限制,且仅给予最惠国待遇,似无须另加限制;(2)重重限制,恐引起外人疑虑。

第八条第二节(彼此货物之进口)

经济部主张于本节后增列一节:[关于任何进出口货物,经缔约国一方政府检验合格给有证书者,缔约双方应互相尊重,不得借词禁止输入]。

关于此点在现代各国商约中均无规定,似可不加。

第八条第五节(进出口货物最惠国待遇之限制)

财政部主张本节第一项所谓外汇倾销(Exchange Dumping)一词,应另附换文详加解释,以免争执。

关于外汇倾销如何解释,请财部提出具体方案。

财政部在主张本节第二项关于货物倾销应于[以低于在本国领土内]等字下加[或在第三国领土内]等字样,以资周密。

不加有无流弊,请财部解释。

第九条(货物产地证)

财政部主张一并规定货物标记法,凡双方互相输入货品均须明白标记某国制造字样。

领事签证货单办法如能严格实施，似无须同时采用货物标记法，且货物标记法对于某数种货物，例如关于米壳之进口在适用上甚感困难。

经济部建议为保护纯粹国产计，对于我国输出货物产地证明应以我政府规定之产地证书为输入国驻在我国之领事官签证之必要审核证件，并主张另附换文详加声明。

此种规定似可不必。如为保护纯粹国产事业，则尽可限制某种工业不准外人设厂。

第十条（货物进口后关于缴纳税捐等等之国民待遇）

经济部主张避免国民待遇。

本条内容为现代商约中之一般规定，但为慎重起见，拟征询主管之财政部之意见再予决定。

第十一条第二节（禁止或限制之列举）

教育部认为本节各款规定似应适用于一般事项，不妨另列为一条，置于条约之首或末。

查第十一条专论禁令或限制，第二节各款规定，仍以进出口禁令或限制为主，似无须另列一条。

经济部拟将本节第三项中［一切军需品贸易］改为［其他物品之贸易］。

［其他物品之贸易］范围太广，漫无标准，似非一般商约之通例，且亦无此必要，盖［军需品］包括本已相当广泛，且本节中列举事项如限禁奢侈品之进口等等已极慎重，拟维持原案。

财政部提及本节第六项内限制证券进出口一事，应否明列条文，尚须斟酌。

关于限禁金银硬币、纸币或证券进出口一事，各国商约中间亦有此规定，且商约中作此规定，仅系保留权利，非必实行。

教育部提及本节第七项"State or State Controlled monopoly"一语内之"monopoly"范围过狭，似可改为"enterprise"以包括其他公营事业或公用事业。

　　查第七项系专就某种货物之生产或贸易,系由国家专利或由国家统制专利而言,至于其他公营事业或公用事业之不得由外人经营者,已于第一条内照财政部意见修正,即外人得[从事未经完全保留于所在国政府及人民之各种贸易行业制造业及职业],此处似无须修改。

　　财政部提及本节第八项专提维持外汇稳定,而未提及稳定国内物价及维持建设程序等事宜,主张予以补充规定。

　　关于稳定国内物价一事,本部认为本节第一项有 Public Safety 第十项有 national economy 之规定,其含义甚广,稳定物价问题当可包括在内,且为避免予外人以中国物价波动甚烈之印象,似不宜于条约内明白规定关于维持建设程序一事,解释时无标准,亦不拟列入。

　　财政部主张于本节第十项之后加列数项,以资周密。

　　(1)第十一项　因特殊事变而施行关于粮食或其他生活必需品进出口之禁令或限制;

　　拟照加 prohibitions or restrictions relating to the importation or exportation of food stuffs other daily necessities in case of emergency。

　　(2)第十二项　因战争或国际中立而施行之进出品禁令或限制;

　　按此点事涉国际公法之一般规定,无须列入本约。

　　(3)第十三项　因推行警察法或租税法而实施之禁令或限制。

　　查美国与外国所缔商约中均有此规定,此或系根据美国之特殊环境,我国如无此必要,似可留等待美方提出,再作讨论公决。

　　第十二条第二节(定量与限额之公平分配)

　　关于进出品货物限额制之规定,财政部主张采用商业条件制,即由输入国或输出国以货物本身之需要供给及品值价格,自行决定进出口货物之分配额。

　　本节中关于进出口货物定量或限额之分配,本系由输入国或输出国自行决定。约稿中公平之部分,equitable share 一词,其决定之标准亦操之输入国或输出国,即输入国或输出国仍可根据需要供给品值价格等商业条件,予以决定,故与商业条件制,并不抵触。唯此种解释是否妥善,仍请财政部斟酌。

第十三条第三节(公司社团———一切法人)

经济部认为本节内[任何第三国待遇]应否规定,尚待考虑。因我国与外国经济合作程度之深度不尽相同,最惠国待遇与日后可能采取之特许制度及合资事业之董事长限定为中国人,恐有抵触。

特许制度与最惠国待遇并不冲突,合资事业董事长限定为中国人与本节内最惠国待遇亦无抵触,拟维持原案。

财政部主张依各国惯例于本条之末加一政治组织除外之但书。

本党海外党务团体甚多,财部所提但书以不加为是。

第十四条(旅行商)

侨务委员会建议于[在缔约彼方领土内]之后加入相当于[均认为商人并不限定贸易种类、数量及购货地点]等字句,以解除各种限制并扩大[商人]含义。

查本条专论旅行商约稿中所称"manufactures merchants and traders"含义原甚广,不必再加解释。

经济部意见,本条第一节所谓代理人、雇佣人似可另以换文说明,为缔约双方之人民或为与欲往经商之一方缔有条约而在条约上许可其人民,得在缔约一方领土内经商之第三国人民。

关于旅行商之限制原稿已规定甚详,如事前之取得执照、事后之管制,而在特殊情况下且得禁止其一切活动。经济部所提一点似无必要。

第十七条(船坞等设备利用之国民待遇及最惠国待遇)

教育部主张对内河航行予以明白规定,以杜疑义。

查内河航行、沿海贸易权已于中美新约中予以废除,约稿中似无须再行列入。

第二十二条(最惠国待遇之限制)

关于第二项所指边境贸易,财政部建议仿他国先例,注明距离上之限制。

查边境贸易距离上之限制,通常规定为彼此沿边境线上十五公里以内之地带,我国边远地方因内地交通不便,其与毗邻国家之贸易关系至为密切,此等地方往往不在沿边境线十五公里之内,故以不加距离上之限制为宜,使边境贸易之范围富有弹性,以免美国均占十五公里以外地带边境贸易之优惠。

关于第三项所指关税同盟(Customs Union),教育部、经济部均认为无规定之必要。

最惠国条款之不适用于关税同盟,原系国际惯例,即不规定似亦不能借最惠国条款均沾因关税同盟而给予之优惠,我国日后对毗邻国家缔结关税同盟非不可能。此点拟征询财政部意见,再作决定。

第二十四条第一节(领事官之逮捕)

关于领事犯罪之分等,教育部提出此与我国刑法之规定不符,须加修改,司法行政部主张列举罪名。

如何列举罪名,拟请司法行政部提出意见。

第二十八条(领事官之公证任务)

第二十九条(关于船舶内部秩序之管辖权)

司法行政部指出第二十八条之 Agreement 与第二十九条之 Contract 原意是否指同一之物,似欠明显。

第二十八条、第二十九条均系美国对外商约领事条款中之一般规定,第二十八条之 Agreement 系指有关财产或业务之契约,第二十九条之 Contract 系指工资合同。

第三十三条(领馆公物进口之查验)

关于领事馆为公务上使用之一切家具器物及供应品免除任何查验一节,财政部主张删去[并免除任何查验]数字,以免流弊,拟照删。

第三十五条(归化、移民、警察、保安四种法令之保留)

关于归化、移民、警察、保安四种法令不受本约拘束一节,财政部、经济部均主张改用概括规定使法令之效力超越条约之上,教育部主张代以下列原则,即[本约生效后,双方对于限制或禁止彼此侨民入境之法律、条例、规章,除为自卫或维持公共秩序所必要,并适用于各国侨民者外,应即废止]。

查本条系美国对外商约中之一般规定,借以保留美国国内法对归化、移民、警察、保安四项自由决定之权。约稿中关于对方人民之一切活动均经规定须受所在地法令规章之限制,似可删去本条,留待美方提出再作决定。

(乙)对于原草案之一般意见

(一)财政部主张以换文方式解释双方[领土]之含义,以免应用时发生异议。

关于[领土]含义,不宜采用列举方式。拟仿美国与各国近来所订商约中一般所用领土定义,列为第三十五条如下:The territories of the High Contracting Parties to which the provision of their treaty extend shall be understood to Comprise all areas of land, water and air over which the parties respectively claim and exercise deminion as sovereign thereof。

(二)财政部主张各条款中[人民]二字凡应包括公司及社团者应加注明。

约稿中 nationals 一词仅指自然人而言,第三条对公司、社团另有规定;再美国与其他各国所订商约,亦均对公司、社团专条规定,其余仅用人民(nationals)二字。去年中美新约仅两处(第四条与第七条)于人民后加公司、社团字样,故本约稿中[人民]一字如未明白规定包括公司及社团,自应以自然人为限。

(三)财政部建议于本约中列入航空条款。

关于航空一项似可另订专约,其理由可如下述:(一)一般商约中对航空多无规定,各国间往往缔结航空专约;(二)战后国际航空事业有一变更,美方对此已有若干新主张,目前商约内难以规定;(三)商约内不加规定可免日后受限制,且不规定对我并无损失,拟请交通部斟酌决定。

(四)内政部主张于本约中解决双重国籍问题。

关于国籍冲突之解决不外二途:第一,本国子女出生外国,因两国关于国籍所采主义不同而具有双层国籍者,得于其成年时自由选定一国籍;第二,本国子女出生于外国而其父亦在该外国出生,因两国关于国籍所采主义不同而具有双层国籍者,得于其成年时自由选定一国籍,以上两种方法若适用于华侨,均属欠妥,因彼等在外国出生,一切事业均有赖当地政府之维持,若必须选择国籍,则大多数华侨为自身生活计,势非选择当地国籍不可,此与我国国策不符,总之,国籍问题各国均视为国内法问题。一九三〇年国籍公约,亦曾作此规定,故关于国籍之冲突,非但国际法无从解决,即国际条约亦无法作妥善之规定,似可任其暂行搁置不必解决。

(五)教育部与司法行政部主张关于[法令规章]之英文用语应予划一规定。

拟一例采用 Laws and regulations 字样而将 Laws, ordinances and regulations 字句中删去 ordinances 一字。

(六)教育部主张关于条约之解释一项应予规定。

查中美两国已于一九三〇年缔结公断条约,以解决两国间由条约内或条约外所发生之一切争执。新商约缔结后,遇有在解释上或适用上发生争执时,可经公断程序解决,似无须另作规定。

(七)教育部建议条约编制可酌予改变,使较为简明而具有系统。

本约稿系按[友好][通商][航海][设领]及[综结条款]之次序先后列入。

(八)教育部建议将领事官职权酌予缩小。

关于领事官职权之条款,虽觉繁杂,但均系一般国际惯例,似无从缩减。

(九)教育部指出约文中误写或费解之处多种。

除 Takens 二字系 Take 一字之误外,其他并无错误或费解之处。

(十)资源委员会提出约稿各条对于[法律]一词,是否均应标明现在与将来字样,以示不以签约时现行法律为限。

约稿中所称法律或法令、规章当然包括现在或将来而言，无须特别标明，拟将现在或将来字样一律删去，以资划一而杜疑义。

（十一）司法行政部提出关于约稿之内容应与主管之经济部及交通部切实商拟。

关于约稿之内容本部已征询经济、交通及其他各部会意见。

（十二）司法行政部指出约稿中文本与英文本意义不尽相符，须加修正。

约稿中文系暂定稿自可随时修正。

（十三）经济部意见，我国经济建设不能不于相当期内采取保护政策，谈判本约之时必须折冲运用，预邀对方谅解。

本部对经济部意见已予以注意。

（十四）经济部建议，谈判商约之前，应详细研究美国各州法律之差别及我国侨民所受之不平等待遇，以便酌量提出发送侨民待遇。

依照美国宪法，条约之效力高于各州之法律，凡条约有规定者则从条约。约稿中重要各点或采取国民待遇，或任何第三国待遇，或最惠国待遇，故对于保侨一点已甚周密。

（十五）经济部主张约稿内[任何第三国待遇][任何其他国家待遇]及[最惠国待遇]应予划一规定。

约稿内所以并用，系参照美国与其他国家所订商约之一般惯例，意义并无差别，若必须划一，则文字上有时不甚顺适。

中国第二历史档案馆藏资源委员会档案，廿八（2）682